PETER FIEBAG
JOHANNES FIEBAG

DAS GRALSGEHEIMNIS

»Das Wort Gral war schon frühzeitig dunkel.
Diese Unklarheit nicht nur über die Form,
sondern auch über die Herkunft des Namens
weist nachdrücklich darauf hin, dass das Heiligtum
eine Vorgeschichte hatte, in welcher er noch
eine greifbare Größe war, die auch ›Gral‹ hieß.«

Franz Kampers, Germanist (1868 – 1929)

Dieses Buch widmen wir allen,
die uns bei der Suche nach der Wahrheit begleitet haben:
unserer Familie
unseren Freunden
unseren Weggefährten.

Peter Fiebag
Johannes Fiebag

DAS GRALSGEHEIMNIS

Die Entschlüsselung eines uralten Mysteriums

Mit 90 Abbildungen

Herbig

Bildnachweis

Fotos:
Archiv Fiebag: Vorsatz, Nachsatz, 2a, 3, 4, 9, 10, 26, 28, 30, 31, 36;
Horst Weinbach: 1, 6; M. J. B. Castellvillar: 2, 5; Bibliothèque Nationale, Paris: 7, 8;
Bayerische Staatsbibliothek, München: 11; Johannes u. Peter Fiebag: 12, 13, 16, 17, 27, 32, 33, 34; Stuart Clyens: 15; Horst Dunkel: 21, 22; Fred Anderegg: 23;
Carl Hermann Kraeling: 24; Dagli Orti, Paris: 25; École Biblique, Jerusalem: 29;
Axel Ertelt: 35.

Abbildungen im Text:
Martin Riches: 8, 9, 10, 11, 12, 16, 21, 24; Josef F. Blumrich / Ullstein Verlag: 6;
Hans-Herbert Beier / Ullstein Verlag: 7; Paul Anton Keller: 323;
alle anderen: Archiv Fiebag.

Vorsatz: Die Erlangung des Heiligen Grals. *Edward Burne-Jones (1833–1898).*
Nachsatz: Tempelritter und ein Ordensritter der Johanniter übergeben König Henri II. Planagenet einen Kelch. *Paris, Bibliothèque Nationale.*

Besuchen Sie uns im Internet unter
www.herbig-verlag.de

Völlig überarbeitete und aktualisierte Ausgabe des Buches
Die Ewigkeits-Maschine

Umschlaggestaltung: Wolfgang Heinzel
Satz: C. Schaber Datentechnik, Wels
Gesetzt aus: 10,4/13,15 Punkt Stempel Garamond
Druck und Bindung: GGP Media GmbH, Pößneck
Printed in Germany
ISBN 3-7766-2474-4

Inhalt

TEIL 3: Die Geschichte

Anhang

Register

Es ist eine bequeme Methode und allenfalls eine konventionelle Denkweise, frühe Überlieferungen als mythologisch oder legendär abzustempeln. Solch ein Urteil ist eine scholastische Phrase, die wenig einbringt und die keine greifbare Bedeutung hat. Ein wissbegieriger Geist beschäftigt sich mit der Enträtselung der Struktur eines Mythos und sucht nach dem Zeitpunkt seines Ursprungs. Wenn es den Mythos gibt, wie konnte dieser plötzlich entstehen? So, wie es eine Logik des menschlichen Urteilens gibt, so gibt es auch eine Logik der menschlichen Einbildungskraft. Die Imaginationskraft des menschlichen Geistes kann sich keine Dinge ausdenken, die in der Realität überhaupt nicht vorhanden sind. Ein Produkt unserer Imagination wird immer erst hervorgebracht durch etwas, das existiert oder worüber wir Grund haben zu glauben, dass es existiert.

Berthold Laufer
The Prehistory of Aviation, 1928

Auftakt

Das Geheimnis von Oak Island

Jeder von uns hat seinen Traum. Manche Menschen träumen ihn ihr Leben lang. Es gibt aber auch Träume, die über Generationen hinweg Menschen in ihren Bann ziehen. Einer dieser Träume liegt tief unter der Erde verborgen, auf einer kleinen Insel vor der Küste Neu-Schottlands in Kanada.

Niemand würde diesem etwa eineinhalb Kilometer großen Eiland in der *Mahone Bucht* normalerweise irgendeine Beachtung schenken. Es ist nur eine von zahlreichen ähnlichen Inseln. Und weil sie früher einen reichen Eichenbestand trug, nannten sie die ersten europäischen Siedler, die sich nahe der Küste niederließen, *Oak Island*, die Eicheninsel. Doch es ist nicht der einstige Reichtum an Eichen, der dieses Fleckchen Erde berühmt machte. Nur etwa zweihundert Meter vom Festland entfernt, bewahrt sie ein uraltes Geheimnis. Generationen von Forschern und Abenteurern, von mächtigen Geldgebern und armen Schluckern, von spendenfreudigen Konsortien und verschrobenen Eigenbrötlern wurden von diesem Geheimnis angelockt. Seit mehr als zweihundert Jahren zieht die Insel Menschen in ihren Bann, aber das Rätsel, das sie umgibt, konnte keiner von ihnen lösen.

Alles begann im Sommer 1795[1–3]. Damals ruderte der zwanzigjährige Daniel McGinnes vom Ufer der *Mahone Bay* aus hinüber nach Oak Island. McGinnes stammte aus dem nahen Ort Chester, einer englischen Siedlung. Sein Vater und er waren erst vor kurzer Zeit dort eingetroffen, und der junge Mann nutzte seine spärliche Freizeit zu Ausflügen in die Umgebung. Heute würden wir so etwas »Abenteuerurlaub« nennen.

Das Abenteuer *seines* Lebens begann für Daniel McGinnes, als er an diesem warmen Sommertag Oak Island betrat. Dreiunddreißig Jahre zuvor war das kleine Eiland vermessen worden, aber niemand hatte sich hier niedergelassen. McGinnes hatte Oak Island als Ziel seines Ausflugs vermutlich deshalb gewählt, weil er die seltsamen Geschich-

ten kannte, die über die Insel kursierten: dass dort nachts manchmal unheimliche Lichter zu sehen wären, es im dunklen Eichenwald spuke und überhaupt alles nicht recht geheuer sei.
Daniel McGinnes reizte vielleicht gerade das. Er vertäute sein Boot am Ufer und machte sich auf, die Insel zu erkunden. Es gab hier einzelne Wiesen und vor allem den Wald. Im Ostteil der Insel machte er eine erstaunliche Entdeckung: Er stieß auf eine Lichtung, die ihm unnatürlich erschien. Die Bäume, so hatte er den Eindruck, mussten irgendwann einmal gefällt worden sein und nicht durch einen Sturm umgestoßen. Sie alle waren längst vermodert und verrottet, neue Schösslinge waren ausgetrieben. McGinnes wusste, dass man diese Insel niemals besiedelt hatte. Wer also konnte vor vielen Jahren die Lichtung angelegt haben? Und zu welchem Zweck?
Der junge Mann stolperte über morsche Äste und bemooste Zweige. Und dann erregte etwas seine besondere Aufmerksamkeit: mitten auf dieser Lichtung gab es eine unnatürlich wirkende Vertiefung. Etwa drei Meter im Durchmesser machte sie auf McGinnes den Eindruck einer Einsenkung – so, als sei das Erdreich hier über einer tiefer liegenden Aushöhlung eingebrochen. Die später aufgekommenen Gerüchte, neben der Mulde hätte ein Baum mit einem alten Flaschenzug gestanden oder Bäume mit Einkerbungen und alten Seilresten, konnten nie bestätigt werden. Sicher ist nur, dass McGinnes auf die Vertiefung stieß.
Es ist schwer zu sagen, was es war: eine »Eingebung«, ein bloßer Verdacht oder die Sehnsucht des jungen Mannes, wirklich etwas Außergewöhnliches zu entdecken. Für Daniel McGinnes jedenfalls war sofort klar, dass hier etwas vergraben sein musste. Vermutlich ein Piratenschatz, denn die Gegend diente in früheren Jahren zahlreichen Piratenkapitänen als Operationsgebiet.
Da er aber keinerlei Werkzeuge dabei hatte, machte er sich auf den Heimweg und kehrte am nächsten Tag mit zwei Freunden, John Smith und Anthony Vaughan, auf die Insel zurück. Als sie den ersten Spatenstich setzten, um, wie sie glaubten, noch an diesem Tage unermesslich reich zu werden, haben sie kaum ahnen können, dass hier noch zweihundert Jahre später Menschen ihren Träumen von Gold und Silber nachjagen würden. Erfolglos – so wie sie.

Aber davon konnten sie nichts wissen. Schon nach den ersten Stichen stießen sie auf Schieferplatten, die die gesamte Mulde abschlossen. Das lose Erdreich war offenbar nur darüber geschüttet worden, um diese Platten zu verbergen. Schieferplatten waren sehr ungewöhnlich. Das Eiland besteht aus losem Geröll, das von den Gletschern der letzten Eiszeit hierher transportiert und dann flach gedrückt worden war. Auf der ganzen Insel gab es auch keinen Steinbruch und keine Grube, in der man Schiefer hätte abbauen können.

Die Schieferplatten lagen eben im Boden, und sie bedeckten nur den Bereich der Mulde – ein deutliches Zeichen dafür, dass sie von irgendjemandem dort hingelegt worden waren. Ein deutliches Zeichen für die drei jungen Männer, dass sie auf der richtigen Spur waren.

Sie gruben tiefer. Wo war die Schatztruhe? Sie musste hier irgendwo sein. Piraten neigten nicht dazu, ihre Beute in allzu großer Tiefe zu lagern. Schließlich wollten sie gegebenenfalls schnell und ungefährdet die Früchte ihres verbrecherischen Tuns ernten können. Diese Annahme beflügelte die Männer. Bald erkannten sie, dass sie sich tatsächlich in einer Art Schacht nach unten bewegten, der etwa einen Durchmesser von zwei Metern hatte. An den Seiten befand sich ein harter, tonähnlicher Lehm, im Inneren des Schachts aufgeschüttete Erde.

Als die Sonne am Horizont zu sinken begann, hatten sie sich drei Meter tief hinabgearbeitet – und stießen auf eine Schicht aus weitgehend verfaulten Rundhölzern. Es waren Eichenstämme, die im Lehm auf beiden Seiten des Schachts verankert und zusätzlich miteinander verbunden waren. Für die drei stand fest: darunter musste sich die Schatztruhe befinden. Also rissen sie die Stämme aus ihrem Verband, wuchteten sie nach oben und setzten erneut die Schaufeln an. Doch statt der erwarteten Schatzkiste stießen sie auch hier nur auf eingefüllte Erde.

Es blieb ihnen nichts anderes übrig: sie mussten am nächsten Tag weitergraben. Nochmals um drei Meter weiter nach unten – um dann erneut auf eine Schicht aus Baumstämmen zu stoßen, ebenso fachmännisch verlegt wie die erste. War der Schatz nun darunter verborgen?

Es musste so sein! Doch Daniel McGinnes und seinen beiden Freunden war auch klar, dass sie ohne fremde Hilfe hier nicht weiterkamen. Der Schacht musste von einem Spezialisten abgestützt werden, etwas, wozu sie selbst nicht in der Lage waren. Also kehrten sie zum Festland zurück, um Hilfe zu holen.

Die Hilfe kam – aber erst neun Jahre später! Die wenigen Siedler in diesem Teil der Ostküste Kanadas hatten anderes im Sinn, als auf eine mehr oder weniger aussichtsreiche Schatzsuche zu gehen, und im Stollenbau ausgebildete Fachleute waren rar. Während dieser neun Jahre hatte John Smith jedoch das Gelände um die Grube gekauft, sich ein Haus dort errichtet und eine kleine Landwirtschaft aufgebaut. 1804 gelang es den drei Freunden endlich, zusammen mit Simeon Lynds, einem reichen Verwandten von Anthony Vaughan, die so genannte *Onslow Company* zu gründen. Ihr einziger Zweck: die Hebung des Schatzes auf Oak Island.

Die engagierten Arbeiter machten sich ans Werk. Nachdem die im Laufe der Jahre ins sechs Meter tiefe Loch gefallene Erde fortgeräumt und die Seitenwände abgestützt worden waren, wurde die zweite Schicht aus Rundhölzern entfernt. Dann grub man tiefer. Weitere drei Meter – eine dritte Schicht aus Hölzern. Mit einer Lage aus Holzkohle bedeckt, war sie mehr als rätselhaft. Wer hatte hier unten ein Feuer entzündet – und warum?

Die Ausschachtung ging weiter. Nach abermals drei Metern: eine vierte Holzschicht, deren einzelne Stämme mit einem bläulichen, fast kittartigen Lehm verbunden waren. Ähnlicher Lehm wurde auf großen Schiffen benutzt, um die Planken abzudichten. Aber warum hier? Wenngleich niemand eine Antwort wusste, glaubten doch alle, dies sei ein deutlicher Hinweis auf die Tätigkeit von Piraten.

Dazu trug noch eine andere Entdeckung bei. Im Kitt befanden sich Kokosfasern. Aber Kokos wächst nur in tropischen Gebieten, mehr als 2000 Kilometer von Oak Island entfernt im Süden. Piraten, das wusste man, operierten vor allem in den Gewässern der Karibik, um die Schiffe der Spanier aus Mittel- und Südamerika abzufangen – voll geladen mit dem geraubten Gold der Azteken und Inka. Also konnte der Schatz jetzt nicht mehr weit entfernt sein, und schon bald würden sie alle im Besitz unermesslicher Reichtümer sein.

Stattdessen stießen sie nur auf Erde – und im Abstand von jeweils drei Metern auf weitere Holzbohlenlagen. Genauso wie die oberste waren auch sie fachmännisch miteinander verbunden und im angrenzenden Lehm verankert. In einer Tiefe von 27 Metern fanden sie einen flachen Stein, der mitten im Schacht lag. Als die Arbeiter ihn nach oben befördert hatten, entdeckten sie darauf seltsame Zeichen einer völlig

unbekannten Schrift. Geheimzeichen der Piraten, die über den Schatz Auskunft gaben?
Man brachte den Stein, eine Schieferplatte mit einem Durchmesser von etwa einem halben Meter, in das Haus von John Smith. Später soll er in den Kamin eingemauert worden sein – und ist dann im Laufe der Jahre irgendwann verschwunden. Aus dem Gedächtnis jener, die ihn gesehen hatten, wurde versucht, die Zeichen zu rekonstruieren, und »ein Professor aus Halifax«, der kanadischen Universitätsstadt im Nordosten, soll sogar die Inschrift entziffert haben: »Forty feet below two million pounds are buried« – »Vierzig Fuß tiefer sind zwei Millionen Pfund vergraben.« – Doch weder ist der Name dieses Professors irgendwo bekannt, noch ist sicher, ob die rekonstruierten Zeichen überhaupt jenen entsprechen, die sich auf der Schieferplatte befanden.
Doch wie auch immer: unter dem Stein in siebenundzwanzig Metern Tiefe befand sich eine erneute Schicht aus Rundhölzern. Mit einer Eisenstange stach man durch die Zwischenräume – und fühlte einen ungewöhnlichen Widerstand. Es hatte den Anschein, als sei nur wenige Zentimeter darunter erneut eine Holzlage, aber keine Rundhölzer. Vielleicht endlich die ersehnte Schatzkiste? An diesem Abend jedenfalls war die Stimmung ausgezeichnet, voller Vorfreude. Endlich, so glaubte man, sei man auf das Versteck gestoßen. Jetzt musste man nur noch die Bohlen entfernen und den Schatz heben. Die lange und beschwerliche Suche hatte sich gelohnt.

Aber das Schicksal wollte es anders. Als die Arbeiter am nächsten Morgen zum Schacht zurückkehrten, erwartete sie eine unangenehme Überraschung. Der Schacht war bis zur Höhe von achtzehn Metern voll Wasser gelaufen. Die noch tags zuvor freigelegte Holzschicht befand sich damit neun Meter unter dem Wasserspiegel. Sofort begann man, mit Eimern den Schacht leer zu schöpfen. Aber so sehr die Arbeiter sich auch mühten, das Wasser sank um keine Handbreit. Es lief anscheinend unaufhörlich von irgendwoher nach.
Es half alles nichts: hier musste eine Pumpe angesetzt werden. Tatsächlich gelang es, eine Pumpe zur Insel zu bringen. Sie wurde auf einer Plattform montiert, die man direkt über der Wasseroberfläche angebrachte hatte. Doch als man die Pumpe in Betrieb nehmen wollte, zerbrach sie. Einzelne Teile rutschten ins Wasser und waren verschwunden.

Dann kam der Winter. Die Arbeiten wurden eingestellt. Erst im folgenden Jahr konnte die *Onslow Company* einen erneuten Versuch starten. Diesmal wurde ein Parallelschacht in den Boden getrieben, um in diesen das Wasser ableiten zu können. Der Schacht war etwa sechs Meter tiefer als der Originalschacht, ein vorsichtig vorgetriebener Verbindungstunnel sollte diesen dann entwässern. In der Tat schien das Vorhaben zu gelingen. Im Tunnelbereich wurde jedoch die abgetragene Erde immer schlammiger, und letztlich mussten die Arbeiter regelrecht fliehen, um sich vor den hereinbrechenden Wassermassen in Sicherheit zu bringen. Innerhalb von nur einer Stunde war der Parallelschacht voll gelaufen – aber die Wassermarke im Ursprungsschacht hatte sich nicht um einen Zentimeter gesenkt. Alle Arbeit war umsonst gewesen.
Dieser Fehlschlag bedeutete das Ende der *Onslow Company*. Sie hatte kein Geld mehr, um die Suche fortzusetzen. Daniel McGinnes jedoch wollte nicht aufgeben. Er baute sich ebenfalls ein Haus auf der Insel, aber nahezu auf sich allein gestellt, konnte er nichts ausrichten.
Erst vierzig Jahre später ging die *Truro Company* erneut ans Werk. Als Berater hatten sie den inzwischen sechzigjährigen Anthony Vaughan gewonnen. Mit verbesserter Technologie, so hoffte man, könnte man den Schacht schnell leerpumpen und den Schatz heben. Tatsächlich zeigte sich aber, dass das Wasser verschwunden war. Also musste der Schacht nur leer geräumt werden. Doch während dieser Arbeiten passierte es: Erneut drangen von irgendwoher Wassermassen ein, erneut lief der Schacht voll. Die *Truro Company* ließ sich davon jedoch nicht abschrecken: man brachte schweres Bohrgerät zur Insel. Fünf Bohrungen wurden ohne Erfolg um den Schacht herum – der inzwischen den Namen *Money Pit*, also Geldgrube oder Geldschacht, erhalten hatte – angesetzt. Ohne Erfolg. Außer Erde und Lehm wurde nichts an die Oberfläche befördert. Daraufhin entschloss man sich, direkt über der Wasseroberfläche des Schachts erneut eine Plattform anzubringen und von dort aus tiefer zu bohren.
Das Vorhaben gelang. Der Bohrer grub sich durch die Eichenschicht und stieß dreißig Zentimeter darunter erneut auf Holz – auf jenes Holz, das die Männer der *Onslow Company* vierzig Jahre zuvor mit der Eisenstange ertastet hatten. »Aber der Bohrer«, schrieb der Leiter der *Truro Expedition*, Jotham McCully, später, »förderte nichts zutage, was einem Schatz entsprach, außer drei Kettengliedern, die den Glie-

dern einer Uhrkette ähnlich waren. Dann wurden weitere zwanzig Zentimeter Eichenholz durchbohrt, das man für den Boden der ersten und den Deckel einer weiteren Truhe hielt. Dann nochmal fünfundzwanzig Zentimeter Metall, zehn Zentimeter Eichenholz und fünfzehn Zentimeter Fichtenholz. Schließlich Lehm. Auf etwas anderes stieß man nicht.«

Eine weitere Bohrung, ein wenig neben der ersten angesetzt, brachte ebenfalls Eichenholz und zum wiederholten Male Kokosfasern zum Vorschein. Dabei blieb es. Die Arbeiten mussten wegen des einsetzenden Winters eingestellt werden. Als sie im folgenden Frühjahr wieder aufgenommen werden konnten, legte man einen weiteren Entwässerungsschacht an, allerdings mit dem gleichen Ergebnis wie zuvor: auch er lief voll Wasser, am Wasserstand des *Money Pits* änderte sich nichts. Dafür machte man eine andere Entdeckung: Der Wasserstand schien zu schwanken, und zwar im gleichen Rhythmus wie Ebbe und Flut. Mehr noch: es war *Salzwasser*, das sich in den Schächten befand! Warum hatte man das zuvor noch nicht bemerkt? Es wäre möglich, dass ursprünglich tatsächlich brackiges Süßwasser den Schacht gefüllt hatte, dass diese Quelle im Laufe der vierzig Jahre Ruhe versiegt war, jetzt aber Salzwasser einströmte. Möglicherweise war es aber auch schon vorher zur Kenntnis genommen worden, aber niemand hatte es für bedeutsam erachtet.

Den Männern der *Truro Company* war diese Bedeutung hingegen sofort bewusst. Es musste einen unterirdischen Zugang vom Meer bis zum *Money Pit* geben. Wie sonst sollte das Wasser hierher kommen? Arbeiter wurden ausgesandt, das Ufer nach möglichen Kanälen abzusuchen. Einem von ihnen fiel auf, dass an einer Stelle am Strand der kleinen Bucht von *Smith's Cove* tatsächlich während der Ebbe Wasser aus einer Stelle des Ufers sickerte. Stunden später würde sie wieder überflutet sein. Man trug den Sand ab und stieß auf eine Matte aus Kokosfasern, fünf Zentimeter dick und unglaubliche fünfundvierzig Meter lang. Sie erstreckte sich über die gesamte Länge des Strandes von *Smith's Cove*. Unter der Matte lagen säuberlich aufgeschichtete Steine.

Das war unglaublich – aber noch nicht alles. Denn unter diesen Steinen entdeckten die Männer zuerst einen, dann noch einen und schließlich insgesamt fünf Eingänge zu etwa zwanzig Zentimeter durchmessenden

Tunneln. Der gesamte Strand von *Smith's Cove* war künstlich bearbeitet! Die Tunnel setzten unmittelbar oberhalb der Ebbemarke an, führten dann schräg nach unten und vereinigten sich in einem größeren Kanal, der tief unter die Oberfläche der Insel führte. Alle Tunnel waren säuberlich aus bearbeiteten Steinen errichtet, und der Hauptkanal führte offenbar exakt dorthin, wo sie alle seit Wochen ununterbrochen arbeiteten: zum *Money Pit*.
Aber wie hatten die genialen Baumeister dieses unterirdischen Systems es fertig gebracht, die Anlage zu erstellen, ohne dass ihnen bei den Arbeiten ständig Meerwasser in die halb fertigen Tunnel eingebrochen war? Es gab nur eine Möglichkeit: Sie mussten quer durch die Bucht von *Smith's Cove* zuerst einen Fangdamm errichtet haben, der das Wasser abhielt, um ungestört graben und mauern zu können. Und als sie die Anlage fertig hatten, mussten sie den Damm wieder abgetragen und zerstört haben, sodass niemand mehr etwas davon ahnen würde.
Was also blieb den Leuten der *Truro Company* anderes übrig, als selbst einen solchen Damm zu bauen, um endlich ungestört im *Money Pit* graben zu können? Doch als der die gesamte Bucht umspannende Damm fast fertig war, wurde er in einer einzigen Nacht wieder zerstört: von einem Orkan, der über die Insel hinwegfegte. Enttäuscht beschloss man den Versuch, den unterirdischen Hauptkanal mit einem weiteren Schacht von oben zu treffen und die Wasserzufuhr zu stoppen. Doch auch dieser Plan misslang. Als man den Kanal nach zweiundzwanzig Metern Tiefe noch immer nicht getroffen hatte, musste man einsehen, dass die Erbauer wohl auch an diese Möglichkeit gedacht und den Kanal nicht in einer geraden Linie, sondern in irgendeiner Form »kurvig« an den *Money Pit* herangeführt hatten.
Ein letzter Versuch sollte unternommen werden: Abermals trieb man einen Parallelschacht in die Tiefe, etwa fünf Meter vom *Money Pit* entfernt. Es dauerte mehrere Wochen, bis man auf sechsunddreißig Meter vorgestoßen war. Von diesem Punkt aus arbeitete man sich in einem gefährlichen Unterfangen schräg nach oben wieder in Richtung *Money Pit* vor. Man wollte diesen praktisch von unten treffen und die Schatzkisten herausholen.

Der Plan – misslang. Während der Mittagspause stürzte der größte Teil des neuen Parallelschachtes ein. Die Kisten, so vermutete man, mussten dadurch abgerutscht sein und lagen nun noch viel tiefer als zuvor, irgendwo im Bereich zwischen diesem Parallelschacht und dem *Money Pit*. Für die *Company* ein deprimierender Augenblick. Die Gelder waren weitgehend aufgebraucht, an eine Fortsetzung der Arbeiten war nicht mehr zu denken. 1854 wurde die Gesellschaft aufgelöst – ihr Ziel hatte sie genauso verfehlt wie zuvor die *Onslow Company*.

So ging es weiter. Fünf Jahre später versuchten einige Schatzsucher, mit insgesamt dreißig Pferden eine große Pumpe zu betreiben, die das Wasser aus dem Schacht entfernen sollte. Ohne Erfolg. Zwei Jahre darauf wurde eine dampfbetriebene Pumpe errichtet. Sie explodierte, und mit einem der vom heißen Wasser verbrühten Arbeiter war das erste Todesopfer auf Oak Island zu beklagen. Es sollte nicht das letzte sein. 1863 gründeten reiche Geschäftsleute eine neue Gesellschaft, die die Suche fortsetzen sollte, die *Oak Island Association*. Insgesamt 63 Männer und 33 Pferde wurden auf die Insel gebracht, das bis dahin größte Unternehmen. Man trieb weitere Schächte in den Boden, die aber allesamt voll Wasser liefen, sobald Kontakt mit dem *Money Pit* hergestellt worden war. Daraufhin entschloss man sich, die Flutungskanäle direkt am Strand mit Lehm zu verfüllen, um die Wasserzufuhr zu stoppen. Auch das ohne Erfolg. Schon die nächste Flut hatte den Lehm wieder fortgespült.

Schließlich setzte man nochmals einen Parallelschacht an. Mit der Kraft der Pumpen gelang es, den Wasserspiegel im *Money Pit* bis auf 30 Meter abzusenken und vom mittlerweile neunten gegrabenen Schacht her in diesen einzudringen. Alles, was gefunden wurde, waren jedoch nur ein paar Holzreste und früher herabgefallene Werkzeuge. Es war eindeutig: die Kisten mussten Jahre zuvor weit abgerutscht sein. Sie hier unten zu finden, schien unmöglich. Die *Oak Island Association* gab auf.

Andere machten weiter. Die *Oak Island Eldorado Company* legte kurz darauf einen erneuten Fangdamm an: neunzig Meter lang, dreieinhalb Meter hoch. Es gelang nun tatsächlich, den *Money Pit* bis auf dreiunddreißig Meter Tiefe leer zu pumpen und den Eingang zum unterirdischen Flutkanal zu finden. Doch der Boden des Schachts bestand nur aus Schlamm. Als einer der Arbeiter bemerkte, dass der Schlamm sich zu bewegen begann, half nur noch die rasche Flucht nach oben. Erneut lief der Schacht voll Wasser. Es musste weiter unten also weitere wassergefüllte Hohlräume geben, in die die Kisten offenbar abgerutscht waren. Die *Oak Island Eldorado Company* löste sich auf, als auch der neue Fangdamm von der Flut weggespült worden war. Man schrieb das Jahr 1867.

Ende des Jahrhunderts setzte ein Mann namens Frederick Blair die Suche fort. Zusammen mit einem erfahrenen Ingenieur ließ er weitere Schächte anlegen und Sprengungen auf der Insel vornehmen. Er hoffte auf diese Weise, den unterirdischen Flutungskanal zu treffen und »lahm zu legen«. Im Verlauf der Ausschachtungsarbeiten kam es zum zweiten tödlichen Unfall: während einer der Arbeiter in einem Korb nach oben gezogen wurde, riss das Seil, der Arbeiter stürzte in die Tiefe und erlitt so schwere Verletzungen, dass er noch im Schacht verstarb.

Eine erneute Bohrung stieß in vierzig Metern Tiefe auf Metall. Falls es sich um die Schatzkisten handelte, schienen diese also weit tiefer abgerutscht zu sein, als man ursprünglich geglaubt hatte. Also bohrte man noch weiter – und traf in siebenundvierzig Metern auf eine harte Schicht. Proben, die man nach oben holte, offenbarten ein sehr widerstandsfähiges, zementartiges Material. Was war das? Ein natürlicher Kalkstein oder tatsächlich Zement? Die Schicht hatte eine Stärke von etwa einem Meter – und darunter, in zweiundfünfzig Metern Tiefe, traf man erneut auf Metall. Dieses war für den verwendeten Bohrer undurchdringlich.

Proben des Zements wurden zu einer Untersuchung nach England geschickt. Im Forschungsbericht heißt es: »Exakte Angaben sind aufgrund der Analyse nicht möglich. Angesichts des äußereren Erscheinungsbildes und der Zusammensetzung sind wir jedoch der Ansicht, dass es sich um irgendwann von Menschen bearbeiteten Zement handelt.«

Das war unglaublich! Es bedeutete nicht mehr und nicht weniger, als dass die Planer des Schachts nicht nur das umfangreiche Flutungssystem angelegt, sondern in einer Tiefe von fünfzig Metern auch noch unterirdische Kavernen ausgebaut hatten. Was immer diese ganze Anlage verbarg – es musste etwas ungeheuer Wertvolles sein. Und erstmals machten sich Zweifel breit, ob man es denn *überhaupt* mit einem Piratenschatz zu tun hatte.

Während der Bohrungen wurde auch ein kleiner Pergamentfetzen an die Oberfläche befördert. Ein Schriftzeichen – mit Tinte aufgetra-

gen – konnte man als *»VI«* identifizieren. Die Tatsache, dass die Tinte noch gut zu erkennen war, zeigte, dass dieses Pergament nicht im Wasser gelegen haben konnte, dass also die Hohlräume unterhalb des Schachtes noch bis vor kurzem wasserfrei gewesen sein mussten. Allerdings würden sie spätestens durch die Bohrarbeiten nun voll gelaufen sein.
Und noch etwas entdeckte Blair. Nachdem es ihm und seinen Männern auch mit der damals modernsten Pumpentechnik nie gelungen war, den Schacht völlig leer zu bekommen, hegte er den Verdacht, Wasser könnte vielleicht noch über einen weiteren, bislang unentdeckten Kanal einströmen. Er ließ deshalb Farbe in den *Money Pit* schütten und seine Leute beobachten, wo diese am Ufer wieder austrat. Und tatsächlich: Auf der anderen Seite der Insel färbte sich nach kurzer Zeit das Wasser rot. Mit anderen Worten: Es musste noch etwas weiter tiefer einen *weiteren* und deutlich *längeren* Kanal geben, der den Schacht gleichfalls mit Wasser versorgte! Doch wer hatte wann ein solch ausgeklügeltes Versteck- und Schachtsystem anlegen können?

1909 wurde der nächste Versuch am *Money Pit* gestartet, diesmal unter Leitung des Ingenieurs Henry Bowdoin aus New York. Damals war auch kurzzeitig Franklin D. Roosevelt anwesend, der hier Geld investierte und 1932 Präsident der Vereinigten Staaten wurde. Bowdoin wollte zum wiederholten Male »modernste Technik« einsetzen lassen, um den Schatz »innerhalb kürzester Zeit« zu heben. Er ließ den *Money Pit* auspumpen, vom Schutt befreien und auf dem Boden eine Bohrung ansetzen. Er traf tatsächlich auf eine Zementschicht, aber es war nicht dieselbe, die man zuvor erbohrt hatten. Genaue chemische Analysen zeigten auch, dass es gar nicht Zement, sondern natürlicher Kalk war. Bowdoin setzte mehrere Bohrungen bis in eine Tiefe von fünfzig Metern fort, fand jedoch nichts. Roosevelt und andere Geldgeber zogen daraufhin ihre Einlagen zurück. Bowdoin musste aufgeben.
1918, nach dem Ende des Ersten Weltkriegs, wurden die Versuche fortgesetzt: Weitere Schächte wurden in den Boden getrieben, verbesserte und mit Elektromotoren betriebene Pumpen eingesetzt. Der Erfolg blieb aus. Ein Arbeiter des Unternehmers Gilbert Hedden, der 1936 mit den Arbeiten auf Oak Island begann, entdeckte bei einer gründlichen Untersuchung der Insel 1939 einen seltsamen Stein, der im Gestrüpp des Ufers verborgen war. Auf dem Stein befanden sich zwei ein-

gravierte Zeichen: ein Kreis mit einem Punkt in der Mitte und ein Kreuz. Aber das war natürlich zu wenig, um irgendwelche Informationen zu vermitteln. Auch ein »steinerner Pfeil«, ein aus Steinblöcken gelegtes Dreieck, das mit der langen Spitze genau auf den *Money Pit* wies und im Süden der Insel gefunden wurde, half nicht weiter. Schließlich gab auch Hedden auf, nachdem er einen erneuten Schacht hatte anlegen lassen, aber dort weder auf die vermutete Zementkammer noch auf die Schatztruhen gestoßen war.

Mit dem Ende des Zweiten Weltkrieges hatte sich die Anzahl der Schächte, die in den Boden getrieben worden waren, auf achtunddreißig erhöht! Das Gelände war verwüstet, und die Chance, mit konventionellen Methoden noch etwas zu finden, auf nahezu Null gesunken. Erschwerend kam hinzu, dass die genaue Position des *Money Pit* gar nicht mehr bekannt war. Durch die zahlreichen Parallelschächte hatte sich das umliegende Erdreich so verschoben, dass die gesamte Oberfläche einem völlig durchwühlten Sandkasten glich.

Dennoch ließen sich wagemutige Abenteurer nicht abschrecken. Einer kam mit einer kuriosen »Goldsuchmaschine« nach Oak Island. Er fand nichts. Der Ingenieur George Greene, ein Texaner, ließ 1955 erneut bohren und stieß bei dreiunddreißig Metern in der vermuteten Nähe

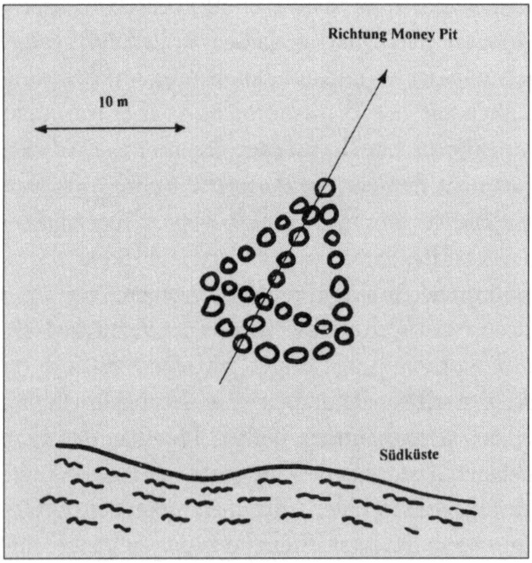

Abb. 1: Der 1939 gefundene Pfeil aus Steinen nahe der Südküste von Oak Island. Er weist mit seiner Spitze zum Money Pit.

des *Money Pit* auf einen Hohlraum. »Irgendjemand muss sich viel Arbeit damit gemacht haben, hier ein Versteck anzulegen. Und es muss die Mühe wert gewesen sein, andernfalls wäre er wohl der größte Witzbold aller Zeiten.« Doch auch George Greene ging das Geld aus, und so musste er sich von der Insel wieder zurückziehen.
1960 kamen Robert Restall und seine Familie auf die Insel. Sie wohnten in einer primitiven Hütte: »Wir sind«, sagte Robert Restall damals, »hierher gekommen, damit wir die beiden Schatztruhen bergen können, und ich bin heute mehr denn je davon überzeugt, dass uns das gelingen wird. Es ist alles wahr und viel großartiger, als viele Menschen jemals geglaubt haben. Ich spüre es: Der Schatz ist dort unten, und wir können ihn heben. Wir bleiben so lange, bis wir das geschafft haben.« Robert Restall, sein ältester Sohn und zwei andere Männer ertranken fünf Jahre später. Den Schatz hatten sie nicht gefunden.
Der Erdölgeologe Robert Dunfield setzte daraufhin die Arbeiten fort. Er ließ als Erstes einen zweihundert Meter langen Damm vom Festland hinüber zur Insel aufschütten, um schweres Gerät einsetzen zu können. Dann wurde eine riesige, fünfundvierzig Meter tiefe und fünfzehn Meter durchmessende Grube am *Smith's Cove* gegraben. Aber außer altem Holz und einigen Werkzeugen fand sich nichts. Eine Bohrung in der unmittelbaren Umgebung des vermuteten *Money Pits* stieß dagegen auf eine vierzehn Meter hohe, wassergefüllte Aushöhlung, die zweiundvierzig Meter unter der Oberfläche begann. Dunfield war überzeugt, jene Kaverne wiedergefunden zu haben, in der die Schatzkisten liegen mussten.
Bei seinem Vorhaben ging er ziemlich rabiat vor. Sein schweres Gerät zerstörte sowohl die Eingänge der Flutungskanäle an *Smith's Cove* als auch das steinerne Pfeildreieck. Nachdem er eingesehen hatte, dass er trotz allem nichts finden konnte, gab er enttäuscht auf. Er kehrte Oak Island den Rücken und hinterließ eine Insel, die verwüsteter war als jemals zuvor.

1967 gründete der Bauunternehmer Dan Blankenship, der ursprünglich mit Dunfield auf die Insel gekommen und nach dessen Rückzug dort geblieben war, zusammen mit einem Unternehmer aus Montreal, David Tobias, ein neues Konsortium. Dieses nannte sich *Triton Alliance*, und auch *Triton* hatte es sich zum Ziel gesetzt, den Schatz zu heben. Zunächst führte die *Alliance* Probebohrungen im Bereich des mutmaßlichen *Money Pits* durch. Sie erreichten eine Tiefe von sechzig Metern und waren damit erstmals tief ins karbonatische Grundgestein der Insel vorgedrungen. Die alte Vermutung, dieses Grundgestein sei von Höhlen und Gängen durchzogen, wurde bestätigt. Die Bohrungen erbrachten Hinweise auf zahlreiche Hohlräume; Holz-, Metall-, Zement- und sogar eine Porzellanprobe wurden aus diesem Bereich zutage gefördert. *Triton* ließ auch erstmals eine Altersbestimmung des Holzes durchführen: Die Messung mit Hilfe der radioaktiven ^{14}C-Methode ergab eine Datierung auf die Zeit um 1575 (+/– 85 Jahre)[4]. Damit schien die Anlage doch deutlich *älter* zu sein als ursprünglich geglaubt. Aber andere Untersuchungen erbrachten Jahre später noch seltsamere Werte, unter anderem jünger als 300 Jahre[5, 6], 1100 Jahre[7] und – als absolut kuriosestes und unmögliches Datum – 3100 Jahre *nach* Christus[5]. Wie passte das zusammen? Niemand konnte eine Antwort darauf geben.

Seismologische Messungen, die im Auftrag von *Triton* durchgeführt wurden, bestätigten das gewonnene Bild: Die gesamte Insel war im Bereich des Grundgesteins von Höhlungen und Tunneln durchzogen. Da diese unter Wasser standen, wollte man erneut einen, diesmal noch größeren, Fangdamm errichten und das Meerwasser abschneiden. Fast fertig, fiel auch dieses Bauwerk Wellen und Sturm zum Opfer. Während der Arbeiten hatte man allerdings weitere Kokosfasern und eine halbkreisförmige hölzerne Struktur aus in den Meeresboden getriebenen Rundhölzern gefunden. Eine Altersdatierung dieses Materials ergab ungefähr das Jahr 1700. Wozu diese Anlage diente, blieb rätselhaft.

Ende der sechziger Jahre ließ Blankenship auf der anderen Seite der Insel mit einem großen Bagger grabenförmige Aushubarbeiten durchführen. Er wollte den zweiten, tieferen Flutungskanal finden, dessen Existenz 1898 von Fredrick Blair aufgrund der Farbwasserexperimente nachgewiesen worden war. Doch schlechtes Wetter und der völlig aufgeweichte Boden machten dieses Vorhaben schon nach kürzester Zeit wieder zunichte.

1970 setzte *Triton* fünfundfünfzig Meter vom vermuteten *Money Pit* entfernt erneut eine Bohrung an: Bohrloch 10x. Dabei wurde in einer Tiefe von siebzig Metern eine Höhle von etwas mehr als zwei Metern Höhe entdeckt, die voller Wasser war. Jetzt konnte zum ersten Mal eine

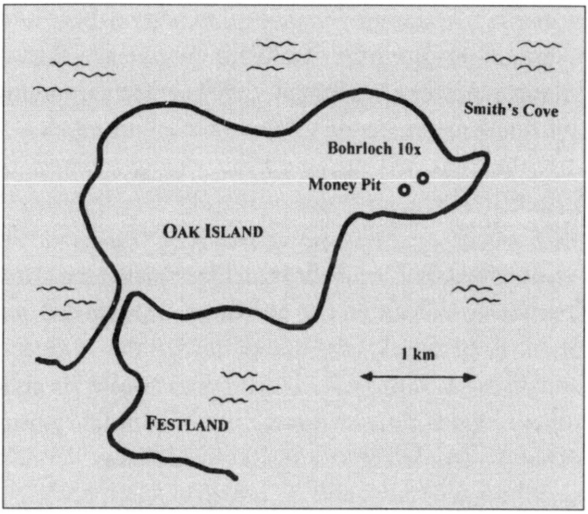

Abb. 2: Übersichtskarte von Oak Island. Der Money Pit *und Bohrloch 10x befinden sich auf der Ostseite der Insel.*

Unterwasserfernsehkamera hinuntergelassen werden. Was sie auf den kleinen Schwarz-Weiß-Monitor übertrug, war erstaunlich, weil völlig unerwartet. Statt der erhofften Schatzkisten zeichneten sich auf dem Grund der Höhle seltsame graue, unförmige Gegenstände ab. Es waren Objekte mit eher weichen, runden Umrissen, daneben rohrförmige Strukturen und kleine, kastenförmige Gegenstände, die von einer weißlichen Schicht überdeckt zu sein schienen. Möglicherweise war dies einfach nur Schlamm. Aber was waren das für seltsame Gegenstände, die dort unten lagen? Mit den Schatzkisten von Piraten schienen sie recht wenig gemein zu haben. Trotzdem hielt Blankenship natürlich an seiner Hoffnung fest und meinte, die Ränder von Schatzkisten und Spitzhacken ausmachen zu können.

Die Kamera nahm auch etwas auf, das vielleicht ein menschlicher Schädel sein könnte. Handelte es sich um die Überreste eines jener Piraten, die – wie Blankenship noch immer glaubte – das Versteck angelegt hatten? Das Bohrloch wurde erweitert, und die Gesellschaft schickte mehrere Taucher durch das enge Rohr hinab in die Höhle. Doch das Wasser war inzwischen so getrübt, der Boden so aufgewühlt, dass sie nicht einmal mehr die Hand vor Augen sehen konnten. Auch Blankenship selbst ließ sich hinunter. Er fand die erhoffte Schatztruhe genauso wenig wie die seltsamen, rohrförmigen Objekte, die sie auf den Fernsehbildern gesehen hatten. Ein paar Jahre später, 1976, mach-

te er einen erneuten Versuch – und hätte dabei fast den Tod gefunden. Während er durch das Rohr hinuntergelassen wurde, knickte dieses vierzehn Meter über ihm plötzlich ein. Schlamm und Steine prasselten auf Blankenship herab, und nur der schnellen Reaktion seines Sohnes, der oben das Seil hielt und ihn wieder hinaufzog, verdankt er sein Leben.
1978 wurde das Bohrloch erweitert – bis auf zweieinhalb Meter. Dazu wurden etliche Eisenbahnkessel aneinander geschweißt und durch die losen Deckschichten bis auf das Grundgestein hinabgetrieben. Mit Stahlbeton ausgekleidet und damit zusätzlich gesichert, sollte dies die endgültige Lösung sein. Doch während der abschließenden Arbeiten füllte sich das Bohrloch rasch mit Wasser und konnte nicht mehr leer gepumpt werden. Ein erneuter Fehlschlag, der Unsummen an Geld verschlungen und kein Ergebnis erbracht hatte.

Neben und gegen *Triton* arbeitete zur gleichen Zeit auch der Vermessungsingenieur Fred Nolan auf der Insel. Er hatte einige Teile des Landes in der Inselmitte erstehen können und machte sich an die Aufgabe, Oak Island exakt zu vermessen und zu untersuchen. Dabei kam es zum Streit zwischen ihm und *Triton*, und über Jahrzehnte hinweg hat dieser Streit die Arbeiten auf Oak Island bestimmt. Nolan war aufgrund der Entdeckung einiger weiterer Markierungssteine zu der Auffassung gelangt, nicht der *Money Pit* sei der Eingang zum Versteck, sondern ein anderer Schacht, der sich auf *seinem* Grundstück befände. Der *Money Pit* sei nur ein geniales Ablenkungsmanöver der ursprünglichen Erbauer gewesen.
Nolans Auffassung bezog sich insbesondere auf seine Entdeckung des »Kreuzes«, einer aus vier großen Granitblöcken und einem Sandstein in der Mitte bestehenden Struktur[1]. Dieser soll die Form eines menschlichen Kopfes haben, und mit ein wenig Phantasie hat er sie vielleicht sogar. Aufgrund der exakten Ausrichtung des Kreuzes kann eine künstliche Errichtung als sehr wahrscheinlich angenommen werden. 264 Meter lang und 110 Meter breit, ist es in Nordost-/Südwestrichtung angelegt. War es der Wegweiser zum Schatz?
Blankenship und *Triton* indes ließen sich davon nicht beeindrucken. Sie gingen 1987 mit einem wirklich unglaublichen Plan an die Öffentlichkeit. Jetzt sollte ein dreißig Meter breiter Stahlcaisson durch die

lockeren Deckschichten hindurch auf das Grundgestein getrieben werden, eine Röhre, die die meisten der bisher niedergebrachten Bohrungen und Schächte mit eingeschlossen hätte. Innerhalb des Caissons wollte man die gesamte Erde abtragen, mit modernsten Hochdruckpumpen das Wasser absaugen und sich auf diese Weise bis zum kalkigen Untergrund vorarbeiten. Die Kosten wurden auf zehn Millionen Dollar veranschlagt, das Geld sollte über Börsenspekulationen und Aktienanleihen beschafft werden. Doch das Geld kam bis heute nicht zusammen, kein weiterer Spatenstich wurde getan. *The Big Dig*, das »große Loch«, ist eine Utopie geblieben.

Heute stünden durchaus verschiedene weitere Techniken für einen wasserdichten Schachtausbau zur Verfügung. Beispielsweise setzt die deutsche Firma Gebhardt & König im Ruhrkohlebergbau ein Gefrierschachtverfahren ein, wenn sehr tiefe Schächte in stark wasserführende Schichten bzw. Schwemmsand abgeteuft werden.

Eine Suche anderer Art betreibt seit wenigen Jahren Robert S. Joung, der von Fred Nolan eine Inselparzelle gekauft hat. Er erkundet die Insel mit Sonargeräten nach Hohlräumen und arbeitet mit dem Nová-Scotia-Museum zusammen, dem er schon einige Funde übergeben konnte. Worum es sich dabei handelt, wurde allerdings bisher nicht bekannt.

Die einzig wirklich substanzielle Entdeckung der letzten Jahre wurde 1996 gemacht. Und sie kam aus einer völlig unerwarteten Richtung und an einem völlig unerwarteten Ort. Damals sondierten Wissenschaftler vom kanadischen *Bedford Institute of Oceanography* mit dem Forschungsschiff *The Plover* das Meeresgebiet vor Neu-Schottland. Sie bedienten sich dabei eines so genannten Mehrstrahltransducers, eines modernen Sonargeräts. Auf diese Weise kann man den Meeresboden sehr genau erfassen und später dreidimensionale Abbildungen davon im Computer erzeugen.

The Plover befuhr auch die Gewässer unmittelbar um Oak Island. An der Südküste stießen die beiden beteiligten Wissenschaftler, der Meeresgeologe Gordon Fader und der Meeresgeophysiker Bob Courtney, auf etwas sehr Ungewöhnliches: einen lang gezogenen tiefen Graben, der auf sie sofort den Eindruck machte, als sei er hier künstlich angelegt worden, ausgebaggert auf dem Grund des Meeres. Und: Sein Verlauf zeigt genau auf die Position des einstigen steinernen

Dreiecks auf der Insel, so, als sei er der »Schaft« der dort errichteten »Pfeilspitze«.
Über zweihundert Jahre, nachdem ein junger englischer Siedler mit Namen Daniel McGinnes zufällig den später *Money Pit* genannten Schacht auf Oak Island entdeckte, hat das Rätsel noch immer keine Lösung gefunden. Wer hat hier diese geradezu unglaubliche Anlage errichtet? Waren es wirklich nur Piraten? Waren es Indianer aus Süd- oder Mittelamerika? Waren es britische Soldaten? Sind hier die Schriften Shakespeares versteckt? Oder die verschwundenen französischen Kronjuwelen? Die Liste der seit 1795 aufgestellten und wieder verworfenen Hypothesen ist lang. Keine davon konnte jemals bewiesen werden.
Das führte sogar dazu, dass einige Forscher glauben, es gäbe auf Oak Island *überhaupt kein* Versteck. Die Bohlen-Rundhölzer seien nur natürliche Einlagerungen, die Tunnels natürliche Gräben, die Schriftzeichen einfach natürliche Ritzungen im Gestein gewesen. Aber eine solche These erklärt nichts – sie öffnet nur den Raum für weitere Fragen: Warum lagerten die Rundhölzer im jeweils exakten Abstand von drei Metern? Das wäre bei natürlichen Schichten nicht möglich gewesen, ganz davon abgesehen, dass zumindest die untersten Lagen längst verfault gewesen wären. Außerdem ist man bei allen anderen Schächten, die man in die Tiefe trieb, niemals auf diese Rundhölzer gestoßen. Hätte es sich wirklich um natürliche Einlagerungen gehandelt, hätte dies unweigerlich der Fall sein müssen. Die Tunnels können auch keine natürlichen Gräben gewesen sein, denn sie wurden von zahlreichen Fachleuten begutachtet, die gesamte Anlage war unzweideutig künstlichen Ursprungs. Lediglich die Schriftzeichen auf dem zutage geförderten Stein könnten wirklich zufällige Risse und Klüfte gewesen sein; wir werden dies aber niemals feststellen, da der Stein verschwunden ist.

Was bleibt, sind Fragen: Wer legte dieses unglaubliche Versteck an? Warum tat er es hier, auf dieser kleinen Insel? Wann geschah das? Wofür dient diese Anlage? Welche genialen Baumeister waren für die Planung verantwortlich, welche Heerscharen von Arbeitern haben sie ausgeführt? Warum hat niemand jemals etwas darüber in Erfahrung bringen können, warum haben alle geschwiegen – bis zum heutigen Tag? Worum handelte es sich bei den seltsamen rohr- und kästchenförmigen Gegenständen, die die Kamera der *Triton Alliance* 1970 aufnahm? Welche Bewandtnis hat es mit dem Steinkreuz auf Oak Island? Und was um alles in der Welt hatte für irgendjemanden eine solche Bedeutung, dass er all dies organisierte und durchführte, nur um es anschließend zu versiegeln und niemals mehr irgendeinem Außenstehenden gegenüber auch nur ein Wort darüber zu verlieren? Fast hat es den Anschein, hier sei etwas *für die Ewigkeit* deponiert worden, etwas, das unter *keinen Umständen* und von *keinem Menschen* jemals mehr gefunden werden sollte.

Es ist ein großes, ein unglaubliches Geheimnis, das Oak Island umgibt. Wir werden versuchen, diesem Geheimnis näher zu kommen. Wir werden dazu weit zurückgehen in der menschlichen Geschichte, wir werden bekannten und weniger bekannten Überlieferungen begegnen, Gott und Göttern gegenüberstehen, uns mit Tod und Unheil, Freude und Glück konfrontiert sehen, wir werden Ungewöhnliches über berühmte Gestalten der Vergangenheit erfahren und zu Orten reisen, denen seit Jahrhunderten und Jahrtausenden der Nebel eines großen Mysteriums anhaftet. Wir werden in die großen Menschheitsmythen eintauchen, von der fernsten Vergangenheit vor 3500 Jahren bis hinein ins Mittelalter und die Zeit danach. Wir werden erstaunliche Entdeckungen machen.

Denn dies ist die Geschichte des außergewöhnlichsten Objekts, das es jemals auf dieser Welt gegeben hat. Eines Objekts, das nicht von dieser Welt stammte und das seine letzte Ruhestätte auf einer kleinen Insel vor der Küste Kanadas gefunden hat.

Es ist die Geschichte des *OThIQ IVMIN* oder der *Schechina* oder des *Baphomet*. Es ist die Geschichte ... des *Heiligen Grals*.

Teil 1

Die Legende

I. Parzival

Wir bringen das Neue nicht, um die Geister zu verwirren, sondern um sie aufzuklären, nicht um die Wissenschaft zu zerstören, sondern um sie wahrhaft zu begründen.

Galileo Galilei
(1564–1642)

Dan Browns »Da Vinci Code«

Als »Rätseldroge« eines mythengierigen Publikums bezeichnete der »*Spiegel*« nach dem Erscheinen von Dan Browns Bestseller-Thriller »Sakrileg« die Suche nach dem Heiligen Gral. Der Vatikan und der italienische Kardinal Tarcisio Bertones warnen vor Browns Buch (Originaltitel: »The Da Vinci Code«): »Lesen Sie es nicht, und vor allem kaufen Sie es nicht!« Dessen ungeachtet zeigten bereits im ersten Jahr nach Erscheinen von »Sakrileg« über 25 Millionen verkaufter Bücher, dass Verschwörungstheorien stärker sind als eine kirchliche Zensur. Was ist es, das die Leser weltweit so in seinen Bann zieht? Welches Rätsel veranlasst völlig normale Bürger, die in ihrem Leben so gut wie nie ein Museum besucht haben, nach Paris in den Louvre zu fahren und vor dem bekanntesten Gemälde Leonardo da Vincis, der *Mona Lisa*, ihre eigene Fahndung aufzunehmen, die sie als »Sakrileg«-Touristen bis in die Westminster Abbey nach London und weiter nach Mailand führt, wo sie mit scharfem Blick Leonardos *Abendmahl* untersuchen?
Dan Brown geht in seinem Roman von einer interessanten These aus. »Die Prieuré de Sion, der Orden der Bruderschaft von Sion, wurde im Jahr 1099 gegründet und ist eine Geheimgesellschaft, die bis heute existiert«, schreibt der Bestsellerautor zu Beginn des Buches, überschrieben mit »Fakten und Tatsachen«. Und weiter: »Im Jahr 1975 wurden in der Pariser Nationalbibliothek Dokumente entdeckt, die unter der Bezeichnung *Dossiers Secrets* bekannt geworden sind und aus denen hervorgeht, dass eine Reihe berühmter Männer der Prieuré angehörten, darunter Sir Isaac Newton, Sandro Botticelli, Victor Hugo und Leonardo da Vinci.« Sind dies tatsächlich »Fakten« oder ist dies bereits

Roman? Und was hat dies alles mit dem Gral, jenem geheimnisvollen Gefäß des Mittelalters zu tun?

Kurz gefasst offeriert Dan Brown seinen Lesern folgende packende Thriller-Story: Die römisch-katholische Kirche verhindert mit Intrige, Lüge und Mord die Aufdeckung eines angeblichen Geheimnisses. Jesus Christus hat mit Maria Magdalena ein Verhältnis. Die Kreuzigung überlebt der Messias und flüchtet mit Maria aus Magdala, der er zuvor sieben Dämonen ausgetrieben hat, nach Gallien. In Frankreich gebiert sie ihrem Mann Kinder, deren Nachkommen noch heute unter uns leben. Die sich etablierende Kirche unter Petrus und Paulus aber verkündet die Auferstehung des Heilands. Ihre Anhänger setzen nun alle Hebel wachsender Macht in Bewegung, um die wahre Lebensgeschichte Jesu von Nazareth zu verheimlichen. Sie schrecken vor Verfolgung und Inquisition nicht zurück, um ihr dunkles Machwerk zu verheimlichen. Doch die Bruderschaft der »Prieuré de Sion« habe dieses Wissen im Geheimen bis in unsere Gegenwart gehütet. Diese heilige Blutslinie des *Sang real*, die von Jesus abstammt, verberge sich hinter dem *Heiligen Gral*.

Leben wir alle seit Jahrhunderten in einem unbemerkten Kampf der bösen katholischen Kirche gegen die gute Geheimgesellschaft der »Prieuré de Sion«? Ahnten die Dichter des Mittelalters, die uns die Gral-Legende überlieferten, etwas von diesem gefährlichen Wissen? Gab uns Leonardo in seinen Gemälden verschlüsselte Hinweise? Brauchen wir diesen Code des Leonardo da Vinci nur zu knacken, um die volle Wahrheit über den geheimnisvollsten Mythos der Menschheitsgeschichte zu erfahren?

Schon seit Jahrhunderten liegt ein undurchdringlicher Nebel über dem Heiligen Gral, der sich wie eine höhere religiöse Wahrheit dem menschlichen Verstand zu entziehen scheint. Ist er das Gefäß, in dem das Blut Christi bei seiner Kreuzigung aufgefangen wurde? Oder ist der Gral der Abendmahlskelch, in dem Jesus Wein zu Blut verwandelte? Hält er das Mysterium des Göttlichen verborgen? Oder ist er ein Stein, der von Engeln zur Erde gebracht wurde? Manche meinen, er sei das Symbol mittelalterlicher Ketzer gewesen. Er könnte aber auch der »Stein der Weisen« sein, der dem Menschen, der das rätselhafte Behältnis findet, allumfassendes Wissen und ewiges Leben gewährt. Oder existiert der Gral gar nicht als reales Artefakt, das wir tatsächlich fin-

den können? Vielleicht stellt die Gralssuche nur einen symbolischen Zielpunkt einer inneren Vereinigung des Menschen mit dem Göttlichen dar?
Der Gral scheint eine geeignete Projektionsfläche für unzählige metaphysische Konzepte oder – im Gegenteil – für materielle Bedürfnisse zu sein. Dessen sehr wohl bewusst, begeben wir uns dennoch auf die Suche nach den wirklichen Hintergründen dieses fast magisch anmutenden Gegenstandes. Was wir finden, ist von einer enormen wissenschaftlichen, philosophischen wie religiösen Sprengkraft. Um jedoch nicht nur spekulativ zu bleiben, müssen wir uns zu den Wurzeln der Geschichte begeben und sie sehr genau untersuchen. Denn nur so – und nicht durch oberflächliche Spekulation – können wir dem Gral sein Geheimnis entreißen. Reisen wir also zurück, reisen wir in die Welt des Mittelalters.

Die Welt des Mittelalters

In einer Zeit, die von der Technik geprägt ist, in der Nachrichten aus Übersee per Satellit pünktlich um 20 Uhr über die Farbfernsehschirme unserer Wohnzimmer flimmern, sich jedermann per Internet die neuesten Bilder der NASA von Mars oder Jupiter in den heimischen PC laden kann und jeder sein eigenes Auto fährt – in einer solchen Zeit ist es für uns schwierig, sich vorzustellen, dass wir über all diese Errungenschaften noch gar nicht so lange verfügen. Noch vor hundert Jahren gab es weder Autos noch Fernseher, keine Flugzeuge, keine Raketen, kein Radio. Gehen wir in Gedanken noch weiter zurück, so müssen wir sehr schnell auf alles verzichten, was uns die heutige Zeit an Annehmlichkeiten zu bieten hat.
Die Welt des Mittelalters unterschied sich von der unsrigen nahezu grundlegend. Es gab keine Technik im heutigen Sinne. Die politischen, sozialen, religiösen Systeme waren anders, der einfache Bürger, der Bauer, er wusste kaum etwas von der Welt draußen, ja, das ganze Weltbild war ein von dem unsrigen völlig verschiedenes. Die Menschen glaubten sich und die flache Erde im Zentrum des Universums, um das sich alles drehte. Man wusste in Europa noch nichts von Amerika, hatte keine Ahnung davon, dass unser Planet eine Kugel ist genauso

wie die anderen Welten des Alls, dass er sich um die Sonne dreht und diese Sonne nur eine unter vielen ist – irgendwo am Rande einer von zahllosen Galaxien.

Den Menschen in der Zeit des Mittelalters beschäftigten ganz andere Dinge. Für ihn gab es tatsächlich noch den Kampf ums tägliche Brot. Hungersnöte, Pestseuchen, Kriege – mit ihnen wuchs er auf und mit ihnen starb er. Das Leben bestand aus harter Arbeit. Freizeit oder Ferien, das gab es nicht. Und ein weiterer wichtiger Faktor spielte eine alles überragende Rolle: die Religion. Sie war das einzige, woran man sich wirklich klammern konnte, das, was den Menschen Mut gab, was ihnen half, die Unbill des eigenen Lebens besser zu ertragen, mit all den Schwierigkeiten und Nöten fertig zu werden. Christus war der Mittelpunkt, und seine Kirche – zumindest beim Volk – der unantastbare und unbestrittene Vertreter Gottes auf Erden.

In der Herrscherschicht waren die Prioritäten ein wenig anders verteilt. Denn obwohl sich die Kirche im elften, zwölften und dreizehnten Jahrhundert auf dem Höhepunkt ihrer Macht befand, war es doch auch eine Zeit, die vom unverhüllten Streit zwischen Staat und Kirche gekennzeichnet war. Die Forderungen Papst Gregors VII. (Pontifikat 1073–1085) nach einem Verbot der Laieninvestitur (Einsetzung von Priestern und Bischöfen durch weltliche Herrscher) und der Simonie (Handel mit geistlichen Gütern und Kirchenämtern), auf die sich die Macht des Adels gründete, der Gang Kaiser Heinrichs IV. nach Canossa im Jahr 1077 (um sich dem Papst zu unterwerfen), und das Wormser Konkordat 1122 zwischen Kirche und Staat spiegeln sehr exakt das Verhältnis zwischen den beiden Mächten dieser Zeit wider.

Dennoch – in die gleiche Zeit fallen auch die Kreuzzüge. Herrscher, Ritter, Bauern, Handwerker, Kinder zogen zusammen mit Männern der Kirche ins Heilige Land, um dieses und die Stadt Jerusalem »vom Islam zu befreien«. Zum ersten Mal überhaupt zeigte sich so etwas wie ein europäisches Zusammengehörigkeitsgefühl, das über alle Grenzen hinausging. Der Handel begann zu florieren, neue Städte wurden gebaut, neue Mönchs- und Ritterorden gegründet. Und während noch um das Jahr 1000 die Bildung auf ein Minimum zurückgefallen war, begann mit dem ersten Kreuzzug 1096 eine Rückkehr zum Lehren und Lernen. Die Klosterschulen, insbesondere die der Benediktiner, be-

schäftigten sich mit den Wissenschaften, die antiken Schriftsteller wurden gelesen und übersetzt: Das geistige Europa begann zu erwachen. Vor allem in Frankreich scheinen sich die Zentren dieses Aufbruchs befunden zu haben. Die Schule von Chartres erlebte im zwölften Jahrhundert ihren Höhepunkt, und an vielen anderen Orten begannen Menschen damit, die Gedankenwelt der Antike mit den Ideen des Christentums zu verbinden. Vielerorts nahm diese Forschung Formen an, die sehr schnell das Missfallen der Kirche hervorrief, und so fällt in diese Zeit auch der Beginn der Inquisition, wohl eines der schwärzesten Kapitel in der Geschichte des Abendlandes.
Auf der anderen Seite aber kam das Rittertum zu seiner Blüte. Die meisten Ritter gehörten ursprünglich nicht dem Adel an und mussten daher versuchen, diesen »Mangel« durch die Entwicklung bestimmter Tugenden wie Kühnheit, Tapferkeit, Mut, Treue und Beständigkeit wettzumachen. Es entstand so eine eigene Kultur, deren oberstes Ziel die »Ritterlichkeit« und deren äußere Zeichen eine bestimmte Tracht, der Dienst für adlige Frauen und Turniere waren.
Es kam nicht von ungefähr, dass sich aus den Abenteuern der Ritter eine eigenständige, neben der geistlichen eben die höfische Dichtkunst entwickelte. Zuerst in Frankreich, insbesondere in der Provence, wo die Troubadoure die Künder dieser neuen Kultur wurden, später auch in Spanien und in Deutschland. Zahlreiche Fürsten, etwa der Landgraf Hermann von Thüringen, der auf der Wartburg einen Sängerwettstreit ausführen ließ, förderten diese Kunst. Auf allen Burgen erklangen zum Lob der schönen Frauen Minnelieder, deren vollendetste wohl von Walther von der Vogelweide stammen. Die Heidelberger Liederhandschrift aus dem dreizehnten Jahrhundert zählt 140 Minnesänger auf, darunter auch Kaiser Heinrich VI.

Gleiche Wertschätzung aber genossen die bereits erwähnten Dichter ritterlicher Romane, etwa Hartmann von Aue, Gottfried von Straßburg oder Geoffrey of Monmouth in England. Er war es, der um 1135 als Erster die Sagen und Geschichten von König Arthur schriftlich niederlegte und damit eine Bewegung auslöste, die für uns Heutige nur schwer verständlich erscheint. In einer zeitgenössischen Niederschrift drückte bereits der islamische Gelehrte Alanus ab Insulis sein Erstaunen darüber aus:

Wo ist ein Ort innerhalb der Grenzen des Christenreiches, zu dem die beflügelte Lobpreisung des Briten Artus nicht gelangt ist? Wer spricht wohl nicht von Artus dem Briten, da er doch den Völkern Asiens kaum weniger bekannt ist als den Bretonen, wie unsere Pilger nach ihrer Rückkehr aus den Ländern des Ostens erzählen? Die östlichen Völker sprechen von ihm ebenso wie die westlichen, obwohl sie durch die Weiten der ganzen Erde voneinander getrennt sind. Ägypten spricht von ihm, und der Bosporus schweigt nicht darüber; Rom, die Königin der Städte, besingt seine Taten, und seine Kriege sind dem alten Gegner Roms, Karthago, nicht unbekannt. Antiochien, Armenien und Palästina feiern seine Werke. Geht in das Reich Armorika, d. h. die Bretagne, und verkündet auf den Marktplätzen und in den Dörfern, dass Artus, der Brite, tot sei, so wie andere Menschen tot sind, und die Tatsachen werden beweisen, wie wahr die Prophezeiung Merlins ist, die besagt, dass das Ende des König Artus zweifelhaft sei. Ihr werdet kaum unbeschädigt davonkommen, ohne mit Flüchen überschüttet oder von den Steinen eurer Zuhörer zerschmettert zu werden.

Noch heute, achthundert Jahre später, werden wir in eine seltsame Stimmung versetzt, wenn wir uns der Sagen, die wir als Kinder hörten, oder an Filmepen, die wir im Kino sahen, erinnern. König Arthur, der Zauberer Merlin, der Ritter Gauwein, die Tafelrunde – all das hat einen seltsamen Klang für uns. Wie viel mehr muss es für jene Menschen damals bedeutet haben, für die all das wirklich und real war, für die die Tafelrunde ein Rittertum symbolisierte, charakterisiert durch all die Tugenden der damaligen Zeit: christlich, selbstlos, gottesfürchtig. Arthur und seine Ritter waren die Personifizierung des Guten auf Erden, ihre Taten zum Wohle der Menschen, insbesondere der Armen und Gebeutelten, waren wie eine zweite »Frohe Botschaft« in einer Zeit der Grausamkeiten, der staatlichen und kirchlichen Willkür, des harten Lebens zwischen Geburt und Tod. Geschichten wie die Arthursage waren für die Menschen ein Ausgleich, der ihnen ihr Dasein, den Kampf ums tägliche Brot, erleichterte.

Es gab neben der Arthurlegende aber noch eine zweite Sage, die mit ihr zum Teil verknüpft ist und die auf die Menschen des zwölften und dreizehnten Jahrhunderts eine nicht minder starke Wirkung ausübte: die Parzivallegende und die Suche nach dem Heiligen Gral, die der

Dichter Wolfram von Eschenbach um 1200 erstmals in deutscher Sprache niederlegte. Es ist diese Legende, die nun, mehr als achthundert Jahre später, erstmals in ihrer ganzen Bedeutung erkannt werden kann. Erst jetzt beginnen wir zu ahnen, welchen außergewöhnlichen literarischen Schatz sie darstellt.

Die Legende vom Heiligen Gral nach Wolfram von Eschenbach

Wenn wir ein Sagenbuch aufschlagen, das sich aus Jugendtagen herübergerettet hat und sich vielleicht noch in der hintersten Ecke des Bücherschrankes entdecken lässt, so finden sich die darin wiedergegebenen Überlieferungen meist in prosaischer Erzählweise wieder. Ursprünglich aber sind die Sagen des Mittelalters in fast allen Fällen in Gedichtform niedergelegt. Dennoch wollen wir uns hier im Wesentlichen an die prosaische Interpretation halten, in die wir an wichtigen Stellen Textauszüge in Anlehnung an die Übersetzung Wilhelm Stapels[1] eingeflochten haben. Besonders interessante Textproben, die für die spätere Interpretation wichtig sind, werden im weiteren Verlauf wörtlich zitiert werden.
Wolframs Parzivalerzählung setzt sich aus insgesamt sechzehn Büchern zusammen, die in den Jahren um 1195 bis 1219 entstanden. Die Handlung spielt auf zwei Ebenen: Zum einen wird die Geschichte um den Arthus-Ritter Gawan (oder Gauwein) erzählt, zum anderen die Suche Parzivals nach dem Gral.
Das erste Buch beginnt mit dem Tode des Königs von Anschouwe (= Anjou, französ. Landschaft an der Loire) und dem darauf folgenden Aufbruch seines zweiten Sohnes Gahmuret. Gahmuret zieht zunächst nach Afrika und hat dort mit der schwarzen Königin Belancane einen Sohn mit Namen Feirefiz. Er verlässt sie jedoch kurz darauf und segelt nach Spanien. Hier heiratet er die Königstochter Herzeloyde. Auch die beiden haben einen Sohn: Parzival. Doch kurz vor dessen Geburt stirbt Gahmuret im Kampf. Herzeloyde zieht sich daraufhin in die Einöde zurück, um dem heranwachsenden Parzival jede Möglichkeit zu versperren, selbst Ritter zu werden und auf die gleiche Weise zu sterben wie sein Vater.

Als junger Mann jedoch, allein unterwegs in den Wäldern seiner Heimat, hat Parzival eine schicksalhafte Begegnung: Er sieht drei Ritter in glänzender Rüstung, die auf prächtig geschmückten Pferden einen Waldpfad entlangreiten. Mit der abenteuerlichen Welt des Rittertums konfrontiert, macht er sich daraufhin selbst auf den Weg, um in die Fußstapfen seines Vaters zu treten, über den er so gut wie nichts weiß. Im Gewand eines Narren, mit einem rostigen Schwert ausgerüstet, reitet er hinaus in die Welt. Wie in diesen höfischen Romanen üblich, muss Parzival eine Reihe von Abenteuern bestehen – aber es ist weniger sein noch wenig trainiertes Geschick, es ist eher seine Tölpelhaftigkeit, die ihn schließlich an den Hof von König Arthur treibt. Dennoch besiegt er dort den »roten Ritter« und legt sich dessen Rüstung an. Arthur ist davon so beeindruckt, dass er ihm den Ritter Gurnemanz als Lehrer gibt. Gurnemanz gewöhnt Parzival nicht nur dessen schlechte Manieren ab, lehrt ihn nicht nur den Umgang mit dem Schwert und anderen Waffen, er gibt ihm auch eine folgenschwere Weisung: »Ich habe wohl gemerkt, dass Ihr Belehrung braucht. Ich rate Euch, dass Ihr das unziemliche Daherreden lasst. Ihr sollt nicht so viel fragen.«
Als Parzival glaubt, seine Ausbildung beendet zu haben, bricht er erneut auf. Er heiratet und zieht, genau wie sein Vater, erneut weiter. An einem Fluss begegnet er einem prächtig gekleideten Fischer, den er nach einer Herberge fragt.

Es ist eine prunkvolle Burg, zu der der seltsame Fischer Parzival schickt. Trotzdem liegt sie in tiefer Trauer da, als der junge Mann durch das Tor hineinreitet. Man geleitet ihn in einen großen Saal. Hier brennen Feuer, und es sind hundert Tische für je vier Ritter aufgestellt. Parzival begegnet dem alten, kranken Herrn der Burg, der trotz der Wärme in einen Pelz gehüllt ist, und wird aufgefordert, neben ihm Platz zu nehmen. In diesem Moment beginnt ein seltsames Schauspiel:

Da trug man etwas Schmerzliches herbei. Ein Knappe sprang zur Tür herein, der trug eine Lanze – ein Brauch, der dort jedes Mal ein Wehgeschrei hervorrief. An ihrer Scheide entquoll Blut und rann am Schaft hernieder bis auf die Hand, sodass es schließlich im Ärmel versickerte. Da erhob sich ein großes Weinen und Schreien im weiten Saal. Das Volk aus dreißig Ländern könnte nicht lauter weinen als die Ritter hier.

Er trug die Lanze in seinen Händen an den vier Wänden ringsherum, bis zur Tür. Der Knappe ging wieder hinaus. Still war des Volkes Klage, zu der sie von dem Jammer getrieben worden waren, an den die Lanze sie erinnerte, die der Knappe getragen hatte.

Als die Tür sich erneut öffnet, betreten zahlreiche junge Mädchen, in Zweierreihen hintereinander, den Saal. Sie tragen Kerzen, Tischstollen aus Elfenbein, eine Platte aus Edelsteinen und silberne Messer herein. Dann kommt die Königin selbst:

Von ihrem Antlitz ging ein Schein aus, dass alle meinten, es beginne zu tagen. Man sah die Frau gekleidet in Pfellel von Arabien. Auf einem grünen Achmardi trug sie die Wunscherfüllung vom Paradies, Wurzel war es zugleich und Reis. Das war ein Ding, das hieß der Gral, allen Erdenwunsches Überschwang. Die aber, von welcher der Gral sich tragen ließ, war Repanse de Schoye. Es war des Grales Art, dass er von reiner Hand verwahrt werden musste; die ihn in rechte Obhut nehmen sollte, die musste ohne Falsch sein.

Damit beginnt das Mahl. Kostbare Gefäße stehen bereit, und alle werden gefüllt durch die Wundertätigkeit des Grals, der jedem Speise und Trank nach dessen Wunsch gewährt:

Man sagte mir, und ich sage es auch Euch, auf Euren Eid freilich, dass vor dem Gral bereit lag (wenn ich Euch Falsches berichtete, so lügt Ihr nun ebenso wie ich,) wonach ein jeder die Hand ausstreckte, und dass er vor sich bereitet fand warme Speise, kalte Speise, neue Speise und alte Speise, von zahmem und von wildem Getier. Etwas Derartiges hat es nie gegeben, möchte mancher wohl sprechen. Aber er irrt: Denn der Gral war die Frucht der Seligen, eine solche Fülle irdischer Süßigkeit, dass er fast all dem glich, was man sagt vom Himmelreiche.

Parzival ist stumm vor Erstaunen, und kein Wort der Frage nach dem seltsamen Geschehen, das ihn umgibt, kommt über seine Lippen. Als das Mahl beendet ist, treten die Jungfrauen in umgekehrter Reihenfolge wieder aus dem Saale.
Die Ritter erheben sich, der Gast wird in sein Schlafgemach geleitet.

In der Nacht plagen ihn wirre Träume, und als endlich der Morgen graut, ist niemand da, der ihn bedient. Lediglich das Schwert, das er am Abend zuvor aus der Hand des Burgherren zum Geschenk erhalten hat, liegt neben ihm bereit. Im Hof ist sein Pferd angebunden. Parzival besteigt es, reitet hinaus, hinter ihm schließt sich das Tor.
Sein Weg führt ihn zu Sigune, der er schon einmal als Knabe begegnet war. Er erwähnt die seltsame Burg, auf der er zu Gast war, und Sigune antwortet ihm:

Nur eine einzige Burg, die steht allein, die ist an irdischer Vollkommenheit reich. Wer sie mit Fleiß sucht, der findet sie nicht. Gleichwohl sieht man viele Leute sich darum bemühen. Es muss ohne Wissen geschehen, wer immer die Burg sehen soll. Ich glaube, Herr, Ihr kennt sie nicht. Sie wird Munsalvaesche genannt. Der alte Titurel vererbte sie seinem Sohne, dem König Frimutel – so hieß der edle Recke ... Er hinterließ bei seinem Tod vier Kinder. Trotz ihres Reichtums lebten drei von ihnen im Jammer. Der vierte aber trägt freiwillig die Armut. Das tut er um Gottes willen, um Sünde zu sühnen. Dieser hieß Trevrizent. Sein Bruder Anfortas muss immerzu in einem Sessel sitzen, da er weder reiten noch gehen noch liegen noch stehen kann. Ihn, den Herrn von Munsalvaesche, verschont die Ungnade nicht. Herr, wäret Ihr dorthin gekommen zu der leidvollen Schar, so wäre der Herr das viele Elend, das er schon so lange trägt, losgeworden.

Im Laufe des folgenden Gesprächs muss Parzival jedoch eingestehen, dass er sich weder nach der Lanze noch nach dem Gral noch nach dem Leiden des alten Königs erkundigt habe. Sigune antwortet erschrocken:

»Oh weh! Dass mein Auge Euch sieht!«, sprach die leidvolle Frau. »Da Ihr nicht den Mut zur Frage hattet! Ihr sahet doch so große Wunder – dass Euch das Fragen unangenehm war, dort, wo Ihr doch schon beim Grale ward! – Ihr sahet viele untadelige Frauen, die edle Garschiloye und Repanse de Schoye und schneidendes Silber und den blutenden Speer! Oh weh, was wollt Ihr denn nun hier bei mir? Verstoßenes Leben! Verfluchter Mann! Ihr hättet Erbarmen mit dem Herrn haben sollen, den Gott mit einem schrecklichen Wunder heimgesucht hat, und

hättet nach seiner Not fragen sollen! Ihr lebt, aber Ihr seid tot an Glück!«

Parzival reitet, tief betroffen, weiter. Nach zahlreichen Abenteuern kehrt er zurück an Arthurs Hof, wo er mit Freuden empfangen wird. Die Begrüßungsfeier hat gerade begonnen, als eine hässliche Frau mit tierischem Gesicht, aber mit einem prachtvollen Kleid, mitten in die Versammlung reitet. Es ist Kundrie, die Gralsbotin. Sie verflucht Parzival, da ihm die höchste Herrlichkeit verloren gegangen sei. Unwiederbringlich sei er der Schande verfallen und für immer der Hölle bestimmt. Dann reitet sie fort, und auch Parzival bricht auf, die anscheinend völlig aussichtslose Suche nach dem Gral erneut zu beginnen.

Es ist eine lange Irrfahrt, Jahre vergehen. Schließlich, an einem Karfreitag, gelangt der Held der Erzählung zu einer einsamen Klause. Hier wird er von einem Eremiten empfangen, der sich ihm bald darauf als Trevrizent zu erkennen gibt: den Bruder des Gralskönigs Anfortas, gleichzeitig aber auch Bruder von Parzivals Mutter Herzeloyde und damit sein Onkel. Schließlich kommt er auf den Gral zu sprechen. Dieser sei ein wundertätiger, edler Stein, und jeden Karfreitag lasse sich eine weiße Taube mit einer Hostie auf ihm nieder. Durch dieses Wunder erhalte er die Kraft, den Menschen Nahrung und ewiges Leben zu spenden. Einst hätten Engel ihn gehütet, jetzt dagegen ein hohes Rittergeschlecht. Dessen König aber sei durch eine Sünde verletzt worden, und nur die Frage eines Ritters würde ihn von seinen Schmerzen erlösen können. Dieser Ritter sei nun beim Gral gewesen, die wichtige Frage habe er jedoch nicht gestellt.

Parzival muss seinem Onkel gestehen, dass er selbst dieser Ritter war, und obwohl Trevrizent zunächst entsetzt ist, spricht er dem jungen Mann doch Mut zu und erklärt sich bereit, dessen Schuld durch Buße abzusühnen. Wieder bricht Parzival auf, wieder hat er zahlreiche Abenteuer zu bestehen. Bei einem Kampf trifft er auf Feirefiz, seinen Halbbruder aus Afrika. Beide kehren zurück zur Tafelrunde König Arthurs, als plötzlich erneut Kundrie, die Gralsbotin, erscheint:

»Oh wohl Dir, Gahmurets Sohn! Gott will nun Gnade erweisen an Dir! … Das Epitaphium wurde gelesen: Du sollst des Grales Herr sein,

und Dein Weib Kondwiramurs und Dein Sohn Lohengrin sind beide dorthin mit Dir berufen. Als Du das Land Brobarz verließest, trug sie zwei schon lebendige Söhne. Kardeiß wird sein Erbe dort in Brobarz erhalten … Deines Mundes Frage wird den König Anfortas erretten, wird das Seufzen und den Jammer von ihm abwehren – wo ist jemand, der Dir an Seligkeit gleichkäme?«

Parzival ist es also zum zweiten Male erlaubt, die Gralsburg zu betreten. Er soll sein Erbe als neuer König antreten. Als Begleiter wählt er ohne zu zögern seinen Bruder Feirefiz. Auf Munsalvaesche eingetroffen, werden sie von einer großen Schar in den Burgsaal geführt:

Die anwesenden Ritter setzten sich. Man brachte ihnen manch kostbare Schale von Gold, nicht nur von Glas. Feirefiz und Parzival tranken und gingen darauf zu Anfortas, dem traurigen Mann. Er sagte: »Ich habe schmerzlich darauf gewartet, ob ich wohl je noch einmal durch Euch wieder fröhlich würde. Als Ihr damals hier waret, nahmet Ihr einen solchen Abschied, dass es Euch, sofern Ihr Treue im Herzen traget, reuen muss. Wenn Ihr je Ruhm errungen habt, so bewegt die Leute hier, dass ich sieben Nächte und acht Tage lang den Gral nicht sehen muss! Dann wäre all mein Schmerz zu Ende. Mehr darf ich Euch nicht sagen. Wohl Euch, wenn man Euch wird rühmen können, dass Ihr mir geholfen habt! Euer Freund ist fremd bei uns. Warum lasst Ihr ihn nicht ausruhen?«
Heftig weinend sagte Parzival: »Sagt mir, wo in der Burg hier der Gral sich befindet. Wenn Gottes Güte an mir den Sieg behält, so werden es diese erfahren.«
Dann fiel er, zum Gral gewendet, auf die Knie – dreimal zu Ehren der Dreifaltigkeit. Er betete um die Hinwegnahme des traurigen Mannes Verzweiflung. Er richtete sich auf und sagte dann: »Oheim, was schmerzet Dich?«

Die Zauberfrage ist gestellt, und auf der Stelle schwinden die Krankheit und das Siechtum von Anfortas. Parzival wird zum König erklärt. Kurze Zeit später trifft Parzivals Gattin in der Gralsburg ein, zusammen mit ihren beiden Zwillingssöhnen, die Parzival nun zum ersten Mal sieht. Der eine wird zurückgesandt, um als König über die irdischen Reiche seines Vaters zu herrschen, der andere, Lohengrin, bleibt auf der Gralsburg, um hier später einmal das Erbe Parzivals antreten zu können. Und auch Feirefiz ist Glück beschieden: er verliebt sich in die Trägerin des Grals, Repanse de Schoye, lässt sich taufen, und beide werden miteinander vemählt. Mit ihr kehrt er in seine Heimat zurück und begründet dort durch seinen Sohn, den mystischen Priester Johannes, ein christliches Königreich. Mit den Worten, hier sei die Geschichte vom Gral beendet, schließt Wolfram von Eschenbach wenig später das Epos um Parzival ab.

Leben und Werke Wolframs von Eschenbach

Wer war eigentlich dieser Wolfram von Eschenbach? Seine Geburt wird heute etwa auf das Jahr 1170 datiert, sein Tod um 1220. Glaubte man früher, er stamme aus der Schweiz oder aus Eschenbach bei Bayreuth, wissen wir heute, dass sein Geburtsort Ober-Eschenbach (heute Wolframs-Eschenbach) südlich von Ansbach in Mittelfranken war. Es gibt keinerlei Urkunden über Wolfram, doch können wir aus Abbildungen, Selbstbeschreibungen und den Niederschriften anderer Dichter Etliches über ihn in Erfahrung bringen, mehr jedenfalls als über manch anderen Autoren des Mittelalters.

Im Gegensatz zu seinem Zeitgenossen Walther von der Vogelweide war der Dichter kein »fahrender Sänger«, auch wenn er häufig seinen Wohnsitz wechselte. Er war auf verschiedene Gönner angewiesen, etwa auf das Grafengeschlecht der Wertheimer. Beziehungen pflegte er auch zu den Herren von Durne in Wildbach im Odenwald, zum Landgrafen Hermann in Eisenach und zu bayerischen Adelsgeschlechtern in der Steiermark. Wolfram war kein reicher Mann – im Gegenteil. Trotzdem war er von einem starken Lebenswillen gelenkt, und er pries seine Ehe und Vaterschaft in den höchsten Tönen.

Er behauptete von sich selbst – möglicherweise nur aus Bescheidenheit –, ein ungebildeter Laie zu sein – im Gegensatz zu anderen Dichtern seiner Zeit. Er hatte niemals Latein gelernt, und jegliche Buchweisheit, derer sich beispielsweise Hartmann von Aue brüstete, war ihm zuwider. Dennoch kannte er die deutsche Literatur, insbesondere die Helden- und Legendendichtung, sehr gut und besaß eine geradezu kindliche Freude an allem Fremdartigen. Insbesondere orientalische Namen wurden von ihm mit Vorliebe in die eigenen Werke aufgenommen; Personen, Länder, Völker, magische Geräte – sie mit ungewöhnlich klingenden Namen zu belegen, mit ihnen umzugehen und zu operieren, war für ihn von tiefster Bedeutung.

Mit dem *Parzival* hat Wolfram vermutlich irgendwann vor 1200 begonnen und ihn erst 1210 abgeschlossen. Dazwischen lagen zahlreiche Unterbrechungen, in denen er an anderen Werken arbeitete, und man kann wohl annehmen, dass er etwa zwanzig Jahre lang an seinem Hauptwerk schrieb. Daraus resultiert auch eine Änderung in Wolframs Stil. Waren seine ersten *Parzival*bücher noch sehr unbekümmert niedergelegt und zeugten von einer inneren Frische, verlor sich dies in den späteren Büchern mehr und mehr. Dafür werden die Reime sauberer, akkurater, die Dichtkunst selbst ist von ihm mehr und mehr perfektioniert worden.

Neben dem *Parzival* hat Wolfram etliche Bücher verfasst und neu ausgearbeitet, etwa den *Titurel*, eine Familiengeschichte der Gralskönige, oder den *Willehalm*. In seiner Frühzeit schrieb er auch mehrere Minnelieder (Liebes- und Verehrungslieder für hoch gestellte Frauen), eine Kunst, von der er sich aber bald wieder abwandte.

Nach seinem Tod war Wolfram von Eschenbach schon bald zu einer legendären Figur geworden. Man sah in ihm einen der Gründer der Meistersinger, erkannte ihn als einen der Dichter, die seinerzeit am Sängerwettstreit auf der Wartburg teilgenommen hatten, und glaubte zu wissen, dass er in Maßfeld bei Meiningen von einem Grafen von Henneberg zum Ritter geschlagen worden war.

Der Erste, der sich philologisch mit Wolfram beschäftigte, war sein Zeitgenosse Gottfried von Straßburg (Autor von *Tristan und Isolde*). Wirft dieser ihm noch eine schwerfällige Sprache vor, sprechen viele andere mit Lob und Bewunderung von seinen Werken. Etwa 1462 Jakob Püterich, der im Frauenmünster zu Eschenbach auch Wolframs Grab gesehen hatte und sich darüber beklagte, dass die Schrift und das Wappen bereits verblichen seien. 1460 bis 1470 wurde die Eschenbacher Deutschordenskirche neu erbaut und eine eigene Kapelle als Ruhestätte des Dichters eingerichtet. Im Jahre 1608 berichtete der Nürnberger Patrizier Hans Wilhelm Kress von seinem Besuch am

Grabe Wolframs, auf dem sich jetzt die Inschrift »Hie ligt der Streng Ritter Herr Wolfram von Eschenbach, ein Meister Singer« befände. 1861 wurde auf Anordnung König Maximilians II. auf dem Marktplatz von Eschenbach ein Denkmal errichtet. Die eigentliche Wolfram-Renaissance hatte bereits in den ersten Jahrzehnten des neunzehnten Jahrhunderts eingesetzt, als der Königsberger Philologe Karl Lachmann[2] sich intensiv mit den Schriften des Dichters beschäftigte.
»Die Germanistik hat sich mit keinem anderen Dichter des Mittelalters so vielfältig beschäftigt wie mit Wolfram von Eschenbach und seinen Werken, dem ›Parzival‹ vor allem«, schrieb 1966 Heinz Rupp[3] und kennzeichnete damit treffend die Entwicklung der Parzival-Forschung bis zum heutigen Tag.

Leben und Werke Chrétiens de Troyes

Nun war Wolfram von Eschenbach aber keineswegs der einzige Dichter des Mittelalters, der über Parzival und den Gral geschrieben hat. Der bedeutendste unter ihnen war fraglos Chrétien de Troyes, der Verfasser des *Conte del Graal*, eines leider unvollständig gebliebenen Parzivalepos' aus Frankreich.
Wie bei Wolfram fehlt auch bei Chrétien jedes zeitgenössische Dokument. Wir besitzen weder Geburts- noch Sterbeurkunden, und lediglich sein umfangreiches literarisches Werk weist auf seine Existenz hin. Immerhin muss Chrétien als Begründer einer völlig neuen Richtung des höfischen Kunstromans betrachtet werden, einer Richtung, die sehr schnell Verbreitung fand und sich überall großer Beliebtheit erfreute.
Chrétien ist, so können wir annehmen, in Troyes (Frankreich) geboren worden, wenngleich er den Zusatz »de Troies« nur in seinem ältesten Werk, dem *Erec*, verwendete. Aber auch die von ihm gebrauchte Mundart, nämlich die der westlichen Champagne, weist auf Troyes hin. Wo er aufgewachsen ist, ist unbekannt. Auf jeden Fall muss ihm aufgrund seiner hohen Bildung eine gute und gelehrte Erziehung zuteil geworden sein. Bereits als berühmter Dichter kam er später an den Hof Heinrichs I., des Grafen der Champagne, an dem er für dessen Gattin Marie zwischen 1164 und 1173 den *Lancelot* schrieb. Dann verließ er

den Hof und begab sich in den Dienst des Grafen von Flandern, Philippe d'Alsace, in dessen Auftrag er sein Percevalepos verfasste. Das dürfte etwa ab 1174 der Fall gewesen sein. Chrétien starb 1190, noch bevor er den *Conte del Graal* vollenden konnte.
Damit zeigt sich, dass Wolfram und Chrétien ihre Parzivalerzählungen etwa zur gleichen Zeit begonnen haben. Im Wesentlichen sind sich beide Erzählungen sehr ähnlich, dennoch gibt es einige Unterschiede: Bei Chrétien fehlt zum Beispiel die gesamte Vorgeschichte zum eigentlichen Epos, die handelnden Personen haben zum Teil andere Namen und andere Funktionen, einzelne Abenteuer werden in einer anderen Reihenfolge erzählt oder in völlig veränderter Form beschrieben. In Chrétiens Gralsburg leben auch keine Ritter, sondern nur Knappen, die auch die Gegenstände der Gralsprozession in den Burgsaal tragen. Lediglich der Gral selbst wird von einer Jungfrau gehalten. Dann folgen erneut Schilderungen verschiedenster Abenteuer, doch bleibt die Erzählung aufgrund Chrétiens frühen Todes letztlich unvollständig. Die Handlung bricht mitten in einer Frage plötzlich ab.

Die Gralsagen von Robert de Boron, Gautier de Dourdan, Manessier und Herbert von Mostreuil

Andere Autoren des Mittelalters nahmen sich ebenfalls des Parzival-Stoffes an. Hervorzuheben ist insbesondere Robert de Boron. Während etwa Gautier de Dourdan, Manessier, Herbert von Mostreuil und andere den unterbrochenen *Perceval* Chrétiens lediglich fortsetzten, schrieb Robert de Boron die gesamte Geschichte erneut in drei Teilen nieder. Leider wissen wir über ihn so gut wie nichts, weder kennen wir seine genaue Lebenszeit noch den Ort seiner Geburt. Es ist nicht einmal gesichert, ob er Franzose oder Engländer war, und auch die Abfassungsperiode seiner Werke ist nicht eindeutig festgelegt. Manche vermuten, er habe sein Werk vor Chrétien begonnen, es aber erst nach der »Perceval«-Abfassung vollendet. Andere gehen davon aus, das Gesamtwerk Roberts sei erst nach dem Chrétiens entstanden.
Wie dem auch sei – es war Robert de Boron, der im Gral als Erster jene Schale sah, in die Christus beim Abendmahl seine Hände tauchte (Matth., 26,23). Der Legende nach soll dies dasselbe Gefäß gewesen

sein, in dem Josef von Arimathea das Blut Jesu auffing, das vom Kreuz zu Boden rann. Robert de Boron beschreibt diese Geschichte im ersten Teil seiner Erzählung, und er schildert auch, wie diese Schale von Jerusalem nach England gebracht wurde. Im *Merlin*, dem zweiten Buch Roberts, wird die Geschichte um die Geburt des berühmten Magiers und König Arthurs dargestellt, die Einrichtung der Tafelrunde und die Krönung Arthurs zum Herrscher. Der *Perceval* schließlich schildert die bereits bekannte Erzählung, die bei Robert allerdings mit phantastischen Details angereichert ist. Bedeutsam ist, dass Roberts Bücher stark christlich-religiös ausgerichtet sind, in einer Art und Weise, wie wir es von den Werken Wolframs und Chrétiens nicht kennen.

Genauso verhält es sich mit Gautier de Dourdan (er dichtete zwischen 1190 und 1200), Manessier (1214–1220), Herbert von Mostreuil (vor 1225), Perceval li Galios (um 1225) und dem unbekannten Verfasser des *Grand St. Graal* (nach 1220). Sie alle setzten entweder Chrétien fort oder hielten sich an die Fassung Robert de Borons, schmückten Einzelheiten aus und betonten insbesondere die christliche Komponente der Gral-Geschichte (d. h. der Gral als Kelch bzw. als Schale mit dem Blut Christi).[4]

Es gab also niemals »die« Parzival-Erzählung. Einzelne Autoren haben – aus offensichtlich bereits vorhandenem Material heraus – ihre jeweils eigene Version geschaffen. Was den meisten von uns heute aus Sagenbüchern bekannt ist, ist im Grunde ein Verschnitt, ein Sammelsurium aus den unterschiedlichsten Texten unterschiedlichster Autoren. Wenn wir das Rätsel um Parzival, vor allem aber das Rätsel um den Gral, lösen wollen, müssen wir die Quellen dieser Texte finden, alles illustrierende Beiwerk abtrennen und den ursprünglichen Kern der Erzählung isolieren. Erst dann – und nur dann! – haben wir eine Chance, zu verstehen, was sich hinter all dem verbirgt. Und das ist weit mehr, als wir jemals zuvor geahnt haben.

II. Die Quellen

Es ist keineswegs so, dass der Text keine tiefere Bedeutung hätte, aber bevor man sich in diese fernen Tiefen vorwagt und den Verführungen einer unkontrollierten Exegese erliegt, müssen wir den Text selbst studieren, ihn eingehend analysieren, nichts hinzufügen, nichts wegnehmen, uns hüten, etwas zu verzerren zugunsten einer vorgefassten oder überhasteten Interpretation: Kurz, wir müssen uns sicher sein, ihn genau verstanden zu haben.

Jean Frappier
La légende du Graal, 1984

Peronik und Peredur – Parzivals Vorgänger

Was ist eine Sage? Der Bericht über ein tatsächliches Gesehehen? Oder phantastische Schilderungen nie stattgefundener Ereignisse? Oder eine Mischung aus beidem?

Zumindest was die Parzivalerzählung betrifft, haben wir es mit einem äußerst komplexen literarischen Gebilde zu tun, das aus verschiedensten Quellen stammt und erst relativ spät, nämlich in der Zeit des Hochmittelalters, miteinander verbunden wurde. Im Wesentlichen gilt heute, was der Philologe Alfons Hilka zum *Conte del Graal* schon 1932 schrieb[1]: »Wie ich bereits bemerkt und andere vor mir gefunden haben, besteht Kristians Roman 1. aus dem Gralmotiv, dessen Mittelpunkt die heilige Schüssel ist, an die das Motiv der Erlösung durch ›Fragen‹ geknüpft ist, 2. aus einer Dümmlingserzählung, indem der Hauptheld, der Sucher des Grals, als solcher eingeführt wird, 3. ist das Ganze an Arthurs Hof versetzt, dessen Ritter die handelnden Personen des Romans werden.«

Sowohl Chrétien, Robert und Wolfram als auch die späteren Fortsetzer Chrétiens beschreiben Parzival als einen jungen Burschen, der von der Außenwelt völlig isoliert aufwächst. Als er plötzlich mit dieser fremden Welt in Gestalt der durch den Wald reitenden Ritter konfron-

tiert wird, reagiert er wie ein »dummer Junge«. Interessanterweise existiert eine sehr ähnliche, allerdings *ältere* keltische Überlieferung, die weitgehend als eine der Quellen für die spätere Parzivalüberlieferung gilt. Der Held dieser Erzählung ist ein armer Junge namens Peronik[2]. Er trifft auf einen Ritter, der ihm von der geheimnisvollen Burg Ker Glas des Zauberers Rogear erzählt. In dessen Besitz befänden sich zwei Wunderdinge: eine diamantene Lanze, die alles vernichte, was sie treffe, und ein goldenes Becken, dessen Inhalt von allem Übel heile. Um nach Ker Glas zu gelangen, erfährt Peronik später von einem Eremiten, müsse man als Erstes einen Trugwald durchqueren, dann einen Apfel von einem Baum pflücken, den ein Zwerg mit feurigem Schwert bewache, und eine von einem Löwen gehütete lachende Blume finden. Danach führe der Weg durch einen Drachensee und schließlich durch das Tal der Freuden an einen Fluss, an dessen einziger Furt der Suchende von einer schwarz gekleideten Frau erwartet werde. Die Frau müsse mit auf das Pferd genommen werden, denn nur sie kenne den weiteren Weg. Alle, die sich bisher auf dieses Wagnis eingelassen hätten, seien dabei umgekommen. Das hindert Peronik freilich nicht daran, diese Abenteuer zu bestehen. Er durchquert den Trugwald, pflückt den Apfel, findet die lachende Blume und gelangt schließlich – in Begleitung der schwarzen Frau – nach Ker Glas. Der Held besiegt den Zauberer, indem er ihm von dem gepflückten Apfel zu essen gibt und die schwarze Frau ihn berührt. Peronik entdeckt in den unterirdischen Gewölben der Burg die Lanze und das Becken. In diesem Moment verschwindet das Schloss mit einem Donnerschlag. Peronik findet sich in einem Wald wieder. Sein Weg führt ihn an den Hof des Königs, wo er mit Geschenken belohnt und zum Oberbefehlshaber der könglichen Soldaten gemacht wird.
Die Parallelen zur späteren Parzivalsage sind deutlich: Peronik ist wie Parzival abseits und allein von der Welt aufgewachsen, er begegnet einem Ritter, der ihn zum Aufbruch veranlasst, besteht zahlreiche Abenteuer und gelangt schließlich zum Wunderschloss. Dort gibt es eine diamantene Wunderlanze und ein goldenes Becken. Zum Schluss wird Peronik reich belohnt und nimmt eine führende Stellung ein. Interessant ist auch die Gestalt der »schwarzen Frau«, die die Pest symbolisiert und eine Analogie zur Krankheit Anfortas' darzustellen scheint.

Auch die ebenfalls keltische Sage um einen jugendlichen Helden namens Peredur gleicht der Parzivalerzählung.[3] Allerdings: Statt des Grals findet sich in der Peredur-Erzählung lediglich eine Platte, auf der ein abgeschlagener und in seinem Blut schwimmender Kopf liegt. Peredur fragt nicht danach, und erst beim zweiten Mal erfährt er die Wahrheit: »Der Kopf war der deines leiblichen Vetters. Die Hexen von Clucester haben ihn getötet und deinen Oheim gelähmt. Die Weissagung verheißt, dass du hierfür Rache nehmen wirst.«
Dieses Rache-Motiv fehlt in der Parzival-Erzählung fast völlig. Dennoch sind die Übereinstimmungen frappierend: Der erste Teil des *Peredur* ist bis zur Aufnahme Percevals in die Tafelrunde König Arthurs nahezu mit Chrétiens Text identisch, der zweite Teil beinhaltet die bereits erwähnten Hexen- und Zwerge-Abenteuer, der dritte Teil aber deckt sich von der Verfluchung der hässlichen Botin bis zur Szene in der Einsiedelei wieder fast völlig mit der Überlieferung Chrétiens. Man kann daraus also schließen, wie der Germanist Ernst Martin[4] betont, dass »in der Tat schon allgemeine Gründe auf die Entwicklung der Gralsage zur halbchristlichen Legende hinweisen.« Solche Gründe sind beispielsweise die Eigennamen, die aus dem keltischen Westen kommen: Cornwall, Wales, die Bretagne, Alan, Celidonie, Avalon usw. Auch das Motiv von »Gahmurets Ehe mit einer Mohrenkönigin (stammt) aus einer keltischen Quelle«, stellt Joachim Bumke[5] fest. Und der mythische Keltenkönig Bran hat seine Entsprechung in Chrétiens Frühwerk *Erec*, wo er als »Ban de Gomoret« auftaucht, was später zu Parzivals Vater »Gahmuret« geführt haben dürfte.

König Arthurs Hof

Eine andere wichtige Komponente der Parzivalerzählung ist die Arthurüberlieferung. Paul Piper[6] hält diese sogar für ausschlaggebend: »Der Parzival Wolframs ist seinem Inhalt nach einer der zahlreichen Artusromane, d. h. der Gedichte, welche Artus selbst oder einen der Helden seiner Tafelrunde zum Gegenstand haben.«
Wer war Artus oder Arthur? Bis heute ist man sich darüber nicht einig, zumal es keine zeitgenössische Schrift gibt, die ihn als historische Gestalt erwähnt. Dennoch kann man annehmen, dass er nicht nur der rei-

nen Phantasie entsprungen ist. Erstmals wird sein Name im neunten Jahrhundert genannt, und zwar in dem Text eines gewissen Rennius (um 860), der zwölf Feldzüge Arthurs und einen Zug nach Jerusalem beschreibt. Aber das kann kaum der Fall gewesen sein: Arthur war bereits in diesem Zeitraum zur Legende geworden. Später taucht sein Name in den *Annalen von Wales* (zehntes Jahrhundert) im Zusammenhang mit der Schlacht am Berge Badon auf, bei dem die Briten einen wichtigen Sieg über die eindringenden Sachsen errangen. In dieser Chronik findet sich auch eine Passage über den »Kampf von Camlann, in dem Arthur und Mordred umkamen«. Den ausführlichsten Bericht über Arthur verfasste im elften Jahrhundert Geoffrey of Monmouth in seiner *Historia regum Britanniae*. Hier sind all jene Gestalten und Geschehnisse erwähnt, die wir kennen: Arthurs Geburt, seine Erziehung durch Merlin (eine äußerst mysteriöse Gestalt, die Parallelen zu anderen Beratern geschichtlicher Herrscher aufweist), das magische Schwert *Excalibur*, seine Einsetzung als König in frühem Alter, die Einrichtung der Tafelrunde usw.

Der britische Historiker Geoffrey Ash[7] konnte mit einiger Sicherheit belegen, dass der geschichtliche Arthur etwa in der Mitte des fünften Jahrhunderts als britisch-römischer Offizier lebte und in Wirklichkeit Riotimus hieß. Er kämpfte gegen die eindringenden Westgoten, die in das von den Römern zurückgelassene Machtvakuum vorstießen, und verschwand um 470 im Dunkel der Geschichte. Ash, der vier unabhängige zeitgenössische Quellen über Riotimus/Arthur entdeckte, schreibt: »In dem als Riothamus bezeichneten Hochkönig haben wir endlich eine dokumentarisch belegte Persönlichkeit als Ausgangspunkt der Legende.«

Die Arthurlegenden jedenfalls, die zur Zeit Chrétiens und Wolframs sehr populär waren, schufen gewissermaßen den Rahmen für die Parzivallegende. Aber nicht nur keltische Einflüsse haben sich dabei geltend gemacht. So fasst Jessie A. Weston[8], eine ausgezeichnete Kennerin der Artusromane, die Gralsage als »ein christianisiertes und nicht mehr verstandenes Überbleibsel eines altvorderasiatischen phönizischen oder syrischen Vegetationsritus« auf. Das mag vielleicht sehr weit hergeholt klingen, zeigt aber doch, wie komplex die Parzivalsage sich uns darstellt. Einflüsse mag es auch aus der so genannten »Alexandersage« gegeben haben. Diese wurde erstmals im 12. Jahrhundert schriftlich fixiert und berichtet, wie Alexander der Große bis ans Paradies reiste und dort den »Stein der Demut« fand.

Christliche und ägyptische Mythen

Zu all diesen meist aus heidnischer Zeit stammenden Komponenten der Parzivallegende kamen noch die christlichen Motive hinzu, die vor allem bei Robert de Boron stark ausgeprägt sind. Interessanterweise gibt es eine aus dem elften Jahrhundert stammende Eucharistielegende, die eine starke Ähnlichkeit mit den Schilderungen um Anfortas und seine tägliche Speisung durch die Gralshostie aufweist: Nahe Clavennas wurde demnach einst ein Mann in einer Höhle verschüttet. Nach langem Suchen gab man alle Rettungsversuche auf. Erst als ein Jahr verstrichen war, machte man sich erneut daran, wenigstens die Gebeine zu finden, und entdeckte den Mann lebend. Dieser erzählte seinen erstaunten Freunden, tagtäglich habe ihm ein taubenähnlicher Vogel eine kleine Gabe weißen Brotes gebracht. Der köstliche Geschmack habe ihn erfrischt und gestärkt. Nur ein einziges Mal sei der Vogel ausgeblieben, und an diesem Tag habe ihn der Hunger schrecklich gequält. Seine Gattin hatte nämlich für den Totgeglaubten täglich eine Messe lesen lassen. Nur einmal war sie wegen der Kälte des Winters nicht zur Kirche gegangen, und das war eben jener Tag, an dem der Verschüttete an Hunger gelitten hatte.

Man kann sich gut vorstellen, wie Legenden dieser Art bei Wolfram zur Schilderung der weißen Taube führten, die jeden Karfreitag eine Hostie zum Gral bringt. Doch wie ist es mit der Beschreibung, die wir bei Robert finden, dass Josef von Arimathea mit der Abendmahlschale das Blut Christi auffängt und sich damit ins Europa des ersten Jahrhunderts begibt? Emma Jung[9] gibt dafür eine überzeugende Erklärung. Sie schreibt: »Dass die Seelensubstanz des Gottes in einem sepulkralen [das Begräbnis betreffenden, Anm. d. Verf.] Gefäß erhalten bleibe, entspricht ebenfalls einer besonderen archetypischen Vorstellung, welche auf antike und orientalische Wurzeln zurückgeht.« Emma Jung weist auf afrikanische Häuptlingsbegräbnisse hin, bei denen die aus dem Leichnam austretenden Sekrete aufgefangen und – als »heilig« verehrt – getrennt bestattet werden. Ähnliches kennt man auch aus den

altägyptischen Bestattungsriten, bei denen bestimmte Teile aus dem Leichnam genommen und in besonderen Gefäßen beigesetzt wurden. Diese Gefäße enthielten dann die »magische Seelensubstanz des Gottes«, und es ist sehr wahrscheinlich, dass ähnliche Vorstellungen später auf den Gral übertragen wurden.
Wichtig erscheint uns in diesem Zusammenhang auch eine andere Parallele, die E. Jung[9] anführt. Sie weist auf die *Légende de l'Abbaye de Fécamp* hin. In ihr wird berichtet, wie Nikodemus (eine Gestalt des Johannesevangeliums) Blut vom Kreuz Christi abschabt, es zunächst in seinem Handschuh, später in einem Bleigefäß verwahrt und dieses – offensichtlich eine Art Röhrchen – bei der Belagerung von Sidon im Stamm eines Feigenbaumes versteckt. Auf Gottes Befehl hin fällt er den Baum und übergibt ihn dem Meer. Der Stamm gelangt später an die Gestade der Normandie und wird bei Fécamp an Land gespült. Er schlägt Wurzeln, und wegen der Wunderwirkungen, die von diesem Ort ausgehen, werden hier eine Kirche und ein Kloster errichtet. Die Parallelen zur Grallegende Robert de Borons sind offensichtlich.

Interessanterweise gibt es einen älteren, aus Ägypten stammenden Osirismythos, der etwas ganz Ähnliches beschreibt: Demnach sei der Sarg des ägyptischen Gottes Osiris in Byblos (Byblos liegt in Phönizien, von wo auch der Feigenbaum der Nikodemuslegende stammt) an Land gespült worden, wo ihn ein Erikastrauch umwuchs und verbarg. Die Vorstellung vom Blut eines Gottes oder dessen leiblichen Überresten und ihre Verbindung mit wunderbaren Vorgängen ist folglich sehr alt und findet sich in dieser oder jener Form bei vielen Völkern der vorchristlichen Zeit.
Auffallend an Roberts Dichtung ist seine Gralsauffassung, die dem bloßen Anblick des Grals eine magische Wirkung zuschreibt: Innere Seeligkeit, Unbesiegbarkeit und irdische Unverletzlichkeit sollen jene erhalten, die den Gral sehen, wobei nur begnadete und auserwählte Menschen überhaupt bis zum Gral gelangen. Damit wird Josef von Arimathea gewissermaßen zum Gründer einer »Überkirche«. Robert de Boron bediente sich hierbei der zahlreichen Allegorien, die die liturgische Abendmahlsmystik des Mittelalters zur Verfügung stellte: Grab und Altar, Grabtuch und Altartuch, Blutschale und eucharistischer Kelch. Diese Beziehungen lassen sich in ihrem Ursprung auf eine eu-

charistische Mystagogie griechischen Ursprungs zurückführen, wie Konrad Burdach[10] in einer umfangreichen Studie belegen konnte: Liturgische Bräuche aus der griechischen Welt waren seit dem neunten Jahrhundert ins Abendland vorgedrungen und durch Honorius Augustodunenis im zwölften Jahrhundert verbreitet worden. Die Symbolik von der blutenden Lanze beispielsweise wurzelt in einer solchen ostkirchlichen Mystik.

Zum anderen scheint Roberts erster Teil auf dem Johannesevangelium, vor allem aber auf dem apokryphen Nikodemusevangelium zu basieren. Als apokryph gelten eine Reihe von Schriften, die von der Kirche als nicht kanonisch, d. h. als nicht echt angesehen wurden bzw. werden. Auf den Konzilien der Frühzeit des Christentums fanden mehrmals regelrechte »Säuberungsaktionen« per Handzeichen statt, bis schließlich aus der Fülle des vorhandenen Materials nur noch das übrig blieb, was wir heute im Alten und Neuen Testament lesen können. Dennoch blieben Teile dieser Apokryphen in östlichen, also nicht römisch-katholischen Kirchen fester Bestandteil des Glaubensgutes.

Das so genannte *Evangelium Nicodemi* war, wie Burdach[10] zeigt, in England bereits seit dem achten Jahrhundert für verschiedene christliche Gedichte als Grundlage benutzt worden, und Josef von Arimathea, der dort eine »Hauptrolle« spielt, zu einer beliebten Gestalt der Passionsgeschichte avanciert. Etwa zu Beginn des elften Jahrhunderts wurde dann auch ein anderes Apokryphon ins Alt-Englische übertragen: die *Vindicta Salvatoris*. Die Figur des Josef von Arimathea gelangte auf diese Weise ein zweites Mal in die abendländische Literatur. Josef steht hier stets in einem engen Zusammenhang mit dem Apostel Philippus und der Missionierung Englands. Welche Berechtigung die Herstellung einer solchen Beziehung hat, lässt sich schwer beurteilen. Josef selbst erzählt in dieser Schrift seine Geschichte, die fast identisch mit der Roberts ist: Grablegung Christi, Gefangenschaft Josefs, Erscheinung des auferstandenen Jesus, Auffangen des Blutes Jesu). Vor allem wird auch in dieser ursprünglich syrischen Erzählung eine Art »Gralstafel« errichtet (wie bei Robert von einem Mann Namens Petrus) sowie ein eigenes Sakrament eingeführt. Konrad Burdach[10] kommt daher zu dem Schluss, dass ein Vergleich beider Schriften dazu zwinge »anzunehmen, dass die in England früh bekannte und beliebte Joseflegende aus syrischer Quelle stammt oder wenigstens teilweise

durch syrische Überlieferung befruchtet ist«. – In dieser syrischen Fassung gibt es jedoch kein Gefäß, das dem Gral gleicht.
Somit ließen sich nach der Absonderung des Parzivals, der auf keltische Überlieferungen zurückgeht, nun auch die christlichen Komponenten mit Josef von Arimathea, der Abendmahlschale, dem Auffangen des Blutes usw. von der eigentlichen Gralüberlieferung abspalten.
Für uns ist wichtig festzuhalten, dass es verschiedenste Einflüsse waren, die zur Entstehung der Parzival-Legende im 12. und 13. Jahrhundert geführt haben, nämlich:

1. die Peronik- und Peredur-Überlieferung des keltischen Raumes,
2. weitere keltische Motive, die insbesondere in der Namensgebung ihren Ausdruck finden,
3. Einflüsse aus Ländern des vorderen Orients,
4. die Arthurlegenden,
5. verschiedene christliche Aspekte, die ihrerseits wieder auf ägyptische und andere nichtchristliche Volksmythen zurückgehen, sowie schließlich
6. das Gralsmotiv selbst, auf das wir hier noch nicht eingegangen sind, obgleich es ja das wesentliche Element der gesamten Erzählung bildet.

Paul Piper[6] bestätigt dies, wenn er schreibt: »Die Sage vom heiligen Gral gibt dem Gedicht die charakteristische Gestalt.«
Auf diese Sage werden wir in einem späteren Zusammenhang zurückkommen müssen.

Abb. 2a: Die Ritter der Tafelrunde brechen vom Hof König Arthurs auf, um den Heiligen Gral zu finden. Französische Handschrift, 13. Jhdt., Bibliothèque Nationale, Paris.

III. Der Gral – Sinn, Bedeutung, Interpretation

Wahrheit ist die Tochter der Zeit

Leonardo da Vinci
(1452–1519)

Das Gral-Sakrileg

Sensationsautoren wie Henry Lincoln, Richard Leigh und Michael Baigent[1,2] vertreten die Auffassung, der Gral symbolisiere eine heilige »Blutlinie«, eine genealogische Abstammung, die sich auf Jesus Christus zurückführen ließe. Der Gral, so die drei Autoren in ihrem Buch *Der Heilige Gral und seine Erben*, sei das »Sang real«, das »Königliche Blut«.

Genau an diesem Punkt setzt auch die atemraubende Abenteuergeschichte des amerikanischen Schriftstellers Dan Brown an. In seinem Roman »Sakrileg« wird der Direktor des Louvre wegen seines Wissens um ein dunkles Geheimnis ermordet. Seine Enkelin ahnt, dass der Schlüssel zum Mord in dem Gemälde der *Mona Lisa*, Leonardo da Vincis Meisterwerk, verborgen liegt. Mit UV-Strahlen durchleuchtet sie Bild und Glasscheibe, und in violetten Buchstaben erscheint eine Schrift: »Oh, ein dunkles Kapitel ist der Betrug an der Menschheit.«

Die Kryptologin stürzt sich augenblicklich zusammen mit einem Harvard-Professor in eine actionreiche Jagd durch Länder und Zeiten und findet sich erstaunt wieder auf der Suche nach dem Heiligen Gral. Dessen Geheimnis jedoch wird gut bewacht. Aber es gilt nicht, ein spirituelles Geheimnis zu lüften, wie es den mittelalterlichen Gralshelden auferlegt war, sondern ein höchst irdisches. Die von Jesus schwanger gewordene Maria Magdalena entkam ihren römischen Verfolgern und gebar in Südfrankreich, wohin sie ihre Flucht führte, eine Tochter. Deren Nachfahren waren die Mitbegründer der Merowingerdynastie, fränkische Könige des fünften bis siebten Jahrhunderts. Das Wissen um die Nachkommenschaft Jesu aber durfte nur im Verborgenen bewahrt werden, denn die offizielle Kirche bekämpfte jeden, der ihre eigene Machstellung bedrohte, die sich auf Tod, Auferstehung und Christi Himmelfahrt gründete.

Was für Brown nur der Stoff für seine Thrillerstory ist, in der ein Unschuldiger unter Mordanklage gerät, ein geheimnisvoller Gegenstand gefunden werden muss und Geheimbünde den Helden jagen oder ihn beschützen, ist für viele Leser seiner Bücher inzwischen zur Wahrheit geworden. Mit per Internet-Suchmaschinen beschafften Daten basteln sie sich ihre eigene Historie zusammen und glauben an finstere Verschwörungsmächte. Lincoln, Leigh und Baigent, aber auch Christopher Knight und Robert Lomas haben mit ihren Sachbüchern schließlich die Grundlage für die Aufdeckung des Mythos' geliefert, meinen sie. Haben sie das wirklich? Besteht die Möglichkeit, dass die genealogische Gralsblutlinie tatsächlich von Jesus bis zu französischen Königsgeschlechtern und weiter bis in bestimmte Adelsfamilien unserer Tage führt?

Wir können uns diesen Fragen schnell von zwei Seiten nähern. Die britischen Autoren behaupten, die geheime Bruderschaft der Prieuré de Sion sei der Hüter des Gralsgeheimnisses, der Beschützer der mystischen Blutlinie. Die Liste der Großmeister dieses Ordens ist denn auch beeindruckend. Sie sei von dem Kreuzfahrer und Eroberer Jerusalems Gottfried von Bouillon 1099 in Jerusalem gegründet worden, später auf Grafen und Fürsten oder Alchemisten wie Nicolas Flamel, Naturwissenschaftler wie Isaac Newton, Schriftsteller wie Victor Hugo oder Künstler wie Jean Cocteau übergegangen.

Einer der herausragendsten dieser geheimen Großmeister sei Leonardo da Vinci gewesen – daher auch die verschlüsselten Hinweise in seinen Gemälden. Beispielsweise in seinem berühmten Werk »Das letzte Abendmahl« habe, wie nun alle Brown-Leser wissen, Leonardo anstelle des Apostels Johannes in Wirklichkeit eine Frau, eben Maria Magdalena, gemalt. Wer Renaissancekünstler wie Raffael und ihre Gemälde auch nur etwas kennt (z. B. den »St. Sebastian«, das Porträt Pietro Bembos, oder seine Selbstbildnisse) weiß natürlich, dass es geradezu eine Modeerscheinung war, mitunter androgyn wirkende Männer zu zeichnen. Auch Leonardos Skizze für den Kopf des heiligen Jakobus wirkt wie eine präraffaelitische Frauengestalt – oder sein berühmter Johannes der Täufer, der eindeutig einen jungen Mann, doch mit langen Locken und feminin-zarten Zügen zeigt. Natürlich fragt man sich auch, wo denn, wenn hier wirklich Maria Magdalena beim Abendmahl mit den Aposteln abgebildet wurde, eigentlich Johannes abgeblieben ist? Gerade auf den Lieblingsjünger Jesu verweist die Bibel in diesem Zusammenhang. War er vielleicht unpünktlich und verpasste das festliche Essen? Wohl kaum.

Und wie steht es um Leonardo da Vinci als Großmeister der Prieuré de Sion? Die Historikerin Sharan Newman[3] schreibt in ihrem Werk *Der Schlüssel zum Da-Vinci-Code*:

»Die Idee, dass jemand Leonardo zum Oberhaupt einer Gruppe wählen sollte, besonders einer Gruppe, die angeblich so geheim und wichtig ist wie die Prieuré de Sion, kann ich schlicht nicht nachvollziehen. Der Mann hätte sechs Monate darauf verwendet, den Versammlungsraum zu entwerfen, hätte dabei die verschiedenen Holzeigenschaften studiert sowie die beste Art und Weise, wie man eine Wand verputzt. Im Anschluss hätte er vielleicht noch einige Termiten seziert, letztendlich das Interesse an dem Projekt verloren und sich mit etwas gänzlich anderem beschäftigt.« Dieser trefflichen Charakterstudie ist nichts mehr hinzuzufügen.

Schauen wir uns einmal die Hintergründe an, die zur Enttarnung der Geheimgesellschaft durch Baigent/Leigh/Lincoln geführt haben sollen. Zunächst bedienten sie sich diverser Veröffentlichungen anderer Schriftsteller. Es war nämlich der französische »Grandseigneur des Journalismus des Mysteriösen« Gérard de Sède, der 1968 mit *Le trésor maudit de Rennes-le-Château* die Diskussion über das Rätsel eines südfranzösischen Dorfes ausgelöst hatte, in dem Gralsucher von geheimen Dokumenten über Maria Magdalenas Ehe mit Jesus berichtet hatte. Dass er 1988 zu dem Ergebnis kam, die angeblichen Ereignisse in dem Pyrenäendorf seien der größte inszenierte Betrug, der je in Frankreich stattgefunden habe, und sich entschuldigte, selbst – unwissentlich – an dessen Verbreitung beteiligt gewesen zu sein, blieb freilich von den Anhängern einer großen Verschwörungstheorie unbeachtet. Zu Unrecht.

Rollen wir einmal die Vorgänge auf. Die Prieuré de Sion existiert weder seit 1099 noch sind die so genannten »Dossiers Secrets« in der Pariser Nationalbibliothek echt, die ihre Existenz bestätigen sollen. Die Prieuré existiert zwar tatsächlich, aber erst seit dem 20. Juli 1956, als sich die rechtsgerichtete Gruppe bei der Subpräfektur von Saint-Julien-en-Genevois eintragen ließ, ausgerechnet als »Ritterschaft der katholischen

Institutionen und Gesetze«, zugänglich nur für Katholiken. Gegründet wurde sie von Pierre Plantard. Als er seine erste Geheimgesellschaft im Alter von siebzehn Jahren ins Leben rief, ließ er sich von einem kleinen Berg außerhalb der Ortschaft Annemasse bei Genf inspirieren. Doch erst vierzig Jahre später entdeckte er die »Abtei unserer Mutter vom Berg Zion«, die von dem christlichen Herrscher Jerusalems, Gottfried von Bouillon, um 1100 n. Chr. gegründet und 1291 zerstört wurde. Eine Verbindung zu einer Bruderschaft existiert jedoch nicht.

Und die *Dossiers Secrets*, die eine Liste der angeblichen Großmeister enthält? Die findet man noch heute in der Pariser Nationalbibliothek. Doch die Dokumente und das Pergament sind Fälschungen. Ihr Auftraggeber: Pierre Plantard. Hergestellt wurden die Papiere von Philippe de Chérisey, deponiert wurden sie von Plantard, der sie später dann »entdeckte«. Bereits Mitte der 1970er Jahre gaben die Beteiligten zu, in die Fälschung verstrickt zu sein. Der italienische Religionswissenschaftler Massimo Introvigne[4] dokumentiert hervorragend diesen Betrug und zeigt, wie Plantard die Liste der Großmeister bei dem 1915 in den USA gegründeten *Alten und Mystischen Orden des Rosenkreuzes* (AMORC) abgekupfert hat.

Aber könnte nicht dennoch der Anspruch einer Jesus-Dynastie gerechtfertigt sein? Wem mag Plantard den Thron zugesprochen haben? Sich selbst. Als real lebendem Nachfahren von Jesus und Maria Magdalena. – Wenn die *Dossiers Secrets* so überaus brisant und geheim sind, warum wurden sie dann ausgerechnet in der Pariser Nationalbibliothek deponiert, wo jeder Besucher freien Zugang zu den Dokumenten hat? Wer angesichts dieser Beweislage noch immer faktenresistent ist, sollte den zweiten Weg einschlagen, um die Story Dan Browns, Lincolns u. a. zu hinterfragen.

Wie unschwer anhand der ursprünglichen Gral-Literatur nachzuvollziehen ist, sind die Gralsucher stets von tiefem christlichem Glauben geprägt. Gerade durch die deutlichen Hinweise darauf, dass Parzival am Karfreitag, dem Sterbetag Christi, zur Reue und Umkehr gelangt, das Auferstehungs- und Pfingstereignis explizit erwähnt werden und auch die Lanze, mit der Jesu Tod am Kreuz festgestellt wurde, eine herausragende Rolle spielt, wird überdeutlich, dass häretische Gedanken den Gral-Autoren völlig fern lagen. Sollte der Gral die dynastische

Folge einer Jesusfamilie bedeuten, wieso klärt Chrétiens Artursritter Perceval dann wie folgt auf?

Heute ist Karfreitag, der Tag, an dem man das Kreuz anbeten und seine Sünden beklagen muss, denn heute wurde Christus gekreuzigt ... Er, der frei war von jedem Makel, sah die Menschheit schuldbefleckt in den Banden der Sünde, um uns daraus zu erlösen, wurde er Mensch. In Wahrheit war er Gott und Mensch, denn er wurde geboren aus Maria, der Jungfrau, empfangen vom Heiligen Geist; in ihm wurde Gott zu Fleisch und Blut; also barg sich sein göttliches Wesen in einer menschlichen Hülle, wie geoffenbart ... Er, der Jungfrau Sohn, in seiner heiligen Gottheit Mensch geworden an Leib und Seele, er wurde wahrlich an einem solchen Tag wie diesem ans Kreuz geschlagen und befreite alle seine Freunde aus der Hölle. Sehr heilig war dieser Tod, der ja die Lebendigen rettete und die Toten zum Leben erweckte.

Oder warum sollte Perceval »an Ostern sehr würdig die Kommunion«, den Leib Christi, empfangen, wenn Jesus zusammen mit Maria Magdalena (die übrigens vermutlich genauso alt wie seine Mutter war und eigentlich schon längst unfruchtbar) ins Exil gegangen wäre und wie »Gott in Frankreich« gelebt hätte? Hätte der Gral diese Botschaft befördern sollen, er wäre den schlechtesten aller Dichter zum Opfer gefallen. All dies zeigt, wie absurd das »Gral-Sakrileg« ist, wenn man die mythologischen und geschichtlichen Hintergründe der Parzivalerzählung und insbesondere ihre Interpretation durch Chrétien de Troyes oder Robert de Boron kennt oder zumindest zur Kenntnis nimmt.

Um ein weiteres Beispiel für Absurditäten im Bereich der »Gralforschung« zu zeigen: Am 12. August 1995 titelte die deutsche BILD-Zeitung: »HEILIGER GRAL AUF DEM DACHBODEN GEFUNDEN – Parzival hat ihn bewacht – 1500 Jahre verschwunden – Er verheißt ewige Jugend.« Was war geschehen? Ein britischer Historiker mit Namen Graham Philipps behauptete, den Gral entdeckt zu haben: »Der kleine, geschliffene Kelch aus grünem Onyx (Mineral) lag in einem Karton auf dem Dachboden eines Landhauses in Rugby, Mittelengland. Es sieht aus wie ein großer Eierbecher, gehört einer jungen Frau (24) ... Jetzt steht der Kelch in einem Banktresor.« Ob er auch heute noch, nach dieser »sensationellen« Entdeckung, dort vor sich hinschlummert, entzieht sich unserer Kenntnis. Nach Meinung von Experten des Britischen Museums stammt er aus der Römerzeit. Das ist

für die Besitzerin sicher ganz erfreulich, aber Kelche (oder Eierbecher?) aus der Römerzeit gibt es zuhauf in jedem entsprechenden Museum – und soweit wir wissen, ist noch niemand auf die Idee gekommen, sie deswegen als »Heiligen Gral« zu titulieren. Es sind schon recht seltsame Blüten, die dieses Thema zuweilen treibt.
Aber kommen wir noch einmal auf Lincoln, Baigent, Leigh und mit ihnen Dan Brown zurück. Gibt es da nicht noch einen letzten übrig gebliebenen »Beweis«? Lässt sich denn Gral nicht von *Sang real*, dem »Königlichen Blut« ableiten, wie behauptet? Um die wichtige Frage nach der Bedeutung des Wortes Gral zu klären, wollen wir eine höchst interessante Wortanalyse vornehmen.

Die Bedeutung des Wortes Gral

Das zentrale Thema der Parzival-Legende Wolframs, Chrétiens, Roberts und anderer ist zweifellos jener ominöse Gegenstand, den Wolfram *gral* nennt und Chrétien *graal*. Bei Wolfram taucht er namentlich erstmals in Vers 235, 23–32 auf *(mittelhochdeutsches Original s. Anhang)*. Er schreibt:

Nach denen kam die Königin.
Von ihrem Anlitz ging ein Schein aus,
dass alle meinten, es beginne zu tagen.
Man sah die Frau gekleidet in
Pfellel von Arabien.
Auf einem grünen Achmardi
trug sie die Wunscherfüllung vom Paradies.
Wurzel war es zugleich und Reis.
Das war ein Ding, das hieß der Gral,
allen Erdenwunsches Überschwang. *

* Nach Hertz[5]: »Sie trug des Paradieses Preis, des Heiles Wurzel, Stamm und Reis. Das war ein Ding, das hieß der Gral, ein Hort von Wunder ohne Zahl.«
Nach Legerlotz: »Sie trug des Paradieses Preis, des Segens Wurzel und Blütenreis. Das war ein Stein, der Gral genannt, der allen Weltschatz überwand.«
Nach Barber: »Sie trug den Inbegriff paradiesischer Vollkommenheit, Anfang und Ende allen menschlichen Strebens! Dieser Gegenstand wurde Gral genannt und übertraf alle Vorstellungen irdischer Glückseligkeit.«

Chrétien de Troyes beschreibt die gleiche Stelle wie folgt: »Eine schöne, edle und wohlgeschmückte Jungfrau, die mit den Knappen hereintrat, hielt einen Gral zwischen ihren beiden Händen. Als sie mit dem Grale eingetreten war, da kam damit ein so großer Glanz herein, dass die Kerzen ihre Helligkeit verloren wie die Sterne, wenn die Sonne oder der Mond aufgeht.«[6]

Was also ist der Gral, welche Bedeutung hat dieses Wort? Wie Wendelin Foerster[7] und Alfons Hilka[8] betonen, kann es »etymologisch ... nur auf gradalis zurückgehen«. Bereits um 1204 benutzte ein Gelehrter namens Helinandus dieses Wort *gradalis*. Helinandus war ein Chronist des dreizehnten Jahrhunderts, der – bis weit in die Vergangenheit zurück – Jahr für Jahr ihm wichtig erscheinende Ereignisse der Weltgeschichte aufzeichnete bzw. nachtrug. Es ist allerdings mehr als zweifelhaft, ob die Schilderung von Vorgängen, die damals bereits an die fünfhundert Jahre zurücklagen, tatsächlich der historischen Wahrheit entsprach. So beschreibt Helinandus zum Beispiel das Erlebnis eines britischen Eremiten. In einer Vision sei diesem ein Engel erschienen und habe ihn über Josef von Arimathea unterwiesen. Er habe gesehen, wie Jesus vom Kreuz abgenommen worden sei, und er habe auch die Schüssel gezeigt bekommen, in der sich Christus nach dem Abendmahl die Hände wusch. Diese Vision sei dann von dem Einsiedler in einer lateinischen Abfassung niedergelegt worden. Helinandus gibt dafür das Jahr 717 an, aber es handelt sich natürlich um eine im frommen Glauben erfundene Geschichte, mit der man die Gralstradition weit in die Vergangenheit zurückverlegen wollte. Wir müssen dies annehmen, weil es zum einen keine lateinische Schrift aus dieser Zeit gibt, die sich mit dem Gral befasst (die ersten Texte – französische – tauchen erst Ende des zwölften Jahrhunderts auf, es sind die von Chrétien und Robert). Zum anderen passt diese Geschichte von Josef von Arimathea gut zu dem wenige Jahre zuvor erschienenen Epos Robert de Borons, der bekanntlich als Erster die Verbindung mit der Abendmahlsschale literarisch festgelegt hatte.

Dennoch führt Helinandus in seinem lateinischen Text eine Deutung des Wortes »Gral« an (eben von *gradalis*), die bis heute zu den von den meisten Forschern akzeptierten Möglichkeiten gehört:

Gradalis oder auch gradale heißt im Französischen eine breite und ein wenig tiefe Schüssel, in welcher kostbare Speisen zusammen mit ihrer

Soße den Reichen stufenweise (gradatim) vorgesetzt zu werden pflegen, ein Stückchen nach dem anderen in verschiedenen Anordnungen, auch wird sie mit dem volkssprachlichen Namen graalz benannt, weil sie dem aus ihr Speisenden gefällig (grata) und angenehem ist, einmal wegen ihrer äußeren Beschaffenheit, weil sie ganz silbern ist oder aus anderem kostbaren Material, zum anderen wegen ihres Inhaltes, d. h. wegen der vielfältigen Anordnung kostbarer Speisen.

»Damit ist«, so betont Paul Piper[9] »die Deutung als Schüssel ganz klar«. In der Tat entspräche eine solche Bedeutung auch allen Sprachgesetzen, denn *graal* aus mittellateinisch *gradalis* oder *gradale* hieße dann – französisch – eine »breite und tiefe Schüssel«. Diese Schüsseln waren so gestaltet, dass die Gerichte, Häppchen für Häppchen, auf verschiedenen Stufen serviert werden konnten. Ernst Martin[10] bemerkt dazu: »Chrétien muss diese Bedeutung als seinen Lesern bekannt ansehen, da er ohne weitere Angabe ›un graal‹ hereintragen lässt.«
Helinandus und Chrétien sahen im Gral wahrscheinlich ein schüsselförmiges Gefäß. In F. Diez' *Etymologisches Wörterbuch der romanischen Sprache* finden sich in diesem Zusammenhang für *graal* die folgenden Begriffe: »... altfranzösisch ›greal‹, ›grasal‹, provenzalisch ›grazal‹, altkatalonisch ›gresal‹, ein Gefäß, Becken oder Napf von Holz, Erde oder Metall ...«. Emma Jung[11] berichtet, dass man noch heute in Südfrankreich »... ›grazal‹, ›grazau‹, ›grail‹, ›grau‹ für verschiedene Gefäße gebraucht«.
Auch wenn solche Wortanalysen für den einen oder anderen Leser wie eine akademische Diskussion klingen mögen, werden sie für unsere weiteren Überlegungen sehr wichtig werden. Deshalb müssen wir uns auch eine andere Abstammung des Wortes »Gral« noch ansehen, nämlich von *garalis*, das ebenfalls zum einen »Schüssel«, zum anderen auch »Napf«, »Becher«, bedeutet. Philologen wie Ernst Martin[10] lehnen eine solche Herleitung zwar ab. Dennoch meint Paul Piper[9], *garalis* könne durchaus als ältere Form von *gradalis* gelten und habe somit eine Berechtigung, zur etymologischen Bedeutungsanalyse herangezogen zu werden. Auch die Ableitung von *cratalis*, was »Milchkrug« bedeutet, wird von Piper erwähnt.
Eine ganz andere Deutung leitet sich aus dem *Grand St. Graal* her: Dort ist der Gral eine heilige Schale, der der Held, als er »sie erblickte und weil er nie so Herrliches meinte gesehen zu haben, diesen Namen gab, den sie hinfort nicht wieder verlor. Denn, so sprach er, nie habe er

etwas gesehen, was ihm nicht in irgendeiner Beziehung missfallen habe (degraast); aber was er jetzt sehe, das gefalle ihm mehr und sei ihm angenehmer (graoit) als alles, was er bisher gesehen. Dieselbe Deutung gibt auch Robert de Boron.«[13]

Hier also wird eine bereits von Helinandus eingeführte Interpretation gegeben, die *graal* eher von *gratus* herleitet, was gefällig, willkommen, oder *gratia*, was Annehmlichkeit, Wohlgefälligkeit, Gnade, Dank heißt. Dem entspräche auch das französische *agréable*, also »angenehm«, was seinerseits auf *gr* = »Wunsch« zurückgeht.

Mag dies auf den ersten Blick auch verwirrend wirken, deutet eine andere Erklärung das Wort *gradale*, als von *gradatim* kommend, »das, was sich stufenweise erst zu enthüllen vermag«. Ebenso ist an *panes gradiles* gedacht worden, also an Brot, das vom römischen Kaiser zur Linderung bei Hungersnöten verteilt wurde[9].

Die Herleitung von *Sang real*, »königliches Blut«, deutet nach Piper indes auf das spätere Mittelalter hin, als sich bereits eine Identifizierung des Grals mit dem Abendmahlskelch vollzogen hatte. Richard Barber gibt ergänzende Hinweise in seinem Buch *Der Heilige Gral. Geschichte und Mythos* (2004). Sir Thomas Malory verfasste um 1470 die Artusgeschichte *Suche nach dem Gral (Queste)*, und hier taucht der Begriff *Sankgreall/Sancgreal* für das heilige Gefäß mit dem Blut Christi erstmals auf. Dies wiederum scheint auf einer Übersetzung des Wortes »Heiliger Gral« aus dem Französischen zu beruhen, wie sie in der mittelalterlichen walisischen Fassung vorgenommen wurde. Hier wird von »seint greal« gesprochen. Aber erst Henry Lovelich, der ein Jahrzehnt nach Malory den so genannten *Lancelot-Gral* aus dem Französischen übersetzte, erfand Ende des 15. Jahrhunderts die neue Bedeutung »königliches Blut« mit der Begründung »die Leute nennen dieses Gefäß ›Sank Ryal‹ oder Seint Graal‹«.

Sämtliche Interpretationen der angeblichen Blutlinie von Jesus zu den französischen Königen sind somit von vornherein als hinfällig zu betrachten. Schade, dass Lincoln, Baigent und Leigh gerade an diesem entscheidenden Punkt ihrer Theorie dilettantisch recherchiert haben. Andererseits wären sonst Millionen Leser um die spannende Abenteuergeschichte Dan Browns in *Sakrileg* gekommen. Für einen Romanstoff mag eine solch plumpe Ableitung gut genug sein, für ein Sachbuch hingegen ist sie eine Katastrophe.

Interessant erscheint aber noch das *gangandi greidi* der nordischen Fassung der Parzivalslegende. Sie hält sich an die Darstellung des unvollendet gebliebenen Chrétiens-Werkes. Der Text dürfte um 1310 entstanden sein. In ihm wird vom Gral als einem »Gerät« gesprochen, das *gangandi greidi* genannt wird und mit »umherwandelnde Wegzehrung« übersetzt werden kann[9].

Zu Beginn unseres Jahrhunderts stand für den deutschen Philologen Franz Kampfers[13] fest, dass sich hinter diesem Gral weit mehr verbirgt, als es auf den ersten Blick den Anschein hat: »Das Wort Gral war schon frühzeitig dunkel. Diese Unklarheit nicht nur über die Form, sondern auch über die Herkunft des Namens weist nachdrücklich darauf hin, dass das Heiligtum eine Vorgeschichte hatte, in welcher es noch eine greifbare bekannte Größe war, die auch ›Gral‹ hieß.« Und Richard Barber[14] kommentiert 2004: »Nach allem, was wir sagen können, wird im Jahre 1180 niemand das *heilige Ding* gekannt haben, das man Gral nannte.«

Herbert Kolb[15], einer der größten deutschen Germanisten, sieht im Namen Gral, den er seiner Herkunft nach arabischen Quellen zuordnet, eher einen Geheimnamen. Andere glauben, Gral von *grès*, also von »Stein«, herleiten zu können. Dies mag auf den ersten Blick überraschen, ist aber doch recht überzeugend, dann nämlich, wenn wir uns einem weiteren Wort zuwenden, mit dem Wolfram den Gral belegt: *lapsit exillis*.

Die Bedeutung des Wortes *lapsit exillis*

Was weiß der fränkische Dichter vom Gral im Zusammenhang mit einem Stein? Wolfram schreibt in Vers 469, 2–8 (vgl. Anhang):

Ich will Euch künden, wovon sie leben:
sie leben von einem Steine,
der von ganz reiner Art ist.
Wenn Ihr ihn nicht kennt,
so soll er hier genannt werden.
Er heißt Lapsit exillis.
Der Stein wird auch der Gral genannt.

Es ist von philologischer Seite aus gerätselt worden, um was es sich bei diesem *lapsit exillis* gehandelt, was Wolfram damit gemeint haben könnte. Zunächst einmal herrscht allgemeine Übereinstimmung dahingehend, dass *lapsit* in Wirklichkeit eine vermutlich unbeabsichtigte Verdrehung des Wortes *lapis*, also »Stein«, ist. Dies ist anzunehmen, weil Wolfram, der lateinischen Sprache nicht mächtig, ja von »einem Steine« spricht, den er mit diesem Namen belegt. Hinzu kommt noch, was Bodo Mergell[16] betont: »Mitbeteiligt an der Bildung lapsit und insbesondere aus den mittleren Konsonanten zu erschließen ist lat. lapsus als Bezeichnung für jede ›gleitende Bewegung nach unten‹, ›Fall‹, ›Sturz‹«.

Weniger einhellig ist die Meinung in Bezug auf *exillis*. So vertritt beispielsweise Friedrich Ranke[17] die Meinung, *exillis* könne auf Lateinisch »klein«, »dünn«, »unscheinbar« zurückgeführt werden, aber diese Deutung ist doch recht unwahrscheinlich, weil »Wolframs deutlich erkennbare Absicht, für den Gralstein jedes festumrissene beschreibende Eigenschaftswort zu meiden und die Eigenart des Grals mehr in der ›Reinheit‹ und wunderwirkenden ›Kraft‹ als in seiner ›Kleinheit‹ zu erkennen«, einen solchen Gedanken von vornherein verbietet, wie Bodo Mergell[16] schreibt.

Eine andere Deutungsmöglichkeit wäre dagegen *lapis elixir*, der »Stein der Weisen«, was sich gut mit der Wundertätigkeit des Grals vertragen würde. Eine überaus christlich orientierte Auslegung bietet der Theologe Petrus Tax[18] an. Er möchte in *lapis exillis* zum einen Christus als Eckstein (*lapis*), zum anderen das in der Osternachtsfeier der katholischen Kirche aus einem Kieselstein (*ex silice*) geschlagene Osterfeuer sehen. Das Ganze ist aber, wie Tax selbst eingesteht, eine »kühne Neukonzeption«, insbesondere gegenüber dem liturgischen Text.

Dagegen hat der Berliner Germanist Joachim Bumke[19] eine durchaus vertretbare Möglichkeit aufgezeigt. Er leitet *lapsit exillis* von *lapis exili* her, was »Stein des Exils« heißen könnte, oder von *lapis exulis*, also »der fern der Heimat befindliche Stein«, was sinngemäß etwa das Gleiche bedeutet. In diese Richtung gehört auch die Herleitung von *exilium*: »Ausstoßung«, »Zerstörung«.

Von den meisten Forschern als die wahrscheinlichste Deutung wird eine Ableitung des Begriffs *lapsit exillis* aus *lapis ex coelis* bzw. *lapis de coelis* angesehen, also der »Stein aus dem Himmel« oder der »Himmelsstein« oder gar, wie Bodo Mergell[16] meint, eine Verkürzung des Ausdrucks *lapis lapsus ex illis stellis*, was sich mit »Stein, der von jenen Sternen herabgekommen ist«, übersetzen ließe.

Es ist eine verwirrende, fast schon erdrückende Vielzahl von Worten, Bedeutungen und Übersetzungen, die mit dem Begriff des Grals verbunden sind. Aber das ist vielleicht kein Zufall. B. Mergell[16] schreibt zu dieser Fülle an Deutungsmöglichkeiten: »Gerade das vielfältige, tönereiche Mitanklingen von Verschiedenartigem im Glockenspiel des Gralsnamens gehört zum Wesen von Wolframs dichterischer Absicht, obwohl das Geheimnisvolle dieses Namens keineswegs gleich bedeutend ist mit sinnlos-phantastischer Willkür, sondern im Gegenteil durch eine klare, sorgsam aufeinander abgestimmte Skala poetischer Wort- und Sinnbezüge sich auszeichnet.«

Die Beschaffenheit des Grals

Nicht weniger umstritten als die Bedeutung des Wortes *Gral* bzw. des von Wolfram verwendeten *lapsit exillis* ist in der Literatur die *Deutung* des Grals selbst. Dan Browns *Sakrileg*-Roman endet mit der Einsicht: »Und für die meisten ist der Gral lediglich eine faszinierende Idee, wie ich vermute ... ein wundervoller, phantastischer, aber unerreichbarer Schatz, der uns sogar in der heutigen modernen, chaotischen Welt noch zu inspirieren vermag.« Ist der Gral lediglich eine faszinierende Idee? Bloß eine literarische Erfindung?[14] Das hieße, es sich zu einfach zu machen. Es gibt durchaus verschiedene Ansichten darüber, wie dieser Gral beschaffen gewesen sein mag, was er wirklich darstellte; dies nicht zuletzt auch deswegen, weil Chrétien und Robert – zumindest vordergründig – eine völlig andere Beschreibung zu geben scheinen als Wolfram von Eschenbach. Stellen wir die beiden Darstellungen einander gegenüber. Chrétien erzählt:

Eine schöne, edle und wohlgeschmückte Jungfrau, die mit den Knappen hereintrat, hielt einen Gral zwischen ihren beiden Händen. Als sie mit dem Grale, den sie trug, eingetreten war, da kam damit ein so großer Glanz herein, dass die Kerzen ihre Helligkeit ebenso verloren, wie die Sterne, wenn die Sonne oder der Mond aufgeht ... Der Gral, der vo-

rausging, war aus reinem, feinem Golde. Kostbare Steine der verschiedensten Art waren an dem Grale, der reichsten und teuersten und kostbarsten, die es im Meer oder in der Erde gibt: Die Steine am Gral übertrafen ohne Zweifel alle anderen Steine.

Wolfram dagegen hält sich bei der Beschreibung sehr zurück. Er erwähnt in Vers 235, 20–24 (s. Anhang), lediglich:

Auf einem grünen Achmardi
trug sie die Wunscherfüllung vom Paradies,
Wurzel war es zugleich und Reis.
Das war ein Ding, das hieß der Gral,
allen Erdenwunsches Überschwang.

Und an anderer Stelle, nämlich in dem ebenfalls bereits zitierten Vers 469, 2–8, bemerkt er, es handle sich um einen Stein »ganz reiner Art«, der *lapsit exillis* heiße und »auch Gral genannt« werde.
Fraglos sind all diese Beschreibungen nicht sonderlich aufschlussreich. Es wird weder etwas über die Form noch über die Größe dieses Grals ausgesagt. Dennoch lässt sich eine gewisse Übereinstimmung dahingehend erzielen, dass sowohl Chrétien als auch Wolfram den Gral entweder als Stein selbst (Wolfram) oder als aus Metall, in diesem Falle Gold, und mit Steinen verziert (Chrétien) bezeichnen, wobei damit zweifellos der Weg frei wird zu all jenen Vorstellungen, die die mittelalterliche Welt in Bezug auf heilige und zauberkräftige Steine, Edelsteine, Altäre, Steinheiligtümer und Talismane gehabt hat.
Wenn der Gral, wie Wolfram schreibt, tatsächlich ein Stein war, zudem noch ein »Stein, der vom Himmel fiel«, lässt sich zunächst an einen Meteoriten denken. Dabei ist zu berücksichtigen, dass es tatsächlich einen Meteoriten gibt, der noch heute von den Anhängern einer Weltreligion als heilig verehrt wird: Gemeint ist der heilige *Schwarze Stein* in der *Kaaba* in Mekka. Der Legende nach soll er einst Abraham vom Erzengel Gabriel übergeben worden sein, damit dieser ihn zum Tempelbau in Mekka verwende. Wolfram, so meinen einige, könnte dies zu Ohren gekommen sein, und er habe den Gral deshalb ebenfalls als Wunderstein beschrieben.
So verlockend eine Interpretation des Grals als einfacher Meteorit auch

sein mag – sie erklärt leider nicht, wie dieser Himmelsstein dazu in der Lage gewesen sein sollte, Speise zu geben, warum er, wie es Chrétien beschreibt, mit Edelsteinen verziert war, aus Gold bestand und gestrahlt habe. Zudem war dem Menschen des Mittelalters die Vorstellung, aus dem Himmel könnten Steine herab zur Erde *fallen*, völlig fremd (auch der *Schwarze Stein* wurde ja von einem Engel gebracht, er stürzte in der Vorstellung der Moslems nicht einfach vom Himmel herunter).

Die gleiche Schwierigkeit ergibt sich, wenn man den Gral als jenen mythischen Edelstein betrachtet, der dem abtrünnigen Luzifer – der Legende nach – bei seinem Kampf mit den Engeln Gottes aus der Krone zur Erde gefallen ist. Eine solche Deutung gibt als Erste die mittelalterliche Fassung des »Wartburgkrieges«, Strophe 143, wieder:

Soll ich über die Krone berichten,
die von 60 000 Engeln gemacht worden ist?
Die wollten Gott aus dem Himmelreich verdrängen.
Sieh! Luzifer, da war sie deine.
Wenn es noch weise Meisterpfaffen gibt,
dann wissen sie wohl, dass ich die Wahrheit singe.
Sankt Michael sah Gottes Zorn, gequält von
diesem Übermut.
Er brach ihm [Luzifer] die Krone vom Haupt,
sodass ein Stein heraussprang,
der auf Erden Parzivals Stein wurde.
Den Stein, der aus der Krone sprang,
den fand, der mit hohem Preis nach Würde rang.

Der Gral als luziferische Krone ist lediglich eine mittelalterliche Interpretation, doch insofern von Interesse, als bestätigt wird, der Gral sei »aus dem Himmel« gekommenen.

Eine andere Vorstellung nennt Bodo Mergell[16]. Demnach habe Wolfram bei der Beschreibung des Grals vielleicht einen Altarstein vor Augen gehabt. Mergell schreibt dazu: »Dass der verhältnismäßig kleine Altarstein (altare portatile) noch bis ins 12. Jahrhundert ohne jede Holz- und Metallfassung vorkam und somit ein kleiner Stein als solcher als Altarstein gelten konnte, ist zu ergänzen durch den Beleg, wonach das *altare portatile* oder *viaticum* in einem Freisinger Schenkungsverzeichnis des 11. Jahrhunderts kurzerhand als *lapis* bezeichnet wird.«

In diese Betrachtungsweise des Grals als Altarstein mischt sich bei einigen Interpreten auch die Vorstellung von einer Art Tragaltar oder gar einer Altarplatte, die dann wiederum mit dem »Stein verknüpft (ist), mit welchem Christi Grab verschlossen worden war und der nach orientalischen Legenden derselbe gewesen sein soll, der mit den Kindern Israels durch die Wüste gezogen und ihnen Wasser gespendet hatte«, wie Jung[11] schreibt.

Eine ganz andere Deutung ergibt sich aus der Ableitung des Wortes Gral von *gradalis*, also »Schüssel«. Sie käme der Beschreibung Robert de Borons am nächsten, der ja offen von einer Schale spricht. Um welche Art von Schale soll es sich gehandelt haben? Einige vermuten, die Schüssel erinnere an jene, in der das Haupt Johannes des Täufers nach dessen Hinrichtung vor König Herodes gebracht worden sei und weise somit auf die Bedeutung der Johannisnacht in der Graldichtung. Viel häufiger ist allerdings die Ansicht, der Gral sei jene Schale, aus der Jesus und die zwölf Apostel beim Abendmahl den verwandelten Wein tranken beziehungsweise in der sich Jesus die Hände wusch. Der Legende nach soll sie dann dieselbe gewesen sein, in der Josef von Arimathea kurze Zeit später das Blut Christi am Kreuz auffing. Der Text Robert de Borons hierzu liest sich wie folgt:

Der König, der Herr der Sanftmut und der Geduld, erfüllte ihm seinen Wunsch und sprach: »Das will ich Euch nicht versagen.« Unter Tränen begann er zu sprechen: »Das ist das Gefäß, worin das kostbare Blut unseres Herrn aufgefangen ward, als er von der Lanze getroffen wurde, und so Ihr mehr darüber hören wollt, will ich Euch die ganze Wahrheit verkünden.«

Für uns moderne Menschen des 21. Jahrhunderts ist es nicht einfach nachzuvollziehen, wieso der Kelch Christi eine derartige Bedeutung gewinnen konnte. Aber die Menschen des Mittelalters hatten andere Vorstellungen, andere Phantasien, hatten einen anderen Glauben als wir. War in der Urkirche die Wiederkunft Christi noch als für die unmittelbare Zukunft – d. h. im Grunde tagtäglich – erwartet worden, so machte sich im Laufe der anschließenden Jahrhunderte mehr und mehr das Gefühl breit, der Weltuntergang würde bis auf weiteres »ausfallen«. Parallel dazu wuchs auch die Distanz zu den geschichtlichen Vorgängen, zu der Zeit also, als Jesus leibhaftig auf der Erde geweilt hatte. Die Gläubigen suchten nach Halt. Sie fanden diesen Halt in Reliquien, und überall setzte das Bemühen ein, Gegenstände zu finden, zu bewahren und zu verehren, die aus der Zeit Christi oder der apostolischen Epoche stammten. Auf diese Weise versuchte man einen direkten, realen Bezug zu Gott und seinem Wirken auf der Erde zu bekommen.

Der Wunderglaube des Mittelalters war sehr ausgeprägt. So, wie Indianer später Jagd auf den Skalp des Weißen Mannes machten (und umgekehrt), jagte man im Mittelalter Reliquien hinterher, die z. T. bis auf den heutigen Tag Zentrum religiöser Verehrung geblieben sind. Das »Grabtuch von Turin«, das die Templer einst aus dem Heiligen Land mit nach Europa brachten, dürfte wohl das bekannteste derartige Utensil sein[20]. Aber es existieren auch andere, weniger glaubwürdige. Da gibt es etwa »Kreuzpartikel«, die – zusammengesetzt – wenigstens drei Kreuze ergäben, die »Nägel«, mit denen Jesus an das Kreuz geschlagen wurde, die »Dornenkrone«, die er trug, »Bretter aus der Krippe von Bethlehem«, die in einer römischen Kirche aufbewahrt werden. Es existieren sogar die »Windeln Jesu«, der »Schwamm«, der Jesus am Kreuz gereicht wurde und mehrere »Schweißtücher der Veronika«. Besonders kurios sind ein »Backenzahn« von Johannes dem Täufer, der in der Wiener Hofburg ausgestellt wird, oder – inzwischen allerdings ziemlich eingetrocknete – Tropfen der »Muttermilch Marias« sowie eine »Feder aus dem Flügel des Erzengels Michael«, die in katholischen Kirchen gezeigt, geheiligt und verehrt werden. Muselmanische Geschäftemacher des Mittelalters hatten sehr schnell herausgefunden, was die Kreuzritter und Pilger jener Zeit im Heiligen Land suchten: Kontakt zu den Jahren, in denen Jesus gelebt hatte. Und so beschafften und verkauften sie genau das, was gesucht wurde: Reliquien *en masse*. Dass dabei gleich mehrere Longinus-Lanzen und mehrere Kelche Christi auftauchten, führte zwar zu kurzzeitigen Verwirrungen und häufig recht unheiligen Streitereien zwischen Gemeinden, Diözesen und ganzen Staaten, änderte aber nichts an der Reliquienver-

Abb. 3: Die Grabeskirche in Jerusalem – während des Mittelalters genauso wie heute eines der Hauptziele christlicher Pilger im Heiligen Land.

ehrung selbst. Und sogar heute, zu Beginn des 21. Jahrhunderts, werden noch immer Heilige in ihre Einzelteile zerlegt und zur allgemeinen Verehrung rund um den Erdball geschickt. Dass dabei auch einige weniger »Heilige« zu hohen Ehren kamen, sei nur angedeutet. Jüngstes Beispiel eines derartigen »Flops« ist ein Kelch, aus dem Jesus beim Letzten Abendmahl getrunken habe und der schließlich im *Metropolitan Museum of Arts* in New York landete. Untersuchungen ergaben sein wahres Herstellungsjahr: 1910.

Dieser ganze Reliquien-Unsinn geht letztlich auf die Heilige Helena zurück, die Mutter des römischen Kaisers Konstantin. Wenn man so will, ist Konstantin der eigentliche Begründer des heutigen Christentums. Er war es, der das Konzil zu Nizäa 325 n. Chr. einberief. Viele der konziliaren Entscheidungen – etwa die Frage, ob Jesus Gott oder Mensch gewesen sei – wurden unter seiner Anleitung gefällt. Aber dabei war Konstantin während seines gesamten Lebens niemals Christ gewesen, er hing einem Sonnengottkult an. Erst auf seinem Sterbebett ließ er sich taufen; vermutlich nach dem Motto, es könne ja nichts schaden, sich auf diese Weise abzusichern.

Seine Mutter hingegen war schon früh zum Christentum übergetreten, im damaligen römischen Reich eine von vielen, untereinander völlig zerstrittenen Sekten. Helena hatte die seltsame Idee, mehr als 300 Jahre nach Christi Geburt und mehr als 200 Jahre nach der völligen Zerstörung Jerusalems noch überall Beweise für die Existenz Jesu finden zu wollen. Sie schickte Suchtrupps aus, die – wen wundert's? – tatsächlich überall das fanden, was Helena ihnen vorgegeben hatte: den Ort der Kreuzigung und nur wenige Meter daneben das »Heilige Grab«, das Kreuz mit der Inschrift »Jesus, der König der Juden« und sogar die Stelle in der Wüste Sinai, an der einst der brennende Dornbusch des Mose stand. Heute erhebt sich an diesem Ort noch immer das Katharinenkloster, und zum »Grab Christi« pilgern jährlich Millionen Menschen, überzeugt davon, dies sei die Stelle, an der Jesus nach drei Tagen aus dem Reich des Todes zurückkehrte. Aber das ist mehr als nur fraglich.

Doch für die Menschen des Mittelalters hatte all das noch weit mehr Bedeutung als für uns Heutige. Emma Jung[11] hat herausgearbeitet, welch tiefe innere Auswirkung die Idee einer Blutreliquie von Jesus auf den Menschen des Mittelalters gehabt haben muss. In seinem Blut wurde die »Seele«, ja die Göttlichkeit Christi gesehen. Unbegrenzte Heilkräfte und unmittelbare Gotteserkenntnis wurden dem zuteil, der dieses Blut sah. Eine Auswirkung dieser Vorstellung war die rasch aufkommende Verehrung des »göttlichen Herzens Jesus« und der Wundmale, aus denen das Blut geflossen war, eine Verehrung, die in der katholischen Kirche bis heute erhalten geblieben ist.

Ein Weiteres kam hinzu: Um diese Zeit des Übergangs vom Früh- zum Hochmittelalter wurde in der Liturgie eine Neuerung eingeführt: Die Hostie (also das nach christlichem Glauben zum Leib Jesu verwandelte Brot) wurde nicht mehr – wie bis dahin geschehen – vor den Gläubigen verborgen gehalten, sondern offen gezeigt. Damit aber wurden die Menschen einer Illusion beraubt: der Illusion des Übernatürlichen, des Geheimnisvollen. Wir mögen darüber lächeln, aber es ist interessant, dass Ähnliches auch in unseren Tagen geschehen ist. Als nach dem *Zweiten Vatikanischen Konzil* Anfang der sechziger Jahre die Wandlung von Brot und Wein nicht mehr vom mit dem Rücken zum Volk stehenden Priester und damit für die Gläubigen unsichtbar, sondern an einem zu den Betenden hin gerichteten Altar vollzogen wurde, wurde offensichtlich, dass sich das »Geheimnisvolle« der Wandlung im Grunde unsichtbar vollzieht. Viele, die an ihrer kindlichen Vorstellung eines real auftretenden Wunders festgehalten hatten, waren nun desillusioniert und protestierten lautstark – ein Grund für den Zulauf, den der Traditionalistenbischof Lefèvbre in den 1970er Jahren unter erzkonservativen Katholiken hatte. Aber auch in vielen Missionskirchen Afrikas und Südamerikas regte sich Widerspruch, die »Gläubigen« blieben dem Gottesdienst fern. Für sie war der Priester bis dahin immer noch so etwas wie ein Zauberer gewesen. Jetzt aber wurde deutlich, dass auch nach der Wandlung – dem »Zauberspruch« – das Brot wie Brot und der Wein wie Wein aussah. Die katechistische Auffassung einer rein metaphysischen Verwandlung war nicht verstanden worden.

Im Mittelalter war dieses Verhalten noch ausgeprägter. Man hatte den Gläubigen ihr »Geheimnis« genommen. Die Hostie, der »Leib Christi«, wurde nun offen gezeigt und verlor damit alle Mystik, die sie bislang umgeben hatte. Die Folge war, dass man diese Mystik, dieses Geheimnis, auf einen anderen Gegenstand übertrug: auf den Gral. Eine Beschreibung, wie sie Robert de Boron vom Gral gibt, stieß damit genau in die sich öffnende Lücke, obwohl der Gral kirchlicherseits nie in irgendeiner Weise als heiliger und verehrungswürdiger Gegenstand anerkannt worden ist. Aber vielleicht wusste man in der Umgebung des Papstes bereits damals mehr über dieses »Gefäß«, als man zuzugeben bereit war. Wir werden dieser Spur noch folgen.

Zwei Deutungen des Grals sollen hier zum Schluss angeführt werden. Die eine sieht im Gral eine Analogie zum Wunderstein *Schamir* König Salomons. Werner Wolf[21] schreibt dazu: »Beide Kleinode stammen aus dem (irdischen) Paradies ..., beide sind ihrer Natur nach höchst begehrenswerte Wunschdinge ... Beide Gegenstände werden als leuchtende Edelsteine gekennzeichnet.« Die andere Deutung vergleicht den Gral mit dem so genannten »Sonnentisch« der Äthiopier, der »sich allnächtlich mit Fleisch und Früchten deckte«, wie Paul Piper[9] darlegt.

Damit wollen wir dieses Kapitel abschließen. Es sei noch einmal darauf hingewiesen, dass »sich in den Anfängen der überlieferten Gralepik eine deutliche Unsicherheit kundgibt hinsichtlich dessen, was der Gral ist und was er bedeutet«[14] und dass sich diese Unsicherheit erst später legte, als man sich auf den Gral als Kelch Christi fixiert hatte. Die beiden wichtigsten Autoren, Chrétien (der nur von »einem Graal« und von einem »überaus heiligen Ding« spricht) und Wolfram (der während des gesamten Gedichts bei der Bezeichnung »Stein« bleibt), wissen offenbar nicht viel über dieses »Ding«. Sie haben es weder mit eigenen Augen gesehen noch sind sie in der Lage, eine wirkliche Vorstellung davon zu vermitteln. Für Chrétien gilt dies allerdings eingeschränkt insofern, als dass er ja die Verbindung Graal – *gradalis* offenbar voraussetzte. Zudem muss man bedenken, dass es sich in beiden Fällen um ritterliche Romane, also nicht um historische Berichterstattung handelt, dass also sowohl Chrétien als auch Wolfram mit ihrer Handlung und den daran auftauchenden Motiven »gespielt« haben, so, wie ein Belletristik-Autor unserer Tage mit erfundenen oder tatsächlich existierenden Menschen, Gegenständen, Ortschaften usw. »spielen« kann: Er verändert ihre Namen, er lässt das Geschehen an einem anderen Ort stattfinden, er bringt andere Bedeutungen in scheinbar feststehende Tatsachen. Joachim Bumke[19] schreibt diesbezüglich: »Wolfram hat den wunderbaren Stein mit einer Aura des Geheimnisvollen umgeben und er hat es offenbar darauf angelegt, dass sich das Bild des Grals im Verlauf der Dichtung eigentümlich wandelt. Im fünften Buch, bei Parzivals erstem Besuch, dominieren die märchenhaften Züge. Im neunten Buch, in Trevrizents Gralerzählung, treten die religiösen Motive in den Mittelpunkt. Zuletzt im sechzehnten Buch, prägen Endzeitmotive das Bild des Grals.«

Aber das mag mehr sein als nur ein im Laufe der Handlung sich »veränderndes« Motiv. Märchenhafte, religiöse und endzeitliche Aspekte: Vielleicht verkörperte der Gral all diese Elemente tatsächlich in irgendeiner Weise. Der Gral als Schüssel, als Kelch, als Stein, als Sonnentisch, als Schamir – auch das ist auf den ersten Blick alles sehr verwirrend, weil es sich offensichtlich um völlig verschiedene Dinge handelt. Aber – könnte es nicht doch so etwas wie einen roten Faden geben? Etwas, das all diese Begriffe, Ausdeutungen, Vermutungen miteinander verbindet?

Wir sind sicher, dass es diesen »roten Faden« tatsächlich gibt. Allerdings werden wir ihn nur dann finden, wenn wir der Vielzahl von Deutungen noch eine weitere hinzufügen. Das wird im fünften Kapitel geschehen. Diese unsere Deutung ist völlig neu, sie mag für manchen im ersten Moment sogar unglaubwürdig klingen. Ein genaues Textstudium und eine Analyse des vorhandenen Materials zeigt hingegen, dass sie sich aus völlig logischen Gesichtspunkten ergibt und sogar ergeben *muss*. Um sie ganz verstehen zu können, ist es jedoch notwendig, dass wir uns zunächst mit einem scheinbar völlig anderen Thema beschäftigen: mit der Paläo-SETI-Hypothese.

TEIL 2

Die Maschine

IV. Die Paläo-SETI-Hypothese

»Ich bin zu dem Schluss gekommen, dass die Theorie der prähistorischen Astronauten in genügendem Ausmaß den wissenschaftlichen Bedingungen entspricht. Ich sage sogar: Diese Theorie wirft mehr Licht auf die gesammelten Unterlagen menschlicher Frühgeschichte als manche andere, erklärende Hypothese. Mit dieser Theorie haben wir ein außergewöhnliches Werkzeug in Händen und können so den roten Faden durch das verwirrende Labyrinth der menschlichen Entwicklung auf diesem Planeten erkennen.«

Luis E. Navia
Professor für Philosophie, New York University

Kontakte mit außerirdischer Intelligenz?

In den Jahren zwischen 1577 und 1580 befuhr der berühmte englische Seefahrer Sir Francis Drake die Westküste der heutigen USA und nahm als erster Weißer Kontakt zur dortigen indianischen Urbevölkerung auf. Der Schiffsschreiber Drakes berichtet über eine der damaligen Begegnungen:

Am 21. wurde unser Schiff, das auf See ein Leck erhalten hatte, näher ans Ufer herangebracht, damit wir es nach Anlandbringen der Ladung ausbessern konnten. Der Sicherheit halber sandte unser General zunächst seine Leute mit den nötigen Vorräten an Land, um Befestigungen anzulegen und die Zelte aufzubauen. Als die Eingeborenen unserer Absicht kundig wurden, zündeten sie Feuer an, wie um zur Verteidigung ihrer Heimat aufzurufen. Die Indianer kamen nun in großen Scharen mit Pfeil und Bogen bewaffnet heran, jedoch nicht mit dem Vorsatz uns zu bekriegen, vielmehr waren sie von den vielen neuen und unbekannten Dingen entzückt und dachten nicht an den Kampf, sondern verehrten uns als überirdische Wesen. Durch Zeichen gaben wir ihnen zu verstehen, dass sie ihre Bogen und Pfeile hinlegen sollten. Sie taten es ohne Bedenken. Und immer mehr Menschen kamen, Frauen und Männer, sodass ihre Zahl beträchtlich sich erhöhte. Damit der Friede von Dauer sei, beschenkte der General sie reichlich und behandelte sie in jeder Weise entgegenkommend. Er gab ihnen vor allen Dingen das Notwendigste, um ihre Nacktheit zu bedecken. Wir versuchten ihnen auch klar zu machen, dass wir gar keine Götter seien, sondern gewöhnliche Sterbliche, die zur Erhaltung des Leibes Speise und Trank benötigten. Alles das konnte sie jedoch nicht von ihrer vorgefassten Meinung abbringen.

Ein seltsames Phänomen. Aber gar nicht so selten, wie sich im Laufe der Geschichte immer wieder gezeigt hat. Als Erstem dürfte Christoph Columbus dieses merkwürdige Verhalten aufgefallen sein: »Sie begrüßten uns, als ob wir aus dem Himmel kämen«, schrieb er in sein Bordbuch, nachdem die Mannschaft auf einer der Bahamainseln an Land gegangen war. Captain James Cook wurde auf Tahiti für den zu-

Abb. 4: Kolumbus begegnete auf Española erstmals Indianern. Er wurde von ihnen als Botschafter der Götter betrachtet.

Abb. 5: Auf Tahiti wurde der englische Seefahrer James Cook als Gott verehrt. Die Insulaner warfen sich vor ihm zu Boden.

rückgekehrten Gott Rongo gehalten, der die Insel einst auf einem Wolkenschiff verlassen hatte. Der französische Kapitän Jean Ribault ließ 1565 in Florida eine Säule mit dem Staatswappen errichten. Nur wenige Jahre später war diese Säule zu einem kultischen Zentrum der Eingeborenen geworden: Sie hatten sie mit Girlanden geschmückt und Opfergaben davor niedergelegt.

Vergleichbare Ereignisse finden sogar heute noch statt. In den 1920er Jahren musste der Forscher Frank Hurley[1] kurioserweise feststellen, dass die Eingeborenen Neuguineas nicht nur ihn, sondern auch sein gelandetes Wasserflugzeug als göttlich verehrten. Allabendlich brachten sie ein Schwein, um es am Bug seiner Maschine zu opfern. Als andere Europäer 1943 zum ersten Mal ins östliche Hochland von Neuguinea vorstießen, mussten sie erstaunt feststellen, dass die Ureinwohner dort mit langen »Antennen« aus Bambusstöcken, mit »Drähten« aus Pflanzenfasern, mit »Isolatoren« aus Bambusblättern und mit »Mikrophonen« aus Holz hantierten. Später stellte sich heraus, dass einige ihrer Späher das Verhalten amerikanischer Soldaten auf einer entfernten Air-Base beobachtet hatten und nun ihrerseits die »himm-

lischen Vögel« herabrufen wollten, damit sie ihnen Geschenke bringen können. Die Eingeborenen hatten sogar einen regelrechten Geisterflughafen angelegt, und jeden Abend warteten ihre Ältesten auf das Eintreffen der »Weißen Himmlischen«.
Friedrich Steinbauer u. a. haben eine ganze Reihe solcher in der Völkerkunde als Cargokulte bezeichneten Verhaltensformen zusammengetragen.[2–6] Ein Symptom dieser Kulte ist der Wunsch nach Geschenken, nach Ware (eigentlich: Fracht, im Englischen *cargo*), die die Vertreter der technologisch überlegenen, meist europäischen oder US-amerikanischen Zivilisation mit sich führen. Technische Gerätschaften werden im Falle eines Kontaktes mit Begriffen der eigenen »primitiven«, d. h. wort-reduzierten Sprache – vor allem bezüglich technischer Vokabeln – belegt und Vergleiche zu bekannten Objekten angestellt. Ein Flugzeug wird so zum »großen Vogel« oder zum »Donnervogel«, eine Dampflokomotive zum »Feuerross«, die Telefondrähte zu »singenden Drähten«, und bei den Apachen-Indianern werden noch heute die Teile eines Autos mit Begriffen aus der menschlichen Anatomie belegt, mit »Augen« für Scheinwerfer, mit »Gedärm« für den Motor und so weiter. Die Fremden selbst geraten schnell in den Verdacht, Götter zu sein: Die Eingeborenen der Banks-Inseln hielten die Weißen für den Schöpfergott Quat, auf Neuguinea wurden die Europäer zum Gott Mansaren Koreri.

Der wohl kurioseste Fall eines solchen Cargokultes hat sich auf der kleinen Südseeinsel Tanna ereignet. Dort wird noch heute ein Gott namens »John Frum« verehrt, die Insulaner tragen Tätowierungen mit den Buchstaben »USA« auf ihrer Haut und halten Amerika für das »gelobte Land«, aus dem John Frum einst zurückkehren und sie reich belohnen werde.
Inzwischen weiß man, dass John Frum ein amerikanischer Soldat gewesen sein muss, der vermutlich in den zwanziger Jahren für kurze Zeit auf Tanna weilte. John Frum ist dabei eine Verballhornung des Namens »John from Amerika«. Dieser Mann, dessen wirklicher Name vermutlich nie mehr in Erfahrung gebracht werden kann, erzählte den Insulanern von seiner Heimat, den Gebräuchen und der Zivilisation dort. Er zeigte ihnen kleine technische Tricks, vollzog mit einfachen Methoden den Eingeborenen wie Wunder erscheinende Heilungen

und avancierte nach seiner Heimkehr innerhalb weniger Jahrzehnte zu einem Gott, auf den sich die gesamte Inselkultur ausgerichtet hatte. Wie Reliquien werden ein paar Münzen, zwei Dollar-Geldscheine, der Helm und ein Foto des John Frum aufbewahrt. Der damalige Häuptling des Stammes, dem John Frum später im Traum erschienen sein soll, wird heute als großer Prophet verehrt. In der kleinen Kirche des inzwischen (leidlich) christianisierten Hauptdorfes findet sich über einem Jesus-Bild das Foto eines amerikanischen Astronauten auf dem Mond, dem man als Vertreter des »gelobten Landes« ganz selbstverständlich Blumengestecke als Opfergaben darbietet. Rund um die Uhr sitzen Auserwählte des Stammes am Strand und warten auf die Rückkehr John Frums, der eines Tages von Amerika aus über das Meer zu ihnen kommen und sie ins Paradies führen soll.

Man mag über ein solches Verhalten lächeln oder die völlig umsonst auf ihren Gott John Frum wartenden Insulaner bedauern – aber sind wir wirklich sicher, dass es uns nicht ganz genauso ergangen wäre? Wenn wir uns in Gedanken nur um zwei oder drei Jahrhunderte zurückversetzen, würden uns all die Errungenschaften der heutigen Technik als magische Gerätschaften erscheinen: Ein Radio, ein Fernseher, ja die simpelste Glühbirne wären in unseren Augen »Zauberdinge«, die wir nicht verstünden.

1783 stieg von Paris aus einer der ersten unbemannten Großballone, gefüllt mit Wasserstoffgas auf, trieb über 40 Minuten mit dem Wind und ging schließlich bei dem Dorf Gonesse nieder. Die dortigen Bauern fuhr der Schreck in die Glieder. So etwas hatten sie noch nie gesehen. Dies konnte nur ein höllisches Wesen sein, das da aus dem Himmel herabgestürzt war, um sie zu vertilgen. Mit Heugabeln, Sensen und Dreschflegeln kämpften sie todesmutig mit dem furchterregenden Ungeheuer und schlugen große Löcher in die Hülle. Dabei verbreitete das ausströmende, unreine Wasserstoffgas einen wahrhaft teuflischen Gestank, was sie in ihrer Annahme bestätigte, einem Wesen der Hölle gegenüberzustehen. Ein tapferer Soldat gab ihm schließlich den Gnadenschuss. Dann spannte man Zugpferde vor den besiegten Feind aus der Unterwelt und schleifte ihn über die Grenzen des Ortes hinaus.[7, 8]

Die Pariser Regierung sah sich veranlasst, durch Presse und Plakatanschläge ihre Bürger darauf hinzuweisen, dass Luftbälle keine wilden Tiere seien und man künftig die Großballone verschonen möge.

Trotz dieser Aufklärungskampagne hielt noch im Juli 1881 ein elsässisches Bauernmädchen einen abgestürzten Ballon für den Teufel.[9] Nur 130 Jahre liegt dieses Ereignis zurück. Wenn Menschen im Europa des ausgehenden 19. Jahrhunderts derart auf »unbekannte Flugobjekte« reagierten, deren Material und Aussehen ihnen nicht wirklich fremd war, wie erst reagieren dann Menschen, deren technischer Stand um Jahrtausende von dem unseren getrennt ist? Je größer der zeitliche Abstand, desto größer der zivilisatorisch-technische Unterschied, desto größer das Erstaunen; die Fassungslosigkeit angesichts des Unbegreiflichen ist komplett.
In diesem Zusammenhang drängt sich eine Frage geradezu auf: Wenn Menschen heute und vor fünfhundert Jahren (Ankunft der Spanier in Amerika) in der oben beschriebenen Weise reagiert haben, was hindert uns daran zu vermuten, dass es in noch früheren Zeiten nicht ebenso war? Man wird – nicht zu Unrecht – einwenden, um das Jahr 4000 v. Chr. habe es wohl kaum eine Kultur gegeben, die beispielsweise den Sumerern so überlegen war, dass aus einem Kontakt eine neue Religion hervorging.

Dieser Einwand ist aber nur dann berechtigt, wenn wir unseren Planeten als ein völlig geschlossenes System betrachten und diese »andere Kultur« allein auf die Erde beschränken. In den Jahrtausenden vor Christus – und auch noch eine lange Zeit danach – gab es auf dieser Welt niemanden, der die Voraussetzungen einer »Götterkultur« gehabt hätte. Und dennoch fällt in eben diese Zeit die Entwicklung der großen Zivilisationen: Sumer, Babylon, Ägypten, Indien, China, Israel. Vergleichen wir nun die Überlieferungen jener Völker über die Ursprünge ihrer Religionen, so müssen wir zu unserem Erstaunen feststellen, dass sie ganz offensichtlich Parallelen zeigen zu den Begegnungen eines Francis Drake mit den Indianern und eines John Frum mit den Eingeborenen von Tanna.
Wenn es also auf der einen Seite solche Begegnungen gegeben hat, worauf die Ursprünge zahlreicher Religionen hinweisen, auf der anderen Seite aber keine irdischen Kulturen mit überlegener Technik existierten, bleibt als einzig mögliche (weil in sich logische) Konsequenz, dass diese Kulturen beziehungsweise deren Vertreter von außerhalb der Erde, d. h. aus dem Weltraum kamen.

Diese Hypothese ist in den vergangenen vierzig Jahren mit zum Teil großer Schärfe und Heftigkeit diskutiert worden. Seit der Schweizer Schriftsteller Erich von Däniken die Idee vom Besuch außerirdischer Intelligenzen in seinen Büchern populär gemacht hat, ist das Für und Wider einer solchen Möglichkeit in unzähligen Publikationen und Diskussionen erörtert worden. Nicht immer war Sachlichkeit dabei ein tragender Faktor.

Zweifellos ist nicht alles, was bisher zur Stützung der Hypothese vorgetragen wurde, tatsächlich als Indiz für einen solchen Besuch zu werten. Auch ist anzunehmen, dass sich etliche Argumente, die im Laufe der Zeit vorgetragen wurden, bei näherer Betrachtung als unkorrekt oder nicht sachdienlich erweisen werden. Wir sind jedoch der Auffassung, dass in diesen vier Jahrzehnten eine derartige Fülle an guten, zum Teil sehr guten Indizien zusammengetragen wurde, dass zumindest die Möglichkeit eines solchen Besuchs heute nicht mehr von der Hand zu weisen ist.

Weltweit befinden sich Astronomen und andere Wissenschaftler derzeit auf der Suche nach Signalen außerirdischer Lebewesen. Sie verwenden hierzu in erster Linie Radiowellen. Eines der aufregendsten Projekte, um astronomische Radiosignale zu analysieren, initiierten David Anderson und Dan Wertheim (Universität Berkeley) ab 1998. Es handelt sich dabei um das Computerprogramm »Seti@home«, das als Bildschirmschoner per Internet radioastronomische Daten untersucht, wenn der häusliche PC gerade nicht genutzt wird. Bis 2005 beteiligten sich weltweit bereits fünf Millionen Menschen an dieser Suche nach Außerirdischen, indem sie zusammen täglich 1200 Jahre Computerzeit spendeten, um die eingefangenen Messdaten auf künstliche Signale hin zu untersuchen. Damit ist die Fahndung nach fremden Intelligenzen das größte kollaborative Forschungsprojekt, das jemals auf der Erde stattgefunden hat. Diese Suche nach außerirdischen Intelligenzen (*Search for Extraterrestrial Intelligence*) trägt die internationale Abkürzung SETI. »Paläo-SETI« (paläo = alt) wäre dann die sich in die historische und prä-historische Vergangenheit hinein erstreckende Suche nach nichtirdischer Intelligenz.

Im Wesentlichen sind es vier Argumente, die – in leicht veränderter Form – seit den späten sechziger Jahren *gegen* die Paläo-SETI-Hypothese vorgetragen werden:

Argument 1: Es gibt kein außerirdisches Leben und keine außerirdische Intelligenz. Demzufolge können wir in der Vergangenheit auch nicht von »ihnen« besucht worden sein.
Die Astronomie und Radioastronomie der vergangenen Jahrzehnte hat deutlich gemacht, dass die Elementeverteilung im Universum überall gleich ist. Das bedeutet, dass in sämtlichen uns bekannten Galaxien die gleichen atomaren Bausteine zur Verfügung standen und stehen, die auch die Sonne, die Erde und die darauf beheimatete Biosphäre aufbauen. Wir kennen bislang leider nur ein konkretes Beispiel einer Lebensbildung und -evolution (nämlich das unsrige) und wissen nicht, ob wir im Universum ein völlig normales oder völlig einzigartiges Endergebnis einer jahrmilliardenlangen Entwicklung verkörpern. Die Gleichartigkeit des Aufbaus der Materie im All und die unvorstellbare Anzahl möglicher Bildungsbereiche (d. h. die Nähe energieliefernder Sonnen) lässt die erste Annahme aber als die wahrscheinlichere erscheinen.
Noch vor wenigen Jahren war völlig unbekannt, ob nicht sogar unser Sonnensystem mit seinen Planeten und damit die Basis für die Entstehung von Leben eine Ausnahme im Universum ist. Seit 1995 der erste Exoplanet entdeckt wurde, wuchs die Zahl von nachgewiesenen Planetensystemen innerhalb von zehn Jahren auf 150 bekannte Sonnen mit Planeten an. Inzwischen wissen wir, dass Planeten auch in Erdgröße existieren. Dann aber sind die Grundbedingungen für die Entstehung von Leben mit großer Sicherheit auch anderswo in der Galaxis und im gesamten Universum erfüllt oder erfüllt gewesen. Die Entdeckung möglicher Mikroben in einem Meteoriten vom Mars 1996 zeigt – wenngleich noch immer umstritten –, dass hier ungeheure Fortschritte gemacht wurden. Fortschritte in der Technologie, mit der solche Entdeckungen überhaupt erst möglich sind und Fortschritte in der Bereitschaft, die Möglichkeit fremder Lebensformen auf anderen Planeten in den Bereich des Denkbaren zu rücken[10, 11]. Die Frage ist, ob die genannten Grundbedingungen auch zwangsläufig zur Entstehung intelligenter, d. h. zur Selbsterkenntnis fähiger biologischer Systeme führen müssen.
L. J. Cox[12] und F. J. Tipler[13] haben in verschiedenen Publikationen die Existenz einer solchen außerirdischen Intelligenz in Frage gestellt. Ihr Hauptargument bezieht sich auf das so genannte »Fermi-Paradoxon«.

Der berühmte Physiker Enrico Fermi hatte bereits in den fünfziger Jahren die entscheidende Frage gestellt: »Wenn es sie gibt, wo sind sie dann alle? Warum sehen wir sie nicht?« Die für L. J. Cox und F. J. Tipler einzig mögliche Antwort lautet: Weil es *sie* nicht gibt!

Aber sehen wir uns das Fermi-Paradoxon einmal etwas genauer an. Es behauptet: Weil wir *sie* nicht wahrnehmen können, sind oder waren sie nicht in unserem Sonnensystem und deswegen existieren sie nicht. David. W. Schwartzmann[14] und Robert Freitas[15–17] haben aber darauf aufmerksam gemacht, dass diese Argumentation sowohl aus logischen wie aus beobachtungstechnischen Gründen fehlerhaft ist. Es kann nämlich nicht ohne Schwierigkeiten vom ersten Teil des Postulats (Nicht-Wahrnehmung) direkt auf den letzten Teil (Nicht-Existenz) geschlossen werden, weil beide völlig unabhängig voneinander existieren. Darüber hinaus kennen wir – trotz aller bisherigen bemannten und unbemannten Vorstöße ins All – nur einen sehr geringen Teil unseres Sonnensystems genau genug, um eine Präsenz außerirdischer Intelligenzen oder ihrer Hinterlassenschaften wirklich ausschließen zu können.

Insbesondere Artefakte in der Größenordnung von einem bis zehn Metern, also jener Bereich, der beispielsweise für interstellare Sonden, Relaisstationen, Mineneingänge und Ähnliches in Frage kommt, hatten bislang nur wenig Chancen, von uns entdeckt zu werden. Ganz zu schweigen von möglichen mikrominiaturisierten Sonden einer extraterrestrischen Nanotechnologie, die vielleicht nur Zentimeter- oder Millimetergröße aufweisen.

Um es exakt zu fassen: Nur etwa 0,001 Prozent einer gedachten Raumkugel um die Plutobahn und nur 1,5 Prozent der Mondoberfläche sind genau genug aufgenommen, um darüber eine definitive Aussage treffen zu können. Es verbleiben 99,999 Prozent der Raumkugel und 99,9 Prozent der planetaren Oberflächen, die noch zu untersuchen sind. Es ist einsichtig, dass man zum gegenwärtigen Zeitpunkt überhaupt noch keine Entscheidung darüber fällen kann, ob es künstliche außerirdische Gegenstände im Sonnensystem gibt oder nicht. Zwar hat sich das so genannte »Marsgesicht« in der Cydonia-Region des Roten Planeten erwartungsgemäß als natürliche Bergformation herausgestellt[18,19]. Doch sollten wir bedenken, dass hier zum ersten Mal überhaupt planetare SETI- oder sogar SETA-Forschung (Search for Extraterrestrial Artifacts = Suche nach außerirdischen Artefakten) durchgeführt wurde, und man kann kaum erwarten, gleich beim ersten Mal einen »Hauptgewinn« zu ziehen.

Michael Papagiannis von der Boston University[20–24] hat vorgeschlagen, extraterrestrische Kolonien könnten sich vielleicht im Asteroidengürtel verbergen, ohne bislang von uns bemerkt worden zu sein. Rohstoffe, Sonnenenergie und Wasser (von den Eismonden des Jupiter und den Polkappen des Mars) wären dort in nahezu unbegrenzten Mengen vorhanden. Diese Kolonien könnten sich hinter einigen Asteroiden oder sogar *in* Asteroiden verbergen. Robert Freitas und Francisco Valdes[15] haben bereits ein unbemanntes/bemanntes Erkundungsprogramm entworfen, das die Suche nach solchen Artefakten in unserem Sonnensystem aufnehmen soll.

In vorausgegangenen Arbeiten[22,23] haben wir selbst vorgeschlagen, den kuriosen Asteroiden 1991VG und den Neptun-Mond Nereide auf die Möglichkeit hin zu untersuchen, ob es sich dabei um künstliche Objekte in unserem Sonnensystem handelt. Beide Körper besitzen einen extrem chaotischen, instabilen Orbit, und die gemachten Beobachtungen entsprechen ganz dem Verhalten, das man von großen »Weltraumhabitaten« (siehe unten) erwarten kann.

Noch ein Gesichtspunkt sollte hier bedacht werden: Was geschieht, wenn außerirdische Intelligenzen zwar in unserem Sonnensystem sind oder hier ihre Sonden installiert haben, sich aber nicht finden lassen *wollen*? Eine Zivilisation, die uns in ihrer technologischen Entwicklung um Jahrtausende oder sogar Jahrmillionen voraus ist, dürfte Mittel und Wege gefunden haben, eine Entdeckung zu verhindern und einen Kontakt erst zu einem von *ihnen* festgelegten Zeitpunkt zuzulassen. Bis dahin mag eine völlige Sperre (Interdikt-Hypothese von Martyn Fogg[27]) oder eine »durchlässige« Sperre (Embargo-Hypothese) gelten, wie sie James Deardorff[28,29] von der Ohio University postuliert. Letztere wäre so angelegt, dass durch sporadische Ereignisse das Bewusstsein der Menschheit Schritt für Schritt und über Generationen hinweg auf den kommenden Kontakt hin vorbereitet wird. Bereits 1977 hatten die beiden Physiker T. Kuiper vom Jet Propulsion Laboratory und M. Morris vom Owens Valley Radio Observatory in Pasadena in der renommierten Wissenschaftszeitschrift SCIENCE eine ähnliche Meinung vertreten[30]: »Es bleibt die Möglichkeit, dass Angehörige einer außerirdischen Zivilisation einen begrenzten Kontakt mit uns anstreben, ohne dabei etwas von ihrem Wissen preiszugeben. Sie könnten dieses Vorgehen gewählt haben, um gewisse Informationen in unser Bewusstsein zu implantieren und unsere Entwicklung so in eine bestimmte Richtung zu steuern.« Das gesamte UFO-Phänomen[31, 32] einschließlich verwandter Ereignisse[33–36] könnte Teil dieses Projektes sein.

Argument 2: Es ist zwar möglich oder sogar wahrscheinlich, dass außerirdische Intelligenzen existieren. Da die Entfernungen zwischen den Sternen jedoch unvorstellbar groß sind, ist eine Überbrückung – jedenfalls bemannt – nicht vorstellbar. Interstellare Raumschiffe müssten annähernd Lichtgeschwindigkeit (etwa 300 000 km/sec) erreichen, um diese Distanzen zu überwinden. Die dafür notwendigen Energiemengen sind aber technisch nicht beschaffbar. Jede galaktische Kultur ist daher für immer in Raum und Zeit isoliert; ein Kontakt kann allenfalls über Radiobotschaften stattfinden.

Es ist erstaunlich, dass diese Behauptung von Kritikern der Paläo-SETI noch immer als wesentlicher Einwand angesehen wird – denn das ist er längst nicht mehr. Zum einen beruht er auf den recht beschränkten Möglichkeiten unserer Raumfahrt, die fraglos noch immer in den Kinderschuhen steckt. Zum anderen ist er durch erstaunliche Entwicklungen der letzten Jahre längst überholt worden.

Dabei hatte Gerald O'Neill[37] von der Princeton-University in den USA bereits Mitte der siebziger Jahre des 20. Jahrhunderts Modelle über große künstliche Weltraumhabitate vorgelegt, gigantische Strukturen mit Durchmessern von etlichen Kilometern, in denen Tausende, Hunderttausende oder sogar Millionen Menschen leben könnten. Diese Habitate wären große lang gestreckte oder zu riesigen Speichenrädern geformte Röhren, die in ihrem Inneren ganze Städte, Fabriken und Landschaften mit Bergen, Wäldern, Seen und Wiesen beherbergen könnten. Solche Strukturen wären sehr bald von der Erde unabhängig und könnten das gesamte Sonnensystem kolonisieren.

Michael Hart vom *National Center for Atmospheric Research* in Boulder (USA) hatte daraufhin 1975 als Erster auf die Möglichkeit aufmerksam gemacht, dass solche Habitate ohne nennenswerte Schwierigkeiten dazu in der Lage wären, die Entfernungen zwischen den Sternen zu überwinden[38]. Innerhalb der Strukturen bestünde eine völlig autonome Welt, für deren Bewohner die Reisezeit keine Rolle mehr spielt. Es ist nur noch von sekundärer Bedeutung, welche Generation ein fremdes Planetensystem erreicht, wie lange man dort verweilt (und möglicherweise Tochterhabitate konstruiert) und wann man wieder auf die Reise geht. Bereits die zweite, an »Bord« geborene Generation versteht nicht die Erde, sondern das »Schiff« als Heimat.

In rascher Folge gab es daraufhin in der astronomischen Fachliteratur weitere Arbeiten, die sich des Themas annahmen (etwa von Eric Jones[39], William Newman und Carl Sagan[40], Ben Zuckerman[41]). Heute weiß man anhand von Modellrechnungen, dass unsere gesamte Galaxis mit Hilfe solcher Weltraumhabitate in nur etwa fünf bis zehn Millionen Jahren vollständig kolonisiert sein würde – ein sehr geringer Zeitraum, wenn man bedenkt, dass unsere Erde seit 4,6 Milliarden Jahren besteht und man das Alter des Universums heute auf fünfzehn bis zwanzig Milliarden Jahre ansetzt.

Aber es geht möglicherweise noch schneller – *viel schneller*! Was früher nur Sciencefiction war und allenfalls in einem Enterprise-Film Bedeutung hatte, scheint tatsächlich realisierbar zu sein. Mitte der achtziger Jahre legten die drei Physiker Kip Thorne, M. S. Morris und U. Yurtsever[42] in der renommierten Zeitschrift PHYSICAL REVIEW LETTERS ihre Berechnungen vor, wonach so genannte »Wurmlöcher« – Öffnungen in der Raumzeit – weit entfernte Bereiche im Weltall miteinander verbinden können. Wir würden in ein solches Wurmloch hineinfliegen und auf der anderen Seite ohne wesentlichen Zeitverlust wieder heraus – und hätten Millionen von Lichtjahren überbrückt. Beim gegenwärtigen Stand unserer Raumfahrt ist so etwas natürlich noch nicht möglich. Aber Thorne, Yurtsever und Morris haben die *prinzipielle Machbarkeit* dargelegt, und insofern ist es nur eine Frage der Technologie (und der Zeit), wann wir Menschen das erste künstliche Wurmloch konstruieren und zur Reise in die Unendlichkeit aufbrechen werden.

Der Physiker Miguel Alcubierre veröffentlichte 1994 eine Arbeit, die die prinzipielle Realisierung eines so genannten »Warp-Antriebs« aufzeigen konnte[43]. Sciencefiction-Fans kennen so etwas aus Serien wie *Raumschiff Enterprise*: Das Raumschiff beschleunigt weit über die

Grenze der Lichtgeschwindigkeit hinweg und legt große Entfernungen in kürzester Zeit zurück. Grundsätzlich spricht die Einstein'sche Relativitätstheorie gegen eine solche Vorstellung, weil sich in unserem Universum nichts schneller als das Licht bewegen kann und selbst ein auf Lichtgeschwindigkeit beschleunigtes Raumschiff unendlich viel Energie benötigen würde. Doch was, so Alcubierres Überlegung, wenn man den Raum (oder besser: die Raumzeit) vor dem Raumschiff *komprimiert* und hinter dem Raumschiff wieder *dehnt*? Dann würde das Ziel – etwa ein hundert Lichtjahre entfernter Stern – plötzlich ganz nah heranrücken, während der Abstand zum Startplaneten wächst. Um eine solche Raumkontraktion durchzuführen, bedarf es allerdings so genannter »exotischer Materie«, die ganz seltsame Eigenschaften haben müsste – sie müsste zum Beispiel normale Materie abstoßen, nicht anziehen. Bislang kennen wir so etwas nicht, aber es wäre denkbar, dass »exotische Materie« in der Nähe von Schwarzen Löchern produziert wird. Schwarze Löcher sind kollabierte Sonnen extrem hoher Dichte. Mit anderen Worten: Auch diese Möglichkeit ist noch weit jenseits einer Realisierung. Aber auch Alcubierre hat in erster Linie die Theorie dafür geliefert. Nun liegt es an der Phantasie und dem Erfindungsreichtum künftiger Generationen, diese Theorie in die Praxis umzusetzen.

Sicher ist aber eines: wenn solche Möglichkeiten interstellarer Raumfahrt irgendwann von uns – in einigen tausend oder hunderttausend Jahren – umgesetzt werden können, dann werden andere Intelligenzen, die uns in ihrer Entwicklung weit voraus sind, diesen Schritt längst getan haben. Auch die »SETI Community«, die Gruppe jener Astronomen und Astrophysiker, die seit den 1960er Jahren nach Radiosignalen außerirdischer Zivilisationen forschen, beginnt in dieser Hinsicht umzudenken. Peter Schenkel[44] meint zum Beispiel, es sei allerhöchste Zeit, Pläne auszuarbeiten, um die Menschheit auf einen möglichen direkten Kontakt vorzubereiten. Denn überlichtschnelle Raumfahrt sei für Kulturen, die uns um Jahrmillionen voraus sind, vermutlich nichts Unmögliches. Vielleicht kreuzten sie schon zur Zeit der Dinosaurier in riesigen Weltraumstädten von Stern zu Stern, haben die Galaxis längst mit »Wurmlöchern« durchzogen oder surfen mit Alcubierre-Warpantrieben von Sternsystem zu Sternsystem. Seit Jahrhunderttausenden. Seit Jahrmillionen. Oder noch länger.

Aber da kommen wir natürlich in ein scheinbar unlösbares Dilemma. Wenn es diese Möglichkeiten nämlich gibt, wenn außerirdische Intelligenzen schon vor langer Zeit mit der Kolonisierung der Galaxis begonnen haben, muss auch unser Sonnensystem entdeckt und erforscht worden sein. Darauf haben auch in der astronomischen Fachliteratur verschiedene Wissenschaftler immer wieder hingewiesen. Warum unsere Erde nicht kolonisiert wurde, wissen wir nicht. Möglicherweise existiert ein »*Codex Galactica*«, der es verbietet, bereits belebte Welten zu vereinnahmen. Möglicherweise aber hat es solche Kolonisationsversuche auch gegeben und *wir selbst* sind das Ergebnis eines derartigen Projekts.
Es ist unklar, wie man beide Faktoren (Wahrscheinlichkeit außerirdischer Intelligenz und Wahrscheinlichkeit interstellarer Raumfahrt) miteinander verbinden will, ohne einen Besuch extraterrestrischer Intelligenzen auf der Erde anzunehmen. Diese Schlussfolgerung ergibt sich nahezu zwangsläufig aus den bekannten Daten.

Argument 3: Selbst wenn es »sie« gibt und selbst wenn »sie« in unserem Sonnensystem und auf der Erde waren, ist es nahezu ausgeschlossen, dass sie uns ähnlich sind. Folglich müssen Mythen und Überlieferungen etwas anderes beschreiben als Kontakte mit außerirdischen Intelligenzen.
Fraglos können wir bei all unseren Betrachtungen über außerirdische Intelligenz nur von unserem eigenen Fall als Modell ausgehen. Dieser mag im Universum absolut einzigartig dastehen; Leben könnte überall anders völlig verschieden von dem unsrigen aufgebaut sein, statt auf Kohlenstoff- vielleicht auf Siliziumbasis. Es wäre dann von uns als Leben nur schwer identifizierbar. Solche Lebensformen sind zwar vorstellbar, aber es ist unwahrscheinlich, dass in der Natur das Kohlenstoff-Konzept des Lebens nur ein einziges Mal realisiert werden konnte, zumal Kohlenstoff ein weit verbreitetes und häufiges Element im Universum ist. Leben sollte damit auch auf anderen Welten durch eine Biologie vertreten sein, die der unsrigen in etwa entspricht.
Dennoch gibt es eine schier endlose Fülle möglicher organischer Konstruktionsformen. Im Laufe der irdischen Evolution wurden zahlreiche Baustrukturen des Lebens verwirklicht; wir Menschen sind letztlich nur eine (zufällig?) entwickelte Form. Ebenso wären intelligente

Sauropoden, eine evolutive Entwicklung der Saurier, intelligente Meeresbewohner (etwa weiterentwickelte Wale oder Delphine), intelligente Insekten oder intelligente Vögel vorstellbar. Auf anderen Planeten mag es zudem Lebensformen geben, die keinerlei Parallelen zu der auf unserer Welt existierenden oder fossil überlieferten Fauna erkennen lassen.
Die Frage ist: Haben uns intelligente Vögel-Abkömmlinge, Echsenabkömmlinge, intelligente Insekten besucht? Auch das ist nicht auszuschließen. Die Überlieferungen sprechen jedoch eine andere Sprache: Hier ist zumeist von *menschenähnlichen* Göttern die Rede, von Wesen, die uns so ähnlich sahen, dass die meisten Chronisten keine wesentlichen Unterschiede zu sich selber feststellen konnten, sieht man einmal von verschiedenen Details (Größe, andere Fingeranzahl, etwas verschiedene Gesichtsform usw.) ab. Wie ist dies zu erklären?
Wir müssen uns bewusst machen, dass wir auch diesen Punkt aus unserem Blickwinkel betrachten. Für uns sind sie uns ähnlich. Für sie aber sind wir ihnen ähnlich – und das ist nicht unbedingt dasselbe.
Verschiedene Autoren[45,46] haben immer wieder darauf aufmerksam gemacht, dass die überwiegende Zahl aller Schöpfungsmythen davon berichtet, die »Götter« hätten den Menschen nach ihrem Ebenbild geschaffen. Bei manchen Völkern (z. B. Maya, Sumerer u. a.) sind sogar mehrere Schöpfungsversuche überliefert, bevor die »Götter« mit dem Endresultat zufrieden waren.
Die Mikrobiologie unserer Zeit hat uns in dieser Richtung nahezu phantastisch-erschreckende Möglichkeiten eröffnet. Die künstliche Hybridisierung eines Lebewesens auf gentechnologischem Weg ist vollzogen, die Erschaffung eines uns untergeordneten Wesens nach unseren Vorstellungen – nach unserem Ebenbilde – keine Utopie mehr. Mythen, Religionen und kultische Überlieferungen spiegeln möglicherweise nur das Wissen um einen Vorgang wider, der sich nun in den genbiologischen Labors rund um den Erdball erneut anzukündigen beginnt. Wenn sich die Annahme eines künstlich vorgenommenen Eingriffs als richtig erweist, wird verständlich, warum sie uns ähnlich sind – weil wir nämlich *ihre* »Produkte« sind.
Und noch eine andere Möglichkeit ist vorstellbar. In anderen Arbeiten[31–36] haben wir die von uns entwickelte Mimikry-Hypothese dargelegt. Demnach – und dies ist tatsächlich durch historische Zeiten

hinweg bis in unsere Tage gut zu verfolgen – hätten sich außerirdische Intelligenzen in ihrem äußeren Erscheinungsbild den jeweils vorherrschenden sozio-kulturellen Bedingungen und den damit verbundenen Vorstellungen von uns Menschen angepasst. Sie legten offenbar eine Art Mimikry-Verhalten an den Tag, weil ihnen dies ein Optimum an Operationsmöglichkeiten gibt. Wer den Phantasien eines »Gottes« exakt entspricht, wird sicher schneller akzeptiert als jemand, der sich in all seiner vielleicht sehr bizarren Fremdartigkeit offenbaren würde.

Argument 4: Es ist unwahrscheinlich, dass außerirdische Intelligenzen über eine Technologie verfügten, die wir gerade jetzt, zu Beginn unseres eigenen Raumfahrtzeitalters, als solche erkennen können. Beschreibungen in alten Texten, die von den Anhängern der Paläo-SETI-Hypothese in dieser Richtung gedeutet werden, sind daher nur symbolisch zu verstehen und spiegeln in keiner Weise Kontakte mit außerirdischen Intelligenzen wider.

Man kann dieser Behauptung gut mit fünf Argumenten begegnen:

1. Technik ist im Grunde eine Nachahmung von in der Natur verwirklichten physikalisch-mechanischen Prinzipien. Sie wird infolgedessen überall im Universum auf den gleichen mathematischen und physikalischen Strukturen beruhen und eine ähnliche oder gleiche Ausbildung erfahren.
2. Die Modellvorstellung einer Galaxiskolonisation durch große Weltraumhabitate zeigt, dass wir dafür eine Technologie benötigen, die der unsrigen nur noch in wenigen Bereichen überlegen ist. Eine völlig unverständliche »Supertechnologie« ist für die Überwindung interstellarer Distanzen nicht nötig.
3. Da wir möglicherweise »Ableger« außerirdischer Intelligenzen (mit einer bestimmten, definierten Technologie) sind, ist es nur folgerichtig, dass auch wir einen zumindest vergleichbaren Weg der technologischen Entwicklung beschreiten.
4. Es war uns bislang nur möglich, einen sehr bescheidenen Anteil der Mythen und Überlieferungen in Richtung der Paläo-SETI-Hypothese zu deuten. Viele Bestandteile sind noch völlig unverständlich und werden nach wie vor kultisch-religiös betrachtet. Fortschreitende technologische Entwicklung und neue wissenschaftliche Entdeckungen

mögen auch hier zu neuen Interpretation führen, die uns im Moment noch sehr fremd anmuten würden.

5. Cargokulte unserer Tage zeigen sehr gut, wie Menschen einfacher Kulturstufen auf einen Kontakt mit Hochtechnologie reagieren. Es ist kein Grund erkennbar, warum sich Menschen vor fünf- oder sechstausend Jahren anders verhalten haben sollten als zu unserer Zeit (d. h. Verehrung überlegener Menschen als Götter, Identifikation von Maschinen mit lebenden Wesen, Begründung kultisch-religiöser Strukturen usw.).

Eine genaue Analyse der wichtigsten gegen die Paläo-SETI-Hypothese gerichteten Argumente zeigt also, dass wir es hier durchaus *nicht* mit einer »Pseudowissenschaft« vom Schlage der Astrologie, der Handlesekunst oder des Tischerückens zu tun haben. Die dennoch in weiten Kreisen bestehende Nicht-Akzeptanz der Hypothese beruht folglich weniger auf logischen und exakt-wissenschaftlichen als offensichtlich auf eher soziologischen, politischen und religiösen Motiven.

Der Archäologe und Ethnologe John B. Campbell[8] vertrat daher 2002 auf dem Symposium der International Astronomical Union, dem Spitzengremium weltweiter astronomischer Forschung, den Standpunkt: »Ich meine, es wäre besser, nicht so selbstgefällig und voreilig zu sein und anzunehmen, dass Forschungen und Aktionspläne überflüssig seien. Es ist durchaus notwendig, nach Artefakten, nach direkten oder auch indirekten Spuren zu suchen, die außerirdische Besucher hinterlassen haben könnten. Würden wir die Unterstellung einiger, wir wären alleine im Universum oder isoliert von anderen, als Faktum nehmen, wären wir überhaupt nicht darauf vorbereitet, unerwartet auf Beweise der Existenz von intelligenten außerirdischen Lebensformen zu stoßen!«

Und der italienische Archäologe Vittorio di Cesare[8] stimmt zu: »Ich bin heute ein Befürworter der Paläo-SETI-Hypothese. Es gibt einfach zu viele Mysterien, die sich nicht mit den herkömmlichen Modellen erklären lassen. Aber gerade heute bietet uns die Archäologie mit ihren vielfältigen technologischen Möglichkeiten die Chance, Licht in die Geheimnisse der Vergangenheit zu bringen.«

Was spricht für die Paläo-SETI-Hypothese?

Es kann nicht Anliegen dieses Buches sein, alle hinreichend abgesicherten Indizien erneut ausführlich darzustellen, die bislang zur Stützung der Paläo-SETI-Hypothese von verschiedener Seite erbracht worden sind[47–49]. Einige wenige Punkte seien jedoch kurz angerissen. Indizien für einen Paläo-Besuch wurden aus sehr unterschiedlichen Fachbereichen zusammengetragen. Einen ganz wesentlichen Raum nehmen dabei die Überlieferungen vor- und frühgeschichtlicher Völker ein. Hier sind insbesondere Beschreibungen über Vorgänge von Bedeutung, die nach bisherigem Verständnis der Geschichte den entsprechenden Kulturen nicht oder nur unter Annahme komplizierter Hilfshypothesen zugebilligt werden können (z. B. Beschreibung von Maschinen, Flugzeugen, Raumschiffen usw.). Daneben sind bildhafte Darstellungen (Zeichnungen, Malereien, Figuren), ungewöhnliche Gebäudekomplexe und Bearbeitungsmethoden, seltsame gigantische Bodenzeichnungen, mysteriöse Artefakte, Symbolismen und »antike Geheimwissenschaften« von Interesse.

Eine kleine Auswahl solcher Indizien mag dies veranschaulichen:

- Der in Mali beheimatete Stamm der Dogon verfügt seit nachweislich mehreren hundert (vermutlich aber mehreren tausend) Jahren über komplexe astronomische Kenntnisse. Den Priestern des Stammes war nicht nur die Kugelgestalt der Erde, ihre Rotation um die Sonne, der Aufbau des Planetensystems, die vier großen Monde des Jupiter und die Ringe des Saturn bekannt, sie wussten auch um die Struktur der Milchstraße, ihre Rotation um die eigene Achse und die Existenz anderer Galaxien. Ein spezielles Wissen um den acht Lichtjahre entfernten Fixstern *Sirius* kommt hinzu. Den Dogon war die Existenz eines mit dem bloßen Auge nicht sichtbaren Begleitsterns (eines »weißen Zwergs«), dessen extreme Masse und seine genaue Umlaufzeit (fünfzig Jahre) bekannt. Alle fünfzig Jahre wird entsprechend das »Sigui-Fest« gefeiert, wie Marcel Griaule und Germaine Dieterlen erforschten. Nach den Überlieferungen der Dogon soll ein gewisser »Nommo« einst in einer »Arche« vom *Sirius* gekommen und ihnen das Wissen vom Kosmos überliefert haben. – Der Fall belegt exemplarisch das Vorhandensein eines ganzen Informationsbündels, dessen Ursprung anders als auf außerirdische Quellen zurückgehend nur schwerlich vorstellbar ist[50, 51].

• Die altindische Literatur berichtet in umfassender Weise von verschiedenen technischen Apparaturen, Waffen, Flugzeugen, Raumschiffen und Weltraumhabitaten. Die Beschreibungen sind dabei teilweise derart detailliert, dass Rekonstruktionen möglich sind, die sinnvolle (d. h. auf den heute bekannten aerodynamischen oder anderen physikalischen Gesetzen beruhende) Resultate ergeben. So lassen sich beispielsweise in den Charakterisierungen von als »Vimanas« bezeichneten »fliegenden Tempeln« tatsächlich Fluggeräte erkennen, die unseren Vorstellungen moderner Flugzeuge entsprechen. Waffen, deren Anwendung und Wirkungsweise ausführlich beschrieben wird, finden ihre Entsprechung in der modernen Militärtechnologie unserer Zeit. Leider ist erst ein sehr geringer Teil des immensen literarischen Erbes des alten Indien in eine europäische Sprache übersetzt, sodass wesentliche und für die Paläo-SETI-Hypothese sicherlich unschätzbar wertvolle Teile noch einer Sichtung und Verifizierung bedürfen[8, 52–56].

• Im ägyptischen Hathor-Tempel entdeckte Reliefs zeigen Szenen, in deren Mittelpunkt eine große, glühbirnenähnliche Struktur steht. Elektrotechnische Rekonstruktionen der Gesamtdarstellung erbrachten eine funktionsfähige elektrische Anlage, die sich aus einem Generator, einer Vakuumpumpe und einer Glühbirne zusammensetzt[57].

• In Ägypten und in Südamerika aufgefundene, zuvor als »Kultgegenstände« oder »Fisch-« bzw. »Vogeldarstellungen« klassifizierte Objekte erwiesen sich als flugfähige Modelle von Segel- und Düsenflugzeugen[58]. Algund Eenboom, Peter Belting und Conrad Lübbers[8] haben in den vergangenen Jahren anhand detailgetreuer Nachbildungen die erstaunlichen aerodynamischen Eigenschaften beider Flugzeugtypen nachweisen können. Es ist extrem unwahrscheinlich, dass derartige Kenntnisse rein zufällig bei Ägyptern und kolumbianischen Indianern in die Modellierung der Objekte eingeflossen sind.

• Maya-Schriftzeichen und Azteken-Ornamentik konnten als Darstellungen von Rotationskolben- und Elektromotoren identifiziert und funktionsfähig nachgebaut werden. Eine Abbildung auf einem Amulett der Huaxteken (mexikanischer Indianerstamm) erwies sich als Darstellung eines Elektro-Galvanisierungsvorganges[59].

• Kann es eine eiszeitliche Nanotechnologie gegeben haben? Wohl kaum. Dennoch fanden russische Geowissenschaftler 1996 am Flussufer der Narada und des Kozim im östlichen Ural in geologischen Schichten solche mikrokleinen technischen Artefakte, die aus Wolfram, Molybdän und Kupfer bestehen. Sie wurden am Zentralen Wissenschaftlichen Forschungsinstitut für Geologie und Erkundung von Bund- und Edelmetallen in Moskau, von der Russischen Akademie der Wissenschaften in St. Petersburg und am Geowissenschaftlichen Institut in Helsinki unabhängig untersucht. Der Abschlussbericht[60] endet mit der Anmerkung: »Die angeführten Daten erlauben die Frage nach ihrem außerirdischen technogenen Ursprung.«

• Puma Punku, nahe der alten Anden-Metropole Tiahuanaco in Bolivien gelegen, ist ein auf dieser Welt einzigartiges Ruinenfeld. Die z. T. bis zu dreiundvierzig Meter langen und tausend Tonnen schweren Granit-, Diorit- und Andesit-Blöcke sind allesamt bearbeitet, geschliffen und poliert. Millimetertiefe Rillen verlaufen exakt gefräst in den Oberflächen, rechteckige abgetragene Flächen, jeweils nur um Millimeter tiefer versetzt, sind präzise voneinander getrennt. Winzige, aber tiefe Löcher, versetzte Kanten, quaderförmige Würfelstücke wurden in einer Weise erarbeitet, wie dies heute nur mit modernsten Maschinen, etwa Bohrern, Hartstahlfräsen, luft-, eis- oder wassergekühlten Rotationsmaschinen und Stahlschablonen möglich wäre[61].

• Dem amerikanischen NASA-Ingenieur Josef F. Blumrich gelang 1973 aus Texten des Alten Testaments die Rekonstruktion eines Raumschiffes, dessen Aussehen und Funktion der biblische Prophet Ezechiel (Kapitel 1) beschreibt. Blumrich erhielt sogar auf eine Teilrekonstruktion ein Patent[8, 62–64].

Ohne Zweifel wären solche Rekonstruktionsversuche von rein akademischem Interesse, würden bei derartigen Arbeiten lediglich irgendwie geartete Phantasiegebilde entstehen, die weder eine Funktion erfüllten noch sonstigen Zwecken genügten. Dies ist aber weder bei den oben erwähnten Motoren der Fall noch bei dem Raumschiff des Ezechiel. Es ergeben sich jeweils sinnvolle, in allen Einzelheiten durchdachte und offensichtlich einer fortgeschrittenen Zivilisation zuzuordnende technische Geräte und architektonische Bauwerke. Nicht anders verhält es sich mit einer weiteren Rekonstruktion, die wir im Folgenden etwas ausführlicher behandeln wollen. Sie gibt uns Hinweise auf einen gigan-

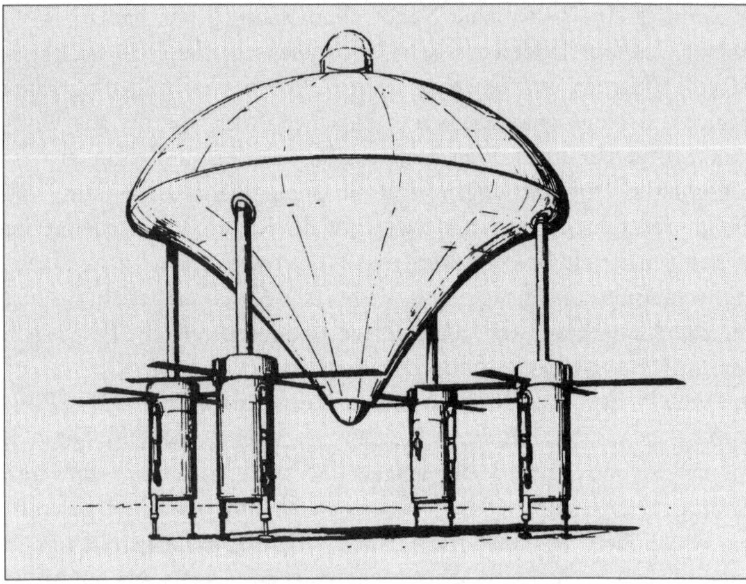

Abb. 6: Das von Ezechiel gesehene Raumschiff des »Herrn« nach der Originalrekonstruktion von NASA-Ingenieur Josef F. Blumrich.

tischen Cargokult der geschichtlichen Frühzeit, dessen Auswirkungen noch heute die religiösen Vorstellungen, Sitten und Gebräuche eines großen Kulturvolkes bestimmen, dessen Spuren sich selbst im Christentum wiederfinden lassen und die für die Frage, was der Gral darstellt, von allergrößter Bedeutung ist.

Das Mannawunder der Israeliten

Im zweiten Buch Mose, Kapitel 16, lesen wir über eines der wohl bekanntesten Wunder des Alten Testaments:

Und es murrte die ganze Gemeinde der Kinder Israel wider Mose und Aaron in der Wüste. Und sie sprachen: Wollte Gott, wir wären in Ägypten gestorben durch des Herrn Hand, als wir bei den Fleischtöpfen saßen und hatten Brot in Fülle zu essen. Denn ihr habt uns dazu heraus-

geführt in diese Wüste, dass ihr diese ganze Gemeinde an Hunger sterben lasst.
Da sprach der Herr zu Moses: Siehe, ich will euch Brot vom Himmel regnen lassen, und das Volk soll hinausgehen und täglich sammeln, was es für den Tag bedarf, dass ich's prüfe, ob es in meinem Gesetz wandle oder nicht. Am sechsten Tage aber wird's geschehen, wenn sie zubereiten, was sie einbringen, dass es doppelt so viel sein wird, wie sie sonst täglich sammeln.

Am nächsten Morgen finden die Israeliten das von Gott versprochene »Brot vom Himmel« in der Wüste:

Und am Morgen lag Tau rings um das Lager. Und als der Tau weg war, siehe, da lag's in der Wüste rund und klein wie Reif auf der Erde. Und als es die Kinder Israels sahen, sprachen sie untereinander: Man hu? (Das heißt: Was ist das?) Denn sie wussten nicht, was es war. Mose aber sprach zu ihnen: Es ist das Brot, das euch der Herr zu essen gegeben hat.

Indes – das Himmelsbrot war offensichtlich kein gewöhnliches Brot und nicht aus Mehl gebacken. Es hatte sogar eine sehr unangenehme Eigenschaft:

Und Mose sprach zu ihnen: Niemand lasse etwas davon übrig bis zum nächsten Morgen. Aber sie gehorchten Mose nicht. Und etliche ließen davon übrig bis zum nächsten Morgen; da wurde es voller Würmer und stinkend. Und Mose wurde zornig auf sie. Sie sammelten aber alle Morgen, so viel ein jeder zum Essen brauchte. Wenn aber die Sonne heiß schien, zerschmolz es.

Diese Eigenschaft des »Schmelzens« und »Schlechtwerdens« verlor sich erst dann, wenn das Manna gebacken und gekocht wurde (2. Mose 16, 33). Das war offensichtlich auch notwendig, denn am siebten Tage, am Sabbat, gab es kein Manna:

Da sprach Mose: Esst dies heute, denn heute ist der Sabbat des Herrn; ihr werdet heute nichts finden auf dem Felde. Sechs Tage sollt ihr sammeln; aber der siebte Tag ist der Sabbat, an dem wird nichts da sein.

Auch über das Aussehen und den Geschmack des himmlischen Mannas finden sich Informationen in der Bibel:

Und das Haus Israel nannte es Manna. Und es war wie weißer Koriandersamen und hatte einen Geschmack wie Honigkuchen.

Das Wunder der Speisung geschah jedoch nicht nur in diesen Tagen, als die »ganze Gemeinde der Kinder Israels wider Mose« gemurrt hatte, sondern setzte sich Tag für Tag aufs Neue fort:

Und die Kinder Israels aßen Manna vierzig Jahre lang, bis sie in bewohntes Gebiet kamen; bis an die Grenzen des Landes Kanaan aßen sie Manna.

In diesem Zusammenhang ergeben sich zwei Fragen:
1. Hat es Manna wirklich gegeben?
2. Sofern wir diese Frage positiv beantworten können: Worum handelte es sich?

Der Erste, der sich auf die Spuren des Mannawunders begab, war im Jahr 1493 der Mainzer Dekan Breitenbach. Über seine Pilgerfahrt zum Berge Sinai schrieb er damals: »In allen Tälern um den ganzen Sinai-Berg findet man noch zu dieser Zeit Himmelsbrot, welches die Mönche und die Araber sammeln, behalten und verkaufen, den Pilgern und fremden Leuten, die dahinkommen. Dasselbe Himmelsbrot fällt morgens gegen Tage eben wie Tau oder Reif und hänget tropflicht an dem Gras, den Steinen und an den Ästen der Bäume. Und es ist süß wie Honig und hänget und klebet an den Zähnen, so man es isst, und wir kauften davon viel Stück.«
Dreihundertfünfzig Jahre später, 1823, vertrat der deutsche Botaniker G. Ehrenberg in seinem Buch »Symbolae physicae«[65] die Ansicht, Manna sei nichts anderes gewesen als ein vom Tamariskenstrauch ausgeschiedenes Sekret, das ausfließt, sobald der Strauch von einer im Sinai beheimateten Schildlausart angestochen wird. Eine Expedition, die in den zwanziger Jahren des letzten Jahrhunderts auf den Spuren des Mannas das Sinai-Gebiet durchforschte, konnte bestätigen, dass Ehrenberg zum Teil Recht hatte. Aber nicht die Tamariskensträucher

sind es, die das Sekret aussondern, es sind die in ihnen lebenden kleinen Insekten selbst. Einer der Teilnehmer der Expedition charakterisierte die aufgefundenen Körner wie folgt: »Der Geschmack der auskristallisierten Mannakörnchen ist eigentümlich süß. Er lässt sich am ehesten mit dem von Honigzucker, dem Produkt lang stehenden Bienenhonigs, vergleichen.«
Noch in unseren Tagen, schreibt Werner Keller[66], sammeln die Beduinen die süßen Körner auf, entweder, um sie sogleich zu essen, oder aber um sie in Krügen für längere Zeit aufzubewahren. Manna wäre demnach nichts anderes gewesen als das Sekret kleiner Insekten.
Vielleicht mag eine solche Erklärung für viele annehmbar und ausreichend sein, für uns ist sie es nicht. Keller scheint nämlich einige wichtige Gesichtspunkte nicht beachtet oder zumindest nicht ausreichend bewertet zu haben. Er selbst schreibt[66]: »Der Anfall an Manna hängt von einem günstigen Winterregen ab und ist von Jahr zu Jahr verschieden.« In der Bibel (2. Mose 16,35) aber findet sich ein Vers, wonach das himmlische Manna jeden Tag über vierzig Jahre lang *regelmäßig* erschien (bis auf den Sabbat) und das Volk Israel ernährte. Man braucht kein Meteorologe zu sein, um sich vorstellen zu können, dass es in diesem Zeitraum auch schlechte Perioden geben wird, in denen die Insekten kein Sekret ausscheiden. Und es liegt auch kein Grund dafür vor, warum die Tiere ausgerechnet am Sabbat – und auch das über vierzig Jahre hinweg – ihre natürlichen, artspezifischen Prozesse einstellen sollten. Zudem weist die Bibel darauf hin, dass das Mannawunder nach vierzig Jahren endgültig beendet war – die Schildläuse produzieren dagegen noch heute ihr Sekret. Auch der Hinweis auf die leichte Verderblichkeit des Manna bereits nach einem Tag stimmt in keiner Weise mit dem Honigsekret der Schildläuse überein, da dieses ohne gesonderte Behandlung von den heutigen Einwohnern des Sinaigebiets für längere Zeit in Krügen aufbewahrt wird.
Noch gravierender allerdings ist die Zusammensetzung dieser Körner. Sie bestehen aus Glukose und Traubenzucker mit geringen Anteilen an Pektin, sind also im Wesentlichen reiner Zucker. Zwar ist es richtig, dass die Beduinen »aus den Mannatropfen einen Brei [kneten], der als beliebte und vitaminreiche Beigabe zur oft eintönigen Nahrung verzehrt wird«, wie Werner Keller[66] herausfand, aber eben *genau das* bestätigt, dass es sich bei dem Sekret allenfalls um eine »Anreicherung des

Speisezettels«, niemals aber um ein Hauptnahrungsmittel gehandelt haben kann. Und wer will auch glauben, die Israeliten hätten sich vierzig Jahre lang im Wesentlichen von Zucker ernährt? Die Bibel selbst schließt dies aus, indem sie Manna als »Brot«, also als Grundnahrungsmittel, bezeichnet.

Von der in Theologenkreisen noch immer sehr populären Sekret-These werden wir wohl Abschied nehmen müssen, wollen wir uns um eine wirkliche Lösung des Problems bemühen. Einer solchen Lösung ist man unterdessen offensichtlich näher gekommen. Sie ist – sowohl was die Details als auch was ihre Gesamtheit betrifft – in sich logisch und kann damit eine höhere Wahrscheinlichkeit für sich beanspruchen als die Sekret-Hypothese, die letztlich jeglicher Grundlage entbehrt. Dieser neuartige Ansatz geht davon aus, dass Manna *maschinell*, also künstlich, hergestellt wurde.

Eine derartige Behauptung mag auf den ersten Blick absurd erscheinen. Tatsächlich aber ist es den beiden Briten George Sassoon und Rodney Dale gelungen, eine solche Mannamaschine zu rekonstruieren. Beide sind Ingenieure mit einem Studium an der Universität von Cambridge und betreiben eine eigene Elektronikfirma, beide haben darüber hinaus Naturwissenschaften studiert und als Übersetzer technischer Texte in andere Sprachen gearbeitet.

Grundsätzlich verhält es sich bei der Rekonstruktion dieser Manna produzierenden Maschine wie bei den bereits angeführten Beispielen der Maya-, Azteken- und Huaxteken-Aggregate und des Ezechiel-Raumschiffs: Auch hier ergab sich nach eingehender Analyse der Texte ein funktionstüchtiges Gerät. In diesem Fall eine Maschine, die, genau wie die Schriften es sagen, dazu in der Lage wäre, Nahrung, also Manna, zu produzieren. Ein direkter Nachbau der Maschine war bislang nicht möglich; hierzu wäre eine industrielle Fertigung vonnöten, die bislang leider nicht vorgenommen wurde.

Sassoon und Dale waren auf die Beschreibung der Maschine im *Sohar*, einem Buch der *Kabbalah*, gestoßen. Die *Kabbalah* ist eine alte jüdische Überlieferung, die 1290 von Rabbi Moses de Leon erstmals schriftlich niedergelegt wurde, nachdem sie bis dahin – ihrer absoluten Geheimhaltung wegen – nur mündlich weitergegeben worden war. Seither hatte man die *Kabbalah* als eine Anhäufung mystischer, magischer und alchemistischer Geheimtexte betrachtet. So schreibt zum Beispiel der Historiker Ernst Müller in der Einleitung zu den von ihm Ende des 19. Jahrhunderts herausgegebenen Auszügen aus dem *Sohar*[67]: »Aber auch der ›Inhalt‹ des Sohar ist dem fertige Geschlossenheit liebenden Systematiker ebenso schwer zugänglich wie dem schön gegliederte Formen liebenden Ästheten oder dem gefühlhafte Verschwommenheit suchenden mystischen Schwärmer. Denn er bietet weder ein philosophisches System noch ein dichterisches Ganzes, auch keine okkulten Anweisungen. Noch viel weniger das manchmal so beliebte mystische Geplätscher. Aber er teilt mit wesenhafter Philosophie und ernstem Okkultismus Tiefe und Strenge, und man muss dazu noch in seiner eigentümlichen Atmosphäre gewissermaßen atmen können, um über Kritik oder blinde Verehrung hinaus das Wesentliche zu erfassen.«

Das Wesentliche erfassen ... Selbst heute noch gibt es so genannte »Kabbalisten«, die aus diesen Texten ausschließlich magische Rituale, Zaubersprüche, astrologische »Weisheiten« und Ähnliches mehr ableiten wollen. So war es eher ein Zufall, dass Sassoon und Dale beim Lesen des *Sohar* auf die Beschreibung einer *Maschine* stießen.

Für ihre Arbeit der Rekonstruktion bedienten sie sich vor allem drei Quellen: des aramäischen *Chremona-Codes* von 1558, der lateinischen *Kabbalah Denudata* von 1644 und der englischen *Kabbalah Unveiled* von 1892. Das Ergebnis ihrer Arbeit veröffentlichten sie 1979 in ihrem Buch *Die Manna-Maschine*[68].

Der *Sohar* ist – wie die Bibel – in mehrere Bücher unterteilt. Für uns von Interesse sind insgesamt drei, nämlich das *Buch des Mysteriums* (BdM), die *Kleine Heilige Versammlung* (KHV) und die *Große Heilige Versammlung* (GHV). In diesen Büchern wird eine Maschine beschrieben, die dort »Der Alte der Tage« oder auch »Der Hochbetagte« genannt wird. Das Wort leitet sich vom Aramäischen OThIQ IVMIN (sprich: attik jomin) bzw. dem hebräischen OThIQ IMIM (sprich: attik jomim) her, das zwar mit diesen Begriffen übersetzt werden, aber auch »*Der Transportierbare mit den Behältern*« bedeuten kann. Diese Herleitung erscheint sinnvoller, auch wenn die Bestandteile des Geräts mit Namen menschlicher Gliedmaßen und Organe belegt wurden.

Im Wesentlichen setzte sich die Maschine aus drei Einheiten zusammen: einem oberen, als »männlich« empfundenen, einem mittleren, als »weib-

Abb. 7: Ein Ausschnitt aus dem Sohar *(GHV 587–589), der die Höhlen des Schädels des OThIQ IVMIN beschreibt. Es handelt sich um eine Seite aus dem* Sohar *von Lublin (1882), der in der Raschi-Schrift niedergelegt ist.*

lich«, und einem »unteren«, ebenfalls als »männlich« angesehenen Teil. – Den Völkern der vorchristlichen Jahrhunderte war eine Technik in unserem Sinne unbekannt. Komplizierten Maschinen, die für uns eine Alltäglichkeit sind, mussten sie mit völliger Ahnungslosigkeit begegnen. Begriffe wie »Drähte«, »Kabel«, »Schaltungen«, »Funktionslampen«, »Antriebsaggregate« kannten sie nicht. Was also sollten sie tun, wollten sie diese Dinge beschreiben? Sie waren darauf angewiesen, ihnen vertraute Begriffe zu verwenden. Wir möchten unsere Leser in diesem Zusammenhang zu einem Experiment anregen: Versetzen Sie sich im Geiste um etwa 200 Jahre zurück in die Vergangenheit und versuchen Sie, Aussehen und Funktionsweise eines simplen Staubsaugers, eines Radiogerätes oder eines Autos zu beschreiben – ohne all jene Worte, die die moderne Technik uns geliefert hat! Es dürfte jedem von Ihnen sehr schwer fallen.

Vor nahezu den gleichen unlösbaren Problemen standen jene Menschen, die die Mannamaschine beschreiben wollten. Dennoch sind ihre Worte mit großem Bedacht gewählt und so verwendet, dass wir heute (wieder) dazu in der Lage sind, aus ihnen tatsächlich ein Gerät zu rekonstruieren, das zum einen dieser Beschreibung entspricht, zum anderen aber sehr sinnvoll ist, d. h. die gleiche Funktion erfüllt, die es dem *Sohar* zufolge haben soll, nämlich die Produktion von Nahrung.

Grundstoff für die Herstellung von Manna dürfte demnach eine spezielle Art der *Chlorella*-Alge gewesen sein, deren Anteile an Proteinen, Kohlenhydraten und Fetten durch bestimmbare Parameter beim Wachstum der Kultur variiert werden konnten. Die Algenkultur benötigte insbesondere eine starke Lichtquelle, vermutlich einen Laser. Die Apparatur dürfte daher – und Sassoon / Dale schließen dies aus den Texten des *Sohar* – wie folgt ausgesehen haben:

An der Spitze war ein Tau- oder besser Luftfeuchtigkeits-Destillierapparat installiert, der eine abgekühlte, gebogene Oberfläche besaß. Über diese Oberfläche floss Luft, aus der Wasser kondensierte. Das Wasser war Grundstoff für den Behälter im Zentrum, der die bereits erwähnte Lichtquelle sowie die Algenkultur selbst enthielt. Die Kultur zirkulierte durch verschiedene Röhren, die einen Austausch von Sauerstoff und Kohlendioxyd mit der Atmosphäre erlaubten und auch Wärme abstrahlten. Der dabei entstehende Chlorella-Schlamm wurde

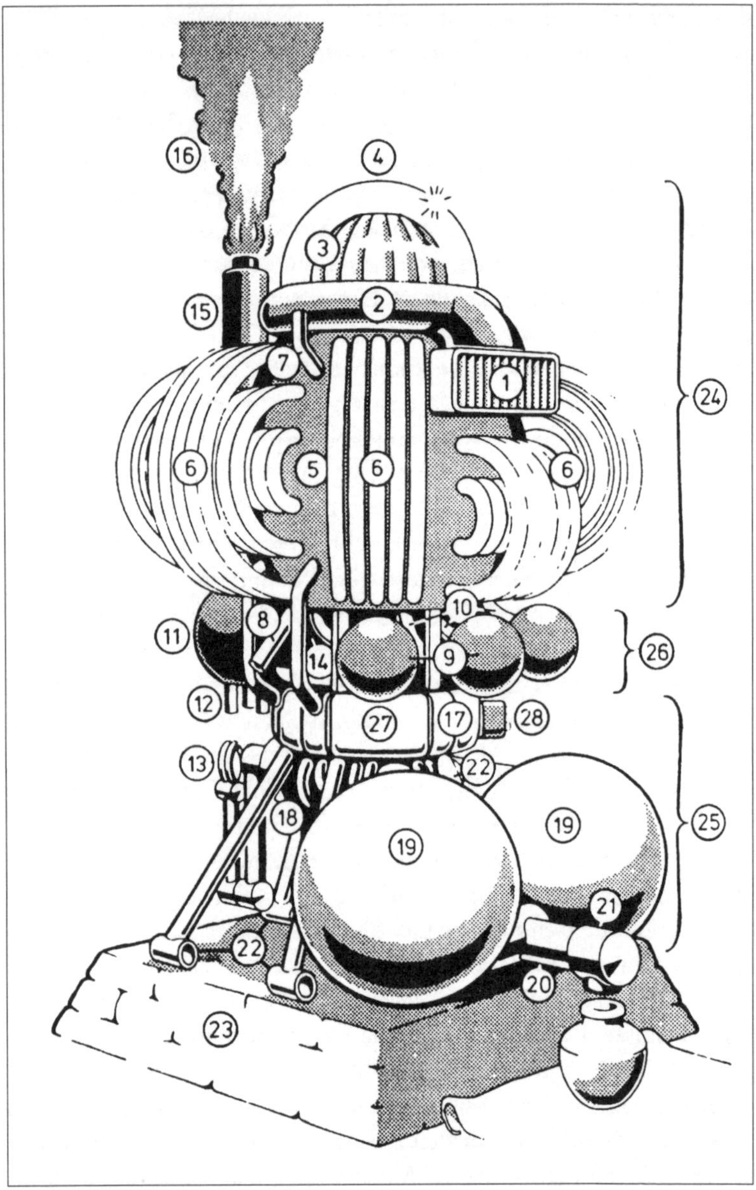

Abb. 8: Die Mannamaschine nach der Rekonstruktion von George Sassoon und Rodney Dale. Zeichnung von Martin Riches. Nummerierung: Siehe Erläuterung im Anhang, S. 375.

in ein weiteres Gefäß abgeleitet. Hier konnten entstandene Stärkestoffe teilweise zu malzartigen Stoffen hydrolysiert werden, die dann, leicht gebrannt, den Honigkuchengeschmack hervorriefen. Das getrocknete Material ergab schließlich eine Substanz für zwei Auffangbehälter. Einer wurde täglich gefüllt, um den Bedarf zu decken. Der andere füllte sich langsam während der Woche, sodass ein Zwei-Tage-Vorrat am Abend des Sabbat zur Verfügung stand. Diese Einteilung musste vorgenommen werden, damit die Maschine gestoppt, auseinander montiert, gesäubert und wieder in Gang gesetzt werden konnte.

Das hört sich vielleicht eher nach Sciencefiction an, aber es gibt bereits heute solche Maschinen, die mit Erfolg getestet wurden. »Noch während unserer laufenden Studien zur Rekonstruierung des ›Alten der Tage‹ entdeckten wir, dass bereits ein Algenwuchsgerät bei Atom-U-Booten zur Luftreinigung verwendet wurde«, erläutert George Sassoon.[69] »Es hatte auch mehrere Experimente gegeben mit solchen Systemen, in der Absicht, festzustellen, ob es sich in geschlossenen ökologischen Systemen der Raumfahrt einsetzen ließe.
1974 beschrieb Sergei Vlasov das Sovjet-Bios-3-Experiment im russischen Journal *Tekhnika Molodezhi*. Es handelte sich um ein in sich abgeschlossenes Umweltsystem, in dem drei Männer für sechs Monate lebten. Ihre Körperabfälle wurden in der Chlorella-Kultivierung verarbeitet sowie gereinigt; zudem gab es hydroponische Kulturen zum Produzieren von Weizen und Gemüse.«
1983 konnten dann zwei Wissenschaftler der Universität von New Hampshire, Steven H. Schwartzkopf und P. E. Stefan, ein geschlossenes, vollständig funktionierendes ökologisches Lebenserhaltungssystem entwickeln[70]. Es überwacht und stellt sieben Parameter sicher, die lebensentscheidend für pflanzliches Wachstum sind: Temperatur, Befeuchtung, Feuchtigkeit, Luftdruck, Luftbewegung, Luftzusammensetzung und Nährstoffe. Die experimentelle Vorrichtung besteht aus einem doppelwandigen Kunststoffzylinder. Dieser enthält von einem Computer kontrollierte Sensoren sowie Zufuhr- und Abfuhrleitungen, die die 1,5 Meter lange Kammer von 45 cm Durchmesser gewissermaßen in einen kleinen botanischen Garten verwandeln. Eines Tages sollen ähnliche, getreideproduzierende Apparaturen in Raumfahrzeuge und Raumstationen installiert werden, oder, so meinten

jedenfalls Schwartzkopf und Stefan, dabei helfen, Wüsten in pflanzenproduzierende Gebiete zu verwandeln.
Dass bei solchen Nahrungsproduktionen in der Wüste insbesondere Algen eine große Rolle spielen könnten, ergibt sich aus Forschungsprojekten, die das Nationale Ägyptische Forschungszentrum in Kairo zusammen mit dem Institut für Biotechnologie in Jülich durchgeführt hat[71]. Algen der Spezies *Coelastrum* und *Scenedesmus* wurden dabei mit Erfolg getestet. »Wir können das Ernährungsproblem nicht schlagartig lösen, und die Algen werden herkömmliche Nahrungsmittel auch nicht ersetzen können«, meinte der Projektleiter, Mohammed el-Fuli. Dennoch sieht er in der Algenproduktion die einzige Möglichkeit, langfristig den Proteinbedarf der inzwischen über fünfzig Millionen Ägypter zu decken. Die grün-braunen Einzeller können alle fünf bis sechs Tage geerntet werden. Sie enthalten bis zu siebzig Prozent Eiweiß, dazu Fettsäuren, Kohlenhydrate, Mineralien und Vitamine. »Wir sprechen von Algenzusätzen etwa zu Makkaroni oder Brot«, erläutert el-Fuli. »Die Japaner, die Algen sehr teuer produzieren, haben bereits über fünfzig Algenprodukte für den menschlichen Konsum auf den Markt gebracht, unter anderem sogar Eiscreme.« Die Anbaumöglichkeiten für Algenkulturen seien in Ägypten ideal: »Algen brauchen viel Sonne und weite Flächen; von beidem haben wir hier mehr als genug.« Tatsächlich lassen sich Algen in dem sonnenreichen Land an 300 Tagen im Jahr züchten, bei einem geschätzten Ertrag von 50 bis 60 Tonnen pro Hektar und Jahr. Kohlendioxyd und eine Düngermischung aus Kalium, Stickstoff und Phosphor können billig im Land selbst hergestellt werden.
Nun handelt es sich bei der Mannamaschine nicht um eine weitflächige Anlage zur Algenkultivierung, sondern um ein äußerst komplexes Gerät. Am 19. September 2001 war die Sensation perfekt. Das angesehene deutsche Fraunhofer-Institut für Grenzflächen- und Bioverfahrenstechnik (IGB), Stuttgart, veröffentlichte eine Pressemeldung[72] mit folgendem Wortlaut: »Algen sind wahre Tausendsassa: Sie produzieren Fettsäuren, Vitamine und pharmazeutische Wirkstoffe, reinigen Abwässer und liefern Energie. Fraunhofer-Forscher haben einen Photobioreaktor entwickelt, in dem die Mikroalgen kostengünstig gezüchtet werden können. Einen Prototyp der Anlage stellen sie auf der Messe Biotechnica in Hannover (09.–11. Oktober 2001) vor.«

Jörg Degen und Ulrike Schmid-Staiger weisen auf das enorme Potenzial der Algen hin, das jedoch nur dann richtig genutzt werden konnte, wenn sie im industriellen Maßstab gezüchtet wurden: »Bislang scheiterten jedoch fast alle Versuche, die winzigen Organismen in großen Mengen wirtschaftlich aufzuziehen. Der Grund: In Großanlagen werden die Algen nicht optimal mit Licht versorgt.« Und J. Degen weiter: »Da die Algen an der Oberfläche das Licht absorbieren, ist es bereits nach wenigen Millimetern Tiefe dunkel. Die Organismen im Inneren der Anlage erhalten kein Licht und wachsen nicht.« Doch der neuartige Photobioreaktor nutzt eine Eigenart der Algen. Die kleinen Lebewesen werden periodisch für kurze Zeit einem starken Licht ausgesetzt (Blitzlicht-Effekt). Statische Mischer und eingeleitete Luft sorgen für einen gleichmäßigen Flüssigkeitsstrom, der die Algen aus dem dunklen Reaktorinnern zur beleuchteten Oberfläche lenkt.
Die Forscher weisen auch auf die vielfältigen Einsatzmöglichkeiten hin: Reinigung von Abwässern und Abgasen sowie Wasserstofflieferanten für Brennstoffzellen. Zweifelsohne Eigenschaften, die sie auch für ein Raumschiff interessant machen. Und noch eine beachtenswerte Eigenschaft haben die Algen: Die essenziellen Omega-3-Fettsäuren können den Cholesterinspiegel senken und so Arterienverkalkung vorbeugen. Wie leitstungsfähig der Reaktor ist, konnte bereits gezeigt werden. Kleinzellige Frischwasseralgen der Art *Chlorella vulgaris* wurden in dieser Bio-Anlage erfolgreich gezüchtet.[73] Eine größere Version der Algenproduktionsanlage wurde in Mecklenburg Vorpommern gebaut. Hierzu hat das Fraunhofer Institut die Firma *Subitec GmbH* gegründet.[74]
Dass Algenprodukte durchaus wohlschmeckend sind, zeigt ein Bäcker aus der Altmark bei Magdeburg. Er stellt ein Gebäck aus *Chlorella vulgaris* her. Die vitamin-, mineralstoff- und aminosäurereiche Kost schmeckt nicht nur, sondern stärkt auch das Immunsystem. Lieferant ist die erste Betreibergesellschaft zur Produktion der Mikroalge, die *Ökologische Produkte Altmark GmbH*. Sie züchtet industriell in 20 Produktionseinheiten die Kleinstlebewesen unter einem riesigen, transparenten Dach in armdicken Glasrohren. Sonnenlicht, Wasser, Kohlendioxyd und Mineralsalze, das ist alles, um die gesunde Biomasse herstellen zu können. In einer Zentrifuge wird die Substanz schließlich zu Pulver verarbeitet. Das Ergebnis: »Manna« vom Feinsten.

Die Rekonstruktion der Mannamaschine hat sich in diesem Teilbereich also als eindeutig machbar herausgestellt. Selbst Details wie die Zirkulation des Algenschlamms haben sich in der Realität als sinnvoll erwiesen.

»Eine zweite, unabdingbare Voraussetzung für die Funktionsfähigkeit der Maschine ist eine bestimmte Wassermenge, die das Leben der Algen sichert«, so George Sassoon.[69] »Wir nahmen an, dass dieses Wasser direkt aus der Luftfeuchtigkeit gewonnen wurde. Kritiker hielten uns entgegen, dass es in der trockenen Luft der Sinaiwüste keine Möglichkeit gegeben habe, die erforderliche Menge Wasser zu gewinnen.« Doch 1993 vermochte der britische Ingenieur Stuart Clyens ein Gerät zu entwickeln, das während der Nachtstunden Wasser aus der Atmosphäre zieht, sodass dies am frühen Morgen in hinreichend großen Mengen zur Verfügung steht[75]. Analog dazu wird in den biblischen Texten beschrieben, das Manna sei jeweils am Morgen aufgesammelt worden. Dabei ging es Clyens nicht um einen Nachweis der Mannamaschine (von deren Rekonstruktion er nichts wusste), sondern einfach um die Möglichkeit, in Trockengebieten Flüssigkeit zu gewinnen. Zwei Prototypen dieses Geräts wurden erfolgreich in der namibischen Wüste getestet.
1998 gab das Institut für Umweltverfahrenstechnik der Universität Bremen unter Leitung von Professor Norbert Räbiger[76] bekannt: »Das Institut ... hat jetzt als Labormuster ein neuartiges Verfahren der Trinkwassergewinnung entwickelt, das sich insbesondere für den Einsatz in Dürregebieten, in arabischen Ländern oder in Krisenregionen anbietet. Durch die gezielte Auswahl so genannter Adsorbentien, die das Wasser aus der Luft ziehen, lässt sich das Verfahren optimal an die Bedarfsländer anpassen. Die Trinkwassergewinnung ist damit ebenso in heißen Ländern wie in kalten Regionen möglich, das Verfahren ergiebig.« Ein Kubikmeter Speichermaterial entzieht innerhalb einer Nacht der Umgebungsluft Feuchtigkeit, die sich als Tau niederschlägt, tausend Liter Wasser. Vergrößert man das Volumen auf fünf oder zehn Kubikmeter, können pro Nacht fünftausend oder zehntausend Liter Wasser gewonnen werden. Die gesamte Anlage findet in einem Container von eineinhalb Metern Breite, eineinhalb Metern Höhe und drei Metern Länge Platz. Damit sie auch von der ländlichen Bevölkerung

angenommen wird, ist das Design je nach kultureller Anforderung wandlungsfähig[76].
Eine Zeichnung im P.M.-Magazin[77] verdeutlichte auch die optische Ähnlichkeit mit der Mannamaschine. Durch zwei Rohre wird Luft angesogen. Im Kohlefilter der Anlage sammelt sich die Luftfeuchtigkeit. Sie wird mit Solarenergie verdampft und im Kondensator zu Wasser verwandelt, das durch eine Zapfanlage abgenommen werden kann.

Auch die Energiequelle, die nach Sassoons und Dales Schätzung etwa fünfhunderttausend Watt erzeugen musste und zudem relativ klein war, ist längst realisiert.[70] Mini-Plutoniumreaktoren werden beispielsweise in U-Booten, Satelliten oder Raumsonden wie dem Cassini-Saturnorbiter verwendet. Aber auch für den »normalen Hausgebrauch« werden rentable Kernreaktoren bereits entwickelt. Wissenschaftler des Central Research Institute of Electrical Power Industry (CRIEPI) haben einen Minireaktor konstruiert, mit dem sie Apartment- und Bürohäuser mit Strom versorgen wollen[78]. Sie sind nur etwa so groß wie ein kleines Zimmer und erzielen eine Leistung von 200 Kilowatt.
Das Sicherungskonzept, das analog auch für die Mannamaschine von Interesse ist, sieht ein Reservoir aus geschmolzenem Lithium-6-Metall vor. Dieses Isotop, so Mitsuru Kambe, Leiter des CRIEPI-Projektes, absorbiert Neutronen, die die Kettenreaktion im Reaktor in Gang halten. Heizt sich das Lithium auf, dehnt es sich von selbst aus und die Metallflüssigkeit schiebt sich in einer Röhre in den Reaktorkern. Die Kernspaltung werde abgebremst oder sogar ganz gestoppt. Das Gegenargument, kleine Kernreaktoren, wie sie die Mannamaschine benötigt, könnten nicht sicher genug gebaut werden, wird hiermit ebenfalls widerlegt.
In diesem Zusammenhang ist auch die rasante Entwicklung in der Brennstoffzellentechnik aufmerksam zu verfolgen. Solche Brennstoffzellen (z. B. die »Alcaline Fuel Cell«) sind tragbare Minikraftwerke mit einem hohen Wirkungsgrad für Strom- und Wärmeproduktion. Derartige Zellen werden bereits seit langem in der Raumfahrt und in U-Booten eingesetzt. Bis zu dreihundert Kilowatt erbringt die »Molten Carbonate Fuel Cell«. Seit 2001 produziert aber auch die deutsche Heizkesselfirma Vaillant/Motorola neuartige, extrem kleine Brennstoffzellen mit einer Ener-

gieausbeute von bis zu neunzig Prozent, die vergleichbar sind mit einem Blockheizkraftwerk, das durch einen Verbrennungsmotor betrieben wird. Mindestens vierzigtausend Stunden sollen sie störungsfrei arbeiten. In der Autoindustrie werden Brennstoffzellenantriebe entwickelt, die unabhängig von fossilen Energieträgern arbeiten[79]. Diese Zellen werden durch solar oder durch mit Kernspaltung erzeugtem Wasserstoff gespeist. Von Neutronenquellen im Taschenformat sprechen Physiker von der University of California, wo die Fusion von Wasserstoff für Laborgeräte und winzige Raumschiffantriebe nutzbar gemacht werden soll. Wie das Fraunhofer-Institut mitteilt, böte sich aber auch sein Algenproduktionsgerät als Wasserstofflieferant für Brennstoffzellen an.

Wir haben somit bereits 25 Jahre nach dem ersten Rekonstruktionsansatz der Mannamaschine alle damals konzipierten Technologien verfügbar, die 1978 nur anhand alter Manuskripte und Überlieferungen theoretisch ausgearbeitet werden konnten:

• das computergesteuerte, geschlossene ökologische Lebenserhaltungssystem, das das Wachstum von Algen ermöglicht;
• Algen-Zuchtprojekte, die den Nährstoffreichtum dieser Einzeller unter Beweis stellen;
• Wasserzufuhr als entscheidende Lebensbasis der Algen aus der Luftfeuchtigkeit, aufgenommen gerade auch in trockenen, wüstenhaften Regionen;
• eine starke Lichtquelle mit Blitzlicht-Effekt zur Bestrahlung zirkulierender Algenkulturen;
• Minireaktoren, die flexibel einsetzbar sind und auch in unmittelbarer Wohnumgebung sicher betrieben werden können und Energie zur Verfügung stellen.

Würden wir nun all dies miteinander verbinden, hätten wir genau das, was im *Sohar* beschrieben wird: eine komplexe Maschine, die aus zahlreichen Teilen zusammengesetzt war und das biblische Manna produzierte: Im *Sohar* liest sich die Beschreibung dieser Maschine und ihrer Funktionen wie folgt (KHV 59):

Drei Köpfe sind ausgehöhlt; dieser befindet sich in jenem und dieser über dem anderen. Ein Kopf ist die Weisheit; er ist der verborgenste ... diese Weisheit ist verborgen; es ist die oberste aller anderen Weisheiten.

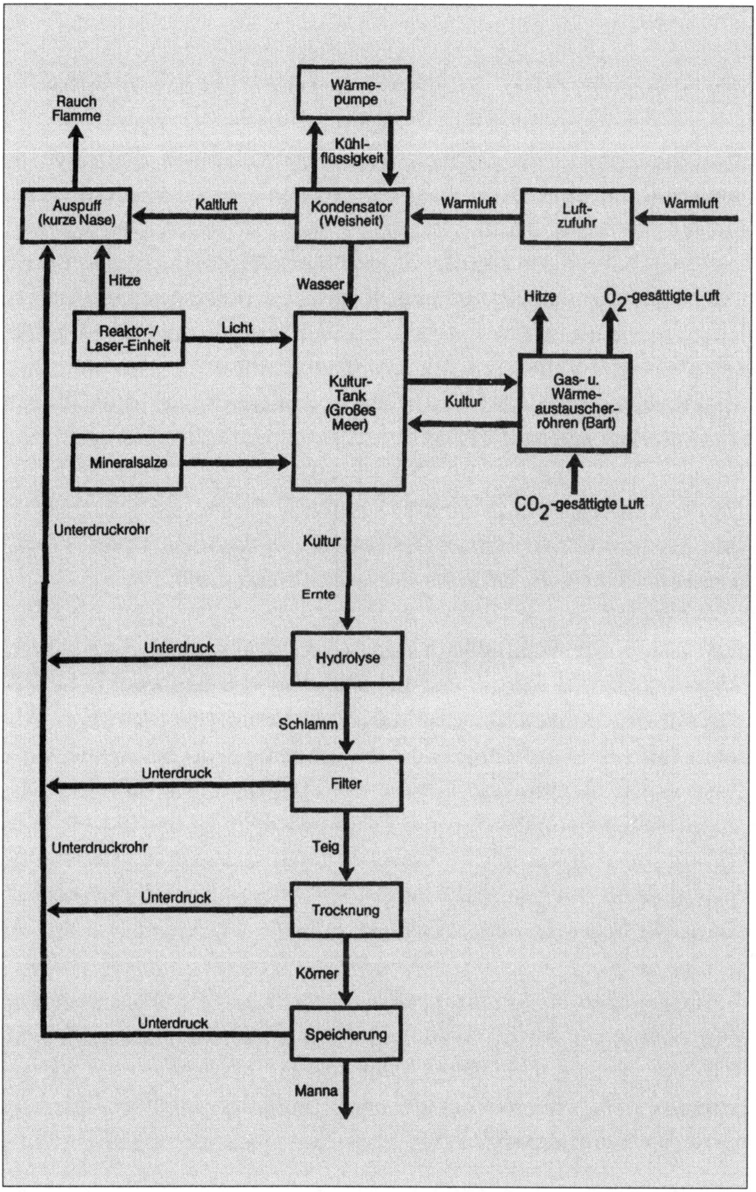

Abb. 9: Flussdiagramm der Manna-Herstellung. Nach der Zufuhr von Wasser wird der gewonnene Algenschlamm über mehrere Schritte zum nährstoffreichen Grundnahrungsmittel verarbeitet.

Und in KHV 175:

Es gibt drei obere Köpfe; zwei Köpfe und einen, der sie beinhaltet.

Zunächst erweckt das Ganze zugegebenermaßen den Eindruck von wirrem Kauderwelsch. Es bekommt jedoch eine durchaus sinnvolle Bedeutung, wenn wir den Begriff »Kopf« (an anderen Stellen auch »Schädel«) durch den Begriff »Kugel« bzw. »Hohlkugel«, den Begriff »Weisheit« als oberste von zwei Kugeln im Inneren einer größeren Kugel verstehen. Der Kopf ist ein kugelförmiger Bestandteil an der Spitze des menschlichen Körpers, und genau diese Analogie sollte hier offenbar dargestellt werden. Aus dieser größeren Kugel jedenfalls tritt eine Substanz heraus (GHV 56):

Und von diesem Schädel kommt das Weiße heraus und geht in Richtung des Schädels des kleinen Gesichts ... und von diesem geht es in die weiteren Schädel, die darunter liegen und zahllos sind.

Die weiße Substanz durchläuft somit – von oben kommend – auf ihrem Weg verschiedene Kugeln und Behälter. Das »kleine Gesicht« bezieht sich auf den unteren Teil der Maschine, wohingegen der obere Abschnitt als »der Alte« selbst oder »das große Gesicht« bezeichnet wird. Eine weitere Beschreibung dieses Fließvorganges des »Weißen«, das auch »Heiligkeit« oder »Segen« genannt wird, findet sich in KHV 759:

Und alle (die Heiligkeiten) kommen vom oberen Kopf des Schädels ... aus der Richtung der oberen Gehirne ... dieser Segen fließt in sämtliche Gefäße des Körpers, bis er jene erreicht, die »Heere« genannt werden ... Und jener Fluss bleibt dort, nachdem er dort aufgesammelt wird, und geht dann in jene heilige Gründung. Er ist ganz weiß und wird deshalb »Gnade« genannt. Und diese Gnade geht ins Allerheiligste ein, wie geschrieben steht: »Wie der Tau, der vom Himmel herabfällt auf den Berg Sions. Denn dort verheißt der Herr den Segen und Leben in Ewigkeit«.

Eine andere Stelle bezieht sich ebenfalls auf diese Flüssigkeit, die die Maschine von oben nach unten durchläuft und schließlich gesammelt wird (KHV 436):

Der Tau des weißen Kopfes tropft in den Schädel des kleinen Gesichts und wird dort aufbewahrt.

»Tau« ist demnach eine weitere Bezeichnung für das »Weiße«, das vom oberen »Kopf« nach unten fließt. Über diesen Tau heißt es in KHV 437:

Und dieser Tau erscheint in zwei Farben; von ihm wird das Feld der heiligen Äpfel getränkt. Und von diesem Tau mahlen sie das Manna der Gerechten für die kommende Welt. Durch es werden die Toten zum Leben erweckt. Und das Manna scheint von diesem Tau nur zu einer bestimmten Zeit erzeugt worden zu sein; zu der Zeit, als das Volk Israel in der Wüste wanderte. Und damals ernährte der Hochbetagte sie von dieser Stelle aus. Danach aber wurde es nicht mehr gefunden. Und es wird gesagt: »Siehe, ich will euch Brot vom Himmel regnen lassen«. Und auch: »Gott gebe dir vom Tau des Himmels ...«

Und in GHV 44:

Und von diesem Schädel kondensiert der Tau, an der Außenseite des Schädels, und füllt den Kopf jeden Tag auf. Von diesem Tau steht geschrieben: »Denn mein Haupt ist mit Tau gefüllt.«

Noch einmal wird ausdrücklich betont, dass es sich bei diesem »Tau« um das biblische Manna gehandelt hat, nämlich in GHV 48:

Und von jenem Tau werden die oberen Heiligen getragen. Und es ist das Manna, welches für die Gerechten der kommenden Welt gemahlen wird. Und dieser Tau ergießt sich auf das »Feld der Äpfel«.

Wir wollen uns nun ein wenig näher mit den verschiedenen Teilen des OThIQ IVMIN beschäftigen. Über den oberen »Schädel« heißt es (GHV 58):

In der Höhlung des Schädels befindet sich die Ätherhaut der oberen Weisheit, die vor allem verborgen ist. Die Haut bildet eine Trennwand, und sie ist nicht zugänglich und kann auch nicht geöffnet wer-

den. Und diese Haut ist dazu da, das Hirn zu überdecken, welches die verborgene Weisheit ist. Und weil diese Weisheit von dieser Haut bedeckt ist, die nicht geöffnet werden kann, wird sie die verborgene Weisheit genannt … und diese Haut besitzt eine Öffnung zum kleinen Gesicht hin, durch welche sich das Gehirn ausdehnt und auf 32 Wegen herauskommt.

Wir haben also im obersten Bereich der Maschine ein »Hirn«, das von einer so genannten »Ätherhaut« bedeckt war. Wenn wir statt »Ätherhaut« eine feste, aber offenbar durchsichtige Materie annehmen, so wird sehr schnell deutlich, wie gut dieser Ausdruck hier gewählt ist. »Ätherhaut« ist dann nichts anderes als eine durchsichtige Verschalung, die nicht geöffnet werden konnte, die aber eine Öffnung nach unten hin besaß, sodass insgesamt 34 Zuleitungen vom »Gehirn« aus nach unten verlaufen konnten. Von hier oben, dem »oberen Hirn« oder der »Weisheit«, floss die aus der Luft durch Kondensation gewonnene Flüssigkeit in den eigentlichen »Kopf«, der sich unterhalb des »Gehirns« befand. Dies bestätigt GHV 44:

Und von diesem Schädel kondensiert der Tau auf der äußeren Fläche des Schädels und füllt den Kopf jeden Tag.

Wir können uns den »Schädel« als eine Art Sammelstelle vorstellen, von der aus das Wasser auf die eigentliche Algenkultur weitergeleitet wurde. Wir lesen dazu in KHV 188:

Diese Weisheit wird geöffnet, und es geht ein Strom von ihr aus, der herabrinnt und den Garten bewässert. Und er tritt ein in den Schädel des kleinen Gesichts … und von dort wird er weitergeleitet und fließt durch den ganzen Körper und bewässert all die Pflanzen.

In diesem »Schädel« des »kleinen Gesichts« befand sich also die Algenkultur, die zu ihrer Aufrechterhaltung bzw. Vermehrung im Wesentlichen zwei Dinge benötigte: Wasser und Licht. Wasser erhielt sie durch die Tau- bzw. Luftkondensatzufuhr aus dem oberen Bereich der Maschine, Licht dagegen offenbar durch eine starke Lampe im Inneren des unteren »Schädels« (KHV 432):

Abb. 10: Manna-Verarbeitung im OThIQ IVMIN: Vom Kultur-Tank gelangt der Manna-Schlamm über die 1. Aushöhlung in ein System von Filtern und Gittern, die das Material entwässern, kochen und zu Manna-Körnern hydrolisieren.

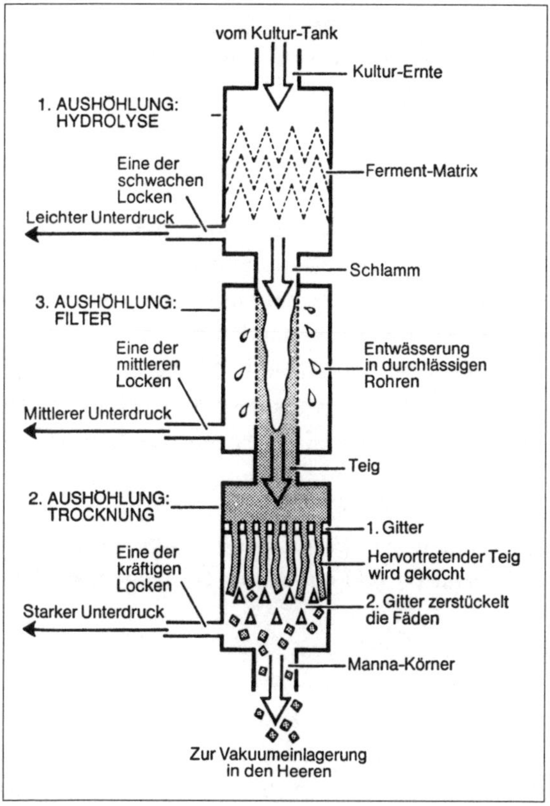

Und der Äther wird dort gesammelt für die glitzernden Dinge, die von der Hauptlampe ausgehen, die in den Eingeweiden der Mutter verborgen ist.

Wir können also bis jetzt feststellen, dass das OThIQ IVMIN zunächst aus zwei Tanks bestand, einem oberen, in dem das aus dem »Gehirn« destillierte Wasser gesammelt wurde, und einem unteren, in dem sich eine Algenkultur befand. Dieser untere Tank war mit dem oberen durch Zuleitungen verbunden und besaß eine starke Energiequelle (die »Hauptlampe«).

Ein weiteres im *Sohar* ausführlich beschriebenes Merkmal des »Hochbetagten« war sein »Bart«, genauer gesagt seine zwei »Bärte«. Es wird aber sehr schnell deutlich, dass es sich dabei kaum um natürliche Haare gehandelt haben kann: die oberen »Bärte« wuchsen nämlich aus einem Teil des Kopfes heraus und in den anderen wieder hinein. Und in ihnen floss das »Öl der großen Güte«.

All dies lässt darauf schließen, dass es sich bei den »ehrwürdigen Bärten« um ein Zirkulationssystem handelte. Dies wäre auch als vernünftig anzunehmen: Die Algen mussten, um wachsen und sich vermehren zu können, Stickstoff aufnehmen und Sauerstoff abgeben. Man erreichte dies, indem man sie durch ein Röhrenaustauschsystem fließen ließ. Die Leitungen bestanden aus einem Material, das zwar für Gasmoleküle durchlässig war, nicht aber für die Flüssigkeit selbst, die als »Öl der großen Güte« bezeichnet wird. Es handelte sich dabei natürlich um den breiigen *Chlorella*-Schlamm (GHV 229):

In diesen 13 Teilen des Bartes ergießen sie sich und gehen aus, die 14 Brunnen des Öls der großen Güte. Und sie fließen mit diesem Öl und werden gelabt mit diesem Öl, welches in 13 Teilen ist.

Und in GHV 483:

Und weil dieser dreizehnte Teil alle anderen beinhaltet, sieht man von ihnen nichts. Und von ihnen rinnt das Öl der großen Güte in dreizehn Richtungen zu allen jenen unteren Teilen, die jenes Öl führen … Und die Teile, die sich im Bart befinden, sind geformt und führen in viele Richtungen nach unten. Und es ist nicht sichtbar, wo sie durchführen und wo sie herauskommen. Sie sind vor allen verborgen, vor allen versteckt. Es gibt niemanden, der jene Stelle im Alten kennt, wo sie enden. Alle von ihnen sind eingeschlossen.

Neben diesen Zirkulationsröhren für den *Chlorella*-Schlamm gab es aber noch eine andere Art von »Haaren«, die schwarz und viel dünner waren. Diese befanden sich am »unteren Gesicht« (GHV 570):

Überlieferung: Im Schädel des Kopfes hängen tausend Tausend, Myriaden und Myriaden, große Mengen von Locken und schwarzen Haaren und sind mit diesem und jenem verflochten und mit diesem und jenem vermischt. Und die Stränge jeder Locke sind nicht zu zählen, auch nicht die von der Locke, die mit ihr verbunden ist. Es gibt saubere und schmutzige.

Es wird für die Menschen der antiken Welt wohl kaum eine andere Möglichkeit bestanden haben, als auf diese Weise die große Menge der zu Strängen zusammengebundenen Drähte und Kabel zu beschreiben. Da wir davon ausgehen müssen, dass die Maschine zur Aufrechterhaltung ihrer Funktion elektrische Energie benötigte (allein für die starke Lichtquelle muss eine entsprechende Technik vorausgesetzt werden), ist es nur folgerichtig zu vermuten, dass Drähte und Kabelleitungen in der Maschine vorhanden waren. Eine solche Verkabelung ist umso mehr anzunehmen, als in dem »Hochbetagten« neben dieser Hauptlampe noch andere Lichtquellen existierten. Auskunft darüber gibt uns GHV 123:

Das erste Weiß scheint und geht nach oben und unten ... Überlieferung: dieses Weiß scheint und flackert und erhellt die drei Lampen ... Und diese scheinen in Freude und Vollkommenheit. Das zweite Weiß scheint nach oben und unten und flackert und geht zu drei weiteren Lampen ... und auch sie scheinen in Freude und Vollkommenheit. Das dritte Weiß leuchtet auf und leuchtet nach oben und unten und geht aus vom verborgenen Teil des Hirns ... Und ein Weg führt hinaus zum unteren Hirn. Und alle unteren Lampen werden zum Leuchten gebracht.

Man könnte diese Lampe vielleicht als Streulampen ansehen, die innerhalb der Tanks für eine gleichmäßige Bestrahlung sorgten. Von ihnen unterscheiden sich jene Lichtquellen, die sich auf der Außenseite befanden und die man »Augen« nannte (GHV 607):

Die Augen des Kopfes [des kleinen Gesichts] *unterscheiden sich von anderen Augen.*

Es sind also keine normalen, menschlichen Augen, die hier beschrieben werden. Wir finden dies bestätigt in GHV 139:

Überlieferung: es gibt kein Licht in dem unteren Auge; es ist rot oder schwarz, außer, wenn es in dem weißen Licht des oberen Auges gesehen wird … und es ist nicht bekannt, wann dieses obere, heilige Auge leuchten wird.

Vorläufig scheint die Frage ungeklärt zu sein, woher das OThIQ IVMIN seine Energie – Sassoon und Dale berechneten etwa eine halbe Million Watt – bezog. Aber auch hier findet sich eine Antwort im *Sohar* (GHV 494):

Rabbi Simon sagte zu seinen Begleitern: »Der Vorhang, den ihr über uns seht, ist also gespalten. Ich sehe, dass alle Teile in seinem Inneren nach unten gehen und in diesen Ort hineinleuchten. Und da gibt es eine Abdeckung über der Lampe des Heiligen – gesegnet sei Er! – die in vier Richtungen und in vier Träger unterteilt ist. Ein Träger reicht vom Boden bis oben hin, und dort gibt es einen Feuerbehälter in seiner Hand. Und in diesem Feuerbehälter gibt es vier Schlüssel [oder: Öffner], *an allen Seiten geschärft* [oder: gezahnt]. *Und sie verbinden sich mit der Abdeckung und reichen von ihr von oben bis zum Boden hinunter. Und auf die gleiche Weise gilt dies* [auch] *für den zweiten, dritten und vierten Träger. Und zwischen den Trägern sind achtzehn Trägerfüße verbunden, und sie leuchten in die Lampe, die in dieser Abdeckung ausgehöhlt ist, hinein. Und so ist es in vier Richtungen.*

Der »Feuerbehälter« wird kaum ein konventioneller, den Israeliten bekannter »Ofen« gewesen sein. Um einerseits eine Energie von fünfhunderttausend Watt zu erzeugen, andererseits aber einen relativ kleinen Erzeuger zur Verfügung zu haben, bleibt nur die Möglichkeit, dass es sich dabei um einen Mini-Plutoniumreaktor gehandelt hat, wie Sassoon und Dale vermuten.
Was geschah nun mit dem produzierten und im »unteren Gesicht« durch Vitaminzusätze angereicherten Manna-Schlamm? Der *Sohar* beschreibt, wie er vom »kleinen Gesicht« aus weiter nach unten fließt und schließlich aus einem »männlichen Geschlechtsteil« abgezapft wird.
Am unteren Teil der Maschine befanden sich zwei Vorratsbehälter, die »Hoden«: einer, um den täglichen Bedarf zu decken, und ein anderer, der sich während einer Woche füllte, um am Vorabend des Sabbat geleert zu werden. Am Sabbat selbst arbeitete die Maschine nicht, son-

dern wurde zu Reinigungszwecken auseinander genommen und wieder zusammengesetzt. *Hier* liegt offensichtlich die eigentliche Ursache für das Arbeitsverbot am Sabbat begründet: so, wie das OThIQ IVMIN am Sabbat »ruhte«, ruhte auch Gott selbst, und deswegen musste dieser Tag geheiligt werden. Wir sehen hierin die ersten fundamentalen Auswirkungen auf die religiösen Vorstellungen des israelitischen Volkes und des späteren Christentums, und wir werden noch etliche weitere dieser den Cargokulten vergleichbaren Erscheinungsformen kennen lernen. Die wöchentliche Reinigung jedenfalls war wegen der beständigen Verschmutzung des OThIQ IVMIN notwendig, das der staubigen Luft der Wüste ausgesetzt war (GHV 1073):

Alle diese Umhüllungen sind nicht in dem Körper enthalten, alle werden entfernt und sind schmutzig. Und sie beschmutzen jeden, der sich ihren Körpern nähert, um Worte von ihnen zu lernen ... Und sie fliegen weg und sind nicht mit dem Behälter des Körpers verbunden. Und deshalb befinden sie sich außerhalb von allem anderen und sind oben und unten lose. Innen sind sie schmutzig.

Bei einem beständigen Betrieb ist eine innere wie äußere Verschmutzung nur allzu verständlich: Wüstenstaub, Dampf, Abgase werden das Ihre dazu beigetragen haben. Über diese ständige Wolkensäule heißt es (GHV 661):

Die Nase ... da gibt es drei zuckende Flammen aus ihren Röhren. Von dieser Nase gehen drei Farben aus: Rauch, Feuer und Glut. Denn es steht geschrieben »Rauch stieg auf von seiner Nase«. Der Rauch bläst und kommt heraus. Er ist schwarz und sie nennen ihn »Zorn«, »Hitze« und »Zerstörung«.

Wir wollen es bei dieser kurzen Beschreibung der Mannamaschine belassen. Für eine ausführliche Beschäftigung mit dem »Hochbetagten« empfehlen wir das Buch von George Sassoon und Rodney Dale. Die hier wiedergegebenen Zitate sind allerdings nur ein geringer Teil dessen, was sich im *Sohar* über das OThIQ IVMIN, seinen Aufbau und seine Funktion finden lässt. All dies in einem Kapitel behandeln zu wollen, ist nicht möglich und soll auch gar nicht versucht werden.

Unsere Absicht war es, auf die Mannamaschine selbst hinzuweisen. Wir möchten an dieser Stelle noch einmal kurz zusammenfassen, was wir über sie wissen:

1. Die Beschreibung der Maschine erfolgt nicht in der Bibel. Offenbar galt sie als ein derart streng gehütetes Geheimnis, dass die jüdischen Priester es vorzogen, darüber nur in Wort für Wort auswendig zu lernenden Texten mündlich und nur in den eigenen, sorgfältig ausgewählten und geschulten Kreisen weiterzuberichten, nicht aber, es im »Buch der Bücher« jedermann zugänglich zu machen. Im Alten Testament findet sich nur die Angabe über das Manna selbst, nichts dagegen über den Produktionsvorgang. Als »Brot vom Himmel« wurde es vom einfachen Volk akzeptiert, das einen komplizierten Herstellungsprozess wohl kaum verstanden hätte.

2. Die Maschine kann – aufgrund ihrer ausgereiften Technik – nicht von den Israeliten des Jahres 1200 v. Chr. konstruiert und erbaut worden sein. Dem Zweiten Buch Mose zufolge erschien das Manna aufgrund einer Anordnung des »Herrn«. Aus anderen Teilen der Bibel, insbesondere aus dem Buch des Propheten Ezechiel, kann abgeleitet werden, dass unter diesem Begriff in Wahrheit nicht Gott, sondern außerirdische Intelligenzen subsummiert wurden (die in den Augen der Israeliten allerdings göttliche Wesen waren). Die Maschine war folglich außerirdischen Ursprungs. Darüber hinaus kann vermutet werden, dass Geräte wie die Mannamaschine ursprünglich zur Produktion an Bord von Raumschiffen benutzt wurden und Manna – das »Himmelsbrot« bzw. das »Brot der Engel« – nichts anderes war als die in den Schiffen für die Besatzung hergestellte Nahrung. Dadurch ergibt sich ferner, dass die Maschine vermutlich (aus Gründen der Gewichts- und Größenreduktion) aus leichten Materialien hergestellt und relativ klein gewesen sein wird, d. h. vermutlich nicht viel größer als ein Mensch. So konnte sie auf der Wüstenwanderung von einer ausgebildeten Mannschaft transportiert werden. Ferner macht dies deutlich, warum die Maschine jede Woche einmal gründlich gereinigt werden musste: Sie war ursprünglich nicht für den Betrieb auf planetaren Oberflächen konzipiert.

3. Einziger Zweck des zur Erde gebrachten Gerätes war es, während vierzig Jahren (d. h. einer Generation) die Israeliten mit »Manna« zu versorgen, also für sie Nahrung zu produzieren.

Dies alles wird uns im *Sohar*, einem alten jüdischen, im 13. Jahrhundert erstmals niedergelegten Geheimbuch berichtet. Aus der gleichen Zeit aber gibt es noch andere Texte, die ein solches Gerät beschreiben. Es sind die Texte eines Chrétien de Troyes, eines Robert de Boron und eines Wolfram von Eschenbach. Die von ihnen verfassten Dichtungen sind alle auf ein zentrales Thema hin ausgerichtet, auf ein »Ding«, das Nahrung spendete: auf den Heiligen Gral …

V. Der kosmische Gral

Nicht soll der mehr verschlossen sein:
Enthüllt den Gral, öffnet den Schrein!

Richard Wagner (1813–1883),
Parsifal

Nahrung aus dem Gral – Nahrung aus der Mannamaschine

Sind der Gral und die Mannamaschine identisch? Wäre es denkbar, dass Chrétien, Wolfram, Robert und die anderen Parzival-Autoren in Wirklichkeit jenes Gerät beschreiben, das die Israeliten auf ihrer langjährigen Wanderschaft durch die Wüste Sinai ernährte? Wenn ja – gibt es Hinweise darauf, Indizien, Spuren? Können sich Verbindungen knüpfen lassen zwischen den altjüdischen Überlieferungen vom OThIQ IVMIN und den Grallegenden des 12. und 13. Jahrhunderts?

Heute, nach dem vorläufigen Abschluss unserer Studien, sind wir der Meinung, dass die Mannamaschine des *Sohar* dasselbe ist wie jenes »Ding«, das Wolfram und die Parzival-Autoren des Mittelalters beschreiben. Es gibt zahlreiche Indizien, die darauf hinweisen, und es lassen sich tatsächlich direkte Verbindungen herstellen zwischen der Überlieferung von der Mannamaschine und der des Grals. Darüber hinaus haben wir im Verlaufe unserer Arbeit auch Forschungen hinsichtlich des Verbleibs der Maschine angestellt. Uns beschäftigte die Frage, was mit dem Gerät geschehen sein mochte, wohin es gelangte und wo es sich heute vielleicht noch befindet.

Zu Beginn wollen wir uns jedoch mit jenen Punkten befassen, die eine Identität von Mannamaschine und Gral wahrscheinlich machen. Am auffälligsten sind zunächst die Parallelen in der Funktion. Sowohl die Mannamaschine als auch der Gral dienen dem gleichen Zweck, nämlich der Produktion von Nahrung. Im *Sohar* ist dieser Prozess wie folgt beschrieben (KHV 437):

Und dieser Tau erscheint in zwei Farben; von ihm wird das Feld der »heiligen Äpfel« getränkt. Und von diesem Tau mahlen sie das Manna der Gerechten für die kommende Welt. Durch es werden die Toten zum Leben erweckt. Und das Manna scheint von diesem Tau nur zu einer bestimmten Zeit erzeugt worden zu sein; zu der Zeit, als das jüdische Volk in der Wüste wanderte. Und damals ernährte der Hochbetagte sie von dieser Stelle aus. Danach aber wurde es nicht mehr gefunden. Und es wird gesagt: »Seht, ich will euch Brot vom Himmel regnen lassen!« Und auch: »Gott gebe dir vom Tau des Himmels ...«

Wir wollen noch einmal festhalten, was hier gesagt wird: Die Israeliten verfügten über eine Maschine, die ihre Priester den »Alten der Tage«, den »Hochbetagten« (bzw. »den Transportierbaren mit den Behältern«) nannten und der sie auf ihrer Wüstenwanderung mit einer speziellen Nahrung, dem so genannten Manna, versorgte. Eine sehr ähnliche Aussage trifft Wolfram von Eschenbach hinsichtlich der Funktion des Grals, wenn er in Vers 238, 2–24 (Original s. Anhang), schreibt:

Nun vernehmet eine andere Kunde!
Hundert Knappen wurden aufgeboten,
die nahmen auf weißen Linnen Brot
ehrfürchtig von dem Gral.
Darauf gingen sie
und verteilten sich an die Tische.
Man sagte mir, und ich sage es auch Euch,
auf Euren Eid freilich,
dass vor dem Grale bereit lag
(wenn ich Euch Falsches berichte,
so lügt Ihr nun ebenso wie ich)
wonach ein jeder die Hand ausstreckte,
und dass er vor sich bereitet fand
warme Speise, kalte Speise,
von zahmem und von wildem Getier.
Etwas Derartiges hat es nie gegeben,
möchte mancher wohl sprechen.
Aber er irrt:

Denn der Gral war die Frucht der Seligen,
eine solche Fülle irdischer Süßigkeit,
dass er fast all dem glich, was man sagt
vom Himmelreiche.

Die Übereinstimmung ist verblüffend: Wie die Mannamaschine ist der Gral dazu in der Lage, »Speise« herzustellen, so »dass vor dem Grale bereit lag, wonach ein jeder die Hand ausstreckte«. So, wie der *Sohar* vom Manna als der Speise für die »Gerechten der kommenden Welt« spricht, wird der Gral bzw. die von ihm produzierte Nahrung als »Frucht der Seligen« bezeichnet. Allerdings: Manna wird immer nur als »Brot« beschrieben, als »Brot vom Himmel«, wohingegen Wolfram eine ganze Fülle verschiedener Speisen aufführt.
Dieser scheinbare Widerspruch löst sich jedoch sehr schnell, wenn wir bedenken, dass Wolfram die Mannamaschine nie gesehen hat, insbesondere nicht während des Produktionsvorgangs. Wir müssen an dieser Stelle darauf hinweisen, dass seit den Vorgängen während der Wüstenwanderung zu Wolframs Zeiten bereits 2400 Jahre vergangen waren und dass auch Schriften, auf die er zurückgegriffen haben mag, mit Sicherheit nicht aus der Zeit Moses stammten. Hervorzuheben ist auch, dass Wolfram »das Brot«, das »ehrfürchtig von dem Grale« genommen wird, vor allen anderen Speisen erwähnt und damit selbst den Hinweis auf die Dominanz dieser einen Speise gibt.
Bei Chrétien verhält es sich etwas anders. Er bringt Nahrung und Gral zunächst nur indirekt miteinander in Verbindung:

Da ging der Gral unterdessen immer wieder an ihnen vorüber. Der Junker fragte nicht, wen man mit dem Gral bediente … Jedoch schweigt er mehr als sich geziemt, denn bei jeder Speise, die man aufträgt, sieht er den Gral ganz unbedeckt an sich vorüberziehn, doch weiß man nicht, wen man damit bedient.

Chrétien beschreibt also keineswegs die Gerichte, die aufgetragen werden. Dennoch scheint auch hier der Gral Nahrung zu geben, wenngleich Perceval nicht weiß, »wen man damit bedient«. Das Rätsel löst sich später in der Klause des Einsiedlers:

So heilig ist der Gral und der König so geistig, dass seinem Leben nur noch die Hostie Not tut, die in dem Grale kommt.

Es ist also auch hier das Brot (bei Chrétien in Form einer Hostie), das vom Gral kommt – keine »warme und kalte Speise« und kein »zahmes und wildes Getier«. Das bestätigt unsere Ansicht, dass ursprünglich bekannt war, der Gral sei einzig und allein ein Produzent von Brot – bzw. dessen, was man dafür hielt – gewesen. All die anderen Speisen sind erst durch spätere phantasiereiche Ausschmückung hinzugetreten.
Eine bedeutende Frage, die wir uns in diesem Zusammenhang stellen müssen, ist, ob das »Brot«, von dem Wolfram und Chrétien sprechen, tatsächlich mit dem biblischen Manna zu vergleichen ist. Schließlich erwähnen weder Chrétien noch Wolfram noch ein anderer Autor dieses Wort. Nirgends findet sich ein Satz, der etwa lauten könnte: »Und sie nahmen vom Grale das Brot, das heilige Manna, und reichten es einem jeden.« Eine solche Einfügung wäre für unsere Beweisführung sicherlich von großer Bedeutung, leider jedoch existiert sie nicht.
Dennoch können wir wohl mit einiger Berechtigung sagen, dass die Parallelität Gral–Brot–Manna gegeben ist. Dies insbesondere deshalb, weil eine solche Assoziation auch in der wissenschaftlichen Literatur selbst vorgetragen wird. Dies erscheint uns deswegen von Bedeutung, weil die entsprechenden Autoren ja niemals an eine Verbindung Gral–Mannamaschine gedacht haben und insofern als völlig unverdächtige Zeugen gelten können. So schreibt beispielsweise Bodo Mergell[1]: »Für Wolfram ist festzuhalten, dass das Motiv der Speisung durch den Gral nicht nur durch die *Erinnerung an die biblische Speisung mit Manna*, sondern auch durch die Improperien der Karfreitagsliturgie nahe lag« [Heraushebung von den Verf.]. Eine Parallele zieht auch Siegfried Gelbhaus in seiner 1980 erschienenen Arbeit[2]. Er schreibt: »Die Eigenschaft des Grals, allerlei Speisen zu gewähren, erinnert an die Eigenschaft des Manna, jeden gewünschten Geschmack anzunehmen.«
Diese Ansicht vertritt auch Richard Barber[3]: »Die magische Speisung ist auch im biblischen Zusammenhang überliefert. Bekannt ist das Manna, das Moses und die Israeliten in der Wüste ernährte ... In der *Queste* wird die Gralspeise ausdrücklich mit dem Manna identifiziert: Die

›Speise des heiligen Grals‹ ist die süße Speise, mit der er sie gesättigt hat und mit der er das Volk Israel so lange in der Wüste ernährte.«
Noch eindeutiger drückt es Emma Jung aus, die bei ihrer Beschäftigung mit der Abwandlung »Gres« zu »Gral« über folgenden Zusammenhang nachdenkt[4]: »Dem Wort ›Gres‹ nahe stehen ›grele‹ = Hagelstein und ›gresil‹ = Reif, die als vom Himmel kommende runde und weiße Steine die Vorstellung von Manna erwecken und zugleich an die Oblate erinnern, die jeweils am Karfreitag vom Himmel auf den Gral gebracht wird, um dessen nahrungsspendende Kraft zu erneuern.«
All dies macht unsere Vermutung, das »Brot« des Grals und das »Manna« der Bibel und des *Sohar* seien miteinander identisch, recht wahrscheinlich. Interessant ist auch die bei Wolfram zu Tage tretende und von Emma Jung herausgestellte Vorstellung einer periodischen »Krafterneuerung« durch die Taube am Karfreitag. Würde es sich beim Prozess der Nahrungsherstellung tatsächlich »nur« um ein göttliches Wunder handeln, wäre schwer einzusehen, warum dessen Wirkung nach jeweils einem Jahr so weit abgenommen haben soll, dass eine Erneuerung notwendig ist. Handelt es sich beim Gral aber um ein technisches Gerät, so verstehen wir diesen Satz sehr gut: auch die Mannamaschine musste periodisch gereinigt, also »erneuert« werden, ihre Arbeit war fernerhin vom täglich anfallenden morgendlichen Tau abhängig usw. Insbesondere der Tau oder Reif wird ja als eine sehr wichtige Komponente im Herstellungsprozess des »Himmelsbrotes« betrachtet – die Herabkunft der weißen Taube erscheint uns als eine durchaus in Erwägung zu ziehende Analogie dazu.
Eine besondere Eigenschaft des Gral-Brotes dürfte sein Einfluss auf die Gesundheit jener Menschen sein, die es zu sich nehmen. Bei Wolfram genügt sogar allein der Blick auf den Gral, um dem Beschauer ewige Jugend zu gewähren (469, 12–28):

Auch wenn es einem Menschen noch so schlecht geht,
so wird er, sollte er eines Tages den Gral sehen,
die Woche darauf nicht sterben.
Auch bleibt sein Aussehen dasselbe,
das er hatte, als er den Stein erblickte
und zwar so, wie er – Mann oder Frau –
in seiner besten Zeit aussah.

Und wenn sie den Stein zweihundert Jahre sähen,
nur das Haar würde ergrauen.
Solche Kraft gibt den Menschen der Stein,
dass Fleisch und Gebein
sofort Jugend empfanden.
Der Stein wird auch der Gral genannt.

Der Gral verleiht folglich jugendliches Aussehen, in gewisser Weise sogar die Unsterblichkeit. Diese Vorstellung geht vermutlich auf das »Brot des ewigen Lebens«, also die Heilige Kommunion des Neuen Testaments zurück. Auch lässt sich in der Bibel nichts von einer lebensverlängernden Kraft des Manna finden. Im Gegenteil: keiner der Menschen, die aus Ägypten aufbrachen, erreichte das Gelobte Land – nicht einmal Mose, der Führer der Israeliten (5. Mose 32):

Und der Herr redete mit Mose am selben Tage und sprach: Geh auf das Gebirge Abarim, auf den Berg Nebo, der da liegt im Land Kanaan, das ich den Kindern Israel zum Eigentum geben werde. Dann stirb auf dem Berge, auf den du hinaufgestiegen bist, und lass dich zu deinem Volk versammeln, wie dein Bruder Aaron starb auf dem Berge Hor und zu seinem Volk versammelt wurde; denn ihr habt euch an mir versündigt unter den Kindern Israels bei den Haderwassern zu Kadesch in der Wüste Zin, weil ihr mich nicht heiligtet inmitten der Kinder Israels. Denn du sollst das Land vor dir sehen, das ich den Kindern Israel gebe, aber du sollst nicht hineinkommen.

Lebensverlängerung bei den Angehörigen des »auserwählten Volkes« scheint also nicht das Ziel gewesen zu sein. Dazu im Widerspruch allerdings steht eine Stelle aus dem *Sohar* (KHV 437):

Und von diesem Tau mahlen sie das Manna der Gerechten für die kommende Welt. Durch es werden die Toten zum Leben erweckt.

Wie mag es zu einer solchen Vorstellung gekommen sein? Es sollte in diesem Zusammenhang erwähnt werden, dass die (zunächst mündlich überlieferten) Texte des *Sohars* zu einer Zeit entstanden, als die Wüstenwanderung längst Geschichte war, zu einer Zeit, aus der keinerlei schriftliche Mitteilungen vorlagen und in der nur noch die völlig »tote« Maschine existierte. Man hatte keine Möglichkeit mehr, das »Manna« auf seine wahren Eigenschaften hin zu untersuchen, und so ist es gut denkbar, dass sich Legenden von einer »Totenerweckung« oder »Lebensverlängerung« um das Himmelsbrot bildeten.

Diese Legenden dürften vor allem durch Berichte über später lebende Propheten immer wieder erneut aufgefrischt worden sein. So finden wir beispielsweise eine sehr interessante Passage über den Propheten Elias, der während der Herrschaft Ahabs (871–852 v. Chr.) lebte und wirkte, in 1. Könige 19, 5–8:

Und er legte sich hin und schlief unter dem Wacholder. Und siehe, ein Engel rührte ihn an und sprach: Steh auf und iss! Und er sah sich um, und siehe, zu seinen Häupten lag ein geröstetes Brot und ein Krug mit Wasser. Und als er gegessen und getrunken hatte, legte er sich wieder schlafen.
Und der Engel des Herrn kam zum zweiten Mal wieder und rührte ihn an und sprach zu ihm: Steh auf und iss! Denn du hast einen weiten Weg vor dir. Und er stand auf und aß und trank und ging durch die Kraft der Speise vierzig Nächte bis zum Berg Gottes, dem Horeb.

Hier wird eine eindeutige Beziehung zwischen einem vom Himmel gebrachten Brot und der damit verbundenen Leistungssteigerung, nämlich einer vierzigtägigen Wanderschaft ohne weitere Nahrungsaufnahme, hergestellt. Zu einem ganz anderen Zweck erhält dagegen der Prophet Ezechiel himmlische Nahrung. Die Insassen des vor ihm gelandeten Fahrzeugs geben ihm eine »Schriftrolle« zu essen, deren Substanz eine offenbar beruhigende Wirkung bei seinem bevorstehenden Flug mit dem »Gotteswagen« haben soll (Ezechiel, 2, 8–10 und 3, 1–3):

Aber Du, Menschenkind, höre, was ich dir sage, und widersprich nicht wie das Haus des Widerspruchs. Tu deinen Mund auf und iss, was ich dir geben werde. Und ich sah, und siehe, da war eine Hand gegen mich ausgestreckt, die hielt eine Schriftrolle ... Und er sprach zu mir: Du Menschenkind, iss, was du vor dir hast! Iss diese Schriftrolle und geh hin und rede zum Hause Israel!

Da tat ich meinen Mund auf, und er gab mir die Rolle zu essen und sprach zu mir: Du Menschenkind, du musst diese Schriftrolle, die ich dir gebe, in dich hinein essen und deinen Leib damit füllen. Da aß ich sie, und sie war in meinem Munde so süß wie Honig.

Zum besseren Verständnis des Gesamtzusammenhangs empfehlen wir Josef F. Blumrichs *Da tat sich der Himmel auf*[5]. Nicht in der Bibel findet sich das so genannte *Vierte Buch Esra*. Es gehört zu jenen Apokryphen, die als nicht kanonisch, d. h. als nicht echt betrachtet werden. Meist handelt es sich um im zweiten oder ersten vorchristlichen Jahrhundert entstandene Schriften, die einen der biblischen Propheten oder Patriarchen zur Hauptperson haben. Viele dieser Texte sind vermutlich Legenden; die in ihnen abgehandelten Ereignisse haben sich entweder nie ereignet oder standen jedenfalls nicht mit dem jeweiligen Propheten in Zusammenhang. Insofern wurde hier das Urteil »Fälschung« vielleicht nicht ganz zu Unrecht ausgesprochen. Daneben aber existiert eine ganze Anzahl von Texten, die vermutlich wegen ihres für die Zensoren völlig absurden Inhalts ebenfalls unter die nicht kanonisierten, also nicht für echt befundenen Schriften fielen. Dennoch finden sich gerade in ihnen, etwa im *Buch Henoch*, zahlreiche interessante Abschnitte, die wir heute – eben unter dem Gesichtspunkt eines Kontakts mit außerirdischen Intelligenzen – als sehr sinnvoll und informativ betrachten können.
Zu dieser Kategorie gehört auch das *Vierte Buch Esra*. Esra – oder auch ein späterer Schreiber, der die Geschichte im Nachhinein aufzeichnete – berichtet darin von seinen wiederholten Begegnungen mit »Gott« und seinen »Engeln«[6]. Er erlebt »Visionen« ähnlich denen des Ezechiel und wird eines Tages von seinen Auftraggebern aufgefordert, sich in die Wüste zu begeben. Den Grund erfahren wir im 14. Kapitel:

Wohlan, so versammle das Volk und sage zu ihnen, sie sollen dich vierzig Tage lang nicht suchen. Du aber mach dir viele Schreibtafeln fertig; nimm zu dir Saraja, Dabria, Selemia, Ethan und Asiel, diese fünf Männer, denn sie verstehen schnell zu schreiben. Und dann komm hierher. So will ich in deinem Herzen die Leuchte der Weisheit entzünden, die nicht erlöschen wird, bis zu Ende ist, was du schreiben sollst. Wenn du aber damit fertig bist, so sollst du das Eine veröffentlichen, das Andere aber den Weisen im Geheimen übergeben. Morgen um diese Zeit sollst du mit dem Schreiben beginnen.

Was mit dem Entzünden der »Leuchte der Weisheit« gemeint ist, erfahren wir wenig später: Esra und die fünf anderen Schreiber erhalten ein Getränk, das sie befähigt, vierzig Tage und Nächte hintereinander die von ihren Auftraggebern diktierten Texte niederzuschreiben und zu verstehen. Ebenfalls im 14. Kapitel heißt es dazu:

Am folgenden Tag aber, horch, da rief mir eine Stimme zu also: Esra, tu den Mund auf und trinke, womit ich dich tränke! Da tat ich den Mund auf, und sieh, ein voller Kelch ward mir gereicht; der war gefüllt wie von Wasser, dessen Farbe aber dem Feuer gleich war. Den nahm ich und trank; und als ich getrunken, entströmte meinem Herzen Einsicht, meine Brust schwoll von Weisheit, meine Seele bewahrte die Erinnerung.

Auch wenn in diesen drei Beispielen nicht von Manna die Rede ist und es sich – der Beschreibung nach – auch nicht um solches handelte, mag es durchaus sein, dass derartige Berichte über außergewöhnliche Speisen und Getränke im *Sohar* später auf das Manna der Wüstenwanderung übertagen wurden. Gerade dieser Glaube an eine Wunderkraft des Himmelsbrotes wird aber nicht nur dort, sondern auch in anderen, außerbiblischen Schriften und mündlichen Überlieferungen seinen Niederschlag gefunden haben, selbst bis in die nachchristliche Zeit hinein. Hier dürften sie sich dann mit dem Glauben an das »Brot des ewigen Lebens« des Neuen Testaments vermischt und schließlich auch Einfluss auf die Schilderung genommen haben, die uns Wolfram vom Gral gibt.

Wir können also feststellen, dass Chrétien und insbesondere Wolfram bei ihrer Darstellung des vom Gral gespendeten Brotes bewusst oder unbewusst auf die Vorstellung vom Manna der Bibel zurückgegriffen und dieses beschrieben haben: Beides wird als »Brot« bezeichnet, beides steht im Ruf, lebensverlängernd zu wirken, beides wird von einem Gerät bzw. »Ding« produziert. Dass wir mit dieser unserer Ansicht nicht falsch liegen, bestätigt der Germanist Siegfried Gelbhaus[2], wenn

er schreibt: »Das, was vom Gral berichtet wird, ist eine Erzählung und keine Sage. In der Form, wie sie im Parzival auftritt, erscheint sie als ein Konglomerat biblischer Berichte über die zwei Gesetzestafeln, über Urim und Thummin, dem Manna, dem Reiche Salomons ...«
Es existieren unzweideutige Parallelen zwischen dem Gral und jenem Gerät, das die Israeliten jahrzehntelang mühsam durch die Wüste schleppten und das schließlich im salomonischen Tempel (vgl. Kapitel VII) seinen endgültigen Aufenthaltsort fand. Um weitere Übereinstimmungen festzustellen, müssen wir uns jetzt eben dieser Maschine zuwenden.

Die Mannamaschine und der Gral – ein Vergleich

Um falschen Vorstellungen entgegenzutreten, sollte eines bedacht werden: Weder Wolfram noch Chrétien, Robert oder ein anderer der Gral-Autoren hat den Gral bzw. – wie wir annehmen – die Mannamaschine je gesehen. Es sind von ihnen folglich keine exakten Beschreibungen zu erwarten, wie wir sie zum Beispiel aus dem *Sohar* kennen. Die gegebenen Charakterisierungen sind im Grunde sehr vage und vieldeutig in ihren Details. Sie bedürfen damit einer Interpretation, die im Laufe der Literaturgeschichte immer wieder vorgenommen wurde und zu verschiedenen, sich z. T. widersprechenden und gegenseitig ausschließenden Ergebnissen geführt hat. Auch unsere Deutung ist nur eine Möglichkeit, das Thema zu bearbeiten, und wir sind uns ihrer hypothetischen Natur durchaus bewusst.
Bereits im dritten Kapitel haben wir uns mit der »Beschaffenheit des Grals« auseinander gesetzt und wollen jetzt noch einmal darauf zurückgreifen. Wir wollen dabei versuchen, die von den mittelalterlichen Autoren gegebenen Definitionen und Charakterisierungen in einen Bezug zur Mannamaschine zu setzen. Aufgrund der ungenauen Beschreibung ist dies nicht immer ganz einfach, und für zahlreiche der von uns gegebenen Interpretationen mag es auch andere Erklärungen geben, die sich eines Tages als zutreffender erweisen. Vorläufig muss es aber darum gehen, eine möglichst große »Materialsammlung« denkbarer Übereinstimmungen zu analysieren, um letztlich jene herausfiltern zu können, die den größten Wahrscheinlichkeitswert aufweisen.

Das Wort »Gral« ließ sich, wie wir gesehen haben, mit einer Vielzahl von Bedeutungen verbinden, genauso wie der von Wolfram verwendete Begriff *lapsit exillis*. Eben dies – die Mannigfaltigkeit von Verschiedenartigem – scheint von den Dichtern und insbesondere von Wolfram durchaus gewollt gewesen zu sein, auch darauf hatten wir bereits hingewiesen. Lassen sich nun die etymologisch nachgewiesenen Wortabstammungen bzw. -verwandtschaften mit der Mannamaschine in Zusammenhang bringen?
Eine der am meisten genannten Verbindungen bezieht sich auf *gradalis*, also eine breite und tiefe Schüssel. Nun hat die Mannamaschine durchaus nicht das Erscheinungsbild einer Schüssel, und eine Parallelisierung erscheint auf den ersten Blick unangemessen. Aber lesen wir noch einmal, was wir im *Sohar* finden (KHV 59 und KHV 709):

Drei Köpfe sind ausgehöhlt: Dieser befindet sich in jenem, und dieser über dem anderen. Ein Kopf ist die Weisheit; er ist der verborgenste ... diese Weisheit ist verborgen; es ist die oberste aller anderen Weisheiten ... Und ein Schädel kommt heraus, der von allen umschlossen ist. Und die Lichtquelle ergießt sich von den zwei darin ausgehöhlten Hirnen. Und sie (die Lichtquelle) ist in Richtung auf den männlichen Teil angebracht ...

»Schädel« und »Köpfe«, in denen sich eine Flüssigkeit befindet, »Hirne«, die ausgehöhlt sind – all dies könnte sehr schnell zur Vorstellung von Schüsseln führen, insbesondere dann, wenn die Beschreibung darüber bereits »durch viele Hände gegangen« ist. Fernerhin muss bedacht werden, dass Chrétien mit dem Wort »gradalis« durchaus keine gewöhnliche Schüssel meinte, sondern im Gegenteil ein Luxusobjekt, ein besonders großes und tiefes Gefäß, das zudem aus Metall, »silbern oder aus einem anderen kostbaren Material« (Helinandus) gefertigt war.
Wir wollen uns in diesem Zusammenhang noch einmal Chrétiens Beschreibung des Grals vergegenwärtigen:

Als sie mit dem Grale, den sie trug, eingetreten war, da kam damit ein so großer Glanz herein, dass die Kerzen ihre Helligkeit ebenso verloren wie die Sterne, wenn die Sonne oder der Mond aufgeht ... Der Gral, der vorausging, war aus reinem, feinem Golde. Kostbare Steine der verschiedensten Art waren an dem Grale, der reichsten und teuersten und kostbarsten, die es im Meer oder in der Erde gibt: Die Steine am Gral übertrafen ohne Zweifel alle anderen Steine.

Wichtig erscheinen uns hier drei Punkte: 1. der Gral emittiert Licht, er strahlt; 2. der Gral ist aus »feinem Golde«, also aus hochwertigem Metall; 3. der Gral ist mit kostbaren Steinen verziert.

Über die Tatsache, dass die Mannamaschine – jedenfalls in Teilen – aus Metall oder einem Kunststoff mit metallähnlichen Eigenschaften bestand, darauf brauchen wir hier nicht näher einzugehen. Was aber lässt sich in Bezug auf die kostbaren Steine und den Lichtglanz des Grals sagen? Lesen wir dazu im *Sohar*, GHV 123:

Das erste Weiß scheint und geht nach oben und unten … Überlieferung: dieses Weiß scheint und flackert und erhellt die drei Lampen … Und diese scheinen in Freude und Vollkommenheit. Das zweite Weiß scheint nach oben und und unten und flackert und geht zu drei weiteren Lampen … und auch sie scheinen in Freude und Vollkommenheit. Das dritte Weiß leuchtet auf und leuchtet nach oben und unten und geht aus vom verborgenen Teil des Hirns … Und ein Weg führt hinaus zum unteren Hirn. Und alle unteren Lampen werden zum Leuchten gebracht.

Wenn sich die Mannamaschine in Betrieb befand, muss sie tatsächlich von einem hellen Lichtschein umhüllt gewesen sein; die verschiedensten Lampen funkelten und strahlten. Dies wird uns auch eindrucksvoll im Zusammenhang mit der Bundeslade berichtet. Noch der Verfasser des *Buches Jesus Sirach* erinnert im 2. Jahrhundert v. Chr. an die Szenerie, wenn einmal jährlich der Hohepriester das Allerheiligste betrat: »Wie ein leuchtender Stern zwischen den Wolken, wie der Vollmond in den Tagen des Festes, wie die strahlende Sonne über dem Königspalast», so habe der Tempel erstrahlt, wenn der auserwählte Priester »emporstieg zum erhabenen Altar und die Einfassung des heiligen Raumes mit Glanz sich füllte.«

Der »große« Glanz, »der mit dem Gral hereinkam«, ist ebenso wie die »kostbaren Steine«, die »alle anderen Steine übertrafen«, eine durchaus zutreffende Charakterisierung dieser Eigenschaft der Mannamaschine. In dem so genannten »Lancelot-Gral«[7], der etwa vierzig Jahre nach Chrétiens Texten entstand, wird die Szenerie und Wirkung auf die Beobachter eindrucksvoll geschildert: »Nachdem er lange dort gekniet hatte, stand er auf, trat zu dem heiligen Gefäß und nahm den Samit ab, der darüber lag. Sofort erstrahlte überall ein solcher Glanz, dass ich es euch nicht beschreiben kann.«

Gestrahlt haben soll nach mittelalterlicher Überlieferung auch der »Stein der Weisen«, ein magisches Objekt der alchemistischen Lehre. Wir hatten darauf hingewiesen, dass sich das Wort *lapsit exillis* auch von *lapis elixier*, also »Stein der Weisen« bzw. »Stein des Elixiers« ableiten lasse. Die Alchemie meint damit ein Wunderheilmittel, also eine ess- oder trinkbare Substanz, die dazu in der Lage sein sollte, das Leben zu verlängern und Krankheiten zu heilen. Wir sehen sofort die offensichtliche Verbindung zum Manna, dem die gleichen Fähigkeiten zugeschrieben wurden.

Es zeigt sich andererseits aber auch, dass das Wissen um diese wundertätige, gesundheitsfördernde Speise und den »Stein«, der sie hervorbringt, sogar noch in der frühen Kirche des Urchristentums lebendig war. L. E. Iselin[8] schreibt dazu: »Es existierte in den Kreisen der morgenländischen Christenheit ... die Vorstellung von einem wunderkräftigen Stein, der die Wirkung besaß, Menschen am Leben zu erhalten und wunderbar zu erquicken mit Speise und Trank, durch geheimnisvolle Schrift die Zukunft zu enthüllen und Recht und Wahrheit an den Tag zu bringen ... und der gewissermaßen seine Geschichte hatte durch das ganze Alte Testament hindurch ...«

Eine weitere Ableitung des Wortes *lapsit exillis* war jene, die Joachim Bumke gibt[9]: *Lapis exilii*, also »Stein des Exils« oder »der fern der Heimat befindliche Stein«. Diese Definition könnte dann verständlich werden, wenn wir den Gral als ein Objekt betrachten, das nach der Zerstörung des Tempels – genauso wie das gesamte Volk Israel – ins »Exil« gehen musste. Möglicherweise spielt hier aber auch die Erinnerung an einen Gegenstand mit hinein, über dessen nicht-irdischen Charakter man sich bewusst war, einen Gegenstand, der sich damit wirklich »fern der Heimat« befand.

In diesem ihrem »Exil« wurde die Maschine jahrzehntelang von den Israeliten durch die Wüste getragen. Insofern ist der Vergleich des

Grals mit einem Tragaltar, wie ihn insbesondere Wolfgang Golther[10] herstellt, durchaus angebracht: Solch ein Tragaltar war im Mittelalter »ein von Holz oder Metall umrandeter Stein, der nur für einen kleinen Kelch oder die Hostie Raum bot. Der Stein war von edler Art (Onyx, Porphyr, Achat), in Gold oder vergoldetes Kupfer gefasst; auf den reich verzierten Rändern konnten Inschriften angebracht werden. Solche Tragaltäre, die in der Kirche geweiht waren, ersetzten auf Reisen, im Feld oder in der Wildnis ... bei der Messe den festgemauerten eigentlichen Altar.« Die Übereinstimmung ist deutlich: wie die Mannamaschine ist der Tragaltar »geheiligt«, wie die Mannamaschine transportiert er »himmlische Nahrung« und wie die Mannamaschine findet er seine Verwendung »auf Reisen, im Feld oder in der Wildnis«.

Eng mit diesem Tragen bzw. Getragenwerden des Grals ist auch die Gralprozession selbst verbunden, d. h. die kultische Handlung, die sich mit dem Hereintragen des Grals vollzieht. Chrétien schreibt dazu:

Wie sie nun von diesem und jenem sprachen, trat aus einem Zimmer ein Knappe, der eine weiße Lanze trug, die er mitten am Schaft gefasst hielt. Er schritt vorüber zwischen dem Feuer und jenen, die auf dem Bette Platz genommen hatten. Und alle, die darinnen waren, sahen die blanke Lanze und das blanke Eisen der Lanze an der Spitze, und dieser rote Tropfen floss bis auf die Hand des Knappen ... Und siehe, darauf kamen zwei andere Knappen herein, die trugen in ihren Händen Leuchter aus feinem Golde. Die Knappen, die die Leuchter hereinbrachten, waren überaus schön. Jeder Leuchter trug an die zehn Kerzen. Eine schöne, edle und geschmückte Jungfrau, die zusammen mit den Knappen eintrat, hielt einen Gral zwischen ihren beiden Händen.

Wolfram beschreibt diesen Vorgang ähnlich, wobei bei ihm außer der Lanze und den Leuchtern auch noch andere Gegenstände, etwa eine Bank aus Elfenbein, ein so genannter Granathyazinth (ein kostbarer Stein), der zu einer Platte gearbeitet war, vier weitere große Kerzen hereingetragen werden.

Eine solche Prozession, in der verschiedene wertvolle, z. T. sakrale Gegenstände getragen werden, erinnert an die Wanderung der Israeliten in der Wüste, wobei neben der Mannamaschine auch noch andere sakrale Gegenstände transportiert wurden, auf die wir später noch zurückkommen werden. Sogar bei Robert de Boron finden sich Hinweise in diese Richtung. Eine der wichtigsten Gestalten seines Romans ist die Figur des Hebron, des Schwagers Josefs von Arimathea. Konrad Burdach[11] schreibt dazu: »Der Name Hebron [...] hat nichts zu tun mit dem keltischen Bron the blessed, dem gesegneten Besitzer des Zauberkessels, in dem man das Gralsgefäß sehr mit Unrecht hat erkennen wollen. Vielmehr stammt er ... aus dem Alten Testament. Hebron heißt dort einer der Söhne des Caath, jenes Sohnes Levi, dessen Nachkommen die Hut der Bundeslade, des Tisches, des Leuchters, der Altäre, der heiligen Geräte und des Vorhangs anvertraut war nach der Verordnung, die Gott Moses in der Wüste am Sinai erteilt hatte.« Burdach weist darauf hin, dass diese Caathiten es waren, die während der Wüstenwanderung das Heiligtum trugen: »Diese Wüstenwanderung gab ... das Vorbild für den Zug Josephs und seiner Genossen in weite Fernen, den Roberts Gedicht erzählt ... Die Speise spendende, Leben erhaltende Kraft des Grals rückt also in Roberts Vorstellung neben das altjüdische Manna.«

Auch Richard Barber, einer der weltweit besten Kenner mittelalterlicher Epik, kommt zu dem Schluss: »Josephs Wanderungen mit dem Gral werden zu der Wanderung des Volkes Israel durch die Wüste; dabei wird der Gral zur Bundeslade. Joseph erhält nämlich von Gott den Auftrag, den Gral in einem Schrein aufzubewahren.« Wörtlich heißt es bei Robert de Boron: »Bevor du gehst ... sollst du einen Schrein für meine Schale machen, und du sollst deine Gebete sprechen ... Und wenn du wünschst, Zwiesprache mit mir zu halten, dann öffne den Schrein, wo immer du dich auch befinden magst ...« Wie einst Moses von seinem Gott die Anweisung zum Bau der Lade des Bundes erhielt und so wie Moses über die Lade mit Gott kommunizieren konnte, so bekommt auch der Joseph des mittelalterlichen Epos' identische Befehle.

Außerdem existieren zahlreiche Gemeinsamkeiten zwischen der von Wolfram beschriebenen Gralszene und dem Heiligen Zelt, in dem die Mannamaschine aufbewahrt wurde. Bodo Mergell[1] schreibt: »Im Gemeinsamen wie im Unterschiedlichen lässt sich Wolframs Gralszene mit der Stiftshüttensymbolik des Alten Bundes vergleichen, wo im Heiligen und Allerheiligsten *mit bezeichenlicher wârheit, himil und erde und alliu geschaft* dargestellt sind [...]. Dieser Vergleich liegt umso näher, als eine *tafel steinen* [...], die Gesetzestafeln des Alten Bundes, auch im Mittelpunkt der Stiftshüttensymbolik stehen. Wolframs Gralszene steigert und erfüllt den alttestamentlichen Zusammenhang von *himil* und *erde* ebenso wie Chrétiens vordergründige Formel *ciel et terre* durch Hereinnahme der Begriffe *pardis* und *werlt* auf gleichsam doppelte Weise: in ebenso wohl horizontaler wie vertikaler, raumzeitlicher und transzendentaler Erstreckung.« Mergell weist auch auf das alljährliche Opfer des Hohenpriesters im Allerheiligsten hin, das bei Wolfram der alljährlich am Karfreitag erscheinenden Taube gleiche.

Die Parallelen können weiterverfolgt werden, wenn wir die Fragen, die der Gralsucher beim Anblick des Grals stellen muss, betrachten. Ein solches Frage- und Antwortspiel war gleichfalls im Zusammenhang mit der Bundeslade üblich. Die Psalmen lassen auch auf eine Zeremonie schließen, die bei einer Prozession durchgeführt wurde, bei der die Heilige Lade durch die Stadt Jerusalem getragen wurde. Hierbei wurde sie durch das östliche Tor gebracht, wo bereits die Gläubigen warteten. Sie stellten die liturgische Frage: »Wer darf hinaufziehn zum Berg des Herrn? Wer darf stehn an seiner heiligen Stätte?« Und die Antwort lautete, derjenige, der reine Hände und ein lauteres Herz habe, dürfe zum Berg des Herrn ziehen.

Solche religiöse Riten mögen den jüdischen Philosophen Philo im ersten Jahrhundert zu der Überlegung veranlasst haben, die verborgene Lade zeige einen mystischen Weg auf, dem Stofflichen zu entrinnen, in ein immaterielles Reich zu gelangen und zu Gott zurückzufinden. Präzise diesen Weg beschreitet auch der Suchende nach dem Gral. Parzival muss alles Materielle hinter sich lassen. Erst dann wird ihm die Gnade zuteil, zum Gral und zu Gott zurückfinden zu können.

In der christlichen Theologie ist der Begriff »Gnade« als eine innere, unverdiente, übernatürliche Gabe definiert, die Gott um der Verdienste Christi willen den Menschen zum Heile der Seelen gibt. Andererseits war Gnade auch schon im Alten Testament bekannt, und zwar unter dem hebräischen Begriff *Chesed*. Das aber heißt – korrekt übersetzt – »Freigebigkeit im Sinne einer kostenlosen Gabe« oder auch »weiß«. Rodney Dale und George Sassoon machen in ihrem Buch[12] deutlich, dass dieser Begriff *Chesed* = »Gnade« im *Sohar* und sogar im

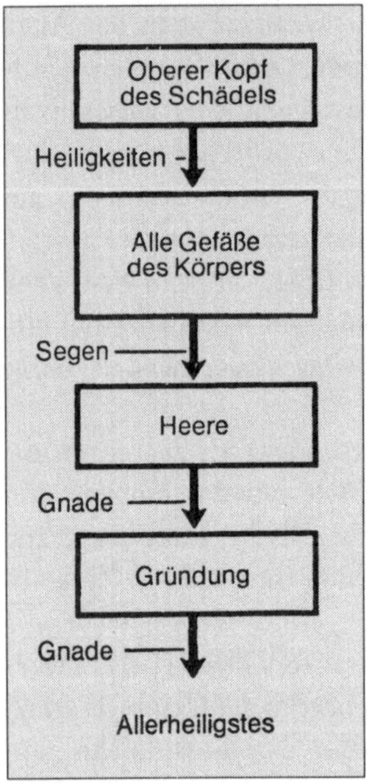

Abb. 11: Nach KHV 759 ergibt sich dieses Flussdiagramm: Vom »Oberen Kopf des Schädels« durchläuft das zu produzierende Manna die »Gefäße des Körpers« und wird in den so genannten »Heeren« abgezapft bzw. in der »Gründung« zwischengelagert. Das Manna wird hier auch »Gnade« genannt.

Alten Testament eine andere Bezeichnung für Manna zu sein scheint. Im *Sohar* lesen wir dazu (GHV 398 sowie KHV 761):

Es gibt innere und äußere Gnade. Die innere Gnade ist, wie sie jenes vom Hochbetagten nennen, und ist in jenem Teil des Bartes verborgen, der »Die Ecke des Bartes« genannt wird. Und wegen dieser inneren Gnade des Hochbetagten sollte kein Mann seinen Bart verunstalten ... Warum? Um die Pfade der Gnade des Hochbetagten nicht zu zerstören ... Die Überlieferung im Buch des Mysteriums besagt, dass die Gnade vermehrt oder aufgebaut werden muss und nicht ausgehen oder der Welt vorenthalten werden sollte ... Und dies ist die Gnade des Hochbetagten ...*

* Hier haben wir einen weiteren Hinweis auf die Ursache eines frühgeschichtlichen Cargokults, der sich bis in unsere heutigen Tage hinein erstreckt: Die Ermahnung zur Vorsicht beim Umgang mit den »Pfaden der Gnade« führte in direkter Konsequenz zum Verbot, seinen »Bart zu verunstalten«. Offensichtlich ist dies für orthodoxe Juden noch heute der Grund, sich den Bart nicht zu rasieren.

Und der gesamte Strom, der aus dem ganzen Körper fließt, wird dort gesammelt, in jenen, die die Heere genannt werden ... und dieser Strom verbleibt da, wo er sich gesammelt hat, um dann zur heiligen Gründung zu gehen. Er ist vollkommen weiß, weswegen er stets Gnade genannt wird. Und diese Gnade tritt ins Allerheiligste ein.

Ganz richtig weisen die beiden Autoren der *Mannamaschine* darauf hin, dass »Gnade« hier ganz offensichtlich wie eine »greifbare Substanz« beschrieben wird. Gnade ist »in jenem Teil des Bartes verborgen«, Gnade bewegt sich auf »Pfaden« vorwärts usw. Wenn Gnade tatsächlich im Ursprung ein anderer Begriff für das Manna war, so lassen sich damit auch bestimmte Aussagen des Alten Testaments besser verstehen. Manna erschien, wie wir wissen, immer mit dem morgendlichen Tau, also am frühen Tag. Genau das Gleiche aber wird auch von der Gnade berichtet (Psalm 90,14):

Fülle uns frühe mit deiner Gnade, so wollen wir rühmen und fröhlich sein unser Leben lang.

Als die Psalmen geschrieben wurden, lag die Wüstenwanderung schon viele Jahrhunderte zurück, die Mannamaschine war längst außer Betrieb, »Himmelsbrot« gab es nicht mehr. Insofern sind die Fragen verständlich, die die Psalmendichter in ihren Gebeten stellten (Psalm 89,50):

Herr, wo ist deine Gnade von einst, die du David geschworen hast in deiner Treue?

Oder auch Psalm 77,8:

Wird denn der Herr auf ewig verstoßen und keine Gnade mehr erweisen?

Chesed steht aber auch für »weiß«, ein Begriff, der in der Beschreibung der Mannamaschine mehrfach auftaucht. In KHV 651 ist er ein Synonym für das Wort »Äther«:

... die Mutter ist herausgezogen und im reinen Äther beherbergt. Dieses Weiß hält die Mutter ... und der Funke geht hinaus, und dieses ist jenem verbunden, und dann entsteht ein einziger Teil.

Wir beschäftigen uns hier mit dem Begriff »Gnade« im Zusammenhang mit der Mannamaschine deshalb so ausführlich, weil eine Ableitung des Wortes Gral, die schon Helinandus anführt, von dem Wort *gratia* herrührt, das u. a. »Gnade« bedeutet.
Robert de Boron beschreibt es in seiner »Geschichte des Heiligen Grals«, die in Jerusalem spielt und die Vorgänge um Josef von Arimathea behandelt, noch eindrucksvoller: der Gral ist ein Gefäß, aus dem die Menschen *Gnade* erhalten. Wir lesen dazu:

Als der Dienst sich zu Ende geneigt hatte, erhob sich ein jeder von der Tafel, und sie mischten sich unter die anderen. Joseph aber befahl ihnen, sie sollten jeden Tag ohne Verzug zu dieser Gnade wiederkehren. Auf diese Weise nahm Joseph die Sünder wahr und erkannte sie; dies geschah durch den Befehl Gottes, des allmächtigen Königs, und auf diese Art ward das Gefäß geliebt und zum ersten Mal erprobt.
Also empfingen die Menschen dort die Gnade, und lange Zeit hielt sie bei ihnen an. Die anderen jedoch, die draußen geblieben waren, fragten oft die von drinnen: ›Was dünkt Euch von dieser Gnade? Was spürt Ihr, das sie Euch tut? Und wer hat Euch diese Gabe verliehen und wer Euch darin unterwiesen?‹ Diese antworteten ihnen: ›Kein Herz könnte ausdenken, kein Herz würde hineinreichen, die große Wonne auszusprechen, die wir haben, noch die große Freude, in der wir leben, sodass es uns vergönnt ist, bis zum Morgen zu bleiben und zu verweilen.‹ – ›Woher kann die große Gnade kommen, die so das Herz des Mannes oder der Frau ganz erfüllt und die Seele mit dem Guten erbaut? ... Dies Gefäß, das wir eben gesehen haben, war uns nie vorher gezeigt worden; wir wissen nicht, was das sein kann, so sehr wir uns auch darum bemühen mögen.‹ Die Begnadeten entgegneten ihnen: ›Durch dieses Gefäß sind wir von Euch unterschieden; denn es hat mit keinem Sünder Verkehr in Liebe und in Gemeinschaft. Das könnt ihr wohl genau sehen.‹

Die Zusammenhänge sind deutlich, auch wenn die Ereignisse in christliche Zeiten verlegt sind: *Gnade* wird »jeden Tag ohne Verzug« empfangen – genau wie das Manna der Israeliten. Diese *Gnade* kommt aus einem Gefäß, das »zum ersten Mal erprobt« wird – wie eine Maschine. Die *Gnade* als auch das Gefäß sind göttlichen Ursprungs (hier, unter christlichem Einfluss, Jesus zugeschrieben) – Manna und die es erzeugende Anlage waren es ebenfalls. Die von dem Gral gespendete *Gnade* ist nur für »die Begnadeten« bestimmt, also eine ausgewählte Gruppe – mit dem Manna verhielt es sich nicht anders, nur das »auserwählte Volk« kam in seinen Genuss. Die Begriffgleichsetzung Manna – Gnade, wie sie Sassoon und Dale beschreiben, ist also durchaus angebracht und wird durch die Tatsache, dass auch der Gral *Gnade* spendete, erneut dokumentiert.

Eine weitere Eigenschaft des Grals ist die Schrift, die auf seiner Oberfläche erschien. Wolfram von Eschenbach berichtet darüber, als er Kundrie zum zweiten Mal vor der versammelten Tafelrunde erscheinen lässt (781, 11–16):

Da sprach sie zu Parzival:
›Nun halte an Dich in Deiner Freude!
Wohl Dir, der Du großer Ehre teilhaftig geworden bist.
Du Krone des Heiles der Menschen!
Das Epitaphium wurde gelesen:
Du sollst der Herr des Grales sein.‹

Was es mit diesem seltsamen Epitaphium, dieser Inschrift, auf sich hat, beschreibt Wolfram anlässlich des Gesprächs Parzivals mit dem Einsiedler (470, 31–40):

Die aber zum Grale berufen sind,
hört, wie diese benannt werden!
Rings um den Stein herum erscheint am Rande
aus Buchstaben ein Epitaphium.
Es sagt den Namen und das Geschlecht dessen,
der die Glücksfahrt antreten soll,
sei es ein Mädchen oder ein Knabe.
Die Schrift braucht niemand abzuschaben,
denn so man den Namen gelesen hat,
vergeht er vor ihren Augen.

Bei der Inschrift handelt es sich um die Bekanntgabe einer göttlichen Anordnung, eines göttlichen Ratschlusses, der auf diese Weise den versammelten Gralsrittern kundgetan wird. Von hier erfahren sie, wer als Nächstes in den Kreis der ihren aufgenommen werden soll.
Dies hat es bei der Mannamaschine – soweit wir wissen – nicht gegeben. Weder leuchtete an ihr eine Schrift auf, noch wurde durch sie jemand in den Kreis der Priester berufen, die für die Bedienung und Wartung des Gerätes verantwortlich waren. Aber: an der Mannamaschine befand sich eine Gegensprechanlage, über die Mose und die Hohen Priester tatsächlich Kontakt mit »Gott« aufnehmen konnten, um diesen in Krisenzeiten um Rat zu fragen. Dies wird uns zum einen in der Bibel selbst bestätigt: Mose zieht sich in die Stiftshütte, in der sich die Maschine befand, zurück. Von dort aus spricht er mit Gott, etwa in 4. Mose 20:

Da gingen Mose und Aaron von der Gemeinde hinweg zur Tür der Stiftshütte und fielen auf ihr Angesicht, und die Herrlichkeit des Herrn erschien ihnen. Und der Herr redete mit Mose und sprach.

Dieser Dialog vollzieht sich über die bereits erwähnte Gegensprechanlage der Mannamaschine. Wie bei heutigen Funkgeräten, mussten auch damals die Worte klar und deutlich formuliert vorgetragen werden. Das bestätigt KHV 595:

Und deshalb muss jeder Wunsch und jedes Gebet, welches ein Mensch erfüllt sehen möchte, vor den Heiligen – gesegnet sei Er! – kommen und mit Worten von seinen Lippen gesprochen werden. Denn wenn sie nicht herauskommen [aus dem Mund], sind seine Gebete nicht gebetet und seine Wünsche nicht gewünscht. Und sobald die Worte herauskommen, brechen sie durch zum Äther, steigen auf und fliegen und werden in die Stimme umgewandelt. Und sie werden von jenen empfangen, die sie zu empfangen haben.

Viel deutlicher kann ein Mensch der frühgeschichtlichen Zeit kaum einen Vorgang beschreiben, bei dem über eine Funksprechanlage Kontakt mit einem Kommunikationspartner aufgenommen wird. Wäre mit »dem Heiligen« tatsächlich Gott gemeint, wäre es unsinnig, von deutlich ausgesprochenen Worten zu reden, da Gott ja ein spirituelles Wesen und nach theologischer Definition dazu in der Lage ist, »bis in des Menschen Herz« zu schauen. Dass die »Gebete« vor der Mannamaschine dagegen in Wirklichkeit sehr konkrete Gespräche waren, die mit einer real existierenden Intelligenz im All (zum Beispiel im Erdorbit) geführt wurden, erfahren wir in KHV 592:

Und jene Sprache, die hinausgeht, durchbricht den Äther [oder: Raum] und ergießt sich und steigt auf und fliegt in das All. Und die ›Stimme‹ wird daraus gemacht. Und die Herren der Fittiche empfangen diese Stimme und tragen sie zum König, und sie geht in seine Ohren.

Interessant ist hier die Beschreibung einer erfolgenden Umwandlung von »Sprache« zu »Stimme«, was sich auf die Umwandlung der akustischen Signale in elektromagnetische Wellen und zurück in akustische Laute beziehen könnte. Die Kontaktaufnahme mit den wirklichen Führern des israelitischen Volkes spielte sich also über die Mannamaschine ab, nicht visuell, sondern akustisch. Dennoch dürfte es diese einstige Übermittlung »göttlichen Willens« über das Gerät gewesen sein, die beim Gral zur Überlieferung des ebenfalls eine »göttliche« Botschaft zum Ausdruck bringenden Epitaphiums führte.
Die beiden Religionswissenschaftler R. Grierson und St. Munro-Hay weisen auf eine befremdlich wirkende Eigenschaft der Bundeslade hin: »Die Lade scheint die mysteriöse Eigenart zu besitzen, der wichtigste Gegenstand im Universum zu sein, die tatsächliche Gegenwart Gottes, der unter dem Auserwählten Volk lebt, und dennoch genau in den Augenblicken verborgen zu bleiben oder vergessen zu werden, wenn man eigentlich erwarten würde, dass sie in der Geschichte Israels eine herausragende Rolle spielt.« Dies gilt gleichfalls für den Gral. Verborgen vor der Welt wird das heiligste Gefäß der Welt aufbewahrt und entzieht sich den Menschen.

Die Herkunft des Grals

Übereinstimmungen und Parallelen wie die oben genannten hätten dann wenig Aussagekraft, wenn sich durch die Texte der Parzivalliteratur belegen ließe, der Gral sei ein irdisches »Ding« gewesen, d. h. aus

den Werkstätten eines Goldschmiedes oder eines Steinmetzes hervorgegangen. Das Gegenteil ist jedoch der Fall. Dies zeigt sich bereits in der Herleitung des Wortes *lapsit exillis*, das viele Literaturwissenschaftler mit *lapsis ex coelis* (»Stein des Himmels«) oder sogar *lapis lapsus es illis stellis* (»Stein, der von jenen Sternen herabgekommen ist«) in Verbindung bringen. Letzteres wäre eine sehr zutreffende Beschreibung für die Mannamaschine, nämlich dann, wenn wir bedenken, dass Wolfram bei der Niederlegung seiner Parzival-Fassung vermutlich tatsächlich etwas Materielles, vom Himmel Herabgekommenes, im Sinn hatte.
Indes – er selbst gibt uns noch einen weitaus eindrucksvolleren Hinweis. Wolfram (Vers 454, 24–31) schreibt in mittelhochdeutscher Sprache: »*ein schar in ûf der erden liez, diu fúor úf über die sternen hôch.*« In der Übersetzung:

Ihn ließ auf Erden eine Schar,
*die wieder zu den hohen Sternen flog,**
weil ihre Unschuld sie zurück, heimwärts zog.
Seither pflegt ihn getaufte Frucht
*mit Keuschheit und in reiner Zucht.***
*Die Menschen sind es immer wert,****
die sich der Gral zum Dienst begehrt.

Von Interesse sind hier die ersten beiden Zeilen: »Ihn ließ auf Erden eine Schar, die wieder zu den hohen Sternen flog«. Damit schließt Wolfram selbst jede andere Deutungsmöglichkeit aus: Es waren Wesen – deren sogar eine ganze Schar – die den Gral einst zur Erde brachten, bevor sie wieder zu den Sternen *zurück*kehrten.
Wesen, die zu den Sternen zurückkehrten oder über ihnen geflogen sind, können, das wissen wir heute, nur fremde Intelligenzen gewesen sein, Raumfahrer aus den Tiefen des Alls. *Sie* waren es, die die Mannamaschine oder den Gral zur Erde brachten. Warum dies geschah, ist letztlich eine Frage der Mutmaßung. Aber dass es so geschah, bestätigt

---

* Die Übersetzung könnte auch lauten: »die über die Sterne hoch emporflog« oder »die fuhr auf hoch über die Sterne«.
** Auch zu übersetzen mit: »von ebenso züchtiger Art [wie die Engel]«.
*** Oder als »die Menschen sind immer angesehen« zu deuten.

Wolfram von Eschenbach mit seinen eindrucksvollen Zeilen, die keiner weiteren Interpretation bedürfen.
In der Bibel war es »Gott« – bzw. jene Person(en), den die Israeliten für Gott hielten –, der seinem auserwählten Volk die Mannamaschine übergab. Wolfram beschreibt es dagegen differenzierter. Er erwähnt die so genannten »neutralen Engel«, und zwar in Vers 471, 15–22:

Diejenigen, die außerhalb gestanden
als Luzifer und die Trinität
miteinander stritten,
diese selben edlen und werten Engel
mussten auf die Erde
zu diesem Stein.
Der Stein ist immer rein.

Das Ganze bezieht sich auf den biblischen Kampf zwischen Gott und Satan, wie er uns in der *Offenbarung des Johannes* beschrieben wird:

Und es erhob sich ein Streit am Himmel: Michael und seine Engel stritten wider den Drachen. Und der Drache stritt und seine Engel und siegten nicht, auch ward ihre Stätte nicht mehr gefunden im Himmel. Und es ward gestürzt der große Drache, die alte Schlange, die da heißt Teufel und Satan, der die ganze Welt verführt. Er ward geworfen auf die Erde, und seine Engel wurden mit ihm dahin geworfen.

Derartige Schilderungen über einen »Krieg im Himmel« kennt nicht nur die jüdische Überlieferung. Ähnliche Berichte vom Kampf der »Götter« untereinander finden wir in nahezu allen Mythen der verschiedensten Völker, besonders ausgeprägt und detailliert beschrieben aber im Mahabharata Indiens[11]. Worum es in diesem Krieg der »Götter« gegen die »Dämonen« bzw. die »Teufel« wirklich ging, darüber gibt es keine zuverlässigen Informationen. Dennoch – von diesem Kampf wissen zahlreiche Völker rund um den Erdball in zum Teil erstaunlicher Übereinstimmung. Nichts bekannt ist dagegen von neutral gebliebenen Parteien, weder in der Bibel noch in einer anderen Überlieferung. Sie stellen also offensichtlich eine »Erfindung« des Mittelalters dar. Dies ist keineswegs verwunderlich, wurden damals doch zahlreiche und weit abwegigere Spekulationen über die Engel angestellt. Man machte sich Gedanken über die Hierarchie des Himmels, über das Aussehen der verschiedenen Engelordnungen, ja, man stritt sogar darüber, wie viel Engel auf einer Nadelspitze Platz finden könnten. Eingedenk derartiger Überlegungen ist die Erfindung so genannter »neutraler Engel«, die weder Gott noch Teufel beistanden, eher banal und durchaus verständlich.

Was wir zum Abschluss dieses Kapitels sagen können, ist – kurz zusammengefasst – Folgendes:

1. Mannamaschine und Gral produzierten die *gleiche Nahrung*.
2. Mannamaschine und Gral wurden – unabhängig voneinander – mit *gleichen Attributen* charakterisiert.
3. Mannamaschine und Gral waren *künstlichen, außerirdischen Ursprungs.*

Aus all dem lässt sich letztendlich nur eines folgern: Mannamaschine und Gral waren mit einem hohen Grad an Wahrscheinlichkeit miteinander *identisch*, es handelt sich lediglich um verschiedene Namen für dasselbe Objekt. Nachdem wir diese Feststellung getroffen haben, können wir nun daran gehen, die Geschichte der im Mittelalter zum Heiligen Gral gewordenen Mannamaschine zu rekonstruieren – von den allerersten Anfängen bis hinein in unsere heutige Zeit.

Teil 3

Die Geschichte

VI. Bundeslade und Mannamaschine

In der Stunde, da Mose zur Höhe aufstieg, sagten die Dienstengel vor dem Heiligen, gelobt sei Er: Herr der Welt, was soll ein Weibgeborener unter uns? Er sprach zu ihnen: Die Weisung zu empfangen ist er gekommen. Sie aber sagten vor ihm: Die verborgene Kostbarkeit, die Du für Dich verborgen hast, neunhundertvierundsiebzig Geschlechter lang, ehe die Welt geschaffen ward, die willst du an Fleisch und Blut geben?

Talmud, Schabbat 88 b

Das Mannawunder in der Wüste

Als die fünf Bücher Mose, der so genannte *Pentateuch*, im fünften vorchristlichen Jahrhundert erstmals schriftlich fixiert wurden, lagen die Ereignisse, die sich in ihnen abspielen (oder abgespielt haben sollen), schon etliche Jahrhunderte zurück. Damals wurden von vermutlich zwei israelitischen Autoren oder mehreren Autoren der gleichen Schulen bis dahin mündlich überlieferte Legenden zusammengefügt und der herrschenden politischen Linie angepasst. Die Namen dieser beiden Schriftgelehrten kennt man nicht, man nennt sie den »Jahwisten« und den »Elohisten«, weil man aufgrund textkritischer Analysen des von ihnen verwendeten Stils und des von ihnen bevorzugten Namen Gottes (»Jahwe« und »El« bzw. »Elohim« im Plural) beide voneinander unterscheiden kann.

Interessanterweise zeigt sich in jüngster Zeit, dass gerade diese fünf Bücher Mose, welche die Frühzeit des israelitischen Volkes beschreiben, stellenweise nicht als authentische Geschichtsschreibung angesehen werden können, sondern eher propagandistisch aufgebaut wurden. Sie entstanden nach 587 v. Chr., also in oder nach der Zeit des babylonischen Exils. Damals war die gesamte religiös-politische Führungselite Israels von König Nebukadnezar ins Land zwischen Euphrat und

Tigris deportiert worden. Irgendwann in den Jahrzehnten danach verfasste insbesondere der Jahwist die wesentlichen Teile des *Pentateuchs*, und zwar, wie die neuere Forschung zeigt, indem er die Vorgeschichte seines Volkes heroisierte und die Träume von einem israelitischen Großreich phantasievoll in die Vergangenheit hinein extrapolierte. Schon immer galt es als rätselhaft, dass die so akkurate ägyptische Geschichtsschreibung weder etwas von einem Mann namens Mose noch von israelitischen Fronarbeitern noch von den über das Land hereingebrochenen Plagen noch über den Auszug aus Ägypten irgendetwas zu berichten weiß. Man redete sich damit heraus, dies sei schließlich eine erbärmliche Niederlage für den Pharao gewesen und deshalb seien alle Daten und Informationen aus den Schriften entfernt bzw. überhaupt nicht aufgezeichnet worden. Aber das ist natürlich absurd, denn wir kennen etliche andere Berichte über ägyptische Niederlagen.

Heute glauben viele insbesondere von der archäologischen Forschung ausgehende Wissenschaftler, dass es einen »Auszug aus Ägypten« so nicht gegeben habe[1]:

- In den von der Bibel genannten ägyptischen Städten Pithom und Ramses, wo die Israeliten angeblich Lehmziegel brennen mussten, führt der Hildesheimer Ägyptologe Edgar Pusch in den 1990er Jahren Grabungen durch. Irgendwelche Hinweise auf israelitische Fronarbeiter hat er dort nicht gefunden.
- Besonders dramatisch beschreibt die Bibel den Einzug ins »gelobte Land« unter Joshua. Wollen wir den Texten glauben, eroberten die Israeliten mit Feuer und Schwert das Land der Kanaaniter, zerstörten die Städte Ai und Hebron und schließlich das berühmte Jericho. Doch so sehr sich insbesondere israelische Archäologen bislang auch bemühten: Hinweise auf eine kriegerische Eroberung Palästinas fanden sie nicht.
- Der bekannte Archäologe Israel Finkelstein von der Universität Tel Aviv glaubt inzwischen ein ganz anderes Szenario rekonstruieren zu können: Demnach drangen um 1200 v. Chr. von der Schafzucht lebende Nomaden von Transjordanien aus in das Stammland der Kanaaniter ein. Es war aber wohl eher eine friedliche »Eroberung«: sie bauten sich kleine Dörfer und errichteten nach und nach ein politisches Gebilde, das eher an ein Staatenkonglomerat erinnert als an das Reich, wie es in der Bibel beschrieben wird.

- Das spätere Großreich König Davids ist vermutlich nichts anderes als eine Fiktion.

Es wird mehr und mehr deutlich, dass es »*ein* Israel« nie gegeben hat. Schon die Bibel spricht von einem zeitweiligen Nord- und einem Südreich (Israel und Juda). Aber vermutlich gab es lediglich untereinander rivalisierende Mini-Staaten, die höchstens für sehr kurze Zeit miteinander einen größeren Flächenstaat bildeten. Erst viel später, zur Zeit der römischen Besatzung, also zur Zeit Jesu von Nazareth, lässt sich überhaupt so etwas wie eine israelitische Ethnie nachweisen. Alles andere ist verherrlichendes Wunschdenken jenes oder jener Jahwisten, die aus politischen Gründen heraus diese »Retrojektion eigener Großmachtträume in die Vergangenheit« hinein propagierten, wie der Heidelberger Theologe Jörg Diebner oder Philip R. Davies[1] meinen.

Gleichwohl hat es das alte Israel gegeben, das sich etwa ein Jahrhundert nach Salomo wissenschaftlich durch Verwaltungsdokumente und beschriftete Siegel sicher fassen lässt. Auch seine Anführer, wie etwa König David, werden mitunter archäologisch greifbar. So existiert ein 1993 bei Ausgrabungen in Dan (Nordisrael) entdecktes Basaltbruchstück, auf dem das »Haus David« genannt wird. Dennoch müssen wir festhalten, dass die frühe Geschichte Israels sich offenbar teilweise anders abgespielt hat als die Bibel uns weismachen will.

Welchen Einfluss hat dies nun auf unsere Überlegungen hinsichtlich der Mannamaschine, deren Existenz ja in ganz substanzieller Weise mit dieser frühen Geschichte Israels verknüpft ist? Eines ist sicher: Die Beschreibung im *Sohar* und die sich daraus ergebende Rekonstruktion einer sinn*vollen* und in allen Einzelheiten sinn*entsprechenden* Apparatur kann unmöglich einer wie auch immer gearteten menschlichen Phantasie entsprungen sein. Die Wahrscheinlichkeit dafür ist so gering, dass sie dem berühmten Beispiel von den maschinenschreibenden Affen entspricht: Selbst eine Horde von Schimpansen würde in Hunderten von Jahrmillionen nicht »durch Zufall« ein Drama von Shakespeare zu Papier bringen können.

Mit anderen Worten: Es würde im *Sohar* keine Beschreibung des OThIQ IVMIN geben, hätte dieses Gerät nicht wirklich existiert! Wir müssen also davon ausgehen, dass es zu irgendeiner Zeit (wahrscheinlich aber tatsächlich um das Jahr 1200 v. Chr.) eine wichtige Rolle spielte. Dabei ist es unseres Erachtens sekundär, ob die später Israeliten genannten Nomadenstämme aus Ägypten oder von Transjordanien, d. h. im Wesentlichen von der arabischen Halbinsel her, nach Palästina einwanderten. Es ist auch von untergeordneter Bedeutung, ob die Leitfigur der einwandernden Nomaden den Namen Mose trug, ob die Begegnungen mit der Stammesgottheit Jahwe auf dem Berg Sinai stattfanden oder irgendwo anders, ob es eine vierzigjährige Irrfahrt durch die Wüste gab oder einfach eine lange Wanderschaft bis hin zum »Land, wo Milch und Honig fließt«, d. h. bis zur endgültigen Sesshaftwerdung. Demgegenüber bleiben bestimmte Grundelemente bestehen, die sich mit der Existenz der Mannamaschine in gleicher Weise vertragen wie mit der traditionellen Aussage des Alten Testaments und den jüngsten wissenschaftlichen Erkenntnissen dazu. Diese Grundelemente sind:

- Um 1200 v. Chr. gab es Wanderbewegungen nomadisierender Stämme. Die Wanderungen führten bis ins spätere Palästina. Dort wurden diese Stämme ansässig.
- Diese Stämme hatten Oberhäupter und Älteste, die sie leiteten. Ob einer von ihnen Mose hieß, wissen wir nicht definitiv.
- Während der Wanderungen wurden Wüsten und wüstenhafte Landstriche durchquert.

Dass das Nahrungsangebot dort eher gering ist, ist eine geläufige Tatsache.

- Spätestens mit der Sesshaftwerdung, möglicherweise auch schon davor, müssen sich diese Stämme eine neue Ordnung und wahrscheinlich – damit verbunden – auch eine neue Religion gegeben haben. Die »zehn Gebote« und eine Vielzahl weiterer Anordnungen fallen vermutlich tatsächlich in diese frühe Zeit.
- Auch wenn bislang keine Hinweise auf kriegerische Auseinandersetzungen mit den »Ureinwohnern« gefunden wurden, kann doch nicht ausgeschlossen werden, dass man die eindringenden Nomaden eher argwöhnisch betrachtete; gelegentliche Reibereien und kleinere Scharmützel dürften deshalb zwar nicht unbedingt an der Tagesordnung gewesen sein, sind mit Sicherheit aber auch nicht auszuschließen.
- Der Einfluss einer damals präsenten außerirdischen Intelligenz auf zumindest *einen* dieser Nomadenstämme und die enge Zusammenarbeit mit *einem* ihrer Führer ergibt sich aus den erstaunlichen Beschrei-

bungen in der Bibel ebenso wie aus den erstaunlichen Beschreibungen im *Sohar* und anderen nicht-kanonisierten Büchern der vorchristlichen Zeit. Möglicherweise bilden die Begegnungen mit dieser Intelligenz – in der die Israeliten Gott und seine Engel sahen – den Kern der Überlieferung, der mit den historischen Vorgängen der Wanderschaft zu einem phantasievollen, das eigene Volk heroisierenden Amalgam verschmolzen wurde.

- Der Einfluss dieser Intelligenz könnte sich durchaus auch insofern bemerkbar gemacht haben – etwa im Rahmen eines ethnologischen Experiments –, dass ein oder mehrere dieser Stämme direkt über den ausgewählten Kontaktmann angeleitet wurden. Dem entspräche die Erinnerung an eine vierzigjährige Isolation in der Wüste, die von religiöser Warte aus keinerlei Sinn ergibt, zur Bildung einer neuen Ethnie mit neuer Gesetzgebung und neuen Wertvorstellungen aber vielleicht notwendig war; jedenfalls aus dem Blickfeld der fremden Intelligenz.
- Es ist gut vorstellbar, dass es in dieser Zeit der Isolation (die Vierzig ist im jüdischen Glauben eine heilige Zahl und bedeutet hier vermutlich: für eine Generation) zu Hungersnöten und darauf folgenden Revolten gegen die Führung kam. Die Bereitstellung einer Maschine, die für das »tägliche Brot« sorgte, wäre eine unter diesen Gesichtspunkten logische Konsequenz.

Wir sehen also, dass auch das neue Bild vom Alten Testament durchaus mit der Existenz einer »Mannamaschine« vereinbar ist. Wenn wir im Folgenden dennoch bei den alten Namensgebungen und den alten, aus der Bibel bekannten Ereignissen bleiben (etwa dem »Auszug aus Ägypten«), so, um überhaupt einen Rahmen für die geschilderten und von uns rekonstruierten Geschehnisse zu haben. Wir sollten uns dabei jedoch immer darüber im Klaren sein, dass es hier lediglich um den Kern der Überlieferung geht: es geht um die Beschreibung des OThIQ IVMIN und die mit dieser Maschine in einem unmittelbaren Zusammenhang stehenden Vorgänge.

Stürzen wir uns also hinein in ein geradezu unglaubliches (aber keineswegs unglaubwürdiges) Abenteuer, das uns zurückführt in die Zeit vor mehr als 3200 Jahren, eine für unsere heutigen Begriffe wilde, barbarische Zeit. Es war aber auch eine Zeit, in der sich phantastische Dinge auf diesem Planeten ereigneten ...

Wir setzen an jenem Zeitpunkt an, da die nomadisierenden Stämme die Wüste Sinai (oder eine andere Wüste jenseits von Israel) erreicht hatten; das war nach der traditionellen Auffassung kurz nach dem Zug durch das Rote Meer. Bereits am »fünfzehnten Tage des zweiten Monats, nachdem sie von Ägypten ausgezogen waren«, sind die mitgenommenen Vorräte offenbar verbraucht, die Nahrungsreserven zur Neige gegangen. Es kommt zu lebhaften Diskussionen. Darüber wird in 2. Mose 16 berichtet:

Und es murrte die ganze Gemeinde der Kinder Israels wider Mose und Aaron in der Wüste. Und sie sprachen: Wollte Gott, wir wären in Ägypten gestorben durch des Herrn Hand, als wir bei den Fleischtöpfen saßen und hatten Brot die Fülle zu essen. Denn ihr habt uns dazu herausgeführt in diese Wüste, dass ihr diese ganze Gemeinde an Hunger sterben lasst.

Wir wissen, wie gesagt nicht, woher diese Nomadenstämme wirklich kamen. Der Ursprung heraus aus einer ägyptischen Sklaverei ist eher unwahrscheinlich. Doch so oder so – es scheint, als sei der Aufbruch, von wo aus auch immer, nicht unbedingt freiwillig erfolgt. Diejenigen, die sich auf die Wanderschaft machten, begannen schon bald gegen ihre Führung zu rebellieren und auf die einstigen, wirtschaftlich guten Verhältnisse zu verweisen. Offensichtlich jedoch verfolgten jene, die den Stamm oder die Stämme in unfruchtbares Gebiet leiteten, einen genau kalkulierten Plan. Mose hatte ihn bei seiner mysteriösen Begegnung mit »dem Herrn« im »brennenden Dornbusch« als Erster erfahren (2. Mose 3):

Und der Herr sprach: Ich habe das Elend meines Volkes in Ägypten gesehen und ihr Geschrei über ihre Bedränger gehört; ich habe ihre Leiden erkannt. Und ich bin herniedergefahren, dass ich sie errette aus der Ägypter Hand und sie herausführe aus dem Lande in ein gutes und weites Land, in ein Land, darin Milch und Honig fließt, in das Gebiet der Kanaaniter, Hethiter, Amoriter, Perisiter, Hewiter und Jebusiter.

Nochmals: Es gab zu diesem Zeitpunkt kein »Volk Israel« im eigentlichen Sinne. Von einer Ethnie konnte ebenso wenig die Rede sein wie

Abb. 12: Der Zug durch die Wüste. Diese idealisierte Darstellung der militärisch marschierenden Israeliten trifft die historische Wahrheit aber nur zum Teil: Es handelte sich um einen oder mehrere Nomadenstämme, die von ihrem »Gott Jahwe« durch die Wildnis getrieben wurden.

von einer gemeinsamen Religion. Die Vorfahren der späteren Israeliten huldigten vermutlich den gleichen Naturgöttern wie die meisten der sie umgebenden Völker auch. Von monotheistischem Gedankengut war nicht viel zu spüren. Nur wenige, wenn überhaupt, dürften in dieser frühen Zeit dem Ein-Gott-Glauben nachgehangen haben, dem »Glauben der Väter«, wie die Bibel immer wieder schreibt, obwohl es auf diesen Glauben wenig konkrete Hinweise gibt.
Der Plan der Fremden, die irgendwann um diese Zeit unsere Welt erreicht hatten, stand indes fest: Sie scheinen aus diesen zerstreuten Sippen eine einheitliche Nation haben schaffen wollen – das »auserwählte Volk«. Warum das so war, wissen wir nicht. Möglicherweise war es auch weder das erste noch das einzige Mal, dass dergleichen auf der

Erde geschah. Im Laufe der Geschichte empfanden sich zahlreiche Völker von ihren »Göttern« als auserwählt. Auch sie wurden auf zum Teil jahrzehntelange Wanderschaften geschickt, um schließlich an einem vorbestimmten Ort den Samen einer neuen Kultur zu pflanzen. Die Azteken und die Maya sind geradezu ein Paradebeispiel dafür[2].

Um 1200 v. Chr. jedenfalls fand mit einer an Sicherheit grenzenden Wahrscheinlichkeit eines dieser Experimente statt: irgendwo auf der Sinai- oder der arabischen Halbinsel. Über eine ganze Generation hinweg wurde ein Nomadenstamm weitgehend von allen äußeren Einflüssen isoliert und »durch die Wüste getrieben«. All jene, die zu Beginn der Wanderung aufgebrochen waren, starben unterwegs. Folgen wir der Bibel, betraten schließlich nur ihre Kinder und Enkel das künftige Land Israel. Der Grund ist zumindest vage erkennbar: Es sollte möglicherweise ein völlig »neues« Volk geschaffen werden, mit neuen Gesetzen, neuen Vorschriften, einer neuen Religion und mit möglichst wenig Erinnerungen an die Zeit zuvor. Und es sollte vor jeglichen genetischen Fremdeinflüssen bewahrt bleiben. In den Jahren zwischen 1947 und 1956 entdeckten Archäologen in mehreren Höhlen nahe des Toten Meeres die so genannten Qumran-Texte. Sie stammen aus dem ersten Jahrhundert vor Christi und gehen auf die Sekte der Essener zurück, eine Gruppe sehr asketisch und zurückgezogen lebender Juden, die ausführlich von Flavius Josephus beschrieben werden. In einer der dort gefundenen Schriften mit dem Titel *Erster Brief über als Gerechtigkeit angerechnete Werke* finden wir eine erstaunliche Bestätigung für dieses Gebot zur absoluten genetischen »Abschottung« – und einen Hinweis darauf, dass dies sogar noch in späterer Zeit, als man das »Gelobte Land« längst besiedelt hatte, galt:

Betreffs der Ammonither und der Moabiter und der Bastarde und des Mannes mit zertrümmerten Hoden und des Mannes mit einem geschädigten männlichen Organ, die die Versammlung betreten und … Frauen zu sich nehmen, um sie zu einem Gebein [d. h. zu einer »Person«] *zu machen … befleckt. Wir bestimmen auch, dass man nicht … Geschlechtsverkehr mit ihnen haben darf … und man sie nicht eingliedern … denn die Söhne Israels müssen wachsam sein gegen jegliche unerlaubte Heirat und so den Tempel achten. Zusätzlich betreffs der Blin-*

den, die nicht sehen können, um befleckende Vermischung zu vermeiden, und für die sündvolle Vermischung unsichtbar ist – ebenso wie die Tauben, die weder das Gesetz hören noch Vorschriften noch Reinheitsregeln und nicht hören die Vorschriften Israels, denn der, der nicht sehen und hören kann, kann das Gesetz nicht ausführen, diese Menschen sündigen gegen die Reinheit des Tempels.«

»Schärfere Gebote«, schreibt der Rechtsanwalt und Dozent Klaus Ulrich Groth[3] »zur ethnischen Isolation unter Vernachlässigung jeden sozialen Schutzes der Behinderten sind kaum vorstellbar.«
Die Ursprünge für diese überaus harte Regelung liegen aber in der archaischen Zeit der Wanderungsbewegungen. Damals fand der erste Schritt zur Isolation dieser semitischen Stämme statt. Welchen Zweck man auch immer damit verfolgte, ganz offensichtlich wurde er entsprechend genau kalkulierter Pläne durchgeführt.
Verständlich allerdings, dass man für solch lange Wanderungen nicht Vorräte mitnehmen kann. Verständlich auch, dass die Nomaden, als eben diese Vorräte zur Neige gingen, sich ihrem Anführer widersetzten. Doch es kam zu einer erstaunlichen Reaktion (2. Mose 16):

Da sprach der Herr zu Mose: Siehe, ich will euch Brot vom Himmel regnen lassen, und das Volk soll hinausgehen und täglich sammeln, was es für den Tag bedarf, dass ich's prüfe, ob es in meinem Gesetz wandle oder nicht. Am sechsten Tage aber wird's geschehen, wenn sie zubereiten was sie einbringen, dass es doppelt so viel sein wird, wie sie sonst täglich sammeln.
Und Mose sprach zu Aaron: Sage der ganzen Gemeinde der Kinder Israels: Kommt herbei vor den Herrn, denn er hat euer Murren gehört. Und als Aaron noch redete zu der ganzen Gemeinde der Kinder Israels, wandten sie sich zur Wüste hin und siehe, die Herrlichkeit des Herrn erschien in der Wolke. Und der Herr sprach zu Mose: Ich habe das Murren der Kinder Israels gehört. Sage ihnen: Gegen Abend sollt ihr Fleisch zu essen haben und am Morgen von Brot satt werden und sollt innewerden, dass ich, der Herr, euer Gott bin.

Hier geht nun etwas ganz Entscheidendes vor: Die Stammesangehörigen beginnen, sich gegen ihre Führer zu erheben. Der Hunger treibt sie dazu. Aber dieses Aufbegehren bleibt nicht unbeobachtet. Die Fremden wenden sich an ihren Mittelsmann: Die Menschen werden das, wonach sie verlangen, bekommen. Der »Herr« verspricht Fleisch und Brot. Und während die Stammesmitglieder beruhigt werden (in diesem Falle von Aaron, dem Bruder des Mose), steigt »Gott« in seiner Feuersäule draußen in der Wüste zur Erde hernieder. Dort wird er bereits vom Stammesoberhaupt erwartet.

Was bei diesem Zusammentreffen geschah, wird erst jetzt verständlich. Denn am nächsten Morgen finden die Menschen das, wonach sie gerufen hatten: Brot, Brot vom Himmel, Manna. Hier, bei diesem Zusammentreffen in der »Wüste Sin, die zwischen Elim und Sinai« (d. h. der Wüste Sinai) liegt, überstellten außerirdische Intelligenzen eine Nahrung produzierende Maschine an den von ihnen auserwählten irdischen Mittelsmann, den die Bibel Mose nennt.

Das Volk wandert weiter, geführt von Mose, gespeist von dem Gerät aus einer fremden Welt. Schließlich erreicht man jenes Gebiet, von dem aus die Fremden die ganze Operation zu leiten schienen: das Sinai-Massiv oder ein anderes Bergmassiv der arabischen Halbinsel. Hier war Mose das erste Mal mit ihnen zusammengetroffen, hier steigt er auch jetzt wieder zu ihnen empor (2. Mose 19):

Am ersten Tag des dritten Monats nach dem Auszug der Kinder Israels aus Ägyptenland, genau auf den Tag, kamen sie in die Wüste Sinai. Denn sie waren ausgezogen aus Raphidim und kamen in die Wüste Sinai und lagerten sich dort in der Wüste gegenüber dem Berge. Und Mose stieg hinauf zu Gott.

Dort oben erfährt Mose von den Plänen seines »Herrn« für die allernächste Zukunft. Eine Art Machtdemonstration ist geplant, die die Menschen einstimmen soll auf den »einen, großen Gott Israels« (2. Mose 19):

Und der Herr sprach zu Mose: Geh hin zum Volk und heilige sie heute und morgen, dass sie ihre Kleider waschen, und bereit seien für den dritten Tag; denn am dritten Tage wird der Herr vor allem Volk herabfahren auf den Berg Sinai.

Drei Tage vergehen, dann ist es so weit: Inmitten der Wüste steigen die Götter vom Himmel zur Erde herab. Für die Menschen des zweiten vorchristlichen Jahrtausends ist all das fraglos sehr beeindruckend gewesen. Uns hingegen, die wir an jene Erscheinungen gewöhnt sind, die mit Raumschiffen und ihrer Inbetriebnahme zusammenhängen, sind die in der Bibel beschriebenen Vorgänge allerdings bestens bekannt (2. Mose 19):

Als nun der dritte Tag kam und es Morgen ward, da erhob sich ein Donnern und Blitzen und eine dichte Wolke auf dem Berge und der Ton einer sehr starken Posaune. Das ganze Volk aber, das im Lager war, erschrak. Und Mose führte das Volk aus dem Lager Gott entgegen, und es trat unten an den Berg. Der ganze Berg Sinai aber rauchte, weil der Herr auf den Berg herabfuhr im Feuer; und der Rauch stieg auf wie der Rauch von einem Schmelzofen, und der ganze Berg bebte sehr. Und der Posaunen Ton ward immer stärker.

Mose wird erneut auf den Berg gerufen. Entscheidendes bahnt sich an (2. Mose 19):

Als nun der Herr herniedergekommen war auf den Berg Sinai, oben auf seinen Gipfel, berief er Mose hinauf, auf den Gipfel des Berges, und Mose stieg hinauf.

Dort oben empfängt Mose der Bibel zufolge die zehn Gebote, jene Weisungen, die noch heute, dreieinhalb Jahrtausende später, Bestand haben und das Verhältnis des Menschen Gott und dem Menschen gegenüber regeln sollen. Danach wird Mose wieder hinabgeschickt. Aber er bleibt nicht lange. Schon bald kehrt er zum Berg zurück, diesmal allerdings nicht allein (2. Mose 24):

Da stiegen Mose und Aaron, Nadab und Abihu und siebzig von den Ältesten Israels hinauf und sahen den Gott Israels. Unter seinen Füßen war es wie eine Fläche von Saphir und wie der Himmel, wenn es klar ist. Und er reckte seine Hand nicht aus wider die Edlen Israels. Und als sie Gott geschaut hatten, aßen und tranken sie.

Es ist eine Begegnung mit einem offensichtlich recht »menschlichen« Gott. Er steht auf einer »Fläche von Saphir«, diese glänzt »wie der Himmel, wenn er klar ist«. Die Bibel schreibt, die Ältesten hätten, nachdem sie Gott geschaut hatten, gegessen und getrunken. Nun, wie es scheint, hat sie diese Begegnung mit dem angeblichen »Schöpfer des Universums« nicht allzu sehr beeindruckt. Danach machen sie sich wieder auf den Rückweg – alle, bis auf Mose (2. Mose 24):

Als nun Mose auf den Berg kam, bedeckte die Wolke den Berg, und die Herrlichkeit des Herrn ließ sich nieder auf dem Berge Sinai, und die Wolke bedeckte ihn sechs Tage; und am siebten Tage erging der Ruf des Herrn an Mose aus der Wolke. Und die Herrlichkeit des Herrn war anzusehen wie ein verzehrendes Feuer auf dem Gipfel des Berges vor den Kindern Israels. Und Mose ging mitten in die Wolke hinein und stieg auf den Berg und blieb auf dem Berge vierzig Tage und vierzig Nächte.

Die Konstruktion der Bundeslade

Nun wird es für uns sehr interessant. Dort oben, während dieser vierzig Tage in der unmittelbaren Umgebung der Fremden, erhält Mose genaue Anweisungen zum Bau eines ganzen Sammelsuriums verschiedenster Gegenstände. Wo genau sich dies abgespielt hat, ist unklar. Vor 1996 glaubten der deutsche Theologe Paul Imhof und der italienische Archäologe Emmanuel Anati einen etwa 900 Meter hohen Berg des Sinai-Massivs als »Gottesberg Horeb« identifiziert zu haben[4]. Dort wurden mehr als 2000 Funde aus der Zeit zwischen 1400 und 1250 v. Chr. gemacht: Felszeichnungen, Steinmale, Opfersteine, eine Höhle, Ascheschichten, ein Heiligtum mit Opferaltar und eine Priesterwohnung. Es ist nicht auszuschließen, dass wir es bei diesem Berg tatsächlich mit dem Horeb zu tun haben, aber uns stellt sich eine weit bedeutendere Frage: Wo war Mose während dieser vierzig Tage (oder einer entsprechend langen Zeitdauer) wirklich?
Der deutsche Paläo-SETI-Forscher Lars Fischinger ist in diesem Zusammenhang auf eine interessante Passage in der Apokryphe *Ezechiel der Apokalyptiker* gestoßen[5]: »Dort heißt es, Mose habe auf dem Berg ›einen großen Thron, der bis zum Himmel reichte‹, gesehen. ›Darauf

saß ein Mann, dem edelsten Geschlecht entsprossen. Ein Diadem auf seinem Haupt.‹ Dann durfte Mose ›seinen Thron besteigen‹ (Vers 68–76). Die darauf folgende Aussage könnte den entscheidenden Hinweis liefern, dass Moses tatsächlich ›entrückt‹ wurde, d. h. im Raumschiff Jahwes den Sinai verließ. Denn Moses sah *die (runde) Erde aus dem All*: ›Darauf erblickte ich der ganzen Erde Rundung, zugleich der Erde Tiefen und des Himmels Höhen‹ (Verse 77–78).«

Da Mose und Jahwe möglicherweise nicht mehr auf dem Sinai weilten, konnten sie auch nicht ahnen, dass die zurückgelassenen Stämme in dieser Zeit einen Götzen anfertigten: das berühmte »Goldene Kalb«. Aaron, Moses Bruder, war als sein Vertreter bestimmt worden und gab dem Druck der Menschen nach. Dies ist insofern erstaunlich, als er zusammen mit den anderen Priestern und den siebzig Ältesten »Gott« und dessen »Thron« zuvor ja leibhaftig begegnet war, *eigentlich* also von dessen Existenz hätte überzeugt gewesen sein müssen. Dass sie vollkommen gegenteilig handelten, kann nur den Schluss zulassen, dass für sie sowohl Mose als auch »Gott« als auch der »zum Himmel reichende Thron« vollkommen verschwunden waren und sie nach dem Ablauf mehrerer Wochen glaubten, nichts und niemanden davon jemals wieder zu sehen.

Indes – ganz gleich, wo Mose sich zu dieser Zeit befand: Die Anweisungen, die ihm Jahwe zum Bau diverser Geräte und Gerätschaften und insbesondere der berühmten Bundeslade gab, erscheinen sehr präzise (2. Mose 25):

Und sie sollen mir ein Heiligtum machen, dass ich unter ihnen wohne. Genau nach dem Bild, das ich dir von der Wohnung und ihrem ganzen Gerät zeige, sollt ihr's machen.

Diese Anordnung ist deutlich: Mose wird ein Modell gezeigt, ein »Bild«, ein Konstruktionsplan für den Bau der Bundeslade (2. Mose 25):

Macht eine Lade aus Akazienholz; zwei und eine halbe Elle soll die Länge sein, anderthalb Ellen die Breite und anderthalb Ellen die Höhe. Du sollst sie mit feinem Gold überziehen innen und außen und einen goldenen Kranz an ihr ringsherum machen.
Und gieß vier goldene Ringe und tu sie an ihre vier Ecken, sodass zwei Ringe auf der einen Seite und zwei auf der anderen seien.

Und mache Stangen aus Akazienholz und überziehe sie mit Gold und stecke sie in die Ringe an den Seiten der Lade, dass man sie damit trage.
Sie sollen in den Ringen bleiben und nicht heraus getan werden.
Und du sollst in die Lade das Gesetz legen, das ich dir geben werde.

Die Lade ist also im Grunde eine Kiste aus Holz mit genauen Maßen: zweieinhalb Ellen lang, anderthalb Ellen breit und ebenso hoch, mit Gold innen und außen überzogen, mit vier Ringen an den Seiten und zwei Stangen, die zum Transport dienten. All dies scheint nichts Außergewöhnliches zu sein. Aber die Konstruktion ist noch nicht fertig. Etwas Entscheidendes kommt hinzu: ein so genannter »Gnadenthron« und »Cherube« (2. Mose 25):

Du sollst auch einen Gnadenthron machen aus feinem Golde; zwei und eine halbe Elle soll seine Länge sein und anderthalb Ellen seine Breite. Und du sollst zwei Cherubim machen aus getriebenem Golde an beiden Enden des Gnadenthrones, sodass ein Cherub sei an diesem Ende, der andere an jenem, dass also zwei Cherubim seien an den Enden des Gnadenthrones. Die Cherubim sollen ihre Flügel nach oben ausbreiten, dass sie mit ihren Flügeln den Gnadenthron bedecken und eines jeden Antlitz soll zum Gnadentrhon gerichtet sein.

Das Ganze erweckt – ebenso wie die Beschreibung des OThIQ IVMIN – weniger den Eindruck einer religiösen Weisung als vielmehr einer sehr konkreten technischen Bauanleitung. Aber wozu das alles? Lesen wir weiter:

Und du sollst den Gnadenthron oben auf die Lade tun und in die Lade das Gesetz legen, das ich dir geben werde. Dort will ich dir begegnen, und vom Gnadenthron aus, der auf der Lade mit dem Gesetz ist, zwischen den beiden Cherubim, will ich mit dir alles reden, was ich dir gebieten will für die Kinder Israels.

Wir haben bereits bei der Beschreibung der Mannamaschine auf die von Sassoon und Dale rekonstruierte Gegensprechanlage hingewiesen. Wir wissen nicht, was der so genannte »Gnadenthron« wirklich war und ob

Abb. 13: Als Moses mit den Zehn Geboten und der Anweisung zum Bau der Bundeslade vom Berg Sinai zurückkehrte, soll sein Gesicht so gestrahlt haben, dass er es mit einem Tuch bedecken musste. Welchen technischen Hintergrund könnte diese Überlieferung haben?

mit »dem Gesetz« wirklich nur eine von »Gott« dem Mose gegebene Schriftrolle bzw. Schrifttafel gemeint war. Neuere Forschungen zeigen, dass wir es hier offensichtlich mit einer komplizierten technischen Apparatur zu tun haben, die neben der Kommunikation auch andere Aufgaben erfüllte. Rostislav Furduj von der Universität Kiew hat 1987 interessante Vorschläge dazu unterbreitet.[6] Daraus ergibt sich, dass Bundeslade und das Heilige Zelt, in dem sie untergebracht war, unter anderem der Kommunikation zwischen Mose und »Gott« dienten. Die Lade hatte aber noch einen anderen Zweck: In ihr befand sich »das Gesetz«, das Mose vom Berg Sinai hinab zu seinem Volk gebracht hatte. Was immer dies gewesen sein mag, die Bundeslade diente während der Wanderungen als sein Aufbewahrungsbehälter. Und möglicherweise befand sich darin noch mehr. Aus dem neutestamentlichen Brief des Paulus an die Hebräer erfahren wir:

Hinter dem zweiten Vorhang aber war die Hütte, die da heißt das Allerheiligste; die hatte das goldene Räuchergefäß und die Lade des Bundes allenthalben mit Gold überzogen, in welcher war der goldene Krug mit dem Himmelsbrot und der Stab Aarons, der gegrünet hatte, und die Tafeln des Bundes.

Diese Textstelle ist natürlich insofern problematisch, als sie aus nachchristlicher Zeit stammt. Sie spiegelt aber möglicherweise noch latente Erinnerungen daran wider, dass sich in der Bundeslade mehr befand als die »offiziellen« Quellen, d. h. die von den Jahwisten niedergelegten Bibelstellen, aussagten: nämlich neben den »Tafeln des Bundes« auch der »Stab Aarons« und der »goldene Krug mit dem Himmelsbrot«! War dieser »Krug« mit der Mannamaschine identisch? Es gibt im zweiten Buch Mose eine Stelle, die sich auf einen solchen Behälter bezieht. Wir finden sie im 16. Kapitel. Dort heißt es:

Und Mose sprach zu Aaron: Nimm ein Gefäß und tu Manna hinein, den zehnten Teil eines Scheffels, und stelle es hin vor den Herrn, dass es aufbewahrt werde für eure Nachkommen. Wie der Herr es Mose geboten hatte, so stellte Aaron das Gefäß vor die Lade mit dem Gesetz, damit es aufbewahrt werde.

Diese Stelle ist reichlich rätselhaft, und zwar deshalb, weil zu dem Zeitpunkt, an dem sich die Begebenheit abspielt, noch gar keine Lade und keine Gesetzestafeln existierten: Das Ganze soll bald nach dem erstmaligen Auftreten des Manna, also noch in der »Wüste Sin«, geschehen sein. Das Zusammentreffen Mose mit »Gott« und dessen Anweisung zum Bau der Lade erfolgten aber erst zwei Wochen später. Vermutlich handelt es sich um eine später aus dem Zusammenhang gerissene und hier eingefügte Passage. Es ist auch widersinnig, Manna für die Nachkommen aufzubewahren, wenn dieses jeden Tag aufs Neue und in reichlicher Menge vorhanden ist. Wozu sollte man jahrzehntelang einen Krug mit sich schleppen, dessen Inhalt ebenso banal und – im wahrsten Sinne des Wortes – alltäglich war wie der Sand, auf dem man lief, oder die Luft, die man atmete? Zudem weist die Bibel darauf hin, dass das Manna schon nach zwei Tagen zu stinken anfing und sich Würmer in ihm einnisteten. Sinnvoll wäre diese Anweisung vielleicht allenfalls zum Abschluss der Wüstenwanderung gewesen, aber davon ist nichts bekannt.

Nun muss man sich darüber im Klaren sein, dass solche Laden oder Schreine in der Religionsgeschichte des frühen Vorderen Orients durchaus nichts Außergewöhnliches waren. Der Historiker Jörg Dendl schreibt[7]: »Die Bundeslade ist als tragbares Heiligtum kein Einzelfall. Im ganzen Nahen Osten bis nach Mesopotamien hinein waren tragbare Götterschreine üblich. Auf Reliefs, die sich heute im British Museum in London befinden, sind Götterstatuen dargestellt, die auf Traggestellen befestigt sind. Zum Neujahrsfest in Babylon war es üblich, die Stadtgötter anderer Städte auf ihren tragbaren Thronen für die Zeit der Feierlichkeiten in die Stadt zu bringen. Ebenfalls gab es in Ägypten bis in die ausgehende Antike hinein eine Tradition ›heiliger Kästen‹, die bei Prozessionen mitgeführt wurden.«
Dendl glaubt sogar, dass die Überlieferung der Bundeslade direkt auf ägyptische Quellen zurückgeht[7]: »Die Bundeslade ist allen Überlieferungen zufolge ein rechteckiger Kasten, wogegen die Götterbarken im Allgemeinen einen Schiffsrumpf haben. Allerdings zeigt es sich, dass es in Ägypten Kästen profaner Art gab, die den Beschreibungen der Bundeslade bis in winzige Details ähneln. Eine Truhe, die in wesentlichen Einzelheiten mit der Bundeslade übereinstimmt, fand sich auch unter

den Schätzen im Grab des jungen Pharaos Tutanchamun. Diese Truhe gleicht vom Äußeren her bis ins Detail den Beschreibungen der Bundeslade im Buch Exodus. Auch wurde dasselbe Material verwendet: Akazienholz, das aufgrund seiner Haltbarkeit im Nahen Osten sehr beliebt für Tischlerarbeiten war.«

Ob man daraus unbedingt den Schluss ziehen muss, die Lade sei ein von den frühen Israeliten geraubtes ägyptisches Heiligtum gewesen, sei dahingestellt. Die neuere Forschung, die deutlich macht, dass die Israeliten vermutlich überhaupt nie in »ägyptischer Knechtschaft« lebten, macht dies eher unwahrscheinlich. So ist eher der Auffassung des Theologen Rainer Schmitt[8] zu folgen, der schreibt: »Fassen wir die angestellten Überlegungen zusammen, so behält ... die These von der Herkunft der Lade aus dem Bereich des Nomadenlebens die besseren Argumente auf ihrer Seite. Sie lässt sich auf Grund von Jos. 3 f. dahingehend präzisieren, dass Gruppen der späteren mittelpalästinensischen Stämme die Lade als ihr Heiligtum mitgebracht haben.«

Woher die Lade also wirklich stammte, ist historischerseits kaum noch nachzuvollziehen. Sie gleicht in ihrem Äußeren fraglos den Götterschreinen benachbarter vorderasiatischer und nordafrikanischer Völker, war demzufolge also ein Holzkasten, der innen und außen mit Gold ausgelegt war, auf dem sich zwei »Cherub«-Figuren befanden und durch die an den Seiten befestigten Ringe Tragstangen geschoben werden konnte, sodass man diesen Kasten transportieren konnte. Rekonstruktionsversuche[9] ergaben beispielsweise Abmessungen von 1,33 Meter mal 0,80 Meter mal 0,80 Meter.

Was die in der Bibel angegebenen Maße betrifft, sollte man mehr als misstrauisch sein. Sie entsprechen ganz offensichtlich den Vorstellungen, die die Autoren des fünften und sechsten vorchristlichen Jahrhunderts von solchen Götterschreinen hatten. Wortwörtlich sind sie kaum zu nehmen. Anders als beispielsweise die Texte des *Sohars*, die noch aus der Zeit vor der Eroberung Jerusalems durch die Babylonier, also aus der Zeit vor 587 v. Chr. stammen müssen, handelt es sich nicht um originäres Material. Die *Sohar*-Texte – und unter ihnen auch die Beschreibung des OThIQ IVMIN – waren auswendig zu lernende, Wort für Wort zu tradierende und nur einer obersten Priesterelite bekannte Dokumente, die erst mit ihrer schriftlichen Fixierung 1290 n. Chr. durch den spanischen Rabbi Moses de Leon einer größeren

Öffentlichkeit bekannt wurden. Wie groß die Lade also wirklich war, wie sie genau ausgesehen hat, welche Einzelteile bei ihrer Konstruktion eine Rolle spielten, all das verliert sich im Dunkel der Vergangenheit. Die Beschreibung jedenfalls, die uns die Bibel gibt, dürfte kaum den Tatsachen entsprechen. Sie ist von den inneren, politisch-religiösen, ebenso wie von den äußeren, durch vergleichbare »Götterschreine« anderer Völker beeinflussten Auffassungen des sechsten Jahrhunderts v. Chr. bestimmt.

Die Historiker Roderick Grierson und Stuart Munro-Hay[10] argumentieren: »Die Autoren und Herausgeber, die die relevanten Abschnitte verfassten und überlieferten, versuchten, einen Gegenstand in seinem Sinn und seiner Bedeutung zu erfassen, der zu der Zeit, als sie schrieben, bereits sehr alt war und der zu der Zeit, als es die Bibel so gab, wie wir sie heute kennen, bereits aus Jerusalem verschwunden war.

Die Lade scheint aus einer uralten und mystischen Zeit erhalten geblieben zu sein – einer Zeit, von der die Bibel uns sagt, dass Gott in einer Weise mit Mose sprach, wie er seither nie mehr mit jemandem gesprochen hat. Sie war zu der Zeit bereits eine Reliquie aus einem anderen Zeitalter, in dem Gott sich auf eine Weise in der Welt bewegt hatte, wie es kein Zeitzeuge je erlebt hatte. Mehr noch, keiner der Autoren der späteren Ära hatte die Lade je gesehen.«

Mit Sicherheit hat es damals noch mündlich tradierte Überlieferungen von der Wanderschaft und auch von der Lade gegeben, aber sie wurden hier, in der Zeit der Niederschrift im babylonischen Exil, so stark von aktuellen religiösen und weltanschaulichen Auffassungen überprägt, dass ihr ursprünglicher Kern nur noch vage erkennbar ist. Diesen Kern können wir wohl in Folgendem festmachen:

1. Dem in der Isolation auserwählten Nomadenstamm bzw. ihrem Führer wurde die Anleitung zur Konstruktion eines Sammelsuriums merkwürdiger Geräte gegeben (siehe weiter unten). Wozu diese im Einzelnen dienten, ist unklar. Möglicherweise schon von den Angehörigen des Nomadenstammes, vor allem aber von dem viel später lebenden Jahwisten wurden sie religiös interpretiert.

2. Unter diesen zahlreichen Gerätschaften befand sich ein tragbarer großer Kasten, der ganz besondere Bedeutung hatte und als Heiligtum aufgefasst wurde. Wie wir später noch sehen werden, stellte er in der

Folgezeit die Kommunikation mit jenen sicher, die die ganze Operation »von außen« her leiteten.

Rodney Dale und George Sassoon glaubten ursprünglich, Bundeslade und Mannamaschine seien miteinander identisch gewesen. Auch wenn wir diese Möglichkeit nicht vollkommen ausschließen können, ist dies doch eher unwahrscheinlich. Möglicherweise war die Bundeslade einfach jener Behälter, in dem sich die für den Transport demontierte Mannamaschine befand bzw. ihr gefährlichstes Teil, der Reaktor. Interessant ist die Vermutung von Religionswissenschaftlern[10], es habe mindestens drei heilige Laden gegeben, eine Auffassung, die bereits der Bibelforscher und Schatzmeister König Alfonso V. von Portugal im 15. Jahrhundert vertreten hatte. Eine, die für Kampfhandlungen benötigt wurde, eine für den Transport heiligster Güter (der Gesetzestafeln) und eine, die Teil eines komplizierten Kultsystems war. Diese Vermutung wird durch biblische Texte gestützt. Im *Exodus* (2. Mose 35, 30–33) wird beschrieben, wie eine Lade aus Akazienholz angefertigt wurde, die mit Gold überzogen wurde; ihr Hersteller war ein Handwerker mit Namen Bezalel. Andererseits vermerkt das *Deuteronomium* (5. Mose 10, 1–3), Mose habe eine einfache hölzerne Lade (ohne Gold) gebaut; ihr wurde nicht die mysteriöse Kraft der Bundeslade zugesprochen. Und es gibt noch eine ältere epische Überlieferung, wonach die Lade als göttliches Palladium zum Einsatz kam, das zwar eine starke übernatürliche Kraft besaß, aber nicht den kultischen Verboten der goldenen Lade unterlag. Sollte es sich also, wie viele glauben, bei der Bundeslade um die Wohnstätte Gottes handeln, wäre eine dreifache Ausgabe dieser Wohnstätte, die zudem noch unter großen Mühen durch eine Wüste zu transportieren war, praktisch wie theologisch nicht nachzuvollziehen. Wenn aber eine technische Maschine zu transportieren wäre, zudem noch mit einem Plutoniumreaktor, dann wäre dies eine sehr logische Konsequenz. Ähnlich befördern wir selbst bis heute schweres technisches Equipment zu entlegenen Orten: in handlichen Einzelteilen, die vor Ort montiert werden. Fraglos wären ein oder mehrere Schutzcontainer wünschenswert gewesen. Das empfindliche Gerät musste zudem während der Perioden der Wanderschaft vor den aggressiven Einflüssen des Wüstenklimas geschützt werden, insbesondere vor Staub und Sand. Wir müssen dabei bedenken, dass die Maschine ursprünglich zur Nahrungsproduktion an Bord eines Raumschiffs diente und nicht für einen beschwerlichen, mehrere Jahrzehnte andauernden Transport durch die Wildnis gedacht war. Der Beschluss, dem Nomadenstamm ein solches Gerät zur Verfügung zu stellen, ist vielleicht nur eine rasch gefällte Notlösung gewesen, die sich aufgrund der beginnenden Unruhen ergab, als eine von vornherein geplante und durchdachte Aktion. Es mag sein, dass die Maschine für ihre neue Aufgabe modifiziert wurde, um den extremen Bedingungen überhaupt gehorchen zu können. Dass dies aber nicht ausreichte, zeigen die wöchentlich anfallenden Reinigungsarbeiten, bei denen das Gerät vollständig auseinander genommen, gesäubert und wieder zusammengesetzt werden musste. Schließlich macht unter diesem Aspekt auch der Bau der Bundeslade Sinn. Deren Konstruktion erfolgte ja erst zwei Wochen nach der erstmaligen Versorgung mit Manna – offensichtlich im Bemühen, der nun unter den langfristig zerstörerischen klimatischen Bedingungen eines fremden Planeten arbeitenden Maschine einen zusätzlichen Schutz zu geben.

Denn die Maschine selbst wurde in der »Wüste Sin« übergeben, die Bundeslade dagegen erst *nach* der Begegnung am Berg Sinai gebaut. Sie wurde auch nicht von Jahwe hergestellt, sondern von den Israeliten selbst, allerdings »nach dem Bilde, das ich dir von der Wohnung und ihrem ganzen Gerät gezeigt habe«, d. h. nach der genauen Anweisung, die Mose erhalten hatte.

Am Rande sei eine Anekdote der Religionsgeschichte vermerkt: 1712 wunderte sich der Religionswissenschaftler Hermann Witsius darüber, dass Gott zwar in sechs Tagen das ganze Universum erschuf, aber vierzig Tage für seine Anweisungen an Mose zum Bau der Bundeslade benötigte. Und ebenso wenig konnte er es fassen, dass die Entstehung der Welt in nur einem Kapitel beschrieben wird, aber man für die Entstehung der Lade ganze sechs Kapitel benötigte. In der Tat mutet es seltsam an, dass von einem allmächtigen Gott derart komplizierte Anweisungen nötig waren, um ihm ein tragbares Heiligtum zu konstruieren. Grierson und Munro-Hay[10] vermerken daher auch, es falle nicht immer leicht zu verstehen, warum die Details eine spirituelle Bedeutung haben sollten. Denn neben der Bundeslade mussten, wie schon erwähnt, weitere Gerätschaften angefertigt werden, nämlich ein Tisch, mit Gold überzogen, Kannen, Becher, Schalen. Besonderer Wert wird auf einen siebenarmigen Leuchter gelegt (2. Mose 25):

Aus einem Zentner feinen Goldes sollst du den Leuchter machen mit allen diesen Geräten.

Und noch einmal wird Moses eindringlichst davor gewarnt, bei der Herstellung dieser »Geräte« Fehler zu machen (2. Mose 25):

Und sieh zu, dass du alles machest nach dem Bilde, das dir auf dem Berge gezeigt ist.

Die Anweisungen gehen weiter: Mose wird beauftragt, ein »Heiliges Zelt« zu bauen, die so genannte »Stiftshütte«, in der die Lade und mit ihr, wie wir annehmen dürfen, die Mannamaschine untergebracht werden sollten. Auch diese Stiftshütte wird Mose minutiös beschrieben, auch hier legt man Wert darauf, dass die Handwerker des Stammes genau nach Plan handeln. Das Zelt verbarg das Allerheiligste, in dem sich die Lade befand, abgeschirmt vom Stamm, unsichtbar für jeden außer Mose, Aaron und den Priestern, die die Maschine bedienten. Aus diesem Grunde und wegen der Gefährlichkeit des Gerätes wurde das Zelt außerhalb des Lagers aufgeschlagen (2. Mose 33):

Mose aber nahm das Zelt und schlug es draußen auf, fern von dem Lager, und nannte es Stiftshütte. Und wer den Herrn befragen wollte, musste hinausgehen zur Stiftshütte vor das Lager. Und wenn Mose hinausging zur Stiftshütte, so stand alles Volk auf, und jeder trat in seines Zeltes Tür und sah ihm nach, bis er zur Stiftshütte kam. Und wenn Mose zur Stiftshütte kam, so kam die Wolkensäule hernieder und stand in der Tür der Stiftshütte, und der Herr redete mit Mose. Und alles Volk sah die Wolkensäule in der Tür der Stifshütte stehen, und sie standen auf und neigten sich, ein jeder in seines Zeltes Tür. Der Herr aber redete mit Mose von Angesicht zu Angesicht, wie ein Mann mit seinem Freund redet. Dann kehrte er zum Lager zurück; aber sein Diener und Jünger Josua, der Sohn Nuns, wich nicht aus der Stiftshütte.

Diese Wolke, von der hier die Rede ist, dürfte mit jener identisch sein, von der auch der *Sohar* schreibt und die von der Mannamaschine während des Produktionsvorganges ausgestoßen wurde. Im *Sohar* lesen wir dazu (GHV 661):

Die Nase … da gibt es drei zuckende Flammen aus ihren Röhren. Von dieser Nase gehen drei Farben aus: Rauch, Feuer und Glut. Denn es steht geschrieben: ›Rauch stieg auf von seiner Nase‹. Der Rauch bläst und kommt heraus. Er ist schwarz, und sie nennen ihn ›Zorn‹, ›Hitze‹ und ›Zerstörung‹.

Wir wollen an dieser Stelle noch einmal darauf hinweisen, dass diese Wolke nicht – wie von theologischer Seite häufig vertreten – mit der Anwesenheit Gottes identisch ist bzw. diese symbolisiert. Der »Herr« weigerte sich sogar, die vierzigjährige Odyssee mitzumachen (2. Mose 33):

Ich will vor dir her senden einen Engel und ausstoßen die Kanaaniter, Amoriter, Hethiter, Perisiter, Hewiter und Jabusiter. Und will dich bringen in das Land, darin Milch und Honig fließt. Ich selbst will nicht mit dir hinaufziehen, denn du bist ein halsstarriges Volk; ich würde dich unterwegs vertilgen.

Der »Herr« selbst ist also nicht zugegen, während Mose und das »auserwählte Volk« durch die Wüste ziehen. Darum hat »er« ihnen zum einen die Mannamaschine gegeben, die sie mit Nahrung versorgt, zum

Abb. 14: Das Heilige Zelt: Innerhalb einer Umfriedung aus Tüchern befand sich ein Rauchopferaltar, das »eherne Meer«, wahrscheinlich ein großer Bronzekessel, und das Zelt selbst, in dem die Bundeslade und die Mannamaschine untergebracht waren.

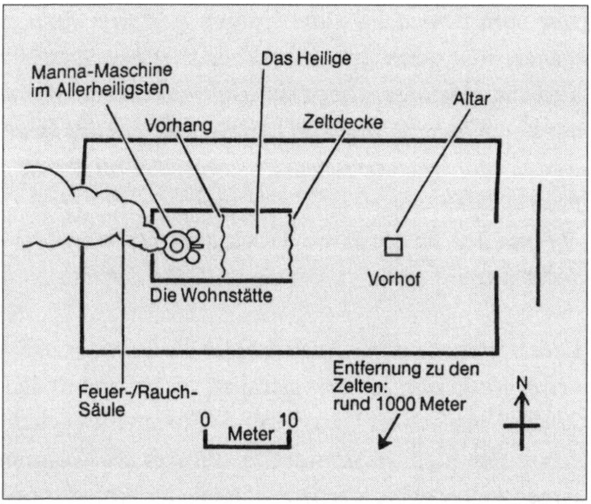

Abb. 15: Grundriss des Heiligen Zeltes. Im Innersten, dem »Allerheiligsten«, lief der Produktionsprozess für das Manna ab – völlig verborgen vor den Augen der meisten Stammesangehörigen.

anderen eine Kommunikationseinheit, mit deren Hilfe sie jederzeit mit ihm in Kontakt treten können. Wenn also trotzdem von einer Wolkensäule die Rede ist, kann damit nur jene gemeint sein, die von der in Betrieb befindlichen Maschine ausgestoßen wird. Dies würde bestätigt werden, wenn sich in der Bibel eine Stelle fände, die beschriebe, dass diese Wolke nur in jener Zeit sichtbar war, in der das Zelt aufgeschlagen war, d. h. die Maschine sich im Produktionsprozess befand. Eine solche Passage gibt es in der Tat. Sie findet sich in 4. Mose 9:

Und an dem Tage, da die Wohnung aufgerichtet wurde, bedeckte eine Wolke die Wohnung, die Hütte des Gesetzes, und vom Abend bis zum Morgen stand sie über der Wohnung wie ein feuriger Schein. So geschah es die ganze Zeit, dass die Wolke sie bedeckte und bei Nacht ein feuriger Schein. Sooft sich aber die Wolke von dem Zelt erhob, brachen die Kinder Israels auf; und wo die Wolke sich niederließ, da lagerten sich die Kinder Israels. Nach dem Wort des Herrn brachen sie auf, und nach seinem Wort lagerten sie sich. Solange die Wolke auf der Wohnung blieb, so lange lagerten sie. Und wenn die Wolke viele Tage stehen blieb über der Wohnung, so beachteten die Kinder Israels die Weisung des Herrn und zogen nicht weiter. Und wenn die Wolke auf der Wohnung nur wenige Tage blieb, so lagerten sie sich nach dem Wort des Herrn und brachen auf nach dem Wort des Herrn. Wenn die Wolke da war vom Abend bis zum Morgen und sich dann erhob, so zogen sie weiter; oder wenn sie sich bei Tage oder bei Nacht erhob, so brachen sie auch auf. Wenn sie aber zwei Tage oder einen Monat oder noch länger auf der Wohnung blieb, so lagerten die Kinder Israels und zogen nicht weiter; und wenn sie sich dann erhob, so brachen sie auf. Denn nach des Herrn Befehl lagerten sie sich, und nach des Herrn Befehl brachen sie auf und beachteten so die Weisung des Herrn, wie er sie durch Mose geboten hatte.

Dies bestätigt unsere Ansicht: Die Wolke war tatsächlich nur *während des Produktionsprozesses* sichtbar, auch wenn in den Versen 17, 21 und 22 die Abfolge von Ursache und Wirkung umgekehrt wird: die Wolke erhob sich (d. h. verschwand) nicht von der Wohnung, *damit* das Volk Israel weiterziehe, sondern sobald die Anweisung »von oben« kam, weiterzuziehen, wurde die Mannamaschine abgestellt, was für die abseits lagernden Sippen das Zeichen zum Aufbruch war. Von dieser Kausalität freilich konnten die viel später lebenden Autoren des Pentateuchs nichts wissen.
In diesem Zusammenhang sollte vielleicht auch einmal auf den Rhythmus aufmerksam gemacht werden, in dem sich die Wanderung vollzog. Die Anordnungen zum Weiterziehen und Lagern wurden vom »Herrn«, also, wie wir annehmen können, von einer fremden, außerirdischen Intelligenz, gegeben. Es ist unwahrscheinlich, dass dies völlig planlos geschah. Warum aber sind dann beispielsweise Aufbrüche mitten in der Nacht notwendig (4. Mose 9, 21)? Warum waren zeitweilige Zwischenstopps von etlichen Wochen oder sogar Monaten einzulegen, dann wieder nur von wenigen Tagen? Dieses Problem ist unseres Wissens in der theologischen Literatur bislang nicht oder kaum beachtet worden. Die jahrzehntelange Isolation in der Wüste hätte auch durch ein stationäres Lager erreicht werden können, wenn dies der einzige Zweck des Unternehmens gewesen wäre. Stattdessen ließ man eine beschwerliche Wanderung durchführen, gab beständig neue Ziele, neue Routen, neue Zwischenaufenthalte und neue Ruhezeiten bekannt. Was hat man damit erreichen wollen? Welch wirkliches Ziel steckte dahinter? Uns erinnert das Ganze an ein raumzeitlich exakt durchgeplantes Experiment, bei dem auf einem definierten Gelände in einer ebenso definierten Zeit bestimmte Punkte zu erreichen, zu verlassen und erneut

anzusteuern waren. Fraglos spielte der Gesamtkomplex von Mannamaschine, Bundeslade, Heiligem Gerät und Stiftszelt dabei eine bedeutende Rolle, da diese Gegenstände in einer vorgegebenen Anordnung zueinander und zum lagernden Volk aufzustellen waren.

Stromschläge und Radioaktivität

Der »auserwählte« Nomadenstamm zieht also, von Mose geführt, durch die Wüste. Und immer dort, wo er sich niederlässt, wird auch die Stiftshütte aufgeschlagen, wird die Mannamaschine in Betrieb gesetzt. Dazu waren nur die Priester in der Lage, die obersten Führer, diejenigen, die wussten, was sich im Allerheiligsten, in der Bundeslade, wirklich verbarg.
Josua ist ein solcher Mann, und genau wie die anderen muss auch er eine ganz spezielle Kleidung tragen, wenn er an der Maschine arbeitet (2. Mose 28):

Du sollst auch das Untergewand kunstreich wirken aus feiner Leinwand und ein Kopfbund aus feiner Leinwand machen und einen buntgewirkten Gürtel. Und den Söhnen Aarons sollst du Untergewänder, Gürtel und hohe Mützen machen, die herrlich und schön seien, und sollst sie deinem Bruder Aaron samt seinen Söhnen anlegen und sollst sie salben und ihre Hände füllen und sie weihen, dass sie meine Priester seien. Und du sollst ihnen leinene Beinkleider machen, um ihre Blöße zu bedecken, von den Hüften bis an die Schenkel. Und Aaron und seine Söhne sollen sie anhaben, wenn sie in die Stiftshütte gehen oder hinzutreten zum Altar, um im Heiligtum zu dienen, damit sie keine Schuld auf sich laden und sterben müssen. Das soll für ihn und sein Geschlecht nach ihm eine ewige Ordnung sein.

Diese Verse geben nur einen Teil des 28. Kapitels wieder, das in dieser Form eine ganze Fülle verschiedenster von den Priestern zu tragender Kleidungen und Gegenstände beschreibt. Das Ganze mutet weniger wie eine religiöse Zeremonie als vielmehr wie die Beschreibung sehr konkreter praktischer Kleidungsvorschriften an: Die Priester trugen feste Stoffe, die ihren ganzen Körper bedeckten. Hände und Gesicht,

Abb. 16: Nadab und Abihu werden »von Gott gestraft« und getötet. Angeblich brachten sie ein »falsches Brandopfer« vor die Bundeslade. Der eigentliche Grund ihres Todes dürfte eher profane Gründe gehabt haben: Sie verstanden nichts von der Handhabung des gefährlichen Gerätes.

die frei blieben, mussten mit Öl bedeckt werden. Und das alles, damit »sie keine Schuld auf sich laden und sterben«. Sobald der »Gottesdienst« im Allerheiligsten beendet war, musste eine weitere strenge Vorschrift eingehalten werden: (3. Mose 16):

Und Aaron soll in die Stiftshütte gehen und die leinenen Kleider ausziehen, die er anzog, als er in das Heiligtum ging, und sie dort lassen, und er soll sich mit Wasser abwaschen an heiliger Stätte und seine eigenen Kleider anziehen und wieder hinausgehen und sein Brandopfer und des Volkes Brandopfer darbringen und sich und das Volk entsühnen.

Unverständlich bleiben derartige Anordnungen, wenn man sie nur unter rein religiösen Gesichtspunkten betrachtet. Wir wissen aber, dass die Mannamaschine ein für ein frühgeschichtliches Nomadenvolk sehr gefährliches Gerät gewesen sein muss: Sie wurde vermutlich mit einem Plutoniumreaktor betrieben. Nach der Arbeit an der Maschine musste das als Schutz dienende dicke »Gewand« abgelegt werden und der Priester sich einer gründlichen Reinigung unterziehen. Nuklearexperten unserer Tage gehen heute nach exakt der gleichen Anordnung vor. Rostislav Furduj[6] weist darauf hin, dass die eingewirkten Metallfäden als Faraday'scher Käfig gewirkt haben könnten und so Schutz vor unkontrolliert austretenden elektrischen Strömen zu bieten vermochten. Immerhin handelte es sich um eine elektrische Apparatur, deren Aggregate eine Spannung von etlichen hundert Volt gehabt haben müssen. Genaueste Anweisungen zur Handhabung waren daher unerlässlich. Wurden diese nicht befolgt, kam es zu tödlichen Unfällen (3. Mose 10):

Und Aarons Söhne Nadab und Abihu nahmen ein jeder seine Pfanne und taten Feuer hinein und legten Räucherwerk darauf und brachten so ein fremdes Feuer vor den Herrn, das er ihnen nicht geboten hatte. Da fuhr ein Feuer aus von dem Herrn und verzehrte sie, dass sie starben vor dem Herrn.

Als Aaron vom Tod seiner Söhne erfährt, hadert er mit Gott und stellt ihn förmlich zur Rede: die Volksstämme Israels hätten ihn doch alle gesehen, ebenso wie am Berg Sinai, ohne dass auch nur einer davon umgekommen sei. Warum mussten nun seine beiden Söhne sterben, die Gott selbst zum Dienst im Heiligtum bestimmt habe, die ihm doch ein Opfer darbringen wollten? Die Antwort Gottes ist verblüffend: In Wirklichkeit sei der Tod der beiden Männer ein Akt der Gefälligkeit gewesen. Da sie ohne direkte Weisung das Heiligtum betreten hatten, wären sie von Aussatz befallen worden. Man hätte sie der furchtbaren Krankheit wegen aus dem Lager der Israeliten ausstoßen müssen und sie wären einsam umgekommen. Nun ist auch Aaron der Meinung, so sei es wohl besser gewesen, dass sie sofort starben.
Letztlich ist dies eine geradezu unglaubliche Geschichte. Nadab und Abihu beten bei der Heiligen Lade. Weil sie aber offensichtlich zu einer ungelegenen Zeit kommen, sind sie auf der Stelle tot. Begründung: Andernfalls wären sie mit einem schrecklichen Aussatz geschlagen und ausgestoßen worden. Die tiefere theologische Wahrheit ver-

mag sich uns hier nicht zu enthüllen. Ist Gott denn nicht in der Lage, Aussatz zu heilen bzw. gar nicht erst entstehen zu lassen? Und sehr human ist es nun auch nicht, jemanden, der ihm gläubig ein Opfer darbringt, anschließend aussätzig auch noch aus seiner sozialen Gemeinschaft auszustoßen. »Wie jetzt?«, ist man geneigt zu fragen. Die Erklärung indes ist einfach, wenn die beiden Brüder gerade zu einem Zeitpunkt zur Bundeslade hinzutraten, als der Plutoniumreaktor ungeschützt im Zelt stand. Von einer Verstrahlung, die schlimmste beulenartige Verwundungen hervorrief, hätten sich die zwei tatsächlich nicht mehr erholt, hätten furchtbare Schmerzen erlitten und hätten, um andere nicht zu gefährden, zurückgelassen werden müssen. So macht dieser Fall noch heute deutlich, um was es sich bei der Bundeslade tatsächlich gehandelt haben muss.

Wie gefahrvoll der Umgang mit der Lade war, wird an folgendem Ereignis ersichtlich. Als die Israeliten den Jordan überqueren wollen, werden Listenführer durch das Lager geschickt, die den Israeliten befehlen, wenn sie die levitischen Priester mit der Bundeslade sähen, sollten sie einen Abstand von 2000 Ellen einhalten, also bis zu zweieinhalb Kilometer. Bestand die Gefahr eines Reaktorunglücks beim Durchschreiten des Jordans?

Selbst die Religionswissenschaftler Grierson und Munro-Hay meinen in ihrem Buch *Der Pakt mit Gott*: »Das Heiligtum war die symbolhafte Demonstration einer kosmischen Realität … Und es war auch eine Art Technik für den Umgang mit einer höchst unbeständigen und gefährlichen Kraft. Wurde ein absolut fachgerechter Umgang nicht gewährleistet, dann erwies sich diese Kraft nicht nur für jene als tödlich, die sich ihr nähern durften, sondern auch für alle anderen.«

Die Vorschriften für die Priester waren ohne jede Nachsicht. Auch Kranke durften nicht zum Dienst im Allerheiligsten herangezogen werden. Eine interessante Passage hierzu, die uns auch bestätigt, dass von dort, also aus dem Allerheiligsten, tatsächlich die »Speise Gottes«, das Manna, kam, findet sich in 3. Mose 21:

Wer nun unter Aarons, des Priesters, Nachkommen einen Fehler an sich hat, der soll nicht herzutreten, zu opfern die Feueropfer des Herrn; denn er hat einen Fehler. Darum soll er sich nicht nahen, um die Speise seines Gottes zu opfern. Doch essen darf er die Speise seines Gottes, vom Heili-

gen und Hochheiligen. Aber zum Vorhang soll er nicht kommen noch zum Altar nahen, weil ein Fehler an ihm ist, damit er nicht entheilige mein Heiligtum; denn ich bin der Herr, der sie heiligt.

Moraltheologisch ist das Ganze ein eindeutiger Widerspruch zur späteren christlichen Lehre, in der gerade die Kranken, die »Mühseligen und Beladenen«, zu Gott gerufen werden. Ein weiterer Hinweis darauf, dass es hier um etwas völlig anderes ging. Und ein Hinweis darauf, dass das Manna tatsächlich aus dem »Hochheiligen«, dem innersten Bereich der Stiftshütte kam. Denn dort befand sich die Mannamaschine, die die Stammesangehörigen auf ihrer Wanderschaft mit der notwendigen Nahrung versorgte.

Zu einer Maschine, die mit einer heiklen Energie versorgt wird, passt auch, was Grierson und Munro-Hay[10] konstatieren. Solange nämlich Lade und Offenbarungszelt transportiert wurden, »war die Kraft der verderbenbringenden Heiligkeit in ihrer Gesamtheit eingeschränkt, sobald es jedoch im Lager aufgestellt war, hatten die Leviten die Aufgabe, es zu bewachen. Um sicherzustellen, dass niemand dem Offenbarungszelt zu nahe kam, bezogen sie im Kreis außen herum Aufstellung, während die Priester am Eingang zum Vorhof aufpassten, dass niemand ihn betrat.«

Als die gesetzte Frist vorüber war, als jene, die einst irgendwo aufgebrochen waren, nicht mehr lebten, machte »der Herr« sein Versprechen wahr und geleitete die jetzt zu einem neuen Volk »zusammengeschweißten« Israeliten über den Jordan ins gelobte Land. Die Bibel beschönigt dieses Ereignis freilich, denn es kann sich dabei um nichts anderes als das Eindringen bislang nomadisierender semitischer Stämme in bereits bewohntes und kultiviertes Gebiet gehandelt haben. Nach den neueren Arbeiten von Israel Finkelstein geschah dies auf relativ friedliche Weise, einfach durch kontinuierliche Migration und zunehmende Sesshaftigkeit. Hinweise auf umfassendere kriegerische Aktivitäten konnten von den Archäologen bislang nicht gefunden werden. Aber vielleicht liegt das auch daran, dass – folgen wir der Bibel – dieses Land primär gar nicht von den eindringenden Stämmen, sondern durch eine »himmlische Säuberungsaktion« entsprechend präpariert worden war (2. Mose 33, 2–3):

Ich will vor dir her senden einen Engel und ausstoßen die Kanaaniter, Amoriter, Hethiter, Perisiter, Hewiter und Jabusiter. Und will dich bringen in das Land, darin Milch und Honig fließt.

Nachdem die Nomadenstämme also, wie angekündigt, das zuvor von einem »Engel des Herrn« entvölkerte Land in Besitz genommen haben, stellt auch die Mannamaschine ihre Produktion ein (Josua 5, 10–12):

Und als die Kinder Israels in Gilgal das Lager aufgeschlagen hatten, hielten sie Passa am vierzehnten Tage des Monats am Abend im Jordantal von Jericho und aßen vom Getreide des Landes am Tag nach dem Passa, nämlich ungesäuertes Brot und geröstete Körner. An eben diesem Tage hörte das Manna auf, weil sie jetzt vom Getreide des Landes aßen, sodass Israel vom nächsten Tag an kein Manna mehr hatte. Sie aßen schon von der Ernte des Landes Kanaan in diesem Jahr.

Da das über Jahrzehnte hinweg anvisierte Ziel nun endlich erreicht ist, wird auch eine weitere Produktion von Manna unnötig. Man bedient sich stattdessen an den Vorräten aus den Kornkammern der vertriebenen Völker. Die Maschine hat ihre Aufgabe erfüllt und wird abgeschaltet.

Dennoch wird für die Sicherheit künftiger Generationen Sorge getragen. Mose übergab kurz vor seinem Tod den Söhnen Levis, die die Lade trugen, die »Urkunde der Weisung« (5. Mose 31, 10–11). Sie erhielten den ausdrücklichen Befehl, diese Weisungen alle sieben Jahre während des Laubhüttenfestes dem gesamten Volk laut vorzulesen. Mose bläute den Bewachern des gefährlichen Artefakts ausdrücklich ein, sie sollten die »Urkunden« unter allen Umständen neben der Lade aufbewahren und nicht irgendwo anders, auch nicht in der Lade. Sinnvollerweise, meinen wir. Denn nur so erhielten künftige Generationen eine Warnung und die Möglichkeit, fachgerecht mit dem weiterhin gefährlichen Plutoniumreaktor umzugehen.

Was geschah weiter mit der Bundeslade? Man schaffte sie und das ganze andere Gerät zunächst nach Gilgal, dann nach Bochim und schließlich in eine kleine Ortschaft mit Namen Silo, wo sie, weitgehend unbeachtet, etwa 200 Jahre lang bis zur Zeit Samuels eingelagert wurde.

Abb. 17: Die Bundeslade soll auch bei der Eroberung der Stadt Jericho eine große Rolle gespielt haben. Wahrscheinlich hat es kriegerische Auseinandersetzungen dieser Art nie gegeben, aber im Glauben der Menschen wurde ihr diese Funktion als »Wohnort Gottes« später zugeschrieben.

Nicht einmal ein zentrales Heiligtum scheint es hier gegeben zu haben, obwohl doch die Herrlichkeit Gottes in der Lade wohnte. Doch die Zeit Samuels wurde von den Auseinandersetzungen mit den Philistern beherrscht, einem vermutlich indoeuropäischen Volksstamm in Südpalästina, der erst unter David besiegt wurde. Damals aber hatten augenscheinlich die Philister die Oberhand (1. Samuel 4):

Die Philister aber hatten sich gelagert bei Aphek und stellten sich Israel gegenüber. Und der Kampf breitete sich aus und Israel wurde von den Philistern geschlagen. Sie erschlugen in der Feldschlacht etwa viertausend Mann.

Angesichts ihrer Niederlage entsannen sich die Israeliten wieder der Lade ihres Gottes Jahwe (1. Samuel, 4):

Und als das Volk ins Lager kam, sprachen die Ältesten Israels: Warum hat uns der Herr heute vor den Philistern geschlagen? Lasst uns die

Lade des Bundes des Herrn zu uns holen von Silo und lasst sie mit uns ziehen, damit er uns errette aus der Hand unserer Feinde. Da sandte das Volk nach Silo und ließ von dort holen die Lade des Bundes des Herrn Zebaoth, der über den Cherubim trohnt.

Als die Lade bei den bedrängten Juden eintraf, wandelte sich die Stimmung – die Israeliten fühlten sich siegessicher: Nun, nachdem die »Lade des Bundes« wieder unter ihnen war, würden sie erneut siegen, so wie damals, als sie das gelobte Land eroberten. Doch auch die Philister vernahmen das Jubelgeschrei (1. Samuel 4):

Als aber die Philister das Jauchzen hörten, sprachen sie: Was ist das für ein gewaltiges Jauchzen im Lager der Hebräer? Und als sie erfuhren, dass die Lade des Herrn ins Lager gekommen sei, fürchteten sie sich und sprachen: Gott ist ins Lager gekommen, und riefen: Wehe uns, denn solches ist bisher noch nicht geschehen!

Abb. 18: Die Bundeslade auf einem mittelalterlichen Holzschnitt. Als Heiligtum des Stammesgottes Jahwe wurde sie während des Wüstenzuges von ausgewählten Männern getragen und auch später bei Kriegszügen eingesetzt – allerdings ohne den erhofften Erfolg.

Dennoch ließen sich die Philister schießlich nicht abschrecken: Es kam zu einem erneuten Angriff (1. Samuel 4):

Da zogen die Philister in den Kampf, und Israel wurde geschlagen, und ein jeder floh in sein Zelt. Und die Niederlage war sehr groß, und es fielen aus Israel dreißigtausend Mann Fußvolk. Und die Lade Gottes wurde weggenommen, und die beiden Söhne Elis, Hophni und Pinhas, kamen um.

Es ist offensichtlich: Weder wohnte »Gott« in der Lade noch sprach er vom »Gnadenthron« aus zu seinem Volk noch griff er in das Kriegsgeschehen ein. Mit der »Herrlichkeit des Herrn« stimmte ganz offensichtlich etwas nicht. Heute wissen wir: Das Gerät war abgeschaltet, tot, ein lediglich sakraler Gegenstand, fast ohne jede Wirkung. Die Betonung liegt hier auf *fast*. Denn als die Philister ihr wertvolles Beutestück schießlich in ihre Stadt Asdod gebracht hatten, ereigneten sich seltsame Dinge (1. Samuel 5):

Aber die Hand des Herrn lag schwer auf den Leuten von Asdod, und er brachte Verderben über sie und schlug sie mit bösen Beulen, Asdod und sein Gebiet.

Was war geschehen? Die Antwort auf diese Frage liegt auf der Hand, wenn wir uns daran erinnern, dass die Mannamaschine ein nuklear angetriebenes Gerät war, das sorgfältig von einer speziell dazu ausgebildeten Priestermannschaft bedient werden musste. Die Maschine selbst funktionierte nicht mehr, das Energieaggregat aber strahlte fraglos noch immer. Das beschriebene Symptom (Ausbruch von Beulen auf der Haut) ist geradezu *typisch* für radioaktive Verstrahlung.

Als aber die Leute von Asdod sahen, dass es so zuging, sprachen sie: Lasst die Lade des Gottes Israels nicht bei uns bleiben; denn seine Hand liegt zu hart auf uns und unserem Gott Dagon. Und sie sandten hin und versammelten alle Fürsten der Philister zu sich und sprachen: Was sollen wir mit der Lade des Gottes Israels machen? Da antworteten sie: Lasst die Lade des Gottes Israels nach Gath tragen. Und sie trugen die Lade des Gottes Israels dorthin.

Abb. 19: Als die Philister die Gefährlichkeit der Bundeslade erkannt hatten, schickten sie sie mit einem Ochsengespann zurück nach Israel. Doch die auf den Feldern arbeitenden Bauern von Beth-Schemesch wurden von dem zurückkehrenden Objekt genauso überrascht: 70 von ihnen starben.

Aber in Gath eingetroffen, ereigneten sich die gleichen schrecklichen Dinge wie schon in Asdod (1. Samuel 5):

Als sie aber die Lade dahin getragen hatten, entstand in der Stadt ein sehr großer Schrecken durch die Hand des Herrn; denn er schlug die Leute in der Stadt, klein und groß, sodass an ihnen Beulen ausbrachen. Da sandten sie die Lade Gottes nach Ekron. Als aber die Lade Gottes nach Ekron kam, schrien die Leute von Ekron: Sie haben die Lade des Gottes Israels hergetragen zu mir, damit sie mich töte und mein Volk.

Daraufhin entschlossen sich die Philister, das ungeliebte Gerät wieder nach Israel zurückzubringen. Bei Beth-Schemesch schickten sie es auf einem von Kühen gezogenen Karren über die Grenze. Die Dorfbewohner, die auf den Feldern arbeiteten, führten Freudentänze auf. Sie sprangen um die Lade, berührten sie (1. Samuel 6):

Aber die Söhne Jechonjas freuten sich nicht mit den Leuten von Beth-Schemesch, dass sie die Lade des Herrn sahen. Und der Herr schlug unter ihnen siebzig Mann. Da trug das Volk Leid, dass es das Volk so hart geschlagen hatte.

Nicht der Ärger der »Söhne Jechonjas«, die vermutlich über die Vorgänge in den Philistersiedlungen informiert waren, sondern die völlig unsachgemäßte Behandlung der Maschine dürfte auch hier der Grund für den Tod von siebzig Menschen gewesen sein. Die Lade und die mit ihr verbundene Mannamaschine, das über zweihundert Jahre alte OThIQ IVMIN, strahlte noch immer, und der Tod, den sie verbreiteten, traf Philister wie Juden.

VII. Der Tempel

Es steht geschrieben: Brot;
ferner steht geschrieben: Fladen;
ferner steht geschrieben: sie mahlten.
Wie ist das zu erklären?

Talmud, Joma 75 a

Hiram von Tyrus, der Tempelbauer

Die Bundeslade und die sich in ihr befindende Mannamaschine stellten zweifellos das bedeutendste Heiligtum des jüdischen Volkes dar. Aber das war nicht immer so. Nachdem der ganze Komplex aus dem Lande der Philister zurückgekehrt war, geriet der »heiligste Gegenstand der Welt« nämlich erneut in Vergessenheit, bewacht offenbar nur von den Söhnen des Hauses Abinadabs. Erst König David, der um 1004 bis 965 v. Chr. regierte, erinnerte sich wieder an das Heiligtum seiner Vorväter. Und weil er glaubte, mit der Lade Gottes seine Macht als Herrscher über Israel und Juda festigen zu können, machte er sich mit seinem gesamten Heer auf den Weg nach Baala (heute Beth-Schemesch) in Juda, wo das Gerät zu diesem Zeitpunkt untergebracht war. Während des Transportes zurück nach Jerusalem ereignete sich allerdings erneut ein tödlicher Zwischenfall (2. Samuel 6):

Und als sie zur Tenne Nachons kamen, griff Usa zu und hielt die Lade Gottes fest, denn die Rinder glitten aus. Da entbrannte des Herrn Zorn über Usa, und Gott schlug ihn dort, weil er seine Hand nach der Lade ausgestreckt hatte, sodass er dort starb bei der Lade Gottes.

Noch immer also war das Gerät in irgendeiner Form aktiv. Vermutlich waren es einfach nur Kriechströme, die aber stark genug waren, einen Menschen zu töten. Es ist wohl kaum anzunehmen, dass es Gott selbst war, der hier strafend eingriff, als jemand »sein« Heiligtum vor dem Sturz bewahren wollte. Soweit wir wissen, ist dies der letzte tödliche

Zwischenfall, der sich im Zusammenhang mit der Mannamaschine bzw. der Bundeslade ereignete. David indes und seine Priester schienen äußerst verunsichert über die Reaktion der Lade ihres Gottes zu sein. Vorsichtshalber wurde das gefährliche Objekt in dem Haus Obed-Edoms in Gath abgestellt und genauestens beobachetet. Drei Monate dauerte die heilige Quarantäne. Dann wurde der gesamte Komplex wohlbehalten nach Jerusalem überführt, in die Hauptstadt König Davids (2. Samuel 6):

Als sie die Lade des Herrn hineinbrachten, stellten sie sie an ihren Platz mitten in dem Zelt, das David für sie aufgeschlagen hatte. Und David opferte Brandopfer und Dankopfer vor dem Herrn.

Noch unter David begannen die Vorbereitungen zum Bau des Tempels von Jerusalem, in dem die Lade einmal ihren festen Platz erhalten sollte. Man nimmt heute an, dass der König dafür das Gelände eines ehemaligen jebusitischen Heiligtums wählte und zumindest bereits die Vorarbeiten ausführen ließ, also das Einebnen der Grundfläche. Weitergeführt und vollendet wurde das Bauwerk erst unter Salomo.
Dem Sohn Davids kam dabei zugute, dass die kriegerischen Auseinandersetzungen mit den benachbarten Stämmen zu einem Ende gebracht worden waren, das Land sich in einer Friedensphase befand und Handelsbeziehungen, insbesondere in den phönizischen Norden, bestanden. Dort regierte König Hiram I., und an ihn wandte sich Salomo, um mit seiner Hilfe den Bau des Gottesheiligtums voranzutreiben und abzuschließen. Die sesshaft gewordenen Hebräer waren ein Volk von Bauern, die zwar kleinere handwerkliche Arbeiten ausführen konnten, nicht aber dazu in der Lage gewesen sein dürften, Paläste und Tempel zu errichten. Dafür fehlten ihnen die entsprechenden Kenntnisse – es gab keine Tradition, auf die man hätte zurückblicken können.
Salomo musste sich also, wollte er das Werk zu einem glanzvollen Ende bringen, an die Völker wenden, die eine solche Tradition besaßen, die zudem in der Lage waren, Baumaterial zur Verfügung zu stellen und Männer, die das Projekt einer Tempelerrichtung zu planen und auszuführen vermochten. Zu den Phöniziern bestanden bereits seit David gute Beziehungen, und so sandte Salomo einen entsprechenden Brief an König Hiram von Tyrus (1. Könige 5):

Und Salomo sandte zu Hiram und ließ ihm sagen: Du weißt, dass mein Vater David nicht ein Haus bauen konnte dem Namen des Herrn, seines Gottes, um des Krieges willen, der um ihn her war, bis der Herr seine Feinde unter seine Füße gab. Nun aber hat der Herr, mein Gott, Ruhe gegeben ringsum, sodass weder ein Widersacher noch ein böses Hindernis mehr da ist. Siehe, so habe ich gedacht, dem Namen des Herrn, meines Gottes, ein Haus zu bauen, wie der Herr zu meinem Vater David gesagt hat: Dein Sohn, den ich an deiner Statt auf deinen Thron setzen werde, der soll meinem Namen ein Haus bauen.
So befiehl nun, dass man mir Zedern im Libanon fällt, und meine Leute sollen mit deinen Leuten sein. Und den Lohn deiner Leute will ich dir geben, alles, wie du es sagst. Denn du weißt, dass bei uns niemand ist, der Holz zu hauen versteht wie die Sidonier.

König Hiram, über diesen Großauftrag sichtlich erfreut, schickte – natürlich gegen entsprechende Leistungen, insbesondere riesige Mengen an Weizen, Korn, Mehl und Olivenöl – Baumaterial und Fachleute nach Jerusalem. Und er schickte seinen eigenen Baumeister und Berater, Hiram-Abi (2. Chronik 2):

So sende ich nun einen tüchtigen und verständigen Mann, Hiram, meinen Berater; er ist der Sohn einer Frau von den Töchtern Dans, und sein Vater ist ein Tyrer gewesen. Der versteht zu arbeiten mit Gold, Silber, Kupfer, Eisen, Steinen, Holz, rotem und blauem Purpur, feiner Leinwand und Scharlach, und Bildwerk zu schnitzen und alles, was man ihm aufgibt, kunstreich zu machen, mit deinen Meistern und mit den Meistern meines Herrn, des Königs David, deines Vaters.

Auch im Ersten Buch der Könige finden wir eine Notiz über diesen Hiram-Abi von Tyrus, der mütterlicherseits jüdischer Herkunft, väterlicherseits Phönizier war (1. Könige 7):

Und der König Salomo sandte hin und ließ holen Hiram von Tyrus – den Sohn einer Witwe aus dem Stamm Naphtali, sein Vater aber war aus Tyrus gewesen; der war ein Kupferschmied, voll Weisheit, Verstand und Kunst in allerlei Kupferarbeit. Der kam zum König Salomo und machte ihm alle seine Werke.

Abb. 20: Grundriss des Salomonischen Tempels. Die Mannamaschine befand sich im hintersten Bereich des »Allerheiligsten« und war durch einen hohen Vorhang vor den Blicken Unbefugter geschützt.

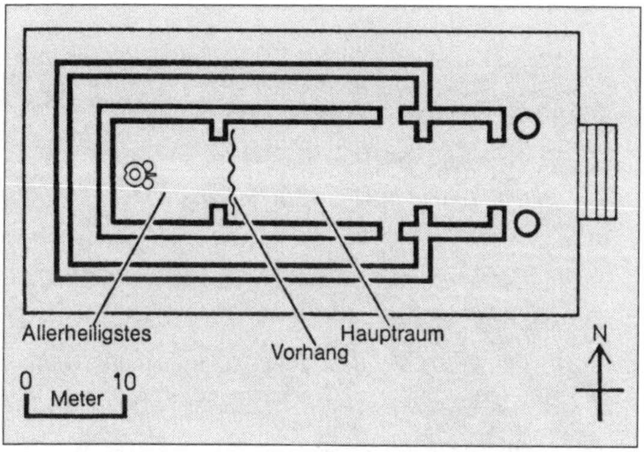

Nicht Salomo also war der eigentliche Baumeister, sondern der aus Phönizien stammende Hiram-Abi. Salomo hat lediglich die Verhandlungen geführt, hat sich um die Unterkunft der phönizischen Facharbeiter gesorgt. Am Tempelbau selbst – auch die Pläne stammten ja bereits von seinem Vater David – hatte er nur wenig Anteil.

Das Bauwerk bestand im Grunde genommen aus drei Räumen. Man betrat es über eine zwölfstufige Treppe, denn der Tempel befand sich auf einem Sockel von etwa drei Metern Höhe. Dieser Eingang besaß keine Torflügel. Er war nach Osten ausgerichtet, sodass jeden Morgen das Licht der aufgehenden Sonne in den Innenraum fallen konnte. Links und rechts des Eingangs erhoben sich zwei Bronzesäulen, knapp über zehn Meter hoch, mit einem Durchmesser von 1,90 m (oder auch 95 cm, wie neuere Forschungsergebnisse anzudeuten scheinen). Diese Säulen trugen die Namen *Boas* (für die rechte) und *Jachin* (für die linke), Begriffe, über deren Bedeutung man sich noch nicht einig werden konnte. Einige meinen, diese Namen ständen für »Fest« und »Stärke«, andere für »Gott macht stark« und »Gott gibt Kraft«, viele möchten darin auch mystische Orakelsprüche sehen usw. Wir wollen uns diesem Streit hier nicht anschließen.

Der Raum, den man als Erstes betrat, war die äußere Vorhalle. Sie maß 9 mal 4,50 Meter und wurde *Ulam* oder auch *Elam* genannt, was vermutlich vom akkadischen *ellamu* kommt und »Vorderfront« bedeutet. An der gegenüberliegenden Seite befand sich eine fünf Meter durchmessende Doppeltür, die mit feinstem Blattgold ausgelegt und mit Schnitzereien von Palmen, Cheruben und Blumen verziert war. Da-

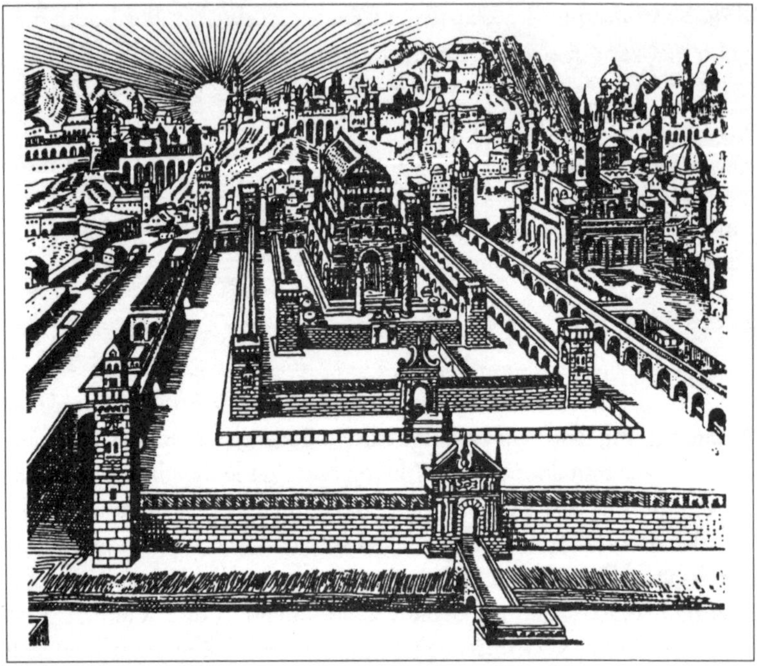

Abb. 21: Idealisierte Darstellung des Salomonischen Tempels. Mit großer Wahrscheinlichkeit war er deutlich weniger pompös.

hinter schloss sich der Hauptraum des Tempels, das Heiligtum (*hekal*, aus dem akkadischen *ekallu* bzw. dem sumerischen *é-gal*, also »Gottes Haus« oder »Großes Haus«) an. Dieses Heiligtum hatte vermutlich eine Länge von zwanzig Metern, eine Breite von zehn und eine Höhe von fünfzehn Metern. Aus mehreren Fenstern, die in einer Reihe unterhalb der Decke eingelassen waren, fiel Licht in den mit Zedernholz getäfelten und mit Blattgold ausgekleideten Saal, dessen Fußboden mit Zypressenholz belegt war. Auch hier fanden sich reichlich verzierte Wände mit geflügelten Wesen, Blumen und Palmengewächsen. Ähnliche Motive entdeckte man auf syrisch-phönizischen Elfenbeintafeln, die bei Ausgrabungen in Nimrud, Samaria und Megiddo ans Tageslicht kamen – es zeigt sich ganz offensichtlich der Einfluss der phönizischen Bauleute.

An der Rückwand der Halle gelangte man über eine weitere Treppe von fünf Stufen durch eine wie ein Pentagram geformte, vier Meter

hohe Tür in das Allerheiligste des Tempels, ins *debir*. Der Raum maß zehn mal zehn mal zehn Meter, war fensterlos (Licht kam nur durch die geöffnete Tür herein) und mit Blattgold ausgelegt. Dieser *debir* diente als Standort der Bundeslade und ihres Inhalts.
Als das Bauwerk nach sieben Jahren unter der Leitung von Hiram-Abi vollendet war, wurde die Bundeslade und mit ihr die Mannamaschine aus dem Zelt, in dem sie unter David ihren vorläufigen Platz gefunden hatte, ins neue Heiligutm von Jerusalem überführt (1. Könige 8):

Da versammelte der König Salomo zu sich die Ältesten in Israel, alle Häupter der Stämme und Obersten der Sippen in Israel nach Jerusalem, um die Lade des Bundes des Herrn herauszubringen aus der Stadt Davids, das ist Zion. Und es versammelten sich beim König Salomo alle Männer in Israel am Fest im Monat Ehanim, das ist der siebente Monat. Und als alle Ältesten Israels kamen, hoben die Priester die Lade des Herrn auf und brachten sie hinauf, dazu die Stiftshütte und alles Gerät des Heiligtums, das in der Stiftshütte war. Das taten die Priester und Leviten.

Salomo, sichtlich stolz, das von seinem Vater David begonnene und mit phönizischer Hilfe gebaute Werk vollendet zu haben, veranstaltete ein rauschendes Fest und opferte als Dank eine Vielzahl von Tieren (1. Könige 8):

Und der König Salomo und die ganze Gemeinde Israel, die sich bei ihm versammelt hatte, ging mit ihm vor der Lade her und opferte Schafe und Rinder, so viel, dass man sie nicht zählen noch berechnen konnte. So brachten die Priester die Lade des Bundes des Herrn an ihren Platz in den Chorraum des Hauses, in das Allerheiligste unter die Flügel der Cherubim. Denn die Cherubim breiteten die Flügel aus an dem Ort, wo die Lade stand, und bedeckten die Lade und ihre Stangen von oben her.

Der Theologe Rolf Beyer[1] schreibt zur Überführung der Bundeslade an ihren endgültigen Aufenthaltsort: »Ein ursprünglich kriegerisches Heiligtum wird zur letzten Ruhe geleitet, wird gleichsam ›beigesetzt‹. Vorbei ist es mit den zerstörerisch-unheimlichen Wirkungen der Bundeslade. Gemessen an der einst enthusiastisch gefeierten Bundeslade, der ungeheuerliche Zerstörungskräfte innewohnten, kann nun von einem Funktionsverlust der Tempellade gesprochen werden.«

Der Funktionsverlust hatte aber bereits weit eher eingesetzt, für die Lade ebenso wie für die Mannamaschine. Beide waren nur noch *Symbole* Jahwes, Objekte religiöser Verehrung – die eine für das Volk, die andere – verborgen – für die Priesterschaft. Denn zusammen mit der Bundeslade ruhte nun auch das OThIQ IVMIN im Allerheiligsten des Tempels. Davon freilich wussten die wenigsten, weder das Volk noch die phönizischen Arbeiter ahnten auch nur im Entferntesten, was sich da hinter den Mauern des Gotteshauses verbarg. Vermutlich kannten nur Salomo und die Hohenpriester das wahre Geheimnis der »Lade des Herrn« – und mit großer Wahrscheinlichkeit auch der Baumeister des Tempels, Hiram-Abi. Er war, wie die Bibel schreibt, »voll Weisheit«. Einen Tempel für einen leeren Kasten zu bauen – das wird ihn, den Berater des Königs von Tyrus, dem Angehörigen eines Seefahrervolkes, das die Meere beherrschte und weltoffen war, wohl kaum befriedigt haben. Mit Sicherheit wird er während seines siebenjährigen Jerusalemaufenthalts Erkundigungen darüber eingezogen haben, *wofür* und *warum* er da eigentlich arbeitete. Die jüdische Legende erzählt, der Phönizier sei nach Abschluss der Arbeiten von unbekannter Hand ermordet worden. Das bestätigt unsere Vermutung. Hiram-Abi wusste zu viel, mehr jedenfalls als Salomo und den Priestern recht sein konnte.

Der Tempel war nicht das einzige Bauprojekt Salomos. Er ließ sich auch einen Palast errichten, vielleicht noch gewaltiger und reicher ausgestattet als der Tempel selbst. Verständlich, dass ihm mit der Zeit das Geld ausging. Aber auch hier half ihm die Freundschaft zu Hiram I. von Tyrus weiter. Zusammen mit ihm rüstete er eine Schiffsexpedition (1. Könige 9) aus:

Und Salomo baute auch Schiffe in Ezjon-Geber, das bei Elath liegt am Ufer des Schilfmeeres im Lande der Edomiter. Und Hiram sandte auf die Schiffe seine Leute, die gute Schiffsleute und auf dem Meer erfahren waren, zusammen mit den Leuten Salomos. Und sie kamen nach Ophir und holten dort vierhundertzwanzig Zentner Gold und brachten es dem König Salomo.

Es blieb nicht bei dieser einen Reise. Einmal in drei Jahren stach eine gemischte israelitisch-phönizische Expedition in See, um Gold aus Ophir zu holen. Dieses Land Ophir ist bis heute eines der großen Rätsel der Bibelforschung geblieben. Der jüdische Geschichtsschreiber Flavius Josephus (37–100 n. Chr.) mutmaßte, Ophir habe in Indien gelegen, und die ungeheuren Goldmengen seien von dort herangebracht worden.

Das ist aber sehr unwahrscheinlich, denn es finden sich in der Bibel keinerlei Hinweise auf einen Handel, der mit den Land Ophir getrieben wurde. Es wird lediglich gesagt, »sie kamen nach Ophir und holten dort … Gold«. Die Inder, zur damaligen Zeit ein nicht minder großes Kulturvolk, hätten es den Fremden wohl kaum gestattet, sich frei in ihrem Land zu bedienen. Und selbst für einen Handel gab es kaum Güter, über die Indien nicht verfügt hätte.

Man hat Ophir nach Arabien verlegen wollen, hat es gleichgesetzt mit dem Land Punt, aus dem die Ägypter Spezereien und Weihrauch holten (dieses befand sich wahrscheinlich im heutigen Sudan, und man konnte es nur über den Landweg, nicht aber mit einer Flotte erreichen), mit der rätselhaften Ruinenstadt Simbabwe (die aber jünger ist), mit Spanien usw. All diese Hypothesen sind vertreten und wieder fallen gelassen worden, weil mehr gegen sie als für sie spricht.

Dennoch muss es dieses Land Ophir gegeben haben. Wir wissen, dass die Phönizier ein Seefahrervolk waren, das – und darauf weist einiges hin – vermutlich schon lange vor Columbus die Gestade Amerikas erreichte. Wenn Ophir sich dort befunden hätte, wäre erklärbar, woher die Goldvorräte Salomos kamen: aus den sagenhaften Goldschätzen der mittel- oder südamerikanischen Indianerkulturen. Aber die Diskussion hierüber ist noch nicht beendet und hat für unser Thema auch keine große Bedeutung.

Die Sache mit Äthiopien

Als der Tempel und der Palast fertig gestellt waren, meldete sich hoher Besuch bei Salomo an. Aus dem Süden näherte sich eine Karawane, und an ihrer Spitze die legendäre Königin von Saba. Über diesen Besuch der Herrscherin aus den südlich von Palästina gelegenen Ländern ranken sich noch bis heute Unmengen märchenhafter Überlieferungen. In der Bibel lesen wir dazu (1. Könige 10):

Und als die Königin von Saba die Kunde von Salomo vernahm, kam sie, um Salomo mit Rätselfragen zu prüfen. Und sie kam nach Jerusalem mit einem sehr großen Gefolge, mit Kamelen, die Spezereien trugen und viel Gold und Edelsteinen. Als sie zum König Salomo kam, redete sie mit ihm alles, was sie sich vorgenommen hatte. Salomo gab ihr Antwort auf alles, und es war dem König nichts verborgen, was er ihr nicht hätte sagen können.

Natürlich ist es nicht bei diesem Gespräch geblieben. Der Empfang für die Königin und ihr Gefolge muss, folgen wir der Bibel, unbeschreiblich gewesen sein, die Geschenke, die ausgetauscht wurden, riesige Summen und Werte betragen haben. Auch wenn das mit Sicherheit spätere Übertreibungen sind, bleibt doch festzuhalten, dass Salomo durch diesen Besuch seine Handelsbeziehungen in den Süden ausbauen und somit weiter an der Verfolgung seiner wirtschaftspolitischen Ideen arbeiten konnte.
Damals liefen zwei wichtige Handelsstraßen durch Palästina. Die eine führte von Mekka über Medina bis nach Ägypten, also an der Westküste entlang, die andere, von Israel aus, über Palmyra und Damaskus nach Mesopotamien. Durch den Besuch der Königin von Saba erschlossen sich für Israel neue Möglichkeiten, auch nach Süden hin wirtschaftlich aktiv zu werden.
Dort existierten um diese Zeit das Minäische und das Hadramitische Reich. Das eigentliche Königreich Saba entstand erst um 850 v. Chr., also etwa 100 Jahre nach Salomo. Die »Königin von Saba« kann somit nur entweder dem Minäischen oder dem Hadramitischen Reich als Herrscherin vorgestanden haben. Wir wissen leider nur sehr wenig über diese beiden arabischen Machtzentren. Es gibt keine schriftlichen Zeugnisse aus der Zeit vor 800 v. Chr. und somit auch keine Dokumente, die auf eine »Königin von Saba« hinwiesen. Flavius Josephus nannte diese Frau *Makeda*, die Jemeniten hingegen behaupten, sie habe *Bilquis* geheißen. Genauso wie der Streit um ihren Namen hält heute noch der Streit darüber an, wie groß das Reich dieser »Königin von Saba« gewesen sein mag. Ob es sich nur auf den Bereich des heutigen

Jemen begrenzen lässt, ist zumindest zweifelhaft. Möglicherweise gehörten auch Teile Äthiopiens dazu.

Diese Vermutung stützt sich unter anderem auf das *Kebra Nagast*[2] (zu Deutsch etwa: »Die Herrlichkeit der Könige«). Wann dieses Buch zum ersten Mal schriftlich niedergelegt wurde, wissen wir nicht. Die erste Übersetzung erfolgte im Jahre 409 n. Chr., als zwei Äthiopier die Schrift vom Abessinischen ins Arabische übertrugen. Allerdings konnten sie dabei offensichtlich nicht umhin, einen großen Anteil christlicher und damit erst später entstandener Komponenten und märchenhafte Geschichten in das Epos einzuflechten. Diese sind aber leicht zu erkennen und daher weitgehend ohne Belang.

Im *Kebra Nagast* finden wir nun die Legende, dass einst der hebräische Stamm der Beni-Joseph während des Auszugs aus Ägypten nicht Mose nachfolgte, sondern sich einen anderen Weg entlang des Nils nach Süden, also nach Äthiopien, suchte. Als Vorbild den ägyptischen Isiskult, huldigten die dort sesshaft gewordenen Einwanderer einer jungfräulichen Königin. Die Überlieferung berichtet, dass eine dieser Herrscherinnen, Königin Makeda (namensgleich mit der Sabakönigin des Flavius Josephus), eines Tages von Salomo und seiner Pracht hörte und sich aufmachte, den König zu besuchen. In Jerusalem zeugte sie mit ihm einen Sohn, der nach der Rückreise zur Welt kam und den Namen Baisa-Lekhem erhielt. Als Baisa-Lekhem erwachsen war, begab auch er sich nach Jerusalem, um dort seinen Vater zu besuchen. Vom Jerusalemer Hof mit aller Pracht empfangen, wurde er vom Hohenpriester Zadok zum »König von Äthiopien« gekrönt. Er kehrte daraufhin in seine Heimat zurück. Baisa-Lekhem gilt als der Erste jener langen Reihe von Herrschern, auf die sich das erst in den siebziger Jahren des 20. Jahrhunderts gestürzte abessinische Kaiserhaus berief, das als seinen Wahlspruch den Satz überliefert hat: »Der Löwe von Salomons Geschlecht und von Judas Stamm hat gesiegt«.

Das Ganze ist allerdings insofern problematisch, als es zur Zeit Salomos in Äthiopien »... noch kein erkennbares Staatsgebilde, wie es im *Kebra Nagast* vorausgesetzt wird«, gegeben hat[3]. Es gibt auch weder jüdische noch andere Überlieferungen des Vorderen Orients, die von einem solchen Sohn Salomos und der »Königin von Saba« berichten, und die Beschreibung dessen, was sich in der Bundeslade befunden hat, ist den Versen im Paulus-Brief an die Hebräer so ähnlich, dass man

wohl davon ausgehen kann, dass diese gesamte Episode stark späteren christlichen Vorstellungen des dritten oder vierten Jahrhunderts nach Christus unterlag.
Dennoch enthält das *Kebra Nagast* in diesem Zusammenhang einige Passagen, die für unser Thema von potenziellem Interesse sein könnten und mit denen wir uns kurz auseinander setzen wollen. Diese Passagen veranlassten zum Beispiel Erich von Däniken[4] und später Graham Hancock[5], einen Transport der Bundeslade nach Äthiopien zu postulieren.
Im *Kebra Nagast* findet sich ein aufschlussreicher Vers über den Inhalt der Bundeslade, wie wir ihn aus der Bibel nicht kennen. Das Epos beschreibt, in der Lade habe sich etwas »Himmlisches« befunden, etwas, das »nicht von der Hand eines menschlichen Künstlers« geschaffen worden sei. Dieses Etwas sei »von wunderbarer Farbe und Arbeit, ähnlich dem Jaspis, dem Glanzerz, dem Topas, dem Edelstein, dem Kristall und dem Licht« gewesen, etwas, das »die Augen entzückt« und die »Sinne verwirrt« habe. Eine solche Beschreibung könnte recht gut bestimmte Charakteristika der Mannamaschine meinen, insbesondere wenn man bedenkt, dass später auch der Heilige Gral mit den gleichen Attributen und Merkmalen geschildert wurde.
Wichtig ist fernerhin eine Passage, die sich über jene Geschenke auslässt, die Salomo der Königin bei ihrem Besuch überließ, nämlich

... alle wünschenswerten Herrlichkeiten und Reichtümer, augenfesselnde schöne Kleider und alle dem Lande Äthiopien erwünschten Herrlichkeiten, Kamele und Wagen an die 6000, die mit kostbaren, wünschenswerten Geräten beladen waren, Gefährte, in denen man auf dem Lande fuhr, und einen Wagen, der durch die Lüfte fuhr, den er gemäß der ihm von Gott verliehenen Weisheit angefertigt hatte. (Kap. 30)

Man könnte das als Legende abtun, als orientalisches Märchen, gewissermaßen als einen »fliegenden Teppich« des König Salomo. Aber das wäre letztlich zu einfach, zumal auch jüdische Sagen von einem solchen Fluggerät berichten und sowohl in der Türkei als auch in Indien von der einheimischen Bevölkerung Berge benannt werden, auf denen – der lokalen Überlieferung zu Folge – Salomo einst mit seinem Luftschiff gelandet sei und Tempel errichtet habe. Die drei deutschen Aero-

Welt, in das Gebetbuch zu vertiefen, das er vor sich auf den Knien hält. Es ist Fremden verboten, das umzäunte Areal zu betreten. Ein Blick auf meinen bewaffneten Begleiter überzeugt mich, dass kein Unbefugter versuchen sollte, in die Kapelle einzudringen. Es würde sein Leben kosten. Morgen aber werden wir die Lade zu sehen bekommen. Morgen ist *Timkat*. Nur an diesem Tag wird die Lade einmal im Jahr aus der Kapelle herausgebracht und in einer Prozession zum Wasserbecken von *Mai Shum* getragen.

Als wir zurückkehren, sind bärtige Mönche damit beschäftigt, auf dem felsigen Untergrund neben dem See ein großes Zelt aufzubauen. Die Vorbereitungen für die morgige Zeremonie haben schon begonnen.

Am späten Nachmittag des 18. Januar stehen wir auf einer Anhöhe und schauen zum Platz vor den Kirchen, auf dem sich eine größere Menschenmenge eingefunden hat. Als eine Gruppe von Priestern aus dem Tor tritt, empfängt sie der Aufschrei der Menschen, die auf diesen Augenblick gewartet haben. Einer der Priester hält einen rechteckigen, in einen kostbaren, mit einer Taube bestickten Stoff gehüllten Kasten über dem Kopf. Andere spannen bunte Prozessionsschirme darüber auf. Das muss er sein – der Gegenstand, für dessen Verehrung es heute in keiner anderen Kultur mehr einen Vergleich gibt, das *Tabot*. Das Wort *Tabot* entstammt der hebräischen Sprache und bedeutet dort ›Behälter‹. Es ist auch – wie viele meinen – die äthiopische Bezeichnung für die Bundeslade.

Nun besitzt jede orthodoxe Kirche in Äthiopien ein *Tabot*, doch hier in Axum solle es sich ja nicht um irgendein *Tabot* handeln, sondern um Meneliks *Tabota Zion*, die einst aus Jerusalem nach Äthiopien geschaffte wirkliche Bundeslade. Auf ihrer Wanderschaft durch die Wüste hatten die Israeliten auf Weisung ihres Gottes ein heiliges Zelt erbaut, die ›Stiftshütte‹, die die Lade in ihrem Allerheiligsten verbarg. … Und so ist es heute wiederum ein Zelt wie in biblischer Zeit, zu dem der Schrein aus Anlass der *Timkat*-Feierlichkeiten getragen wird.

Langsam setzt sich die Prozession in Bewegung. Der Gesang der Gläubigen, die Klänge der altertümlichen Musikinstrumente, die sie bei sich haben, hallen zu uns hinauf. Wir fühlen uns um 3000 Jahre in die Vergangenheit zurückversetzt, als ›David und das ganze Haus Israel vor dem Herrn spielten …, mit Harfen und Psaltern und Pauken und

Schellen und Zimbeln ... Und David samt dem gesamten Israel führte die Lade des Herrn herauf mit Jauchzen und Trompeten.‹

Als der Zug das Wasserbecken von *Mai Shum* erreicht, umrunden die Priester – das *Tabot* hoch über ihren Köpfen – einmal das Zelt, um dann, begleitet von den lauten Zurufen der Menge, in dessen Inneren zu verschwinden. Vor dem Zelt geht das Fest unterdessen weiter. Junge Diakone wiegen sich zum Takt der *keberos*, der großen Prozessionstrommeln, hin und her, Frauen tanzen wie in Trance zum Chor der Stimmen, zu der seltsamen, uns fremden Musik der Zimbeln, Fiedeln und Posaunen. Sie klatschen in die Hände, stoßen immer wieder spitze Schreie aus, bis sie schließlich erschöpft zu Boden sinken.

Mit Einbruch der Dunkelheit kehrt Ruhe ein. Feuer werden entzündet. Die Menschen haben sich rund um das Zelt niedergelassen. Wir steigen hinunter zu ihnen in der Hoffnung, durch die Zeltöffnung vielleicht einen Blick auf das *Tabot* werfen zu können. Im Zelt brennen Kerzen. Schemenhaft werden die Schatten von Personen an die Zeltwand geworfen. Wir lauschen den leisen, beschwörenden Worten der Priester, die von dort zu uns dringen.

Ein Kind nimmt mich bei der Hand, führt mich zum Zelt und zieht den Vorhang beiseite. Sofort verstummen die Gebete. Im flackernden Schein der Wachslichter erkenne ich Gestalten eng beeinander auf der Erde sitzen. Priester stehen, auf ihre Gebetsstäbe gestützt, vor einem zweiten Vorhang, der die Sicht in den dahinter liegenden Raum versperrt. Die Menschen betrachten mich argwöhnisch. Jemand packt mich am Arm, zieht mich wortlos zurück. Ich habe verstanden: Ich werde das geheimnisvolle Behältnis, das sich bei der Prozession unter einem Tuch verbarg, nicht zu sehen bekommen.

Am nächsten Morgen wecken uns die dumpfen Schläge der Prozessionstrommeln. Dicht gedrängt haben sich die Menschen rings um das Wasserbecken versammelt. Zwischen ihnen stehen sich zwei Reihen von Priestern gegenüber. In der linken Hand halten sie ihre langen Gebetsstäbe, in der rechten Sistren, Metallrasseln, die schon Bestandteil der religiösen Zeremonien im vordynastischen Ägypten und später im alten Israel waren. Ein Trommler hockt vor ihnen im Gras. Mit seinem *kebero* bestimmt er den schwingenden Tanz ihrer Körper, den Rhythmus des Gesangs uralter liturgischer Verse.

In kostbare Brokatgewänder gekleidet, treten drei Priester aus dem

Zelt. Sie führen große Zeremonialkreuze, die eine verschlungene Ornamentik zeigen, und schillernd bunte Prozessionsschirme mit sich. Bedächtig schreiten sie die Stufen zum See hinab. Die Gesichter der Zuschauer spiegeln die gespannte Erwartung auf das Ritual wider, das jetzt folgen soll. Die Priester neigen ihre Kreuze dem Wasser entgegen und berühren die Oberfläche. Ein kleines Floß mit brennenden Kerzen darauf wird auf den See hinausgeschoben. Im selben Moment entsteht um uns ein ohrenbetäubender Lärm. Das Gebrüll der Menge, die jauchzenden Schreie der Frauen, vereinen sich mit dem wilden Getöse der Instrumente.

Die Menschen drängen zum geweihten Wasser hin. Wir werden geschubst, die Treppen fast hinuntergestoßen. Nur mit Mühe kann ich mich mit einem Sprung an den Beckenrand vor einem unfreiwilligen Bad in Sicherheit bringen. Übermütig stürzen sich die Menschen in den gesegneten See, tragen das heilige Wasser in Kanistern fort. Kinder springen lachend umher, bespritzen einander und verschonen auch uns nicht. Man hat uns als Fremde wie selbstverständlich in den Höhepunkt der *Timkat*-Zeremonien einbezogen.

Nachdenklich sitze ich am Ufer. Jede der Szenen, die sich vor uns abspielen, sind zweifelsfrei Ausdruck des Glaubens dieser Menschen, eines Glaubens, der weit in die Vergangenheit zurückreicht. Mich holt eine nasse Dusche in die Gegenwart zurück – einige Tropfen Weihwasser können auch einem Ungläubigen wie mir nicht schaden.

Inzwischen hat die Menge eine Gasse gebildet. Die Posaunen werden wieder geblasen, die Sistren geschwenkt, die Fiedeln gestrichen, die Trommeln geschlagen. Die Priester, mit dem *Tabot* auf dem Kopf, die Prozessionsschirme darüber entfaltet, verlassen das Zelt. Wir ordnen uns in den Zug ein, der sich zurück in Richtung der Marienkirche bewegt und versuchen, den Blickkontakt zu dem mit rotgoldenen Tüchern verhängten Kasten nicht zu verlieren. Aber ist der unter Stoffen verborgene Gegenstand, den die Priester hier durch Axum tragen, wirklich der am Fuße des Berges Sinai erbaute heilige Schrein?

Nur ihr Wächter könnte das Rätsel um die äthiopische Bundeslade lüften, aber der darf darüber nicht sprechen, darf die Lade nicht verlassen. Während der zweitägigen Festlichkeiten haben wir ihn nicht ein einziges Mal unter den Feiernden entdecken können, und wir sind sicher, dass auch die Lade im Allerheiligsten der Kapelle geblieben ist. Hätte man sie wirklich herausgebracht, wäre ihr Wächter mit ihr gegangen. Was wir zu sehen bekommen, was in einer gewaltigen Prozession durch die Straßen hinunter zum Heiligen See und in das dort errichtete Zelt getragen wird, ist nur eine Kopie, einer jener zahlreichen *Tabots*, wie ihn auch andere Kirchen in Äthiopien besitzen. Die echte Lade, sofern es sie hier wirklich gibt, war die ganze Zeit über in der von Haile Selassi erbauten Marienkapelle.

Auf dem Platz vor den Kirchen vollführen die Priester noch einmal den ›Tanz Davids‹ vor der Lade. Dann schließt sich das Tor hinter ihnen und dem Schrein, dessen Geschichte so geheimnisvoll ist wie er selbst. Als wir unsere Reise nach Axum planten, wussten wir, dass wir die Lade kaum wirklich zu Gesicht bekommen würden, dass wir ihre Existenz dort also weder bestätigen noch widerlegen können würden. Was uns tröstet ist, dass dies über die Jahrhunderte hinweg auch all den anderen, die sich aufmachten, den Schrein ausfindig zu machen, nicht gelungen ist.«

Befindet sich die Bundeslade in der Marienkapelle in Axum? Weder Horst und Anke Dunkel noch andere haben eine letztgültige Antwort darauf finden können. Die Geschichte, wie sie im *Kebra Nagast* beschrieben wird, sollte sicherlich nicht unkritisch gesehen werden. Teile des Berichtes halten historischen Überprüfungen nicht stand. Allenfalls könnte angenommen werden, dass – wann und wie auch immer – die Lade auf die Insel Tana Kirkos gebracht wurde und von dort erst im vierten Jahrhundert nach Christus nach Axum kam. Ob dies so ist oder nicht, werden wir wohl erst dann erfahren, wenn die abessinische Kirche eines Tages Forschern freien Zugang ins Innere der Marienkapelle gewährt. Aber ein solcher Zeitpunkt ist derzeit nicht absehbar.

Aber ganz gleich, ob es einen Baisa-Lekhem jemals gegeben hat oder nicht, ob die Lade irgendwann später nach Äthiopien kam oder ob das alles nur eine schöne Legende ist – für unsere Frage nach der Mannamaschine ist das alles letztlich sekundär. Denn diese wurde mit Sicherheit nicht nach Äthiopien gebracht. Dass Baisa-Lekhem oder irgendein anderer Außenstehender davon Kenntnis hatte, ist nämlich extrem unwahrscheinlich. Die Maschine befand sich seit Jahrhunderten innerhalb der Lade (respektive mehrerer Laden) innerhalb des Allerheiligsten innerhalb des Tempels – und nur sehr wenige hatten überhaupt

Zutritt zu dessen Innerstem. Ausschließlich der Hohepriester betrat unter größten Vorsichtsmaßnahmen den kubischen Raum des Allerheiligsten einmal im Jahr, nur er, der König und vielleicht einige andere höher gestellte Priester wussten zu dieser Zeit *überhaupt* etwas von ihrer Existenz.
Dass es allenfalls die leere Lade gewesen sein kann, die nach Äthiopien entführt wurde, bestätigt uns sogar das *Kebra Nagast*. Im 62. Kapitel wird jener Moment beschrieben, in dem Salomo den Verlust der Lade beklagt:

Da hob Salomo wiederum an und sprach zu ihnen: ›Höret nun auf, damit sich nicht die unbeschnittenen Völker vor uns brüsten und zu uns sagen: Ihr Ruhm ist vernichtet worden, und der Herr hat sie verlassen. Entdecket (verratet) hiervon nie mehr etwas den anderen Völkern. Jene Bretter aber, die hierher gelehnt und zusammengefügt sind, lasst uns aufstellen, mit Gold überziehen und schmücken gleich wie unsere Herrin Zion [die Lade]. *Und auch die Schrift des Gesetzes lasst uns hineinlegen!‹*

Mit anderen Worten: Die Gesetzestafeln befanden sich *außerhalb* der Lade. Und mit der Mannamaschine wird es sich nicht anders verhalten haben. Der Legende nach hatte Baisa-Lekhem Israel hereinlegen wollen, in Wirklichkeit aber wäre es genau umgekehrt gewesen: Der König hätte seinen Sohn mit der leeren Bundeslade ziehen lassen, in der Gewissheit, die Mannamaschine, das eigentliche Heiligtum seines Gottes, bewahrt zu haben. Salomo wäre nicht als »der Weise« in die Geschichte Israels eingegangen, hätte er in dieser Situation anders gehandelt.
Roderick Grierson,[7] Stuart Munro-Hay[8] und andere Wissenschaftler[9–10] haben in den vergangenen Jahren intensiv dieser Frage nachgespürt. Sie gehen in ihren Forschungen von dem Ansatz aus, es habe durchaus mehrere heilige Laden während der israelitischen Wüstendurchquerung gegeben und beziehen sich dabei z. B. auf den Jerusalemer Talmud des Mittelalters, zu dem Rabbi Jehuda ben Laqish kommentierte, es müsse mehr als eine Lade gegeben haben: eine, die sich im Offenbarungszelt befand und die Gesetzestafeln enthielt, und eine weitere, die aus dem Lager herausgetragen wurde. Ebenso geht der Babylonische Talmud von zwei Laden aus: eine, die mit dem Tod in

Verbindung gebracht wird, und eine, die die Herrlichkeit Gottes enthielt. Im Ersten Buch Samuel lässt David ein so genanntes *Efod* bringen, um mit Gott zu sprechen. Dies »scheint ein Objekt gewesen zu sein, das der Lade so ähnlich war, dass die Einzigartigkeit der Lade in Zweifel gezogen werden muss ... Es gab Mutmaßungen, dass andere Laden hergestellt wurden, allerdings nur als Ersatz«, so Grierson und Munro-Hay.[8] Könnte, so fragen die beiden Religionswissenschaftler, in Äthiopien eine Lade erhalten geblieben sein, und zwar nicht die Bundeslade, sondern eine andere Lade? Das Ergebnis ihrer Forschung: dem sei so.

Sie beziehen sich in ihrer Argumentation auf die Aufzeichnungen Abu Salhis, eines Historikers des 13. Jahrhunderts, der sehr detailliert über Äthiopien berichtete. 1210 schreibt er über äthiopische Reliquien und kommt auch auf die Heilige Lade zu sprechen, die er selbst gesehen hatte: »Die Abessinier besitzen die Bundeslade, in welcher sich zwei Steintafeln befinden, auf denen, durch den Finger Gottes geschrieben, die Gebote stehen, die er für die Kinder Israels erließ. Die Bundeslade steht auf einem Altar, ist jedoch nicht so breit wie dieser; sie ist so hoch wie das Knie eines Mannes und mit Gold überzogen; und über ihrem Deckel sind Kreuze aus Gold; und darauf sind fünf kostbare Steine, einer an jeder der vier Ecken und einer in der Mitte.«

Diese Beschreibung, meinen Grierson und Munro-Hay, habe indes kaum etwas mit der Lade zu tun, die in der hebräischen Bibel erwähnt werde. Sie könne aber als Truhe für die Gesetzestafeln, die Moses übergeben wurden, angesehen werden. Dies wurde ihnen bestätigt durch die Depteras, denen seit Jahrhunderten die Bewachung von Tabots anvertraut ist. In einer verschlüsselten Schrift bewahren diese auserwählten Männer ihre Geheimnisse auf, die einzig in ihren Häusern Verwendung finden darf, sie leiten ihre Weisheit von Salomo her und sie lehren die heiligen Tänze und die Lieder, die zu den Ritualen der Tabots aufgeführt werden. Ebenfalls stellte sich heraus, dass die Tabots christlicher Natur seien, die auf den Altären der Kirchen lägen und beim Timkat-Fest getragen würden. In der Kapelle zurück blieben indes die Tafeln Moses. Von der Bundeslade könne keine Rede sein.

Genau dies bestätigen auch alte Berichte, so jener des Francisco Alvarez, der im 15. Jahrhundert im Auftrag des Königs von Aragon in

Äthiopien weilte, oder jener des Saga Za-Ab, eines hohen geistlichen abessinischen Würdenträgers, der Lissabon im Jahre 1527 im Auftrag des äthiopischen Kaisers Lebna Dengel besuchte.
Die Schlussfolgerungen aus diesen Fakten sind für uns: 1. König Salomons Sohn Baisa-Lekhem, so er historisch war, brachte die Bundeslade nicht nach Äthiopien. 2. Eine Kopie einer Truhe, in der die Gesetzestafeln lagen, kam vielleicht tatsächlich nach Axum. 3. Allerdings waren auch die Zehn Gebote nicht im Original auf Reisen gegangen, da Salomo sie zuvor herausnahm, sondern lediglich eine steinerne Abschrift. 4. In späterer Zeit wurden Gesetzestafeln, Bundeslade und Tabot gleichgesetzt. 5. Noch immer könnte sich in Äthiopien eine Eins-zu-eins-Kopie der Tafeln mit den Zehn Geboten und ihrer Truhe befinden. Dies wäre zumindest religionshistorisch interessant.

Schließlich sei in diesem Zusammenhang noch darauf verwiesen, dass selbst Wolfram von Eschenbach beim Niederlegen seiner Gralgeschichte Verbindungen mit Äthiopien vielleicht nicht ganz unbekannt waren. Der deutsche Literaturwissenschaftler Joachim Bumke schreibt dazu[6]: »Ferner lässt sich Wolframs Gralstein mit dem abessinischen ›Tabot‹ in Zusammenhang bringen, einer Holz- (oder Stein-)Platte, die als Altartisch diente und als Abbildung der Gesetzestafeln angesehen wurde. Außerdem geht die Erzählung von Belakane und Feirefiz vielleicht auf die äthiopische Legende von der Königin von Saba und der Bundeslade zurück.«
Tatsächlich wird im *Kebra Nagast* beschrieben, die Lade habe wie aus Jaspis, Topas, Hyazinth und Kristall ausgesehen, nehme den Geist der Menschen gefangen, sei nicht durch irdische, sondern göttliche Hand geschaffen und ein »von Gnade erfüllter Gegenstand, ein himmlischer, von Licht erfüllter Gegenstand«, der unter Menschen und Engeln weilte, eine Stätte des Heils und des Heiligen Geistes. Mit sehr ähnlichen Termini belegt Wolfram den Gral. Zudem wird auf das Tabot, den Altarstein, der Kelch mit dem »Blut Christi« gestellt bzw. wird die Hostie hier geweiht. Es wäre also durchaus möglich, dass Wolfram von der Lade in einem fernen Land gehört und Anleihen genommen hat für seine Erzählung vom Gral.

Wo blieb die Mannamaschine?

Die Mannamaschine, der »Transportierbare mit den Behältern«, befand sich für Jahrhunderte wohl behütet im Allerheiligsten des salomonischen Tempels, ganz gleich, wie wir die Überlieferung von Baisa-Lekhem bewerten. Daran änderte sich nichts – bis zu jenem Tag, an dem Babylon zum Vernichtungsschlag gegen Jerusalem ausholte.

Im Jahre 597 v. Chr. überrannten die babylonischen Heere die Hauptstadt des Reiches Juda, plünderten sie und deportierten die Angehörigen der Führungsschicht nach Mesopotamien. (Israel war um 926 in zwei Teile zerfallen: in ein Nordreich, das den Namen beibehielt, und ein Südreich mit Namen Juda, dessen Hauptstadt Jerusalem blieb.) Aber noch immer regte sich Widerstand, und so wurde Jerusalem um 587 v. Chr. erneut angegriffen und dem Erdboden gleichgemacht. Von der Stadt und dem Tempel blieb nichts mehr übrig.

Schön früher hatten Ägypter und Assyrer Jerusalem belagert, ausgeplündert und dabei einen Großteil der Tempel- und Palastschätze gestohlen. Natürlich gibt es keine Unterlagen darüber, ob unter diesen Schätzen auch die Lade und die Mannamaschine waren. Aber dies ist – alles in allem – sehr unwahrscheinlich. Vielmehr ist anzunehmen, dass die heiligsten Gerätschaften des Tempels zuvor in sicheres Gewahrsam gebracht, d. h. von den Priestern versteckt worden sind.

Und beim Angriff der Babylonier? Es gibt drei Versionen, die uns weiterhelfen könnten. Die eine besagt, die Lade sei – zusammen mit anderen Schätzen – nach Babylon gelangt. Eine zweite meint, sie sei unter dem Boden des zweiten, späteren Tempels versteckt gewesen, ohne uns einen Hinweis darauf zu geben, wo sie sich in der Zwischenzeit befand. Und schließlich gibt es eine Passage in der Bibel (2. Makkabäer 2):

So stand das auch in derselben Schrift, dass der Prophet [Jeremias] nach göttlichem Befehl sie geheißen habe, dass sie die Hütte des Zeugnisses und die Lade sollten mitnehmen. Als sie nun an den Berg kamen, darauf Mose gewesen war und des Herrn Erbland gesehen hatte, fand Jeremias eine Höhle; darin versteckte er die Hütte und die Lade und den Altar des Räucheropfers und verschloss das Loch. Aber etliche, die auch mitgingen, wollten sich das Loch merken und zeichnen; sie konn-

ten es aber nicht finden. Da das Jeremias erfuhr, strafte er sie und sprach: Diese Stätte darf kein Mensch finden noch wissen, bis der Herr sein Volk wieder zuhauf bringen und gnädig sein wird. Dann wird es ihnen der Herr wohl offenbaren, und man wird dann die Herrlichkeit sehen in einer Wolke, wie er zu Moses Zeiten erschien.

Mit dem Berg, »darauf Mose gewesen war«, ist vermutlich der Berg Nebo gemeint, von dem der Führer der Israeliten aus das »gelobte Land« von »Gott« gezeigt bekam. Der Nebo (heute Daschabal an-Naba) ist die höchste Erhebung des Abaraim-Gebirges und etwa fünfzig Kilometer von Jerusalem entfernt.

Hätte es Jeremias gelingen können, die Gerätschaften des Tempels dort in einer Höhle zu verstecken? Ganz auszuschließen ist dies nicht, auch wenn es Einwände gegen diese Theorie gibt. Zum einen ist zu bedenken, dass das Makkabäerbuch erst im ersten Jahrhundert vor Christi Geburt, also vierhundert Jahre nach der Zerstörung Jerusalems, geschrieben wurde, und zwar unter vorwiegend politischen Gesichtspunkten. Der Einschub, die Lade werde erst dann gefunden, wenn sich das zu dieser Zeit gerade zu einer gemeinsamen Ethnie zusammenfindende Volk Israel endgültig vereinigt habe, macht diesen politischen Charakter deutlich. Aber das muss nicht unbedingt bedeuten, dass der gesamte Passus Fiktion ist. Schwerer wiegt, dass sich der Berg Nebo damals unter feindlichem moabitischen Einflussbereich befand. Warum also sollte sich Jeremias und offenbar eine ganze Schar weiterer Helfer mit etlichen, schwer zu transportierenden Gegenständen ausgerechnet dorthin auf den Weg gemacht haben?

Letztlich ist diese Frage nicht zu klären. Es mag geheime Wege gegeben haben, unbeobachtete Momente, vielleicht sogar die Überlegung, dass die Babylonier ausgerechnet im Feindesland Israels zuletzt nach der Lade suchen würden. Das Abaraim-Gebirge ist ein von tiefen Schluchten und Höhlen durchzogener Bergkomplex. Vollkommen auszuschließen jedenfalls ist die Möglichkeit eines Verstecks dort nicht.

Dies ist der letzte Hinweis auf die Mannamaschine, den wir alttestamentlichen, apokryphen oder anderen vorchristlichen außerbiblischen Quellen entnehmen können. Es gibt keine uns bekannte weitere Überlieferung, die einen Hinweis auf den Verbleib der vergoldeten Holzkiste mit ihrem wertvollen Inhalt unter dem Namen »Bundeslade« geben könnte. Lediglich Erinnerungen daran blieben bestehen.

Dura-Europos ist eine 1912 entdeckte Stadt am mittleren Euphrat, die um 312 v. Chr. von makedonischen Kolonisten gegründet worden war. Der semitische Bevölkerungsanteil war von Anfang an sehr groß. Die Stadt wurde 272 n. Chr. aufgegeben, 1912 wieder entdeckt und seit 1928 systematisch ausgegraben und erforscht[7].

Dabei wurde – neben zahlreichen anderen Gebäuden – auch eine Synagoge freigelegt. Sie befindet sich nahe der westlichen Stadtmauer. Innerhalb der Synagoge konnten mehrere Wandgemälde entdeckt werden; der hellenistische Einfluss auf die sonst dem biblischen Bilderverbot unterliegenden Juden wird dabei sichtbar.

Die Gemälde an der Nord-, West- und Südwand der Synagoge stellen Szenen aus der Zeit der Philisterkriege dar. Auf mehreren der Bilder ist ein Objekt zu sehen, das im Grabungsbericht als »Lade« bezeichnet wird. Es ist aber auffällig, dass diese »Lade« in keiner Weise den Beschreibungen der Bibel (rechteckiger Kasten mit aufgesetzten Cherubim-Figuren) entspricht. Stattdessen haben wir es mit einem zylindrischen, an der Oberseite kuppelartig abgerundeten Objekt zu tun. Einzelne Details sind erkennbar, aber nicht zuzuordnen. Der Einwand, hier würde eine Truhe in Frontalansicht gezeigt, ist irreführend, da die Darstellungen durchaus räumliche Perspektive aufweisen und auch Seitenansichten vorhanden sind.

Wenngleich keine direkte Parallele zur Mannamaschine nach der Rekonstruktion Sassoons und Dales gezogen werden kann (möglicherweise stellt die Abbildung die mit Tüchern, Widder- und Dachsfellen verhüllte Maschine dar, wie der *Sohar* dies beschreibt), ergeben sich doch interessante Übereinstimmungen:

1. Das Objekt, das hier gezeigt wird und in einem Zusammenhang mit den Philisterkriegen steht (Entführung durch die Philister und die Ereignisse in der Philisterstadt Dogon), hat keine Ähnlichkeit mit der Bundeslade, obwohl die dargestellten Ereignisse den Beschreibungen der Vorgänge um die Lade in der Bibel entsprechen.
2. Der stattdessen abgebildete zylinderförmige Gegenstand mit abgerundeten Oberteil besitzt keine Entsprechung zu den in der Bibel er-

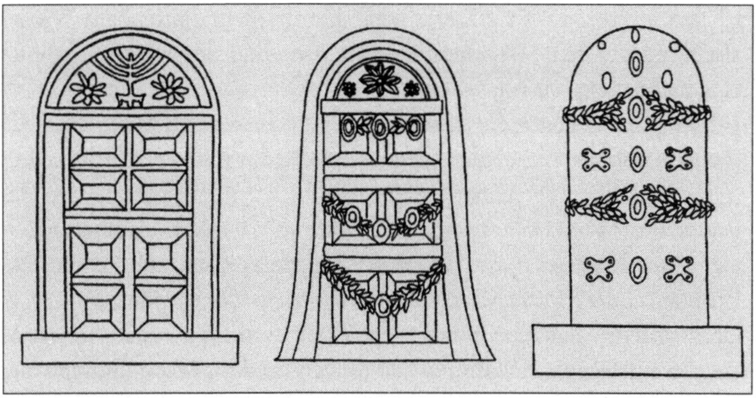

Abb. 22: Altjüdische Darstellungen der Bundeslade aus Dura-Europos. Auffällig ist, dass die Lade nicht in Form eines Kastens abgebildet ist, sondern als von Tüchern und Schmuck behängtes, oben abgerundetes Objekt. Dies entspräche der von Decken und Fellen behängten Mannamaschine, wie sie im Sohar *beschrieben wird.*

wähnten »heiligen Geräten«, die sich während des Exodus' im Stiftszelt oder später im Tempel Salomos befanden.

3. Würde man hingegen die Mannamaschine mit Tüchern oder Fellen behängt haben, ergäbe sich ein oben abgerundeter, zylinderförmig erscheinender Gegenstand. Es ist interessant darauf hinzuweisen, dass bereits Sassoon und Dale[8] dieser Auffassung waren (»Bekleidung« des OThIQ IVMIN, um ihn vor Staub und Schmutz zu schützen, S. 239, 299) und der *Sohar* exakt dies zu beschreiben scheint, nämlich in GHV 882: *Und von dieser ›Hoheit und Ehre‹ hängen diese Tücher, die ihn bekleiden. Und sie sind im teuren Purpur des Königs. Denn es steht geschrieben [Ps. 104,1]: ›Denn du bist in Hoheit und Ehre gekleidet.‹ Dies ist der Teil, der ihn bekleidet.*

Ein weiteres Wandgemälde ist von außerordentlichem Interesse. Es findet sich an der nördlichen Wand der Synagoge und bedeckt diese vollständig. Abgebildet ist u. a. eine Szene, in der das »Heilige Zelt« dargestellt ist. In der Zeltöffnung erkennt man im unteren Bereich zwei nebeneinander befindliche Kugeln, darüber undefinierbare Gegenstände im Halbdunkel des Zeltes. Laut Grabungsbericht handelt es sich um das Räuchergefäß: Die Kugeln werden als aufrecht stehende

Schalen interpretiert. Letzteres steht allerdings in deutlichem Widerspruch zum Alten Testament, da dort von einer derartigen Gruppierung nichts bekannt ist.

Auffällig sind dagegen die deutlichen Parallelen zur Rekonstruktion der Mannamaschine. Die beiden Kugeln im unteren Bereich würden demnach die beiden nebeneinander angebrachten Auffangbehälter für das produzierte Manna darstellen, die Gegenstände darüber die oberen Teile der Maschine. Auch die Größe der Gesamtkonfiguration entspricht den Maßen, die für die Maschine angenommen werden müssen.

Somit sind die Gemälde in der freigelegten Synagoge von Dura-Europos die ersten uns bekannten möglichen antiken Darstellungen der Mannamaschine. Vermutlich handelte es sich bei den Juden der Siedlung um Nachkommen der ins babylonische Exil verschleppten Israeliten. Unter ihnen müssen Priester gewesen sein, denen die wahre Beschaffenheit der Mannamaschine noch bekannt war und die in ihrer griechischen Umgebung weitgehend von den damaligen theologischen Strömungen des Judentums isoliert waren. Während im jüdischen Kernland die Maschine als Geheimnis galt und Informationen darüber nur in eingeweihten Kreisen weitergegeben wurden, kam es in Dura-Europos unter dem freigeistigen hellenistischen Einfluss sogar zu bildhaften Darstellungen des Gerätes. Damit wird vielleicht erst jetzt, hundert Jahre nach der Entdeckung Dura-Europos', die Bedeutung dessen bewusst, was hier wirklich gefunden wurde.

In Israel selbst hingegen hielt lediglich der Kult um die Maschine an. Der Orden der Essener von Qumran zum Beispiel zeigt in seinen Riten möglicherweise Erinnerungen daran[9]. Die besondere Heiligung des Sabbats, die Rituale, wie sie um die einzige Mahlzeit des Tages entwickelt wurden, die Reinigungszeremonien, die man beging – all das könnte in diese Richtung deuten. Die Essener bezeichneten sich selbst als »Arme der Gnade«. Gnade aber war, wie wir schon gesehen haben, eines der zahlreichen Synonyme für »Manna«. Das Gleiche gilt für »das Weiße«, das man im Röhrensystem der Maschine zirkulieren sah, und tatsächlich spielte die Farbe Weiß für die Essener eine überragende Rolle. Es ist fraglich, ob sie wesentlich mehr wussten als andere religiöse Gruppierungen ihrer Zeit – etwa die Pharisäer oder die Sadduzäer –, aber in ihren Handlungen und Vorstellungen schwingt offensichtlich die vage Erinnerung an das einstige Heiligtum ihres Volkes noch immer mit.

1

Blick über den Damm vom Festland hinüber nach Oak Island. Die Insel wird von nur ᴗenigen Menschen bewohnt. 2003 wurden vier Fünftel der Insel von Dan Blankenship für ,2 Mio. kanadische Dollar verkauft.

Das berühmte Bohrloch 10x. Videoaufahmen zeigen ungewöhnliche Objekte in ›ner Tiefe von 70 Metern. Kurze Zeit nach en Aufnahmen brach der Hohlraum ein.

3 So gruben sich Daniel McGinnes und seine beiden Freunde John Smith und Anthony Vaughan 1795 in die Tiefe des Money Pits.

3

4

5
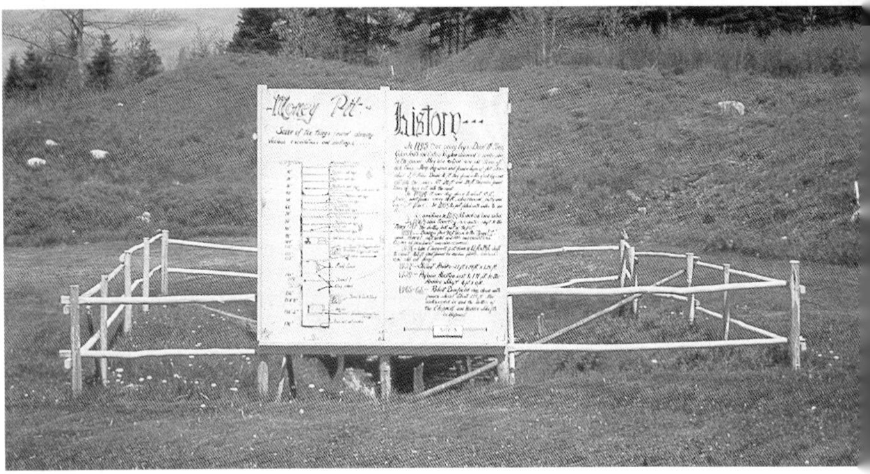

6

4 1909 wurde der Schacht unter Henry Bowdoin trockengelegt und mehrfach angebohr Wie viele Schatzsucher vor und nach ihm hatte auch er keinen Erfolg.

5 Der Money Pit *um 1990. Sämtliche Arbeite an diesem Hauptschacht sind seit langem eingestellt.*

6 Heute ist der Zugang über den Damm für Außenstehende gesperrt. Kaum jemand weiß, was auf der Insel wirklich geschieht.

7

Die Ritter der Tafelrunde begeben sich auf die Suche nach dem Heiligen Gral. Zeitgenössische mittelalterliche Darstellung.

König Arthur und seine Tafelrunde sind um den Heiligen Gral versammelt. Mittelalterliche Darstellung.

8

9

9 *Der Gral wird zur Tafel des Gralskönigs gebracht. In der Zeit des späten Hochmittelalters hatte man sich in der Interpretation bereits auf einen »Kelch« festgelegt.*

10 *Wolfram von Eschenbach als Ritter, der nach Palästina aufbricht. Wolfram hinterließ uns mit dem* Parzival *das vielleicht wichtigste Dokument des Mittelalters.*

11 *Ausschnitt aus einer der erhalten gebliebenen Originalhandschriften des* Parzival *von Wolfram von Eschenbach.*

10

12

2 Die Mannamaschine (Frontalansicht) nach der Rekonstruktion von George Sassoon nd Rodney Dale. Modell von Martin Riches.

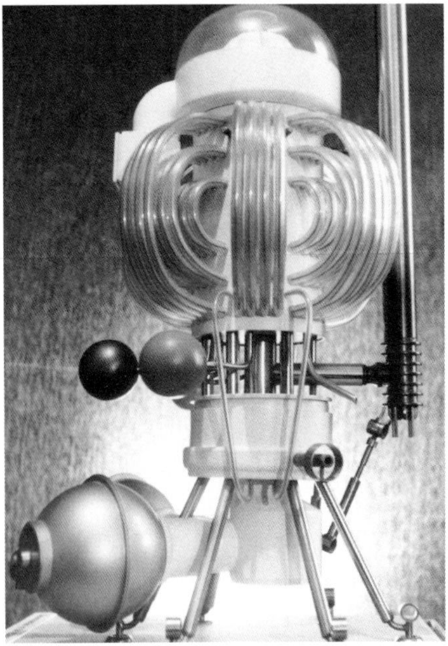

13

13 Seitenansicht der Mannamaschine. Einzelheiten siehe Grafik auf Seite 104 und Beschreibung auf Seite 375.

14 Die von Stuart Clyens entwickelte Apparatur zur Gewinnung von Wasser in Wüstengebieten. Nach dem gleichen Prinzip arbeitete auch die Mannamaschine.

15 Die Wüste Sinai. Durch trostlose Landschaften wie diese zogen um 1200 v.Chr. nomadisierende semitische Sippen bis nach Palästina.

15

16

'6 *Der Berg Horeb im Sinai-Gebirge. Der biblischen Überlieferung zufolge soll hier die*
3egegnung zwischen Mose und Jahwe stattgefunden haben.

'7 *Das Stiftszelt mit der darüber sichtbaren Wolke. Symbol für die Anwesenheit Gottes –*
der in Wirklichkeit die Ausstoßwolke der Mannamaschine?

17

18

18 Der Transport der Bundeslade nach einer mittelalterlichen Darstellung.

19 Der Gral und der Gralsschrein, in dem das Heilige Gefäß aufbewahrt und getragen wird. Die Parallelen zur Bundeslade und der in ihr transportierten Mannamaschine sind offensichtlich.

19

20

'0 *In der kleinen Kapelle neben der großen Marienkathedrale von Axum befindet sich* *ıach dem Glauben der Äthiopier die »echte« Bundeslade.*

'1 *Das* Tabot *von Axum während des* Timkat-*Festes, von einer Decke verhüllt: eine für* *ituelle Zwecke nachgebildete »Bundeslade«.*

21

22 *Eine ungewöhnliche Darstellung der Bundeslade in der Synagoge von Dura-Europos. Ist es in Wirklichkeit die mit Tüchern und Fellen behängte Mannamaschine?*

23 *Auch dies ein Gemälde aus Dura-Europos: Im Heiligen Zelt sind Strukturen zu erkennen, die offensichtlich die Mannamaschine darstellen – unten die beiden Auffangbehälter und verschiedene konstruktive Einzelelemente darüber.*

22

23

24

4 *Ein Templer in Kriegsrüstung. Als »Soldaten Christi« schlugen die Mönchsritter etliche chlachten um die Heiligen Stätten in Palästina.*

5 *Jerusalem zur Zeit der Templer in einer zeitgenössischen moslemischen Darstellung. Auf dem Tempelberg finden zurzeit durch Bautätigkeiten Zerstörungen archäologischer Reste tatt. Proteste israelischer Intellektueller verhallen ungehört.*

25

26

26 Das steinerne Ebenbild eines Mönchsritters auf einem Grabmal der Templerkirche von London.

27 Die Krönung Clemens V. 1305 in Lyon. Seine Inthronisierung bedeutete den Anfang vom Ende des Templerordens.

27

28

8 Erschöpft sitzen Montague Parker und Valter Juvelius in einem freigeräumten Stollen
'es Tempelfelsens. Was entdeckte das aus Amateuren bestehende Grabungsteam 1911 dort
ɔirklich?

9, 30 Zwei Darstellungen Baphomets. Nach dem Untergang des Templerordens hatte sich
ısch die Auffassung durchgesetzt, es habe sich dabei um ein dämonisches Idol gehandelt.

30

31

31 Peter Fiebag im Wald des Orients bei Troyes. Was schützten die Templer hier durch einen Ring von Comtureien, der diesen Wald umgab?

32

32 Die Ritzzeichnung auf dem Symbolstein von Lockenhaus: eine einfache, aber unverkennbare mittelalterliche Darstellung der Mannamaschine.

33

3 Die Autoren Peter Fiebag (links) und Johannes Fiebag im Kultraum der Templer auf urg Lockenhaus. Die Entdeckung der Abbildung auf dem Symbolstein bedeutet, dass die mpler wirklich im Besitz der Mannamaschine waren.

34

34 Rosslyn Chapel in Schottland – ein steingewordenes Monument der Kenntnisse der Templer und jener, die ihr geheimes Wissen zum Teil bewahren konnten.

35 Freimaurerversammlung im 18. Jahrhundert. Größtenteils verstümmelt und ohne tieferen Sinngehalt sind in de Ritualen dieser Gesellschaft Symbole um die Mannamaschine bis in die heutige Zeit tradiert worden.

35

Selbst heute noch spiegelt sich wahrscheinlich diese Erinnerung in vielen religiösen Gebräuchen des Juden-, z. T. auch des Christentums wider, wenngleich ihre Ausführung bereits zu salomonischer Zeit völlig sinnlos geworden war. Insbesondere die zeremoniellen Handlungen am Jom-Kippur-Tag, aber auch scheinbar so banale und in ihrer ursprünglichen Bedeutung kaum mehr bekannte Sitten wie

- das Bartschneideverbot der orthodoxen Juden (zurückgehend auf die Vorsicht beim Umgang mit den »Bärten« des OThIQ IVMIN),
- das Gebot, in der Synagoge eine Mütze oder Kappe zu tragen (zurückgehend auf die Anweisung, im Allerheiligsten beim Umgang mit der Maschine die Haare abzudecken),
- die Salbung mit Öl (ursprünglich nichts anderes als die Schmierung beweglicher Teile der Maschine, später die vollständige Ölung des Hohenpriesters beim jährlichen Eintritt in das Allerheiligste),
- das Ruhegebot am Sabbat (an diesem Tag »ruhte« auch die Maschine) sowie
- das damit zusammenhängende Verbot unwesentlicher Arbeit (die Arbeitskraft der Priester musste für die Reinigung der Maschine zur Verfügung stehen),
- der Brauch der Beschneidung (geboren aus der Angst, das Abflussrohr der Maschine könne sich verstopfen und das lebensnotwendige Manna ausbleiben; wobei zu bedenken ist, dass es die Sitte der Beschneidung auch bei anderen Völkern gibt, die mit der Mannamaschine natürlich nichts zu tun hatten),
- der Tallit, ein Gebetsschal aus Wolle oder Leinen, der von mehrfarbigen Streifen durchzogen wird: mit Hilfe der Fäden werden Knoten geknüpft, die für Zahlen stehen, die der Aussage »JHWH ist einzig« entsprechen; deren Zahlenwert (Summe) führt zu dem hebräischen Wort »*tal*«, zu Deutsch: »Tau«, womit auf den »Tauträger« und den Auszug der Israeliten aus Ägypten verwiesen wird; als »*Tau*« wurde bekanntlich die Grundsubstanz des Mannas bezeichnet, die Tauträger waren mithin die Leviten, die die Mannamaschine trugen,
- der Brauch, nur ungesäuertes (d. h. hefeloses) Brot zu essen (die Verwendung von Hefe hätte in der Wüste zu einer Nahrungskatastrophe führen können; nur ein einziger Hefekeim hätte genügt, Zucker und Stärke in der Algenkultur in kürzester Frist in Alkohol umzuwandeln: Die Maschine wäre, wie Sassoon und Dale schreiben[8], zwar noch »als

Abb. 23: Das »Auge Gottes«, das auch als Symbol der Dreifaltigkeit Einzug in die christliche Symbolik gefunden hat, von den Freimaurern benutzt wird (»Auge der Vorsehung«) und auf der Ein-Dollar-Note der USA abgebildet ist. Ursprünglich handelte es sich aber um nichts anderes als die oberste Lichtquelle in der Mannamaschine.

Brauerei funktionsfähig gewesen« und die Israeliten hätten »für eine gewaltige Sause ein Fass aufmachen« können, danach aber hätte die gesamte Kultur vernichtet, die Maschine gründlichst gereinigt und eine neue Kultur angesetzt werden müssen; eine mehrtägige Hungersnot wäre die Folge gewesen),

- die auch in die christlichen Liturgien übernommenen Wechselgebete zwischen Priestern und Gläubigen (was vermutlich auf das Verlesen und Bestätigen von auf Checklisten angegebenen Handgriffen beim Auseinandernehmen, Reinigen und Wiederzusammensetzen der Maschine zurückgeht),
- ja sogar das in ein Dreieck gefasste »Auge Gottes«, das sich als »Auge der Vorsehung« in den Ritualen der Freimaurer und über diese bis auf die Ein-Dollar-Note der Vereinigten Staaten von Amerika als symbolhafte Darstellung bis in unsere Zeit »hinübergerettet« hat – das aber nichts anderes war als das *obere Auge* oder die obere Hauptlichtquelle in der Mannamaschine.

All das hat sich bis heute erhalten, wird im wahrsten Sinne des Wortes »nachgebetet«, ohne dass sich jemand darüber bewusst ist, worauf sich diese Formeln, Rituale und Gebräuche im Ursprung gründen (vgl. hierzu auch die weit umfassenderen Untersuchungen Sassoons und Dales[8]).

Wahrscheinlich aus dem 16. Jahrhundert stammt eine jüdische Legende[10], wonach in der Stadt Safed ein Mann der »Predigt eines Rabbiners zuhörte, der da von dem ›Brote des Antlitzes‹ sprach, welches im Heiligtum Sabbat für Sabbat dargebracht zu werden pflegte. Bei der Erinnerung an das Heiligtum und seine Pracht konnte der Rabbiner seinen tiefen Schmerz nicht unterdrücken. Einen schweren Seufzer ausstoßend, rief er: ›Wehe uns, dass wir in der Gegenwart der Brote vor dem Angesichte Gottes nichts darbringen können.‹ Die Worte des Rabbiners rüttelten die Seele des einfältigen Marannen auf ...« In der Legende ist er es nun selbst, der das von seiner Frau gebackene ungesäuerte Brot in die Synagoge bringt: »Dann legte er mit zitternden Händen die Brote in die Heilige Lade und ging schnell nach Hause«.
Natürlich hat es weder in Safed noch sonstwo während des Mittelalters die Bundeslade gegeben, in die irgendjemand irgendetwas hätte legen können (fromme arabische Erzählungen[8] lassen die Lade bis in das Heiligtum der Jurhum von Najran gelangen). Aber diese Legende ist insofern interessant, als in ihr immer noch Erinnerungen an die Mannamaschine durchzuschimmern scheinen, auch wenn der ganze Ablauf in keiner Weise mehr verstanden wurde: Die semitischen Stämme in der Wüste erhielten ja das Manna von der Maschine, von der Lade – nicht umgekehrt. Aber erstaunlich ist doch, dass hier im Zusammenhang mit der Erwähnung von ungesäuertem Brot sowohl von der Bundeslade als auch vom »Brote des Antlitzes« die Rede ist. Wie wir uns erinnern, hatte der Begriff »Antlitz« in Bezug auf die Mannamaschine eine ganz besondere Bedeutung: es gab dort das obere und das untere, das große und das kleine Gesicht bzw. Antlitz des OThIQ IVMIN.
Verblüffend sind auch die von Chajim Bloch in seiner Sammlung kabbalistischer Sagen wiedergegebenen Tischlieder[10]. Er schreibt dazu: »Sie werden noch heute von den Chassidim und kabbalistisch gesinnten Juden des Orients bei den Mahlzeiten am Sabbat mit großer Innigkeit gesungen« und sind im aramäisch-hebräischen Idiom verfasst. In einem dieser Lieder, das, so Bloch, für die »dritte Mahlzeit«, also das Abendmahl, gedacht war, wird nicht nur vom »Glanz des kleinen Gesichts« und davon gesprochen, dass man zum »Mahl des kleinen Gesichts« kommen solle, sondern direkt vom Alten der Tage, der zu diesem Mahl eingeladen wird:

Ihr Palastkinder, die ihr euch sehnt,
Zu schauen den Glanz des kleinen Gesichts,
Wagt euch hervor an diesen Ort,
Des freudigen Königs freut euch jetzt,
Sorglos zu dieser Stunde lauterer Freundschaft,
Im Rat geflügelter Geister.

Kommt, nahet, sehet die Nacht.
Weg und fort sind die strengen Rechte.
Schmachten draußen festgebannt,
Jene schamlosen Geiferhunde.
Jetzt lade ich ein den Ältesten der Tage,
Zu ruhn, bis der Tag vorbei.
Ihnen zum Trotz;
Sein Wille entblöße sie von ihren Hüllen.
In Abgründe geworfen,
Verstecken sie sich in Felsenspalten.
Freut euch jetzt in der Dämmerung
An der Freude des kleinen Gesichts.

Bereiten wir nun das fromme Mahl
Zur vollkommenen Freude des heiligen Königs,
Der Alte der Tage vom heiligen Apfelgarten
Kommt zu dem Mahl des kleinen Gesichts.

Die Bezeichnung »Der Alte der Tage vom heiligen Apfelgarten« mag auf den ersten Blick verwirren. Tatsächlich aber ist auch dies ein Begriff, den der *Sohar* mit der Mannamaschine verbindet. In GHV 221 heißt es:

Das Haar hört auf, und zwei Äpfel werden an dem Platz des guten Dufts sichtbar. Sie sind schön und herrlich anzusehen, weil durch sie die Welt lebt. So steht geschrieben (Spr. 16,15) ›In dem Licht des Gesichts des Königs ist das Leben.‹

George Sassoon und Rodney Dale schreiben dazu[8]: »Diese Bezugnahme auf Äpfel scheint fehl am Platze zu sein – bis man feststellt, dass im

Hebräischen das Wort für Apfel – ThPVCh (tepuch) – auch ›Gebläse‹ heißen kann. In Wahrheit sagt dieser Teil des Textes dann aus: Dort sind keine Rohre, und zwei Gebläse sind sichtbar, die am Platze des guten Duftes arbeiten und die Dämpfe der Manna-Herstellung von sich geben. Wenn sie erscheinen, ist es ein gutes Zeichen, denn dann wird es bald Manna geben. Möglicherweise sind dies die ›Äpfel‹ des ›Feldes der heiligen Äpfel‹, von dem die Erntemänner die Manna-Ernte einbringen … In den Texten wird immer wieder betont, dass die Äpfel und das Gesicht erleuchtet sein mussten, wenn es einen reichlichen Vorrat an Leben, Güte, Gnade, Segen oder, mit anderen Worten, Manna geben sollte. Der Segensspruch ›Der Herr lasse sein Angesicht leuchten über Dir‹ möge hier als Beispiel dienen.«
Im Grunde ist es erstaunlich, wie man – bei korrekter Übersetzung – selbst auf den ersten Blick nebensächlich oder sogar unsinnig erscheinende Textstellen des *Sohar* noch auf ihre ursprüngliche Bedeutung zurückführen kann. Nicht minder erstaunlich ist es freilich, dass dieses Geheimwissen auch in der populären Überlieferung, etwa in Gesängen, »überlebt« hat, dort freilich völlig zusammenhanglos und sinnentstellt wiedergegeben.

Eine andere Spur, die Erinnerungen an die Mannamaschine offenbart, findet sich im *Talmud*: Dort begegnet uns der seltsame Begriff der »*Schechina*«. Der *Talmud* ist ein in der frühen nachbiblischen Zeit (bis etwa 200 nach Christus) entstandenes Werk der jüdischen Lehre. Hervorgegangen aus der *Mischna* des Rabbi Jehuda, bildet der *Talmud* neben der Bibel (Altes Testament) das wichtigste Buch des Judentums. Er wurde im Laufe der Zeit durch Kommentare erweitert und enthält Erzählgut in Form von Legenden, Gleichnissen, Sprüchen, Vorträgen und Gebeten.
Der Begriff *Schechina*, wie er im *Talmud* oder im *Midrasch* (einer weiteren Kommentierung des AT) besteht, bedeutet wörtlich: »Sich-Niederlassen«, »Ruhen« oder »Wohnen«. Es handelt sich um einen äußerst schwierigen Begriff, dessen Inhalt sich im Laufe der Zeit wandelte, der aber ursprünglich nichts anderes bedeutete als »Gottes Anwesenheit unter den Menschen«, namentlich seine körperliche Anwesenheit. Der evangelische Theologe Anton Hauck[11] schreibt hierzu: »Somit haben wir in Schechina einen Decknamen oder eine Nebenbenennung

Gottes, die für Gott selbst steht, ihn aber nach einer bestimmten Wesensseite, nämlich nach seiner realen Gegenwart in der Welt, dem menschlichen Bewusstsein nahe bringt.« Diese reale Gegenwart äußert sich im AT nach Ansicht der jüdischen Theologie in der Form der Feuer- und Flammensäule, aber damit ist, so »Wetzer und Welters Kirchenlexikon« von 1899, »bloß die über dem Gnadenthron oder beim Sühndeckel der Bundeslade thronende Wolke, durch welche Gott der Herr seine Gegenwart kundgab«, gemeint.

Hier ergibt sich eine Beziehung zu unserem Thema. Der Begriff *Schechina* steht offensichtlich in sehr engem Kontext zur Bundeslade. In der Tat glauben wir Hinweise dafür zu haben, dass *Schechina* nichts anderes ist als ein weiteres Synonym der Mannamaschine.

In der Bibel findet häufig eine Gleichsetzung Jahwes mit der Bundeslade statt. Dies mag überraschen, wird aber dann verständlich, wenn wir bedenken, dass das OThIQ IVMIN im *Sohar* ebenfalls als Gottheit verstanden wurde, wenngleich sie nicht unbedingt mit Jahwe gleichgesetzt wurde. Den Autoren des Pentateuchs und anderer Bücher der Bibel war diese feine Differenzierung offenbar nicht bewusst. Als beispielsweise die Lade aus dem Land der Philister wieder ins »Gelobte Land« zurückkehrte, lautet eine Frage der Israeliten (1 Samuel 6): »Wer ist imstande, vor Jahwe, diesem heiligen Gott, Dienst zu tun?« – Hier hatten Jahwe und die Lade/Mannamaschine offenbar schon eine völlige Identität erreicht. Gleiches gilt für die Zeit um David, wie es in 2. Samuel 6 heißt:

Und David tanzte mit aller Macht vor dem Herrn her und war umgürtet mit einem leinernen Priesterschurz. David mit dem ganzen Hause Israel führte die Lade des Herrn herauf mit Jauchzen und Posaunenschall.

Martin Dibelius schreibt in seiner 1906 veröffentlichten Dissertation sogar[12]: »Unsere ältesten Quellen setzen die Lade oft mit Jahwe geradezu gleich.« Spätestens also zu dem Zeitpunkt, als die Samuelbücher abgefasst wurden, waren einige der jüdischen Theologieschulen der Auffassung, Gott und Lade seien miteinander identisch gewesen. Die Samuelbücher wurden in ihren Inhalten und Aussagen stark durch die so genannte »Priesterschrift« beeinflusst, die während des babyloni-

schen Exils entstand und Regelungen zur Kultordnung enthielt. Möglicherweise ist die beiderseitige Identifikation auf die theologischen Strömungen während der Zeit des Exils zurückzuführen.
Aber es gab ganz offensichtlich auch andere Schulen und anderes überliefertes Wissen. Im zweiten Buch Mose finden wir die folgende Passage:

Er [Gott] sprach: Mein Angesicht soll vorangehen; ich will dich zur Ruhe geleiten. Mose aber sprach zu ihm: Wenn nicht dein Angesicht vorangeht, so führe uns nicht von hier herauf.

Der Terminus »Angesicht« ist hier eine etwas ungenaue Übersetzung, denn nach Anton Hauck[11] müsste es eigentlich heißen: »Meine Schechina soll vorangehen« bzw. »Wenn deine Schechina nicht mit uns geht, ziehen wir nicht von dannen«. Ähnlich verhält es sich auch im selben Buch, 34. Kapitel:

Und Mose neigte sich eilends zur Erde und betete an und sprach: Hab ich, Herr, Gnade gefunden vor deinen Augen, so gehe der Herr in unserer Mitte, denn es ist ein halsstarrig Volk.

Auch hier sollte es richtigerweise heißen: »... so gehe deine Schechina in unserer Mitte«. *Schechina* und Gott waren also nicht identisch miteinander. Gershom Scholem[13] schreibt dazu: »Der mittelalterlichen Philosophie des Judentums war die Schechina als eine Manifestation Gottes durchaus gegenwärtig, und zwar gerade als etwas von Gott selbst Unterschiedenes.« Dies wäre auch – vorausgesetzt, mit *Schechina* und Mannamaschine ist dasselbe gemeint – als vernünftig anzunehmen, denn nach A. Hauck[11] »begleitete die Schechina das Volk Israel auf seinem Wüstenzuge«, und auch »nach der Eroberung des Landes Kanaan wanderte die Schechina überall dahin, wo das Stiftszelt aufgeschlagen wurde, bis sie endlich in dem von David und Salomo errichteten Tempel auf längere Zeit eine Ruhestätte fand. Im Tempel ruhte die Schechina an der Abendseite [also im Westen, wie Bundeslade und Mannamaschine, Anm. d. Verf.]. Mit der Auflösung des ersten Staatslebens zog sie nach der Ansicht einiger Lehrautoritäten mit dem Volke ins Exil, und wenn es erlöst wird, wird sie mit ihm erlöst, nach der Ansicht anderer dagegen zog sie sich wieder in dem Himmel zurück«. Dies alles trifft exakt auf die Mannamaschine zu, ja, die Übereinstimmung ist noch frappierender. Anton Hauck[11] schreibt: »Somit fehlte im zweiten Tempel [dem nach-exilischen Tempel König Sarubbabels um 520 v. Chr., später von Herodes dem Großen umgebaut, Anm. d. Verf.] die Schechina, wie auch die Bundeslade mit dem Sühnedeckel, die Kerubim, das die Opfer verzehrende himmlische Feuer, der heilige Geist und die Urim und Thummin fehlten«. Die *Schechina* war also etwas von der Bundeslade Unabhängiges, das dem zweiten, wieder aufgebauten Tempel genauso fehlte wie die anderen heiligen Geräte.

Einer Legende nach soll die Schechina bereits im Paradies anwesend gewesen und erst durch die Sünde Adam und Evas wieder zum Himmel entrückt worden sein. Sieben frommen Menschen aber sei es zu verdanken, dass die Schechina schließlich zur Erde zurückkehrte. Diese Reihe fängt bei Abraham an und endet bei ... Mose: »Letzterer brachte sie von den Oberen ganz zu den Unteren«[11], d. h. durch ihn wurde die *Schechina* zur Erde gebracht.

Schechina wird, wir vermerkten es bereits, auf das »Wohnen« Gottes inmitten seines Volkes bezogen. Dieses Wohnen wiederum bezieht sich auf das Innere der Bundeslade, wie wir beispielsweise 2. Mose 25 entnehmen können: »Und sie sollen mir ein Heiligtum machen, dass ich unter ihnen wohne«.

Der allmächtige Gott, in der Bundeslade eingesperrt – das ist eine wahrhaft lächerliche Vorstellung. Aber bei dem, was sich in der Lade befand, handelt es sich eben *nicht* um den Schöpfer des Alls, sondern um einen zwar außergewöhnlichen, aber nichtsdestotrotz materiellen Gegenstand. Anton Hauck[11] schreibt dazu: »Als Aaron sich in die Gewänder des Hohenpriesters hüllte und zum ersten Mal den Tempeldienst verrichtete, ruhte die Schechina auf seinen Händen. Nach einer Legende sah Simeon der Gerechte bei seinem alljährlich Eintritt in das Allerheiligste die Schechina mit eigenen Augen.« Die *Schechina* war also keineswegs Gott, sondern nach dem Verständnis der talmudischen Juden lediglich etwas von »Gott« Geschaffenes, denn »alle Philosophen, von Saadja über Juda Halevi zu Maimonides, erklären übereinstimmend, dass die Schechina ... eine freie Schöpfung Gottes sei«[13].

Interessanterweise, und auch das bestätigt unsere Vermutung einer Identität von *Schechina* und Mannamaschine, ist häufig vom »Angesicht« der *Schechina* die Rede, was uns an »das kleine Gesicht« des Gerätes erinnert. Dies bestätigt wiederum Anton Hauck, wenn er schreibt[11]: »Zuweilen heißt die *Schechina* selbst Bild. Endlich weisen noch die Redensarten, das Angesicht der Schechina empfangen und sich am Glanze der Schechina laben, auf sinnliche Vorstellungen der Schechina hin. Wer das Angesicht der Schechina empfängt, hat schon hier auf Erden einen Vorgeschmack der Seligkeit.«

Und schließlich fasst Gershom Scholem in seinem Werk »Von der mystischen Gestalt der Gottheit«[14] zusammen: »So war denn die Schechina in ihren Tagen in suspenso [wörtlich: hing in der Luft, Anm. d. Verf.] und fand keine Ruhestätte für ihre Füße auf Erden, wie am Anfang der Schöpfung. Da kamen Moses und ganz Israel und bauten die Wohnung [das Stiftszelt und die Lade, Anm. d. Verf.] und seine Geräte und besserten die in Verfall geratenen Kanäle aus, ordneten die Deiche und bereiteten die Teiche zu, pumpten lebendiges Wasser aus dem Pumphaus hinein und führten die Schechina zu ihrer Wohnung bei den Unteren zurück, freilich nur ins Zelt, nicht auf den Boden, sodass die Schechina wie ein Gast mit Israel von Ort zu Ort zog, bis David und Salomo ihr dann einen ›festen Boden unter den Füßen‹ im Tempel in Zion schafften.« – Eine Beschreibung, die mit ihren technisch anmutenden Vorgängen (es sei hier auf die Schlauchsysteme und Kultivierungsbehälter hingewiesen, die einmal wöchentlich gereinigt werden mussten) interessante Parallelen aufzeigt.

Zusammenfassend können wir über die *Schechina* damit Folgendes sagen:

1. Sie kommt zur Zeit Moses auf die Erde.
2. Sie ist nicht identisch mit Gott, genauso wie im OThIQ IVMIN zwar Gott verehrt, dieser aber nicht mit ihm identifiziert wurde.
3. Die Schechina befindet sich *in* der Bundeslade.
4. Die Schechina ist etwas Dingliches, etwas, das man sehen und anfassen kann.
5. Sie begleitet das Volk Israel durch die Wüste, befindet sich mit dem anderen Gerät im salomonischen Tempel und ist wie dieses nach der Zerstörung des Gotteshauses verschwunden.
6. Mit der Schechina ist eine Tätigkeit verbunden gewesen, die sich auf das »Ausbessern« von »Kanälen«, »Pumpen« usw. bezog und zur Zeit der Wüstenwanderung durchgeführt wurde.

7. Die Schechina besitzt ein »Angesicht«.
8. Man kann die Schechina »empfangen« und sich an ihr »laben.

All diese Charakterisierungen aber treffen nach unserem Wissen nur auf einen einzigen Gegenstand der jüdischen Geschichte zu: auf die Mannamaschine. Nur sie vereinigt in sich all diese Eigenschaften und Charakterisierungen, nur sie kann mit *Schechina* tatsächlich gemeint sein.

Gibt es nun eine Beziehung zum Heiligen Gral? In seinem Buch »Zur Entwicklung der kabbalistischen Konzeption der Schechina«[13] schreibt Gershom Scholem über das im 12. Jahrhundert entstandene jüdische Buch *Bahir*: »Die Schechina ist nicht nur das ›vas Pretiosum‹, das ›schöne Gefäß‹, sie ist an mehreren Stellen des Bahir selber der Edelstein oder die Perle ... Jüdische Legende verzeichnet schließlich noch, der Glanz der Schechina mache alle, auf die er falle, frei von Krankheit, und weder Insekten noch Dämonen können ihm näher kommen, um ihm Schaden zu tun.« Scholem weist darüber hinaus auf die mit der *Schechina* verbundenen Vorstellungen von einem Stein hin und hebt eine weitere Kennzeichnung hervor, indem er von der *Schechina* als einem sich im »Exil« befindlichen »Etwas« spricht. Und genau als »Stein des Exils« hatte unter anderem Joachim Bumke[6] Wolframs *lapsit exiliis* gedeutet. Herbert Kolb[15] bestätigt diese Ansicht: »Diese Benennung (lapsit exiliis) würde auf die Schechina, symbolisiert in einem heiligen Stein, genau zutreffen, die mit der Zerstörung des jüdischen Tempels in Jerusalem und mit der Zerstreuung des Volkes Israel in das Exil gegangen ist.«

Damit ist die Verbindung hergestellt. Die Mannamaschine, in der jüdischen Geheimüberlieferung der Kabbalah als OThIQ IVMIN (»Alter der Tage« bzw. »Der Transportierbare mit den Behältern«) bezeichnet, wird in der offiziellen hebräischen Literatur des *Talmud* zur *Schechina* und diese wiederum zum Heiligen Gral des Hochmittelalters. Wir finden dies bestätigt durch H. Goetz. Er schreibt[16]: »In Wolframs einigermaßen wirrer Schilderung des Grals mischt sich mit dem Gleichnis des Lapis exillis der Alchemie und des lapis exulis der verkörperten Schechina der Kabbalah noch ein weiteres Vorbild.«

Auch der Philologe Herbert Kolb[15] ist dieser Meinung: »... weil sie [die *Schechina*, Anm. d. Verf.] nur einem Propheten oder einer wohlgefälligen Menge an einem bestimmten Ort sichtbar ist. Hier wird die

Vorstellung einer hypostasierten [verdinglichten, vergegenständlichten, Anm. d. Verf.] Schechina als einer von Gott selbst unterschiedenen Substanz sehr deutlich; nach Yehuda ha-Levi ist sie nur dem reinen und gläubigen Auserwählten sichtbar, und ihr Anschauen an dem für sie bestimmten Ort nach ›Herz und Seele nur ein lauterer‹ ... Und hier dürfte eine sonst kaum auffindbare Gemeinsamkeit mit dem Gral Kyot-Wolframscher Auffassung liegen: die Schechina war mit Gott schon da; sie existierte, bevor Gott die Welt erschuf, wie der Gral schon existierte, bevor Gottes Schöpfungswerk vollendet wurde. Denn der Streit zwischen Gott und Luzifer ... ging der materiellen Weltschöpfung voraus.«
Und schließlich schreibt derselbe[15]: »Der Name ›gral‹ scheint ein Geheimname für die hebräische Schechina zu sein.« Sowie an anderer Stelle: »Wenn es zuträfe, dass der Gralstein eine bestimmte Gestalt der verdinglichten Schechina darstellte und das Wort grál einen geheimen Sondernamen der Schechina in wahrscheinlich arabischer Sprache bedeutete, so müsste der Gral in seinem Innersten ein Symbolgegenstand sein, in welchem sich das »Wohnen« Gottes ausdrückt, eine Verdinglichung seiner ständigen unsichtbaren Gegenwart unter auserwählten Menschen an einem bestimmten Ort. Dass es so sein könnte, dafür gibt es bei Wolfram sehr deutliche Anzeichen.«
Doch es existiert noch eine weitere Spur, die uns das Geheimnis der Überlieferung vom Gral aufhellen lässt. Wir waren im zweiten Kapitel auf die verschiedenen Ursprünge eingegangen, die zu den Parzivallegenden des 12. und 13. Jahrhunderts geführt haben. Eine sehr bedeutende Quelle haben wir dabei jedoch noch nicht behandelt. Nun ist es an der Zeit, dass wir uns ihr zuwenden.

VIII. Kyot

Einst, nach überlanger Weile,
werde ich verstanden sein.

Christian Morgenstern
(1871–1914)

Streit um Kyot

Kehren wir damit zurück zur Literatur des Mittelalters, zur Parzivallegende Robert de Borons, Chrétien de Troyes' und Wolfram von Eschenbachs. Im zweiten Kapitel hatten wir gezeigt, dass es verschiedene – christliche wie außerchristliche – Motive sind, die sich um das zentrale Thema der Gralsage anordnen. Doch welchen Ursprung hat nun eigentlich dieses zentrale Thema, die eigentliche Gralüberlieferung?

Die mittelalterlichen Dichter geben uns erstaunliche Hinweise darauf. Robert de Boron bezog seine Quellen, wie er schreibt, aus einem »großen Buch«, in dem »die erhabenen Mysterien beschrieben sind, die nach dem Gral benannt sind.«

An anderer Stelle geht er nochmals auf dieses Buch ein, es wird aber nicht ganz deutlich, ob er es selbst in seinem Besitz hatte oder lediglich über andere Quellen daraus zitiert: »... ich tue allen denen zu wissen, die dieses Buch haben wollen, dass, wenn Gott mir Gesundheit und Leben gibt, ich wohl den Willen habe, diese Teile zu vereinigen, falls ich sie in einem Buch [d. h. in einer Handschrift dieses Buches, Anm. d. Verf.] finden kann.« Immerhin dürfte auch Chrétien aus einem solchen Buch geschöpft haben. In seiner Einführung zum *Grand Saint Graal*, das er dem Grafen Philipp von Flandern widmete, bemerkt er: »So wird also Chrétien seine Mühe nicht umsonst gehabt haben, wenn er auf Geheiß des Grafen sich mühet und strebt, die beste Geschichte zu dichten, die jemals an einem Königshofe erzählt wurde. Das ist die Erzählung vom Gral, zu der der Graf ihm das Buch übergab.«

Am ausführlichsten geht Wolfram von Eschenbach auf dieses Buch ein. Er schreibt über seinen Inhalt, seine Entdeckung und seinen Finder. Über letzteren weiß er zu berichten (453, 1–22):

Kyot, der wohl bekannte Meister,
fand zu Toledo verworfen
in heidnischer Schrift
die Urfassung der Aventüre.
Den Sinn des Abc
*musste er zuerst lernen,**
und außerdem die Schwarze Kunst.
Es half ihm, dass er getauft war.
Andernfalls wäre diese Märe noch heute unvernommen.
Keine heidnische List würde uns dazu verhelfen,
von des Grales Art zu künden,
wie man seiner Geheimnisse inneward.

Dieser Kyot, der »wohl bekannte Meister«, er stellt das wohl größte Problem der Parzival-Forschung dar, obwohl Wolfram sich mehrmals auf ihn beruft. Denn wenngleich er »wohl bekannt« gewesen sein soll, findet sich doch nirgends in der Literaturgeschichte eine Spur von ihm. Zweifel an seiner Existenz wurden erstmals im vorletzten Jahrhundert von dem Philologen Karl Simrock[2] geäußert und haben bisher immer wieder Anhänger gefunden. Simrock zielte in seinen Arbeiten insbesondere darauf ab zu beweisen, dass Wolfram für seinen Parzival keinen »Kyot nötig« gehabt hatte, dass er selbstständig dazu in der Lage gewesen sei, die von Chrétien abweichenden Passagen des *Parzival* niederzuschreiben. Kyot wäre somit nur eine Fiktion, eine erfundene Quelle, um die Beweiskraft der eigenen Dichtung zu untermauern. An dieser Stelle ist es notwendig, darauf hinzuweisen, dass Karl Simrock Germanist war und Wolfram gewissermaßen sein »Favorit«. Und so verwundert es nicht, wenn Simrock ironisch-resümierend feststellt: »Glücklicherweise wird aber dieser Kyot, den die provenzialische Literatur so wenig kennt als auch die französische, aus der deutschen gestrichen werden müssen.«

---

* Nach. P. Piper[1]: Die Buchstaben des Werkes musste er zuerst lernen.

War Kyot – nach Wolfram ein Mann aus der Provence –, nur eine erdachte, eine fiktive Person? Wendelin Foerster[3], ein Romanist und seinerseits Chrétien-Anhänger, kam von einer ganz anderen Position zu demselben Ergebnis. Auch für ihn war Kyot ein »Stein des Anstoßes, und zwar ein scheinbar recht wuchtiger und klobiger«. Er meint: »Wolfram beruht also, was den Gralstoff betrifft, ganz allein auf Kristian – alles, was diesem fehlte, also die Vor- und Nachgeschichte, ist ebenso wie Kyot seine Erfindung.« Jeder, der einen anderen Standpunkt einnehme, sei ein »Sonderling«, oder wie Foerster schreibt, ein »Kyotling«, und seine Position ein »trauriges Zeichen der Zeit«.
Beide, sowohl Simrock als auch Foerster, haben bis heute ihre Anhänger behalten. Dabei ist es doch, wie Herbert Kolb[4] in einem Rückblick auf die Geschichte dieses Kyot-Streites schreibt, »sonderbar zu sehen, wie Foerster und Simrock, obwohl ihre Beweggründe völlig verschieden, zumeist einander geradezu entgegengesetzt sind, sich im Zweifel an Kyot zusammenfinden.« Ihre Entscheidung sei von vornherein bestimmt durch die Anhänglichkeit an Chrétien bzw. Wolfram. Kolb: »Der Leidtragende in beiden Fällen ist Kyot; gegen die Bezeugungen Wolframs wird die bloße Möglichkeit seiner Existenz bestritten, bevor das Für und Wider sachgerecht abgewogen ist.«
In der Tat nimmt sich der ganze Streit um den »Provenzalen Kyot« zuweilen eher wie ein Glaubensstreit und eine literarische Posse denn eine wissenschaftliche Diskussion aus. Man spricht Wolfram von vornherein ab, die Wahrheit zu sagen, im Grunde auf das wenig aussagekräftige Ergebnis der bisherigen Forschung hin, einen Kyot im Zeitalter Wolframs oder davor nicht entdecken zu können. Dabei nennt Wolfram Kyot als eigentlichen Urheber »seiner« Gralgeschichte nicht nur an der bereits angeführten Stelle, sondern nochmals deutlich im Epilog des Parzival (827, 1–13):

Wenn der Meister Chrétien von Troyes
dieser Geschichte Unrecht getan hat,
so darf das Kyot wohl erzürnen,
der uns die rechte Geschichte überliefert hat.
Wahrhaftig erzählte der Provenzale,
wie Herzeloydes Kind den Gral
erwarb, so, wie es ihm bestimmt war,

als Anfortas ihn verwirkt hatte.
Von der Provence ins deutsche Land,
wurde die rechte Geschichte uns gesandt.
Und diese Aventüre sind nun beendet.
ich will jetzt nicht mehr davon erzählen,
ich, Wolfram von Eschenbach,
als es dort der Meister tat.

Zweifellos mag eine solche Stelle die Gemüter der Chrétien-Anhänger wie der des deutschen Dichters erregt haben, sagt Wolfram doch nichts anderes, als dass Chrétien, so, wie er den *Perceval* niederlegte, von der eigentlichen »Ur«-Fassung Kyots abwich, der »die rechte Märe« überliefert hat. Aber das zeigt eben auch das Hineinspielen von Emotionen in diesen Streit, bei dem es eigentlich schon längst nicht mehr darum geht, ob Kyot nun wirklich existiert hat oder nicht, sondern wie man die jeweilige Gegenseite mit immer neuen Argumenten (oder auch Pseudoargumenten) des Für und Wider angreifen kann.
Aber ein solcher Streit ist müßig, führt man sich vor Augen, mit welcher Ernsthaftigkeit Wolfram gerade im oben zitierten Epilog von Chrétien einerseits und Kyot andererseits spricht. Und so schreibt denn auch Herbert Kolb[4]: »Man wird dem Epilog in seiner Gesamtheit Glauben schenken müssen, oder man dürfte ihm kein einziges Wort glauben; gegen diese letzte Möglichkeit aber stehen die Tatsachen. Hat man sich hingegen durch Überlegungen und Gründe für die erste Möglichkeit bestimmen lassen, so wird man der Konsequenz nicht ausweichen können, auch die übrigen Kyotberufungen Wolframs als glaubwürdig anzuerkennen.«
Neben den eindeutig auf Chrétien zurückzuführenden Passagen ist es vor allem das Verwenden arabischer Elemente (etwa das Nennen der sieben damals bekannten Planeten mit arabischen Namen, die arabischen Bezeichnungen zahlreicher Edelsteine, die Wolfram angibt usw.), die auf eine solche Quelle neben Chrétien schließen lassen. Ebenso verhält es sich mit verschiedenen Details französischer Herkunft. Der Mediävist Wolfgang Mohr[5] spricht gerade dieses Thema an und betont nicht zu Unrecht: »Wie man jedoch ohne ›Kyot‹ mit den vielen Einzelfakten und Motiven fertig werden will, die Wolfram nicht aus Chrétiens Roman entwickelt und kombiniert haben will, und die ihm aus

irgendwelchen Quellen, vielfach nachweislich französischen, zugeflossen sein müssen, das ist ein Problem, das sich die Gegner einer Kyot-Hypothese nicht zu leicht machen dürfen.«
Vielleicht wird manchem Leser die Erörterung dieses Kyot-Problems in unserem Zusammenhang überflüssig erscheinen. Wir halten es jedoch für wichtig, auch auf diese Diskussion einzugehen, da sie einen nicht unwesentlichen Anteil der gesamten Sekundär-Literatur zum Thema »Parzival« ausmacht. »Mittelalterliche Autoren äußern sich in der Regel vage über ihre fiktiven Quellen. Wolfram jedoch erzählt uns weit mehr über Kyot als bei einer solchen Quellenangabe üblich«, so die Auffassung Richard Barbers (2004). Und er kommt zu dem Ergebnis, wenn wir die Existenz Kyots bejahen, »dann akzeptieren wir die Existenz einer verlorenen Graltradition von höchster Bedeutung ...«. Und allgemein kann man doch wohl mit F. Schröder[6] sprechen, dass wir um die Existenz eines ursprünglichen Parzivalromans von Kyot »nicht herumkommen«.

Wer könnte dieser »Provenzale Kyot« nun gewesen sein? Wir haben bereits darauf verwiesen, dass bisher weder von der Literaturwissenschaft noch von der eigentlichen historischen Forschung eine konkrete Antwort auf diese Frage gegeben werden konnte. Die Geschichte kennt keinen »Provenzalen Kyot«, und deshalb ist auch bei jenen, die keine Fiktion in ihm sehen, noch immer nicht geklärt, wen Wolfram damit gemeint haben könnte. Interessanterweise tritt nämlich in seinem Epos eine handelnde Person auf, ein »Kyot von Katelangen«, der zu gewissen Unsicherheiten in der Diskussion geführt hat. Indessen dürfte aber klar sein, dass dieser »Kyot« nicht mit jenem identisch ist, dem Wolfram seine eigentlichen Gralsquellen verdankt.
Die wohl am häufigsten geäußerte Vermutung bezieht sich (der Namensähnlichkeit wegen) auf einen gewissen Guiot de Provins, einen Dichter, den Wolfram durchaus gekannt haben könnte. Dieser stammte aus der Stadt Provins in der Champagne, studierte aber in der Provence, könnte also einen »Provenzalen Kyot« durchaus erklären. Problematisch bei dieser Annahme ist jedoch, dass Guiot kein Epiker war wie Chrétien oder Wolfram, sondern Satiriker, von dem ein einziges, moralisch-satirisches Gedicht vorliegt, das er *La Bible* nannte. Ihm einen »Ur-Parzival« zuzugestehen, bereitet Schwierigkeiten, und

in der Tat: »Dass Guiot de Provins einen Parzivalroman gedichtet hat, nimmt heute allerdings niemand mehr an«, schreibt Joachim Bumke 1991[7]. Es wurde auch versucht, »Kyot« oder »Gui« von »Guillem« (also »Wilhelm«) herzuleiten und dies auf einen gewissen Wilhelm von Tudela zu beziehen, der zwischen 1210 und 1213 den ersten Teil der *Chansons de la croisade albigeoise* schrieb. Diese Möglichkeit, in den letzten Jahren von den beiden Amerikanern Henry und René Kahane in die Diskussion gebracht, mag einige Vorteile aufweisen, ist aber insofern doch abzulehnen, als die Arbeit Wolframs bereits weitgehend abgeschlossen war, als Wilhelm mit der seinen begann. Der inzwischen verstorbene Herbert Kolb scheint in seinen letzten Lebensjahren Hinweise darauf gefunden zu haben, bei Kyot habe es sich um Guido, einen Ordensmeister der Templer im spanischen Königreich Leon, gehandelt. Dessen Tätigkeit dort ist zwischen 1178 und 1187 nachweisbar, und möglicherweise stammte er wirklich aus der Provence. Wie Joachim Bumke[7] schreibt, ist »über seine literarische Tätigkeit allerdings nichts bekannt.«
Es gibt noch etliche andere Vermutungen, die hier aber nicht weiter berücksichtigt werden sollen. Wir wollten lediglich zeigen, dass es bis heute keine einheitliche Meinung hinsichtlich einer Identität Kyots mit einer anderen geschichtlichen Person gibt. Vermutlich handelt es sich um eine Art Decknamen, um ein willkürlich oder unwillkürlich von Wolfram übertragenes Pseudonym – wir werden darauf später noch einmal zurückkommen. Der Einfachheit halber werden wir aber vorläufig beim Namen »Kyot« bleiben.

Das Buch *Flegetanis*

Wolfram schreibt in seinem Epos: »Kyot, der wohl bekannte Meister, fand zu Toledo verworfen, in heidnischer Schrift, die Urfassung der Aventüre.« Toledo in Zentralspanien wird somit Angelpunkt unserer weiteren Erkundigungen. Dort nämlich soll der mysteriöse Gewährsmann Wolframs die Urfassung der Gralsage gefunden haben, und zwar erstaunlicherweise »in heidnischer Schrift«.
Werfen wir einen Blick auf das Spanien des 12. Jahrhunderts. Etwa 500 Jahre zuvor, nämlich zwischen 711 und 715, war es (bis auf den

Nordwesten) unter Walid I. von den Omaijaden eingenommen worden. Der islamische Siegeszug quer durch die iberische Halbinsel hatte mit dem Überschreiten der Meerenge von Gibraltar durch Tarik und der Vernichtung des Westgotenheeres unter Roderich im Jahr 711 begonnen und konnte erst durch die Schlacht bei Tours und Poitiers (Frankreich) im Jahre 732 gestoppt werden. In Spanien selbst gründete 756 der dem Blutbad am Zab (einem Nebenfluss des Tigris, an dem die Moslems unter Merwan II. vernichtend geschlagen worden waren) entkommene Abd-Ar-Rahman das »Emirat der Omaijaden von Córdoba«. Cordoba und Toledo wurden Zentren des Islam in Spanien. Bedeutendster Herrscher war Abd-Ar-Rahman III. Im Jahre 1031 setzte die Reconquista, die Rückeroberung Spaniens, ein. 1118 fiel Zaragossa, 1235 eroberte Ferdinand III. Cordoba, aber erst 1492 wurde Granada, der letzte islamische Staat auf europäischem Boden, angegriffen und zurückgewonnen. Toledo selbst war bis 1058 in moslemischer Hand. Aus dem Wolfram-Text geht leider nicht hervor, ob Kyot sich vor oder nach diesem Datum in der Stadt aufhielt. Beides wäre aber grundsätzlich möglich.
Da er zuerst – also nach dem Auffinden der Texte – »den Sinn des ABC lernen musste«, ist wohl anzunehmen, dass er noch keine Kenntnisse des Arabischen oder jedenfalls der die Urschrift ausmachenden »heidnischen« Sprache besaß. Interessant auch der Hinweis, er habe sich der Schwarzkunst (d. h. der »Magie«, der Geheimlehre) zugewandt, ein Zeichen dafür, dass der Text nicht für jedermann zugänglich war und offenbar nur in bestimmten Zirkeln gelesen und verstanden werden konnte, also eine Geheimschrift darstellte.
Die folgenden Verse behandeln Inhalt und Verfasser des Buches, das Kyot in Toledo entdeckte und das als Urquelle der Gralüberlieferung gelten muss. Diese Verse sind für uns von entscheidender Bedeutung. Wolfram schreibt (453, 23–30 und 454, 1–30):

Ein Heide, Flegetanis,
einst hochberühmt durch seine Künste,
dieser Kenner der Natur [fision = Physiker]
war mütterlicherseits geboren von Salomo
[bzw. aus dem Geschlecht Salomos]
aus israelitischer Sippe

von alters her, bis unser Schild
die Taufe wurde gegen das Höllenfeuer.
Der schrieb von der Aventüre des Grals.
Väterlicherseits war er ein Heide,
Flegetanis, der ein Kalb
anbetete, als wäre es sein Gott.
Wie mag der Teufel seinen Spott
einem so weisen Volk zufügen,
dass es nicht unterscheidet [von einem Kalb]
von dem, der der Höchste ist
und dem alle Wunder bekannt sind.
Flegetanis, der Heide,
konnte uns wohl erklären,
wie jeglicher Stern untergeht
und wieder aufgeht,
wie lange er [am Himmel] *entlangzieht,*
ehe er wieder an seiner Stätte steht.
Mit dem Umlauf der Sterne
wird auch geprüft [oder: erkannt, bestimmt]
aller menschlichen Art.
Flegetanis, der Heide, sah,
– davon sprach er nur mit Scheu –
in den Sternen mit seinen Augen
geheimnisvoll Verborgenes.
Er sagte, es hieße ein Ding der Gral,
dessen Namen er deutlich gelesen hatte [in den Sternen]*:*
›Eine Schar ihn auf der Erde ließ,
die fuhr auf hoch über die Sterne,
weil ihre Unschuld sie zurück zog.
Seither pflegt ihn getaufte Frucht,
mit Keuschheit und in reiner Zucht.
Die Menschen sind es immer wert,
die sich der Gral zum Dienst begehrt.‹

Die besondere Bedeutung dieses Abschnitts wird kaum jemandem entgehen können. Unsere Aufmerksamkeit muss sich zwangsläufig auf diesen ominösen »Flegetanis« richten. Er wird von Wolfram als der eigentliche Autor des von Kyot entdeckten Buches bezeichnet. Folgen wir dem Parzivaltext, so war Flegetanis ein Weiser, ein Mann, der die Astronomie und – im Altertum damit immer verbunden – die Astrologie beherrschte, ein Naturforscher. Und schließlich (und das ist für uns von außerordentlicher Bedeutung): Er stammte mütterlicherseits von Juden, väterlicherseits von Heiden ab. Wolfram konkretisiert diese Aussage sogar noch, indem er zum einen einen zeitlichen Hinweis (Salomo) gibt, zum anderen betont, Flegetanis habe »ein Kalb« angebetet. Auf einen Moslem kann eine solche Beschreibung schlecht zutreffen, und so ist gerade diese Stelle bis heute Ansatzpunkt eines »literarischen Rätselratens« geblieben. Herbert Kolb[4] beispielsweise schreibt: »Der Widerspruch, der darin besteht, dass Flegetanis einmal jüdische Abstammung und jüdischer Glaube nachgesagt werden, dass er das andere Mal aber als Heide bezeichnet ist, scheint unauflösbar.«

Unauflösbar in der Tat, wenn man – wie bisher in der Literaturforschung geschehen – Flegetanis nur in der Zeit Wolframs sucht, in der die arabischen Wissenschaften blühten, als arabische Astronomen – »Heiden« für das christliche Europa – den Forschern unserer Breiten in Vielem voraus waren. Nichts aber bei Wolfram weist auf diese Epoche hin, wenn er über Flegetanis und sein Buch schreibt. Im Gegenteil: Er nennt Salomo und er nennt Flegetanis einen »Heiden, der ein Kalb anbetete«.

Es gibt zuweilen seltsame Zufällle, aber hier können wir nicht an einen solchen glauben. Denn wir kennen bereits einen Mann der salomonischen Zeit, auf den die Beschreibung Wolframs exakt zutrifft: Seine Mutter war Jüdin aus dem Stamm Naphtali, sein Vater ein Phönizier, der im »goldenen Kalb« seinen obersten Gott Baal verehrte. Er war der Berater des Königs von Tyrus und damit auch zwangsläufig Astrologe. Er war »voll Weisheit, Verstand und Kunst«. Er war niemand anderes als Hiram-Abi von Tyrus, der Baumeister des salomonischen Tempels!

Hiram-Abi – als Konstrukteur insbesondere des Allerheiligsten im Gotteshaus – war der einzige Außenstehende, der wissen *musste*, worum es wirklich ging. Er hat dieses Wissen schließlich mit dem Leben bezahlt. Und doch scheint er uns das Geheimnis hinterlassen zu haben: *Er* ist der wahre »Künder des Grals«!

Der eigentliche Sinn der Flegetanis-Passage Wolframs kann uns somit erst jetzt wirklich verständlich werden. Erst heute, da wir wissen, dass

sich im Tempel von Jerusalem eine einstmals Nahrung produzierende Maschine befunden hat, da wir dazu in der Lage sind, Vergleiche anzustellen zwischen diesem »Transportierbaren mit den Behältern« und dem »Heiligen Gral«, wird die Bedeutung dessen sichtbar, was Hiram-Abi uns hinterlassen und Kyot schließlich gefunden hat. Keine Generation vor uns war dazu in der Lage. Alle Parzivalforscher mussten zwangsläufig an diesem Punkt scheitern, weil sie die entsprechenden Zusammenhänge nicht erkennen konnten. Dies ist erst jetzt, nach der Rekonstruktion der Mannamaschine und der Entdeckung der Parallelen zwischen dieser und dem Gral möglich. Dabei hatte Herbert Kolb[8] bereits geschrieben: »Wenn Wolfram behauptet, die toledanische Quelle seines Vorgängers Kyot *schreip von des grâles âventieur* und bildete die Grundlage des Kyotschen Gralromans, so würde dies, in hispanojüdische Vorstellungswelt zurückübersetzt, bedeuten: das Flegetanisbuch handelte von der wechselhaften Geschichte der Schechina. Im Hinblick auf die Aspirationen des spanischen Judentums vor allem in der ersten Hälfte des 12. Jahrhunderts und mit Rücksicht auf Wolframs eigene Erzählung dürfte es begründet sein, in Flegetanis eine legendarisch ausgestaltete Geschichte der Schechina zu vermuten ...«
Nun, *exakt dies ist der Fall* – wenn auch die Hintergründe andere sind, als Kolb dies vermutete. Dabei wird Hiram die Berichte über die Schechina auch kaum »in den Sternen« gelesen, sondern durch seine Erkundigungen in Jerusalem zusammengetragen haben. Man muss bedenken, dass seit dem Bericht Hiram-Abis – den er, wie wir vermuten können, zu seinem König nach Tyrus sandte – und dem Auffinden dieses Textes in Toledo immerhin mehr als zweitausend Jahre vergangen waren, eine Zeit, die ausreichte, die ursprünglichen Aussagen zu verwischen, sie auszuschmücken, sie zum Teil auch zu verändern. Als allerjüngste Einschiebungen in den Text, die vermutlich auf Kyot selbst zurückgehen, sind die Worte zu deuten, nur »getaufte Frucht« sei dazu befähigt, den Gral zu hüten.

Interessant erscheint uns, dass Hiram und somit auch seine Bezugsquellen, die Priester Jerusalems, darüber Bescheid wussten, woher die Mannamaschine wirklich kam, nämlich von einer »Schar«, deren Heimat die Sterne waren. Das zeigt deutlich, wie ausgezeichnet die ranghohen religiösen Führer des Volkes noch zu salomonischer Zeit darüber informiert waren, mit wem sie es einstmals zu tun hatten.

Auch wenn die Übereinstimmung des Wolfram-Textes mit denen der Bibel und des *Sohar* bereits eine sehr klare Aussage hinsichtlich der wahren Herkunft der Grallegende bietet, es gibt noch eine weitere Schrift, die uns die Richtigkeit unserer Annahme bestätigt. Laut Wolfram ist die Kunde des Grals von einem Heiden aufgeschrieben und dann nach Spanien gebracht worden. Wichtig wäre es nun, wenn wir durch eine andere, von Wolfram möglichst unabhängige Schrift eine Bestätigung dafür fänden, dass es sich bei dem Urheber der Grallegende tatsächlich um einen Phönizier, d. h. einen Mann aus Tyrus, gehandelt hat. Und in der Tat gibt es eine solche Schrift. Es ist das Buch *Ortnit*, ein in der Zeit vor 1250 entstandenes Sagenepos, das – wie Wolfram – auf das Buch des Hiram eingeht, ohne ihn oder Flegetanis beim Namen zu nennen (ein Zeichen dafür, dass das *Ortnit* und der *Parzival* Wolframs unabhängig voneinander entstanden sind). Wir lesen in der Eingangserklärung:

Es ist ein Buch gefunden worden,
in dem über Wunder geschrieben stand
zu Suders in der Stadt.
Dort lagen viele Blätter.

Die Bedeutung dieses Textes wird dann ersichtlich, wenn man weiß, dass Suders der mittelalterliche Name für Tyrus war und der Verfasser des *Ortnit* also »eine vielblättrige arabische Handschrift, die zu Tyrus aufgefunden wurde«[9], meinte. Die Parallelen zum Wolfram-Text zeigen sich auch in den folgenden, anschließenden Zeilen: »Die Heiden, in ihrer Arglist, die haben das vergraben.«
Nichts anderes sagt auch Wolfram, wenn er schreibt, Kyot habe das Flegetanis-Manuskript »verworfen«, also versteckt oder vergraben, aufgefunden.

Die Frage nach der Quelle

Aus all dem können wir schließen, dass der Autor des eigentlichen Graltextes tatsächlich Hiram-Abi von Tyrus war, dass er, der Baumeister des salomonischen Tempels, einen Bericht an seinen König sandte und dass dieser Bericht schließlich in die Hände Kyots gelangte.

Die Frage, die sich uns in diesem Zusammenhang stellt, ist, ob dieser Ablauf der Geschehnisse überhaupt möglich gewesen sein kann. Immerhin liegen zwischen Hiram-Abi und Kyot an die 2100 Jahre, eine lange Zeit, wenn man bedenkt, dass sie einen größeren Zeitraum umfasste als die von Christi Geburt bis heute. In diesen 2100 Jahren sind riesige Reiche entstanden und wieder zerfallen, haben sich in den Mittelmeerländern und in Europa völlig neue Religionen und Kulturen entwickelt. Die Welt des Jahres 1200 nach der Zeitwende war eine völlig andere als die des Jahres 900 vor Christi Geburt.

Andererseits muss man bedenken, dass wir aus eben dieser Zeit auch zunächst mündliche, später schriftlich fixierte Überlieferungen der Bibel haben, dass der *Sohar* und mit ihm die Beschreibung der Mannamaschine dieses Alter aufweist – warum also sollte nicht auch der Text eines Hiram-Abi überdauert haben?

Wie wir wissen, waren die Phönizier die Erfinder unseres Alphabets. Es war im Jahre 1904, als der Ägyptologe Flinders Petrie in der Nähe von Sarabit-el-Khadam im Sinai-Gebiet Steintafeln mit Zeichen einer bis zu diesem Zeitpunkt völlig unbekannten Schrift entdeckte. Aber erst zehn Jahre später gelang es Sir Alan Gardiner, diese Schrift zu entziffern. Es war insbesondere ein wie ein Hirtenstab gebildetes Zeichen, das ihm die richtige Spur wies. Offensichtlich handelt es sich dabei nicht – wie man es beispielsweise aus Ägypten oder Sumer gewohnt war – um ein Silben- oder gar Wortsymbol, sondern um ein Lautzeichen. Dies war der Schlüssel, den Gardiner benötigte, um den Sinn des Textes erkennen zu können. Das erste eigentliche Wort, das er auf diese Weise dechiffrierte, war der Begriff *Baalat*, der Name der Hauptgöttin der Stadt Byblos. Die Schrift konnte später auf das Jahr 1500 vor Christi datiert werden und stellt noch heute die älteste bekannte Lautschrift der Welt dar. Ihren Ursprung verdankt sie Kanaanäern, also Vorfahren der späteren Phönizier.

Etwa dreihundert Jahre jünger ist ein »Buchstabierheft«, das Archäologen bei den Ausgrabungen von Ugarit an der syrischen Mittelmeerküste gefunden haben. Auch Ugarit war eine Stadt der Kanaanäer, die gegen 1200 v. Chr. von den Seevölkern (Völkerschaften aus den nördlichen Mittelmeerbereichen) zerstört wurde. Dieses »Buchstabierheft«, das man neben anderen Wirtschafts- und Verwaltungsdokumenten auf Tontafeln fand, enthält bereits ein komplettes Alphabet von 23 Buchstaben.

Um 1000 v. Chr. war die Entwicklung noch weiter fortgeschritten. Alle Konsonanten zwischen b und w waren vorhanden, die Vokale ergaben sich aus dem Sinnzusammenhang. Zugleich waren Bezeichnungen für diese Buchstaben erfunden worden, etwa *aleph* (Ochsenkopf), *beth* (Haus), *daleth* (Tür), das spätere *alpha*, *beta* und *delta* der Griechen. Die Phönizier benötigten eine solche Schrift – die man im Gegensatz zu den Hieroglyphen der Ägypter und Sumerer durchaus als »Kurzschrift« bezeichnen könnte –, denn sie waren Kaufleute und Seefahrer, die mit nahezu allen Teilen der damals bekannten Welt im Handel standen. Ohne Notizen, ohne Rechnungen, ohne eine solche Schrift hätten sie ihr See- und Wirtschaftsimperium nicht aufrecht erhalten können. Solche Texte sind in dieser Zeit – die in etwa die Zeit Hirams war – aber nicht mehr nur auf Stein- oder Tontafeln geschrieben worden, sondern auch auf Pergament. Leider sind derartige Unterlagen bei Ausgrabungen noch nicht entdeckt worden; wir wissen von ihrer Existenz nur durch Hinweise auf den die Zeit besser überdauernden Tontafeln.

Dennoch besteht natürlich die Möglichkeit, dass ein solcher Text Hirams von den Phöniziern – die mit ihren Niederlassungen in Mainake und Hereoskopeion Kolonien auf der iberischen Halbinsel hatten – in den Bereich des späteren Spaniens gebracht worden ist und dort zurückgelassen wurde. Kyot hätte ihn dann dort aufgefunden, übersetzt (er musste zuerst »den Sinn des ABC« erlernen), mit christlichen Elementen vermischt und als erste Parzivallegende neu niedergelegt. Allerdings darf man die Schwierigkeiten nicht übersehen, die sich bei einem solchen Ablauf der Geschehnisse ergeben hätten. Phönizisch war im 12. Jahrundert eine absolut tote Sprache, und auch wenn die Zeichen unseren Buchstaben in etwa entsprechen, würde es für Kyot doch sehr schwer, wenn nicht unmöglich gewesen sein, mit einem solchen Text zurechtzukommen. Andererseits wird uns von Wolfram berichtet, Kyot habe Latein beherrscht, und da er offensichtlich, im Gegensatz zu Wolfram, klerikal gebildet war, mag er auch Griechisch, vielleicht sogar Hebräisch gesprochen haben. Die Erarbeitung einer fremden Sprache muss ihm also möglich gewesen sein.

Wir müssen in diesem Zusammenhang auch an die Entzifferung der sumerischen Keilschrift durch Georg Friedrich Grotefend erinnern. Dem Göttinger Lehrer, keineswegs ein Spezialist auf dem Gebiet alt-

orientalischer Sprachen, war es zu Beginn des vorletzten Jahrhunderts als Erstem gelungen, die Schrift dieses uralten Volkes aus Mesopotamien zu entschlüsseln. Dabei ging er keineswegs philologisch, sondern lediglich rein logisch vor, indem er mehrfach auftauchende Symbolgruppen ordnete und mit geschichtlichen Namen in Verbindung brachte. Ähnlich könnte auch Kyot vorgegangen sein.
Man wird freilich berechtigterweise einwenden können, dass uns in diesem Falle doch mehr Übersetzungen alter Schriften während der Zeit des Mittelalters bekannt sein müssten. Man sollte aber bedenken, dass die Wissenschaft der damaligen Zeit nur wenig Interesse an »heidnischer Literatur« hatte und Kyot gewissermaßen ein Einzelgänger war.

Wahrscheinlicher aber ist eine andere Möglichkeit, die Überlieferung des Hiram-Textes zu rekonstruieren. Dafür ist das Wort *Flegetanis* von entscheidender Bedeutung. Nach übereinstimmender Ansicht fast aller mit dem Problem konfrontierten Philologen kommt *Flegetanis* nämlich in Wirklichkeit von dem arabischen Wort *felek thani*, was dem lateinischen *sphaera altera* entspricht (etwa: die zweite Sphäre) und der Titel eines »kosmographisch-astronomischen Buches« gewesen ist. Als Verfasser dieses Werkes gilt ein damals berühmter Mann: Thaben ben Quorrah, ein Astrologe und Mystiker. Einige vermuten, er sei der »Erfinder« des Grals gewesen, aber das ist eine irrige Annahme. Denn weder stammte der allgemein Thebit genannte Schriftsteller von Salomo, oder, wie man auch vermutete, von irgendeinem später lebenden Mann namens Salomo ab (sein vollständiger Name lautete Thabit ben Quorrah ben Merwan ben Thabit ben Karajaben Ibrahin ben Karaja ben Marimus ben Malagirius Abu-'l'-Hasan el-Harrani), noch betete er als Moslem ein Kalb an.
Glaubwürdiger ist dagegen die Annahme, Thebit habe – und als schriftstellerisch tätiger Astrologe und Mystiker ist dies sogar zu erwarten – ältere Manuskripte bearbeitet und in seinem Buch *felek thani* veröffentlicht. Dieses ist dann (Thebit lebte von 826 bis 901 nach Christus) während oder nach der Einnahme Spaniens durch die Araber in das dortige Zentrum der Wissenschaften, nach Toledo, gelangt und später von Kyot aufgefunden worden. Ein solcher Ablauf der Geschehnisse ist logisch und historisch akzeptabel, wobei auch Thebit nicht auf phö-

nizische Texte (die er vermutlicht ebenso wenig hat lesen können wie Kyot), sondern auf jüngere Schriften zurückgegriffen haben dürfte. Leider gingen viele der unschätzbaren arabischen Schriften während der Kreuzzugswirren verloren. Auch das *felek thani* liegt nicht mehr vor, wir wissen von seiner Existenz nur aufgrund von Hinweisen in anderen Texten. So ist es mehr oder weniger einem glücklichen Zufall zu verdanken, dass Kyot ein Exemplar des *felek thani* in Toledo entdeckt und den für uns überaus wichtigen Inhalt weitergegeben hat. H. Kolb[4] schreibt zu diesem Problem: »Man wird sich nicht allzu viel Hoffnung machen können, eine Schrift aufzufinden, die schon Kyot an wenig zugänglichem Ort abgelegt entdeckt hatte (verworfen vant)«.

Obwohl: Ganz auszuschließen ist auch dies nicht, wie verschiedene Beispiele zeigen. 1906 wurde der dänische Historiker und Mathematiker Johan Heiberg in der Bibliothek des griechisch-orthodoxen Klosters zum Heiligen Grab in Jerusalem bei einer Handschrift mit Gebeten und Psalmen aus dem zwölften Jahrhundert auf das Schriftbild des Textes aufmerksam. Irgendetwas stimmte da nicht. Eine zweite Schrift verbarg sich unter den oberflächlichen Buchstaben. Die Sensation war perfekt, als sich herausstellte, dass sie Fragmente eines zweihundert Jahre älteren Textes enthielt, der eine Kopie von sieben Abhandlungen des Archimedes war. Doch erst ein Jahrhundert nach diesem Fund, im Jahre 2005, war unsere Technik in der Lage, in einem Linear-Teilchenbeschleuniger mit Hilfe von Synchrotronstrahlung geringste Mengen an Eisen, die die Tinte der ersten Handschriften enthielt, sichtbar und so die bedeutendste Niederschrift vom Werk Archimedes wieder lesbar werden zu lassen. Und diese Kopie scheint eine direkte Abschrift des Archimedes-Originals aus dem dritten Jahrhundert vor Christus zu sein.

Ist dies ein Einzelfall? Keineswegs. Am 20. April 2005 meldete der Londoner »Independent«, die Oxyrhynchus-Papyri der altehrwürdigen Oxforder Sammlung könnten bald schon entschlüsselt werden. Mitte des 19. Jahrhunderts hatte die »Egypt Exploration Society« aus einer einstigen Mülldeponie der unterägyptischen Verwaltungsstadt Oxyrhynchus 400 000 Papierfetzen bergen können, die als Einkaufstüten, Babywindeln u. ä. »recycelt« worden waren. Seit 1898 wurden 4704 dieser Texte in 68 Bänden publiziert. Dies stellt jedoch erst ein Prozent des Gesamtbestandes dar. Ein Prozent nach über einem Jahr-

hundert Forschungstätigkeit! Auch hier ist die Lesbarmachung das Hauptproblem, dem man anfangs durch Lupen, später durch Infrarotlichtlampen zu Leibe rückte. Doch erst seit 1999 ist es möglich geworden, durch die Multi-Spectral-Imaging-Technik eingedunkelte, verdreckte und überschriebene Textstellen lesbar zu machen. Nun werden wir offenbar schon bald neue bzw. alte Texte von Hesiod, Archilochos, Sophokles, Euripides und Lukian kennen lernen. Eine Tür in eine Geistes- und Literaturwelt einer längst vergangenen Epoche wird uns geöffnet.
Welche Funde mögen da noch in den Klöstern zwischen Jerusalem und dem Toten Meer, in Archiven spanischer oder arabischer Bibliotheken, im Vatikan oder sonst irgendwo im Verborgenen auf ihre Entdeckung warten? Wir haben durchaus Anlass, wenigstens etwas Optimismus zu zeigen. Immerhin fand man erst in den letzten Jahrzehnten unter einem Berg von Gerümpel im Ablageraum der Kairoer Altstadtsynagoge mehrere Handschriften aus dem judeo- und arabospanischen Kulturkreis.

Bei der Suche nach den Quellen sollten wir zudem berücksichtigen, dass es neben den historischen Texten, also vielleicht phönizischen Schriften, zumindest eine Übersetzung ins Arabische *(felek thani)* gegeben hat und eine weitere Übersetzung ins Französische vorhanden gewesen sein muss. Und eine Art Urparzival hat existiert, in dem Kyot seine Ergebnisse insgesamt zusammengefasst hat und die Wolfram von Eschenbach zeitweise in seinen Händen hielt. Wir haben es also bei unserer Suche mit mindestens vier Einzelmanuskripten aus unterschiedlichen Jahrhunderten zu tun. Mindestens vier! Denn es mag weitere Abschriften gegeben haben. Die Zisterzienser und/oder Templer sollten doch wohl über Kopien verfügt haben. Hinzu käme eine Chronik, in der Kyot das »Gralsgeschlecht« gefunden haben will.
Was oftmals bei der Quellendiskussion völlig ausgeblendet wird, sind die expliziten Aussagen Roberts und Chrétiens zu ihren eigenen Werken. Beide betonen, sie hätten ihre Informationen aus einem »großen Buch, in dem die erhabenen Mysterien beschrieben sind, die nach dem Gral benannt sind.« Doch ausgerechnet Robert, auf den die so populäre Deutung des Grals als der Kelch des Letzten Abendmahls zurückgeht, muss am Ende seiner Erzählung gestehen, er habe das große

Gralsbuch noch gar nicht bekommen und deshalb könne er nicht weiterarbeiten. Welch ein Eingeständnis! Damit sagt er seinen Lesern sehr deutlich, dass ihm die eigentliche Überlieferung gar nicht zugänglich war, er somit auf Vermutungen angewiesen war, als er den Gral beschrieb. Wer nach alldem den Gral noch immer als den Abendmahlskelch sehen will, ignoriert diese Tatsache völlig.

Und Chrétien? Er geht ebenfalls auf das rätselhafte Ur-Manuskript ein. Zu Beginn seines *Conte del Graal* schreibt er: »So wird also Chrétien seine Mühe nicht umsonst gehabt haben, wenn er auf Geheiß des Grafen sich mühet und strebt, die beste Geschichte zu dichten, die jemals an einem Königshofe erzählt wurde. Das ist die Erzählung vom Gral, zu der der Graf ihm das Buch übergab.«

Chrétien stand zu dieser Zeit in den Diensten Philipps von Flandern. Beachtenswert ist, dass der Schriftsteller Zugang zu wohl gehüteten Quellen besessen hat, wahrscheinlich auch schottischen Urkunden, denn der Graf von Flandern war gerade erst aus Schottland zurückgekehrt, als Chrétien mit seinem Werk begann. Seine Detailkenntnisse bestätigen dies. Und es ist höchst interessant, dass es der Überlieferung nach Philipps Vater Dietrich von Elsass (1128–1168) war, der von seinem Pilgeraufenthalt im Heiligen Land um 1150 eine Blutreliquie mit zurück nach Flandern gebracht hatte, die noch heute in Brügge als das wahrhaftige, materiehafte Blut Christi verehrt wird (dokumentarisch ist die Reliquie spätestens ab 1256 nachweisbar). Chrétien hat diese Reliquie somit vermutlich gekannt. Dennoch erwähnt er sie nie im Zusammenhang mit dem Gral. Folglich sah er auch keine Verbindung zwischen Gral und Blut Christi, wie sie später durch Robert konstruiert wurde. Doch eben jener Robert besaß das große Gralbuch nicht: er war auf reine Spekulation angewiesen, die er aus apokryphen Texten schöpfte. Chrétien hingegen lag eine Urschrift vor, auf die er sich stützen konnte.

Und noch etwas sollte unsere Beachtung verdienen: Ein Gönner Wolfram von Eschenbachs, nämlich Rupert von Durne, der Herr der Wildenburg im Odenwald, war zusammen mit Graf Philipp, der Chrétien das Original zum Gralbuch übergab, im Gefolge Heinrichs VI. ins Heilige Land gezogen. Beide können somit dieselbe schriftliche Quelle gekannt haben. Wolframs gezielter Vorwurf an Chrétiens Werk erhält somit zusätzliche Qualität. Lesen wir den französischen Chrétien-Text sehr genau, so scheint Chrétien selbst Wolframs Kritik Vorschub zu leisten, wenn er den Terminus »se delivrer« für sein Buch verwendet, was mit »sich befreien, losmachen« übersetzt werden kann, dies heißt, er hat sein eigenes Werk von der Originalquelle »befreit« im Sinne der Schaffung einer eigenständigen Idee.

Dass es eine Urfassung gegeben hat, berichten somit alle drei originären Bearbeiter des Gralstoffes. Aber nicht nur sie. Der Autor des französischen Ritterromans *Perlesvaus*, dessen anonym gebliebener Schreiber vermutlich ein Geistlicher aus Nordfrankreich oder Belgien war und der anscheinend Zutritt zu wertvollen Bibliotheken hatte, verfasste seine Schrift zwischen 1192 und 1225, zählt somit ebenfalls zu den frühen Bearbeitern der Gralthematik. Auch dieser Gelehrte behauptet, es gebe ein lateinisches Buch in einem »heiligen Haus«, in dem seine Geschichte schon zuvor überliefert wurde.

Damit nicht genug. Der Chronist des »Heliand« geht ebenfalls auf die Suche nach der Originalquelle der Geschichte vom Gral ein. Er schließt sich Roberts Auffassung einer Vision Josephs von Arimathea an, muss aber – wie Robert – seinen Lesern mitteilen: »Ich habe jene Geschichte nicht in der lateinischen Fassung finden können, sondern nur das, was auf Französisch niedergeschrieben ist und sich im Besitz gewisser vornehmer Herrschaften befindet; der vollständige Text aber, sagt man, ist möglicherweise gar nicht zu bekommen. Es ist mir noch nicht gelungen, mir von jemandem eine Abschrift auszuleihen, sodass ich mich hätte hinsetzen können, um das Ganze in Ruhe gründlich zu studieren.« Ganz im Gegensatz zu späteren Dichtern der Gralsage gibt dieser zu, dass es sich lediglich um eine Annahme handele, der Gral sei der Kelch des Letzten Abendmahls.

Fünf der frühesten Autoren berufen sich also auf ein ursprünglich vorhandenes Werk, aus dem sie ihre Informationen erhielten, respektive hofften, noch konkrete Informationen zu bekommen. Für uns ist daher völlig unverständlich, wieso eine solche Ur-Quelle geleugnet wird – und damit auch der Mann, der sie vermutlich verfasst hat, nachdem er noch ältere Quellen gefunden hatte: Kyot.

Kyots Leistungen beschränkten sich jedoch nicht auf das Übersetzen des Textes. Er selber, offenbar ahnend, auf welch ein Geheimnis er gestoßen war, begann, weitere Nachforschungen anzustellen. Wolfram schreibt dazu (455, 1–22):

Kyot, der weise Meister,
begann nach dieser Überlieferung zu suchen,
in lateinischen Büchern,
wo gewesen wäre,
ein dazu geborenes Volk,
dass es sich annähme des Grales Pflege
und redlich genug dazu sei.
Er las in den Chroniken der Länder,
zu Britannien und anderswo,
in Frankreich und in Irland.
Zu Anschouwe fand er die Überlieferung.
Er las von Mazadan
die volle Wahrheit.
Über sein ganzes Geschlecht
stand da das Rechte geschrieben,
und außerdem, wie Titurel
und dessen Sohn Frimutel
den Gral auf Anfortas vererbten,
dessen Schwester Herzeloyde war,
von der Gahmuret ein Kind
bekam, von dem diese Geschichte handelt.

Natürlich vermischen sich hier Realität und Dichtung, die historische Gestalt Kyots und seines Handelns mit der Legende um die Vorfahren Parzivals. Doch eines wird deutlich: Kyot muss ein Forscher im besten Sinne gewesen sein. Niemand wird ihm seine für die damaligen Zeiten beschwerlichen Reisen finanziert haben. Und dennoch brach er auf, um in Britannien, in Frankreich, in Irland »und anderswo« zu suchen: Nach neuen Spuren, neuen Überlieferungen, die ihm vielleicht weiterhelfen konnten, und nach Menschen, die ihn zu unterstützen vermochten. Und schließlich fand er eine neue Spur: in Anschouwe. Vermutlich ist damit Anjou, eine französische Landschaft am Unterlauf der Loire gemeint. (Wir werden auf dieses Anschouwe später noch genauer eingehen.) Wo genau Kyot seine Funde gemacht hat, wissen wir nicht. Aber es ist auffällig, dass sich ganz in der Nähe das berühmte Benediktinerkloster Cluny befindet. Cluny wurde um 910 gegründet und war im zehnten und elften Jahrhundert Ausgangspunkt einer weit greifenden Kirchenreform. Die Benediktiner, die sich intensiv dem Studium der Wissenschaften verschrieben hatten, könnten vielleicht über die von Kyot gesuchten Dokumente verfügt haben. Dass er dort allerdings auch die Geschichte von Titurel, Frimutel, Anfortas, Herzeloyde, Gahmuret und letztlich Parzival gefunden hat, ist eher zweifelhaft. Wolfram selber macht ja auch einen deutlichen Unterschied, wenn er schreibt, Kyot habe »außerdem« die Geschichte von Parzival gefunden. Es handelt sich also um zwei verschiedene Dinge: zum einen um die mit dem Gral in Verbindung stehende »volle Wahrheit über Mazadan«, zum anderen um die Genealogie Parzivals. Dies bestätigt auch Herbert Kolb[4]: »Kyot, nachdem er die Flegetanisschrift gefunden und entziffert hatte, tat also nichts anderes, als was die christlichen Theologen des Mittelalters auf ihrem Gebiet zu tun pflegten: er übertrug ein Stück (legendärer) Heilsgeschichte von jüdischen auf christliche Träger.«

Wonach aber suchte Kyot eigentlich? Was fand er? Eines ist sicher: Wenn Kyot über die Aufzeichnungen Hirams verfügte, stand ihm damit ein Wissen zur Verfügung, das ausgereicht hätte, ihn die Wahrheit erkennen zu lassen – freilich unter Berücksichtigung des mittelalterlichen Denk- und Vorstellungsgebäudes. Seine ausgedehnten Reisen und Forschungen geben dieser Vermutung Recht. Sein ganzes Streben zielte darauf ab, zum einen bessere Informationen hinsichtlich des Verbleibs der Mannamaschine (die er nun unter dem Geheimnamen »Gral« als etwas direkt von Gott Kommendes kannte), zum anderen an diesen wertvollen Gegenstand zu gelangen, vielleicht sogar, ihn nach Europa zu holen. Wir können dies dem Text Wolframs entnehmen.

Ist ihm dieses Vorhaben gelungen? Wolfram schreibt darüber nichts. Aber es ist kaum anzunehmen, dass dieser Kyot, einmal auf dem richtigen Weg, von seinem Ziel abgelassen hat …

IX. Templer und Templeisen

Ich sinne über die Tage der Vorzeit nach,
urlängst vergangener Jahre gedenke ich.

Psalm 77,6

Wolframs Templeisen

Wir haben uns im Verlauf unserer bisherigen Untersuchungen lediglich dem Gral selbst und seinem Entdecker Kyot gewidmet, nicht aber jenen, die ihn – entsprechend der Erzählung Wolframs – hüteten, bewahrten und schützten. Der Frankendichter nannte sie »Templeise«, die Gralsritter. Wolfram geht wiederholt auf diese Gemeinschaft der Gralsritter ein, etwa in Vers 468, 23–469, 1:

Der Wirt [der Einsiedler] *sprach:*
›Es ist mir wohl bekannt,
dass manch wehrhafte Hand [wehrhafter Ritter] *wohnt*
zu Munsalvaesche bei dem Gral.
Auf Abenteuer geht es oft,
wenn sie – und das häufig – ausreiten;
Die selben Templeisen,
wo immer sie Niederlage oder Sieg erjagen,
tun [tragen] *sie es für ihre Sünden.*
Da wohnt eine wehrhafte Schar.‹

So, wie Wolfram die Gralsritter hier und an anderer Stelle charakterisiert, erinnern sie an den Orden der Templer, der 1129 gegründet und 1312 aufgelöst wurde. Zwar gibt es einige Autoren, die diese Verbindung bezweifeln, im Allgemeinen wird sie jedoch als gegeben angesehen. Hauptkritikpunkt der Gegner ist die Unstimmigkeit des Namens, also »Templer« oder »Tempelritter« hier und dort »Templeisen«. Wolfgang Mohr[1] merkt scharfsinnig an: »Der Name ›templeise‹ statt des franzöischen Templier, lat. templarii, macht m. E. keine

Schwierigkeit. Gerade wenn Wolfram nicht Identität, sondern Analogie meint, pflegt er Namen und Termini durchsichtig zu ›verfremden‹. Somit ist templeise der genau zutreffende Name für einen idealen Ritterorden, dessen – von Wolfram her gesehen – ›heutige, zeitlich-gebrechliche‹ geschichtliche Verwirklichung der Tempelherrenorden um 1200 ist.«

Fast alle Kapazitäten der Parzival- und Gralforschung stimmen in diesem Punkt überein. Für Ernst Martin[2] beispielsweise »hatte Wolfram bei seinem Gralorden die Templer vor Augen«. A. Birch-Hirschfeld[3] ist sich ebenfalls sicher: »Diese Gralsbruderschaft ist dem Templerorden nachgebildet.« Gleicher Ansicht ist auch Wolfgang Golther[4]: »Die Ritterschaft des Grals wird bei Wolfram nach dem Vorbilde des Templerordens geschildert.« W. Snellmann[5] stellt fest, dass die Gralsritterschaft »nicht nur den Namen, sondern auch manches andere Kennzeichen von den Tempelrittern herübergenommen« hat und dass »aus diesen Templerzügen der Gralsritter deutlich hervorgeht, dass Wolfram nicht nur den Namen ›templeis‹ eingeführt, sondern sehr bewusst seine Ritter von Munsalvaesche mit den geistlich-militärischen Eigenschaften des Templerordens ausgestattet hat«. Auch für F. R. Schröder[6] steht »außer Frage, dass damit der Orden der Tempelherren gemeint ist«. Sogar der Historiker Alain Demurger, einer der bedeutendsten Forscher über die Orden des Mittelalters, schreibt: »Und der herausragende deutsche Minnesänger Wolfram von Eschenbach, der die Reise übers Meer selbst unternommen hat, machte den Templer zum Vorbild des Gralsritters in seinem *Parzival*.«

Wir wollen es bei dieser kleinen Auswahl belassen. Sie zeigt, dass die Verbindung Templeise-Templer ganz offensichtlich gegeben ist, dass also Wolfram, wenn er seine Gralsritter beschreibt, in Wirklichkeit die Tempelherren vor Augen hatte.

Die Gemeinschaft der Templer

Filme wie das Hollywood-Spektakel »Das Vermächtnis der Tempelritter« haben die Kriegermönche des Mittelalters in eine Grauzone von schwarzer Magie, Rabaukentum, Undercover-Agenten und Verschwörungssekte gerückt. Was davon stimmt, was ist Erfindung? Der Orden

Abb. 24: Kriegstracht der Templer im Laufe der 200jährigen Ordensgeschichte. Links oben: um 1120, rechts oben: zwischen 1150 und 1200, links unten: zwischen 1220–1249, rechts unten: 1250–1270.

wurde im Jahr 1129 auf der Synode von Troyes gegründet (auf die besonderen und für uns wichtigen Ereignisse, die sich im Vorfeld dieser »offiziellen« Gründung abspielten, kommen wir noch zurück). Maßgeblich daran beteiligt waren der Zisterziensermönch Bernhard von Clairvaux (der als der »heilige Bernhard« in die Kirchengeschichte eingegangen ist) und Hugo von Payens, der erste Großmeister des Ordens. Bernhard wurde auf dieser Synode beauftragt, die Redaktion der neuen Statuten zu übernehmen, die ein gewisser Johannes Michaelensis aufzeichnete.
Der Orden der Templer oder Tempelherren war der erste Mönchsritterorden, d. h. eine Gemeinschaft, die, obwohl geistlicher Natur, militärische Bestimmung hatte. Bernhard schrieb über sie:

Sie wissen sicher, dass man keinesfalls seine Kräfte überschätzen darf, aber sie hoffen, dass die Hilfe des Gottes der Heerscharen ihnen den Sieg bringt, machten sie doch häufig, man könnte sagen immer, die Erfahrung, dass einer von ihnen tausend Feinde in die Flucht schlägt und zwei zehntausend. So sind durch eine seltsame Verbindung diese Männer sanfter als Schafe und schrecklicher als Löwen. Ich weiß nicht, ob man sie Mönche oder Ritter nennen sollte. Ich halte es für richtig, ihnen beide Namen zu geben, denn es fehlt ihnen weder die Milde des Mönchs, noch die Tapferkeit des Soldaten ...

Es war die Zeit der Kreuzzüge, und nach der offiziellen Ordensgründung im Jahr 1128 beteiligten sich die Templer an den Kämpfen im Heiligen Land, wobei ihnen die besondere Aufgabe zufiel, die Pilgerwege von Sarazenenüberfällen frei zu halten. Aber ihre Regeln waren streng. Ihre Nahrung war einfach, sie aßen zusammen, und der zehnte Teil des Mahls war für die Armen bestimmt. Ihre Kleidung war einfarbig: die eigentlichen Ritter trugen einen weißen Mantel, an den in späterer Zeit auf die Schulter ein rotes Kreuz geheftet wurde, die Diener dagegen ein schwarzes Gewand. Die Kopfhaare waren vollkommen geschoren, das Tragen eines Bartes hingegen war ihnen erlaubt. Wegen der vorgeschriebenen Armut durfte ein Ritter sich höchstens drei Pferde und einen Diener halten, den zu schlagen ihm verboten war. Jeglicher Verkehr mit Frauen war zu meiden. Ein Verstoß gegen die Ordensregel wurde mit zum Teil schweren Strafen gesühnt.

Schon ein Jahr nach seiner Gründung zählte der Orden 300 Mitglieder aus den edelsten Familien Europas, dazu zahlreiche Waffenknechte zu Pferd oder zu Fuß. Bedingt durch das rasante Wachstum ging man rasch dazu über, nicht nur die Pilgerwege in Palästina zu schützen, sondern auch an den Kämpfen selbst teilzunehmen. Fortan stellte der Orden seine Streitkräfte zu allen Unternehmungen gegen die moslemischen Araber. An Unterstützung mangelte es ihm dabei nicht, hatte er sich doch zum Ziel gesetzt, was das gesamte christliche Abendland dieser Zeit für die wichtigste politische Aufgabe hielt: das heilige Land für die Christenheit zu bewahren.
Der junge Orden konnte sich besonders dem Schutze der Kirche sicher sein. Papst Innozenz II. (Pontifikat 1130–1134) setzte sich in außergewöhnlicher Weise für die Templer ein und sicherte ihnen eine jährliche finanzielle Beihilfe durch die kirchlichen Vorsteher zu. Eugen III. (1135–1145) verfügte, dass allen, die dem Tempel Almosen zukommen ließen oder ihm beitraten, der siebte Teil der Kirchenbuße (heute: Kirchensteuer) erlassen wurde. Er gab den Templern auch das rote Kreuz auf das Schulterteil ihres Mantels. Eine Verfügung von Papst Hadrian IV. (1154–1159) erließ dem Orden die »Abgabe des Zehnten«, sämtliche Zölle und weitere Aufwendungen. Sein Nachfolger, Alexander II. (1159–1181), ging noch weiter: Von nun an sollten sich alle Güter des Ordens unter dem immer währenden Schutz des Heiligen Stuhls befinden, niemand sollte von Templern Lehenstreue fordern können, der Orden sollte berechtigt sein, auf seinen Gütern eigene Geistliche dienen und diese durch jeden beliebigen Bischof weihen zu lassen. Innozenz III. (1198–1216) verbot den Bischöfen, Templer zu exkommunizieren oder das Interdikt (Verbot aller kirchlichen Amtshandlungen als Strafe für einen Ort oder Bezirk) über sie zu verhängen. Innozenz IV. (1243–1254) schließlich entband den Orden von der Pflicht, wegen einer gegen ihn oder einzelne Mitglieder erhobenen Anklage vor den Bischöfen der jeweiligen Diözesen Rechenschaft ablegen zu müssen. Die Templer unterstanden lediglich ihrem Großmeister und dieser nur dem Papst[7].
Es ist verständlich, dass derartige Freiheiten nicht ohne Folge bleiben konnten. Der Orden wuchs rasch, und zwar sowohl an Mitgliedern als auch an Besitzungen, insbesondere in Frankreich und England. Das bedingte eine Unterteilung in verschiedene Provinzen, die aber heute

Abb. 25: Mittelalterliche Darstellung eines in den Krieg ziehenden Tempelritters. Der Helm wird ihm von seinem (wesentlich kleiner abgebildeten) Knappen gereicht.

nicht mehr alle feststellbar sind. Vermutlich waren es in Palästina fünf (Jerusalem, Tripolis, Antiochien, Zypern und Morea) und in Europa zwölf (Sizilien-Apulien, die Lombardei, Portugal-Castilien, Aragonien-Catalonien, Oberdeutschland, Niederdeutschland, Böhmen-Mähren-Österreich, England, Schottland, Irland, Francien, die Normandie, Aquitanien und die Provence). Dabei nannten sich die größeren Besitzungen oder Tempelhöfe Priorate bzw. Präceptorate, die kleineren Comtureien. Die Größe des Ordens selbst, d. h. die Anzahl seiner Mitglieder und Finanzen, beruht nur auf Schätzungen. Sie schwanken für die letzten Jahre des Bestehens zwischen 3000 und mehr als 20 000 Rittern (zusätzlich zahlreiche Diener, Knechte und Kapläne) bzw. einem jährlichen Einkommen von zwischen 40 und 54 Millionen Franken.

Der zunehmende Reichtum des Ordens gründete sich auf die Ordensregel, nach der sämtliche Geschenke nur der Gemeinschaft zufließen durften, sowie auf die zahlreichen Schenkungen selbst: Häuser, Lände-

reien, z. T. große Gebiete, gingen in den Besitz der Templer über. Später, als der Reichtum groß genug war, wurde auch Land gekauft. Und das mit großem Bedacht.
Man kaufte oder tauschte in der Regel Gebiete, die entlang der großen Verbindungsstraßen von Comturei zu Comturei lagen. Mit der Zeit gewann man auf diese Weise geradezu vorbildlich gesicherte Handels- und Verkehrsverbindungen. Denn das Reisen in der Zeit des Mittelalters war, insbesondere für Händler und Geschäftsleute, eine Angelegenheit auf Leben und Tod. Strauchdiebe und Wegelagerer, wilde Tiere, schlechte Straßenverhältnisse, all das schreckte ab und ließ den Handel stagnieren.
Insbesondere in Frankreich änderte sich das durch die Templer. Viele ihrer Comtureien waren als Wegsicherungsposten konzipiert, wurden an Brücken, Furten, Wegkreuzungen angelegt. Um den Handel weiter fördern zu können, lagerten die Templer in diesen Comtureien Waren

Abb. 26: Templer im Haushabit. Während der Zeiten im Kloster trugen sie Kutten und Umhänge, wie man sie auch von anderen Orden gewohnt ist.

ein, was wiederum Einnahmen für den Orden erbrachte. So entstand im Heimatland des Ordens ein perfektes und gesichertes Handels- und Straßennetz.

Aber die Templer taten noch mehr: Sie revolutionierten das Bankwesen. Papiergeld gab es damals noch nicht. Wenn größere Geldtransporte ins Haus standen, musste ein Kaufmann mit einem schweren Sack voller Münzen auf die Reise gehen, immer der Gefahr ausgesetzt, überfallen, beraubt, ermordet zu werden. Deshalb führten die Templer auf ihren Gebieten das System des »Wechselbriefes« ein, d. h. ein Kaufmann hinterließ in einer Comturei sein Geld, erhielt dafür einen Wechselbrief, reiste mit diesem zu seiner Zielstadt und ließ sich von der dortigen Comturei das Geld in bar auszahlen. Um Betrügereien auszuschließen, trugen die Wechselbriefe Geheimzeichen.
Aufgrund dieser für Frankreich völlig neuen Sicherheitsbedingungen ließen ganze Besitztümer ihr Vermögen bei den Templern hinterlegen, und sogar der Schatz des Königs von Frankreich wurde dem Tempel von Paris anvertraut. Die Verwaltung des Landes übertrug dem Orden, Steuern einzutreiben. Da die Gemeinschaft auf diese Weise über entsprechende finanzielle Mittel verfügte, konnte sie auch Darlehen vergeben: an den König, an die Kirche, an Privatleute. Die Zinsen kassierte der Orden, häufte seinen Reichtum. Dafür wurden Ländereien gekauft, Häuser, Schiffe, Städte, Häfen, wurde die Aufrechterhaltung und Vergrößerung der Gemeinschaft finanziert. Zwei Millionen Hektar Land waren allein in Frankreich in ihrem Besitz, Land, das von jeglicher Steuer entbunden war.
Aber Geld floss auch noch in eine andere Richtung. Zeitlich mit der Gründung des Templerordens verbunden ist der Beginn der Gotik: plötzlich und bis heute unerklärlich, weil ohne jeden wirklich sichtbaren Übergang, entstanden die großen Kathedralen. Wer bezahlte sie? Wer stellte die Mittel zur Verfügung? Wer streckte das Geld vor, das nötig war, um Baumaterial und die Unmengen an Arbeitern, Steinmetzen, Bildhauern, Glasern zu bezahlen? Bischöfe, Adlige, der König – sie spendeten nur Kleinigkeiten: ein Fenster, ein Gemälde, einen Altar, Figuren. Die Gemeinden kamen ebenfalls nicht in Frage, denn sie waren arm und konnten entsprechend hohe Summen kaum in kurzer Zeit aufbringen.

Die einzigen, die dazu in der Lage waren, waren die Templer. Ihre Geldmittel waren groß genug, sie verfügten über jene Summen, die benötigt wurden, um die Wunder der Gotik finanzieren zu können. Ihnen verdanken wir wahrscheinlich die Kathedralen von Paris und Chartres, von Straßburg und Metz, von Reims und Toulouse. Gemeinhin wird der Zisterzienserorden als Urheber der Gotik bezeichnet. Er war es, was die Ausführung betrifft. Aber die Finanzierung besorgten die Templer, die das weiße Gewand der Zisterzienser trugen und deren Gründung auch auf die Mithilfe dieses Ordens zurückzuführen ist.

Das hohe Ziel all dieser Vorbereitungen, sei es auf wirtschaftlichem oder religiös-gesellschaftlichem Gebiet, war, wie Louis Charpentier[8] schreibt, die Begründung einer neuen Ordnung in Europa. Der Gemeinschaft gehörten zuletzt Mitglieder aus vielen Adelshäusern an. Die Templer, deren Ländereien sich zusehends vergrößerten, waren – außer dem Papst – nichts und niemandem etwas schuldig. Sie zahlten keine Steuern, sie hatten sich vor niemandem zu verantworten. Sie betrieben den eigentlichen Handel, sie machten europäische Politik, sie hatten eine Armee, deren Stützpunkte sich nicht nur in einem Land, sondern im ganzen christlichen Europa finden ließen. Hätten sie ihr Ziel erreicht, das Abendland zu einer neuen Form sozialen Zusammenlebens zu führen, die Welt sähe heute fraglos anders aus.

Aber es kam nicht dazu. Denn im Jahre 1312 wurde der Orden der Templer vernichtet.

Die Auflösung des Ordens

Die Zerschlagung der Gemeinschaft der Tempelherren ist eines der dunkelsten Kapitel in der Geschichte Europas. Es zeigt, wozu Machtgier und Intrige fähig sind, wenn sie sich in einer Person wie Philipp IV., dem Schönen, paaren. Er, der die Aussteuer seiner Tochter noch von den Templern vorfinanzieren ließ, zerstörte schließlich im Verbund mit dem politisch schwachen und von ihm offensichtlich abhängigen Papst Clemens V. (Pontifikat 1305–1314) den Orden.

Philipp der Schöne von Frankreich – und das ist heute unbestritten – war insbesondere am eigentlichen Templerschatz interessiert, mehr noch: Er hatte die absurde Vorstellung, selbst Oberhaupt eines ver-

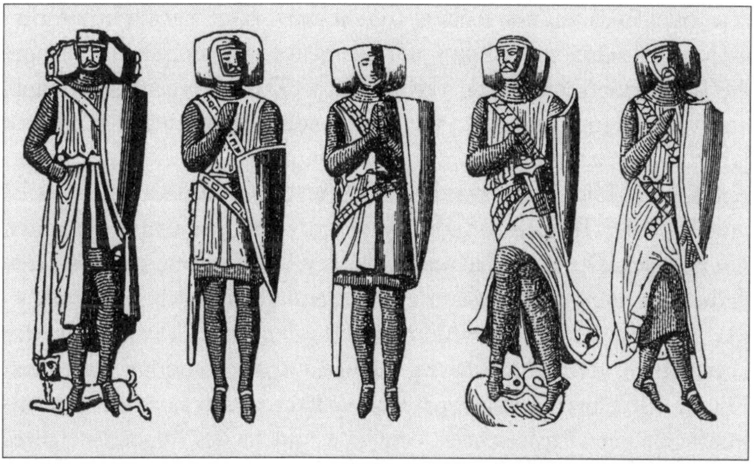

Abb. 27: Grabsteinfiguren von Tempelrittern in der Templerkirche London. Bis hin zur Auflösung des Ordens genossen die Templer in England höchstes Ansehen.

einigten Ordens von Johannitern und Templern zu werden. M. J. Krück von Poturzyn[9] schreibt dazu: »Das erstaunlichste Projekt freilich war in einer Schrift des königsergebenen Publizisten Pierre Dubois niedergelegt und soll Philipp selbst zum Verfasser haben: den Plan, den Templer- und Johanniterorden zu vereinen, sich selbst an die Spitze zu stellen, der französischen Krone zugunsten eines seiner Söhne – der älteste war 16 Jahre alt – zu entsagen, und als ›König von Jerusalem‹ zu regieren. Ihm sollten nicht nur die Einkünfte beider Ritterorden zur Verfügung stehen, sondern auch der Löwenanteil sämtlicher Prälaturen, Bistümer und geistiger Orden. Es bedeutete nicht weniger als die Idee einer Universalmonarchie, in der alles Geld des Abendlandes zusammenfließen sollte.« Schon vor seinen Angriffen hatte er versucht, mit den Templern »ins Geschäft zu kommen«, aber die wahren Vorstellungen des französischen Königs waren dort schnell durchschaut worden, was ihn schließlich zu einer anderen Taktik getrieben hatte.

Der Anfang vom Ende des Templerordens war der 14. November 1305, jener Tag, an dem Papst Clemens V. in Lyon gekrönt wurde. Der Einfluss des Königs auf ihn (die Päpste befanden sich damals im französischen Exil) war von Anfang an sehr stark. Kurz nach seiner Amtseinführung setzte sich Philipp mit Clemens in Verbindung und klagte die Templer verschiedenster Verbrechen an. Damals schenkte der Papst den Vorwürfen noch keinen Glauben, und so verstrich fast ein halbes Jahr, bevor erste Maßnahmen ergriffen wurden.

Am 6. Juni 1306 erfolgte eine Einladung an die Großmeister der Johanniter und der Templer, offiziell wegen der Besprechung eines neuen Kreuzzuges. Doch nur Jacques de Molay, der Großmeister des Tempelherrenordens, folgte dieser Aufforderung: Er begab sich von Zypern, das seit dem Fall von Akkon (1291), dem letztem Stützpunkt der christlichen Kreuzfahrerheere, Hauptsitz der Templer war, nach Frankreich. Dort traf er im Spätherbst 1306 ein, aber seine Zusammenkunft mit dem Papst scheint erst im Frühjahr des folgenden Jahres stattgefunden zu haben. Clemens hatte vor, den Orden der Templer mit dem der Johanniter zu verschmelzen, doch Jacques de Molay lehnte dies entschieden ab. Beide, der Papst und der Großmeister, sprachen sehr offen über die von Philipp erhobenen Vorwürfe gegen den Orden und über die angeblichen Missbräuche. Molay gestand, dass es solche Missbräuche im Templerorden gäbe, dass diese aber nicht größer und schwer wiegender seien als in anderen Mönchsgemeinschaften auch. Es gelang ihm, den Papst von der Grundlosigkeit der gegen ihn und gegen die Gemeinschaft erhobenen Vorwürfe zu überzeugen.

Aber nur kurze Zeit später wandte sich das Rad endgültig zu Ungunsten der Templer. Philipp, vom Gespräch Molays mit dem Papst unterrichtet, eilte zum Sitz des Kirchenoberhauptes. Er erhob neue Anklagen gegen den Orden (u. a. den der Gotteslästerung). Und obwohl die Mehrzahl der Kardinäle noch immer gegen eine Untersuchung war, sicherte der Papst dem König jetzt in einem Schreiben vom 4. August eine solche zu. Philipp aber dauerte das zu lange. Er wollte eine päpstliche Untersuchung nicht mehr abwarten, und so wurde am 14. September die Verhaftung aller Templer in Frankreich und die Beschlagnahme ihrer Güter beschlossen. Die königlichen Beamten erhielten eine entsprechende Instruktion, in der den Mitgliedern des Ordens die Verleugnung Jesu, das Anspeien des Kreuzes und unsittliche Handlungen zur Last gelegt wurden. Besonderen Wert legte Philipp in diesem Schriftstück heuchlerischerweise darauf, dass er, der er »kraft seines königlichen Amtes zum Verteidiger des Glaubens berufen« sei, den unerhörten Anschuldigungen zunächst selber nicht geglaubt habe. Schließlich hätte er sich aber doch davon überzeugen lassen müssen und daher die Anweisung gegeben, »dem Inquisitor auf sein Verlangen zur pflichtgemäßen Verfolgung der Angelegenheit den weltlichen Arm zu leihen«.

Mit diesem Schreiben beginnt der Reigen der Widersprüche. Philipp beruft sich darin nämlich im Wesentlichen auf die Aussage eines ehemaligen Templers, der in einem Gefängnis eingesessen und einem Mitgefangenen von den »ungeheuerlichen Vorgängen« im Orden berichtet haben soll. Wenn aber diese Vorgänge tatsächlich derart »ungeheuerlich« gewesen wären, so ist doch wohl anzunehmen, dass sie auch früher schon bekannt gewesen sein müssten, dass sie auch an anderen Stellen an die Öffentlichkeit durchgesickert wären. Bei einem Orden wie den Templern wäre dies bei allen angeblichen Schweigegeboten unweigerlich der Fall gewesen.

In der Nacht vom 12. auf den 13. Oktober 1307 wurden sämtliche Templer in Frankreich verhaftet. Am 15. desselben Monats fanden die ersten Verhöre des Großmeisters und anderer hoher Ordensmitglieder statt, die laut Protokoll einige der ihnen zugeschriebenen Handlungen gestanden. Daraufhin richtete Philipp am 16. Oktober Schreiben an alle Königs- und Fürstenhäuser Europas, seinem Beispiel zu folgen.

In der Zeit vom 19. Oktober bis zum 24. November wurden 138 Templer vernommen. Papst Clemens, der sich durch die Aktion Philipps übergangen fühlte, erhob zwar einen Protest gegen die Verhöre, erzielte beim König damit aber nur wenig Eindruck. Auch sein Verlangen um Auslieferung der Gefangenen und des Vermögens der eingezogenen Ordensgüter verhallte ungehört.

»Unter dem Vorwand der besonderen Schwere der Schuld, und von den häretischen Machenschaften der Templer überzeugt, entschied sich der König jedoch, das Kirchenrecht und das Recht schlechthin zu missachten und auf eigene Faust zu handeln, wenngleich er sich hinter dem Inquisitor von Frankreich versteckte«, berurteilt der Historiker Alain Demurger[10] die Vorgänge.

Papst Clemens jedoch, schwächlich und krank, entschloss sich nun offenbar, zusammen mit Philipp »an einem Strang zu ziehen«. In seiner Bulle *Pastoralis prae-eminentiae* vom 22. November 1307 befahl er allen Fürsten, dem Beispiel Philipps zu folgen, die Templer gefangen zu setzen und ihren Besitz einzuziehen. Damit war das Schicksal des Ordens besiegelt. Clemens, der einzige, der das Steuer in diesem Moment noch hätte herumreißen können, versagte, war zu schwach, um Philipp entgegentreten zu können. So ist er mitschuldig geworden am Untergang des Ordens, schuldig am Ende der Templer. Zwar versuchte Clemens im Januar und Februar 1308 noch einmal zaghaft, das Rad der Geschichte wieder zurückzudrehen, indem er die Vollmachten der Inquisitoren, also der dazu eingesetzten Dominikanermönche und Bischöfe, suspendierte. Aber er machte diese Anordnung bald wieder insofern ungültig, als dass Philipp zwar offiziell die Templer dem Papst übergeben musste, dieser aber wiederum die Überwachung dem König überließ.

Im Juni und Juli 1308 wurden in Poitiers, am Sitz des Papstes, weitere Verhöre durchgeführt, die zum Teil die Anschuldigungen zu bestätigen schienen. Aber die Aussagen gelten heute als sehr zweifelhaft, denn erstens stammten sie nur von den Mitgliedern der unteren Ränge, und zweitens hatte Philipp die zum Verhör durch den Papst bzw. seine Kardinäle, bestimmten Templer zuvor selbst ausgewählt und nach Poitiers geschickt. Es stand also von vornherein fest, welche Aussage die Gefangenen – unter Androhung von Folter und Tod – vor dem Papst machen würden.

Die Würdenträger des Ordens indes wurden nie vor den Papst geführt. Angeblich, so beteuerte Philipp in einem Brief, seien einige von ihnen krank geworden, und er könne daher die beschwerliche Reise nicht verantworten. Dieses zynische Verhalten ist typisch für das doppelte Spiel, das der König trieb. Denn selbst wenn einige der Templerführer erkrankt waren, so wohl doch nicht alle gleichzeitig. Und die Krankheit dürfte im Wesentlichen das Resultat der Folter gewesen sein, die Philipps Inquisitoren rücksichtslos anwandten, um ihnen genehme Aussagen zu bekommen. Es ist ein trauriges Kapitel der Ordensgeschichte, dass sich dabei (ähnlich wie in anderen Prozessen auch) vor allem Dominikanermönche hervorgetan haben.

Das Verhör der Großwürdenträger fand vom 17. bis 20. August 1308 statt und wurde von den Kardinälen Berengar, Stephan und Landulf geleitet. Vorgeführt wurden die vier Großpräceptoren des Ordens und Jacques de Molay selbst sowie, auf sein Verlangen hin, ein zu seinem

Hause gehörender Diener. Aber das Ergebnis dieses Verhörs – die Aussagen wurden unter der Folter erpresst – stand ohnehin fest, und das Urteil über den Orden war bereits gesprochen.
Als Jacques de Molay die Aussagen am 26. November vorgelegt wurden, protestierte er mit aller Entschiedenheit dagegen. Ein Zeitzeuge, der an seinen Bruder Bernard aus Mallorca einen Brief über die Vorfälle in Paris schrieb, berichtet: »Er öffnete seinen Umhang und legte seine Kleidung ab: ›Seht, meine Herren, wie man aus uns herausholte, was man hören wollte‹, und er zeigte seine bis auf die Knochen zerfleischten Arme und die Spuren der Folter, die er erlitten hatte. Dann widerrief er seine Aussagen.«[10]
Der Großmeister erzielte bei den Inquisitoren freilich keinen großen Eindruck damit. Ebenso erging es Ponsard de Gisi, dem Präceptor von Payens. Beide beteuerten ihre Unschuld und ihren rechten Glauben und verlangten, vor den Papst geführt zu werden, da nur dieser über sie urteilen dürfe.

Allein in Paris waren bis zu diesem Zeitpunkt 36 Templer durch die Folter umgekommen, 35 weitere im Erzbistum Gent. Die Gefangenen wurden aufs Schlechteste behandelt, man enthielt ihnen die Sterbesakramente vor und verscharrte ihre Leichen, statt sie auf einem Friedhof, also in geweihter Erde, beisetzen zu lassen. Und dennoch beharrten die Ritter jetzt fast einheitlich auf der Unschuld des Ordens und seiner Reinheit, und die meisten waren bereit, dafür bis zum Letzten zu gehen, »bis zum Tode«. Am 12. Mai 1310 wurden 54 Templer, die sich zur Verteidigung ihres Ordens bereit erklärt hatten, als »Rückfällige« öffentlich verbrannt.
Die Aussagen der Templer, die bis zum 26. Mai 1311, dem Ende der Verhandlungen, gesammelt worden waren, sind unterschiedlicher Natur. Auffällig ist, dass die meisten Aussagen gegen den Orden aus jenen Ländern stammen, in denen Philipp regierte oder zu deren Königshäusern er verwandtschaftliche Beziehungen hatte, wo also die von ihm befohlene Folter angewandt wurde. Zudem fehlten dem Orden Juristen und Theologen, die sich in dem laufenden Gerichtsverfahren ausgekannt hätten. Die Templer, vergessen wir dies nicht, waren Kämpfer, Soldaten Christi, nicht seine Advokaten wie die Dominikaner. Andererseits wurden die Ordensritter immer wieder sehr erfolgreich für

Abb. 28: Jacques de Molay, der letzte Großmeister der Templer in Ordenstracht und mit dem Templerschwert. Er starb am 11. März 1314 auf dem Scheiterhaufen.

diplomatische Aktivitäten eingesetzt oder wie der 1304 in England zum Meister ernannte Guillaume de la More vom König selbst für seinen scharfen Verstand und seine Tugenden gelobt.

Je nach Land und Gegend verliefen auch die Anklagen völlig unterschiedlich: beispielsweise in Deutschland, wo alle verhafteten Templer wieder freigelassen, oder in Portugal, wo die Tempelherren in den Christusorden (der quasi dem Templerorden entsprach und nur einen anderen Namen erhielt) überführt wurden.

Trotz der von Philipp angewandten Taktik und eben wegen dieses offensichtlichen Widerspruchs war die vom Papst eingesetzte Untersuchungskommission schließlich zu dem Ergebnis gekommen, dass die Schuld des Ordens *nicht* erwiesen sei und man ihm das Recht der Verteidigung einräumen müsse. Aber Clemens, ängstlich und abhängig von dem König, in dessen Land er lebte, konnte nicht mehr zurück. Philipp drängte auf eine Aufhebung des Ordens und die Verteilung der Güter. Am 22. März 1312 fiel die endgültige Entscheidung. In der päpstlichen Bulle *Vox in Excelso* wurde der Orden *per modum provisionis seu ordinationis apostolica*, also »aus fürsorglicher Rücksichtnahme auf das allgemeine Wohl und mittels päpstlicher Verordnung« aufgelöst.

Ein Großteil der Güter ging auf den Johanniterorden über, vieles fiel Philipp in die Hände (wenn auch nicht jene Beträge, die er sich vermutlich ausgerechnet hatte), manches erhielten andere Fürsten und Herrscher. Das Urteil über den Großmeister, Jacques de Molay, und den Großpräceptor der Normandie, Gottfried von Charney, behielt sich der Papst zunächst selbst vor, überließ es aber auf Drängen Philipps einer Kommission, die sich aus drei Kardinälen zusammensetzte. Am 11. März 1314 wurden Jacques und Gottfried vor dem Portal der Kirche Notre Dame in Paris öffentlich aufgrund ihrer in den ersten Verhören erfolgten Geständnisse zu lebenslanger Haft verurteilt. Damit schien die Sache abgeschlossen. Doch unmittelbar nach der Urteilsverkündung erhob sich Jacques de Molay, bat um Ruhe und erklärte alle Anschuldigungen, die gegen ihn und den Orden erhoben worden seien, für falsch. Die ihnen vorgeworfenen Häresien und Sünden seien nie begangen worden, der Orden rein, heilig und gerecht gewesen. Er selber verdiene den Tod, weil er sich unter der Androhung der Folter zu falschen Aussagen habe verleiten lassen. Ihm stimmte daraufhin der Großpräceptor der Normandie mit ähnlichen Worten zu.

Auf Betreiben Philipps wurden beide noch am selben Abend auf dem Scheiterhaufen verbrannt. Selbst in den Flammen beteuerten sie die Unschuld des Ordens, und der Legende nach verfluchte Jacques de Molay Papst und König, ihnen schon bald in den Tod folgen zu müssen. In der Tat konnten sich beide ihres Triumphes über die Templer nicht allzu lange erfreuen. Sie starben, wie Jacques de Molay es prophezeit hatte, noch vor Ablauf eines Jahres.

Damit war der Orden der Templer endgültig zerstört. Es gab im Laufe der Geschichte immer wieder Versuche, neue Templerorden zu gründen, aber es handelte sich dabei um nichts anderes als um mystische

Zirkel oder Sekten, die mit dem eigentlichen Orden nicht viel gemein hatten. Manche glauben auch an eine geheime Weiterexistenz der Gemeinschaft, doch auch darüber liegen keine gesicherten Informationen vor. Vielleicht kann man die Freimaurer-Orden als Gemeinschaften bezeichnen, die in gewisser Weise einige der Ideale und einige der den Templern zugesprochenen Geheimüberlieferungen zu ihren eigenen machten. Aber für die Templer selbst war mit dem Tod Jacques de Molays das Ende besiegelt. Es gab keine Auferstehung.

Die Geschichtsforschung ist sich – und das nicht erst seit heute – einig, dass die den Templern zur Last gelegten Anschuldigungen unwahr gewesen sind und zum größten Teil auf Philipp dem Schönen, dem Motor der ganzen Aktion, beruhten. In der »Illustrierten Geschichte der Päpste« von 1980 lesen wir dazu: »Die Motive des französischen Königs sind nie ganz klar geworden. Aber da er schon die lombardischen Bankleute und die Juden ausgeplündert hatte, ist die wahrscheinlichste Erklärung, dass er hinter den Reichtümern der Templer her war.«
Recht früh, in dem im Jahre 1899 erschienenen »Wetzer und Welters Kirchenlexikon«, entstanden unter der Redaktion von Joseph Cardinal Hergenröther und Franz Kaulen[11], dem damaligen Hausprälaten des Papstes und Professor für Theologie an der Universität Bonn, wird die Unschuld der Templer herausgestellt: »Die weitaus größere Mehrzahl der Historiker erklärte die Anklagen überhaupt für unbegründet, und diese Auffassung ist zweifellos die richtige.« Und über das Verfahren selbst: »Es war eine schwere Verletzung der Wahrheit und Gerechtigkeit und brachte hunderten von Personen einen qualvollen Tod, einer noch größeren Zahl Gewissensnöte und peinliches Dasein«.
In diesem Zusammenhang kann man dem Urteil der beiden Historiker Johannes Halle und Georg Schwaiger nur zustimmen, die in der Ausrottung der Templer den größten Justizmord sehen, den die Geschichte kennt: begangen vom französischen Staat und seinem König, anfangs nicht behindert, dann geduldet und zuletzt vom Papst gefördert. Der Freiburger Theologe Andreas Beck[12] schloss sich diesem Urteil an und forderte von Papst Johannes Paul II. (Pontifikat 1978–2005), »... das ungerechte – und als solches auch erkannte – Urteil Clemens' V. [zu] annullieren und das Verbot zurückzunehmen, den Templerorden wiederzugründen.«

Wie steht die katholische Kirche, wie stehen die Päpste heute zur Vorgehensweise gegen den Orden? Auf Anfrage erhielten die Verfasser dieses Buches mit Schreiben vom 19. Januar 1983 eine Stellungnahme der *Sacra Congregation Pro Doctrina Fidei*, der Römischen Kongregation für Glaubenslehre. Darin teilte der Vorsitzende der Nachfolgebehörde der Inquisition, Joseph Kardinal Ratzinger, der spätere Papst Benedikt XVI., mit, dass die Prozesse um die Ordensangehörigen des Tempelherrenordens vor der Gründung der Kongregation stattfanden und somit nicht im Zuständigkeitsbereich dieses Kirchenorgans lägen. Eine Bewertung der damaligen Vorgänge sei Sache der Historiker. – Wohl der einfachste Weg, offenkundigem Unrecht aus dem Weg zu gehen.

Der Rechtswissenschaftler und Philosoph Hartwig Sippel schreibt[13]: »Erwiesenermaßen existieren aus der gesamten Phase des Prozesses keine wie immer gearteten urkundlich beglaubigten Zeugenaussagen gegen den Tempel. Mit Sicherheit würde jenes zusammengestellte ›Beweismaterial‹ über Häresie sowie über all die anderen von der Anklage konstruierten Vorwürfe nach den Gesichtspunkten der heutigen Rechtsprechung niemals einer objektiven Überprüfung standhalten. Desgleichen finden die meisten seriösen Forscher unserer Zeit unter Berufung auf die wirklich belegbaren Fakten keine hinreichenden Gründe für eine angeblich ›erwiesene‹ Schuld des Ordens in seiner Gesamtheit. Man ist sich weitgehend einig, dass die Templer – so Campbell – ›von einem feigen Papst geopfert wurden, um den Ehrgeiz eines habgierigen Monarchen zu befriedigen‹.«

Die Auflösung des Ordens erfolgte im Jahre 1312. Hundert Jahre zuvor, als Wolfram von Eschenbach sein Gral-Epos niederlegte, befand sich der Orden auf dem Höhepunkt seiner Macht. Welche Gründe mögen Wolfram damals dazu bewogen haben, die Templer als Vorbild für seine Gralsritter zu nehmen?

Auch hier gibt es einen »Schuldigen«, den wir bereits kennen: Kyot. Er, der Entdecker der Flegetanis-Schrift, stand ganz offensichtlich in engem Kontakt zu den Templern oder war ein Mitglied dieser Mönchsorganisation, ja vielleicht nicht nur das. Marion Melville[14] geht in ihrer Analyse des Wolfram-Textes auch auf Kyot, Wolframs Anjou-Motive, die Schwanrittersage und die Gralauffassung ein und betont deren »intimité avec les Templiers«, also ihre nahe Verbundenheit mit den

Templern. Auch René Louis[15] bestätigt, dass die neben Chrétien zweite Quelle Wolframs (also Kyot) aus dem »geistigen Umfeld des Templerordens inspiriert ist, deren Verfasser Zugang zu islamischen Geheimquellen hatte«.

Erinnern wir uns: Kyot, der das Flegetanis-Buch in Spanien entdeckte und die Wahrheit über den Gral als Erster erkannte, war auf der Suche nach »einem Volk«, das die Pflege, die Aufsicht über den Gral übernehmen sollte. Im Parzivalroman, also in der fiktiven Erzählung Wolframs, sind die Templeisen, die Ritter auf Munsalvaesche, die Hüter des Grals. *Templeise* aber ist nichts anderes als Wolframs Name für die Templer ...

Damit stellt sich uns die letzte große Frage: Waren die Templer im Besitz der Mannamaschine? Waren *sie* die »Hüter des Grals«?

X. Die Gralshüter

Wie wunderbar sind diese Wesen,
Die, was nicht deutbar, dennoch deuten,
Was nie geschrieben wurde, lesen,
Verworrenes beherrschend binden
Und Wege noch im Ewig-Dunkeln finden.

Hugo von Hofmannsthal
(1874–1929)

Die Entdeckung des Grals

Wir wollen uns noch einmal ins Gedächtnis zurückrufen, was wir über Kyot wissen:

1. Der Name *Kyot* muss nicht zwangsläufig der richtige, der Geburtsname dieses Mannes gewesen sein. Die Tatsache, dass sich weder zur Zeit Wolframs noch zuvor eine Person dieses Namens entdecken lässt, deutet darauf hin. Infolgedessen kann auch – in der wissenschaftlichen Literatur keineswegs bestritten – der Zusatz *de Provence* nur eine weitere Ergänzung dieses Pseudonyms sein. Wir wissen ja, dass Wolfram geschichtliche Ereignisse und geschichtliche Personen in Analogien zu übersetzen und dann in sein Werk zu integrieren pflegte.

2. Kyot ist gelehrt und verfügt offenbar über nicht unerhebliche finanzielle Mittel, andernfalls hätte er seine ausgedehnten Reisen nicht unternehmen können.

3. Er entdeckt (ob zufällig oder nach einer gezielten Suche, wissen wir nicht) in Toledo eine vermutlich arabische Schrift, in der umfassende Informationen über den Gral niedergelegt sind.

4. Kyot macht sich daraufhin auf die Suche: zum einen will er weiteres Material über den Gral sichern, zum anderen trägt er sich mit dem Gedanken, für diesen Gral »ein Volk« zu finden, das ihn in seine Obhut nehmen kann. Herbert Kolb[1] schreibt dazu: »An mehreren Orten seiner westeuropäischen Heimat suchte Kyot, um die Grundlinie seiner toledanischen Auserwählungsgeschichte samt ihren

Hauptmotiven mit abendländischer Überlieferung in Konkordanz zu bringen.«

5. Kyot hatte Kontakt zu den Templern oder war sogar Mitglied des Ordens. Der Historiker Pierre Ponsoye[2] beispielsweise sieht in Kyot »l'autorité spirituelle du Temple«, also die spirituelle Autorität des Tempels bzw. der Templer vertreten.
6. Über seine Arbeiten und Bemühungen hat er – vermutlich in späterer Zeit – Aufzeichnungen gemacht und so im Grunde den ersten »Gralroman« geschaffen, der Wolfram als zweite Quelle neben der Fassung Chrétiens diente.

Die beiden Fragen, die sich erheben, lauten also: Ist es Kyot gelungen, mit Hilfe der »Miliz Christi« den Gral aus Palästina nach Europa zu holen? Und war der Orden der Tempelherren in der Folgezeit der Hüter dieses Gerätes?
Wir glauben, diese Fragen positiv beantworten zu können. Allerdings werden wir dazu Kyot ein Jahrhundert früher »datieren« müssen, als dies bisher in der Literatur der Fall gewesen ist. Wir wissen, dass wir uns mit diesem Schritt den Unmut der Fachgelehrten zuziehen werden, aber wir möchten darauf hinweisen, dass Wolfram seinerseits in Bezug auf Kyot *keinerlei Datumsangaben* beibringt, somit auch die Vermutung, Kyot sei Zeitgenosse Wolframs gewesen, *nur eine willkürliche Annahme* bildet. Es gibt lediglich im 9. Buch des Parzival eine Passage, in der Wolfram schreibt:

Wenn mich einer vorher nach dem Gral gefragt und wenn er darüber gescholten hat, dass ich es ihm nicht sagte, so hat er sich damit in Unrecht gesetzt. Denn Kyot bat mich, es im Verborgenen zu lassen, da die Aventüre ihm geboten hatte, dass niemand seine Gedanken darauf richten sollte, ehe nicht sie selbst, die Aventüre, die Märe ausdrücklich dazu eingeladen hätte, sodass man wohl davon sprechen muss.

Diese Übersetzung von Wilhelm Stapel[3] hält sich an die so genannte G-Fassung des Parzival von Wolfram von Eschenbach, die in der Münchner Staatsbibliothek aufbewahrt wird. Dort heißt der entscheidende Satz: *»Mich batez helen Kyôt …«*, also »Kyot bat mich …« Es gibt aber noch eine D-Fassung in der St. Gallener Stiftsbibliothek, in der diese Stelle ganz anders lautet: *»Dich batiz helen kiot ...«*, also »Kyot bat Dich ... es im Verborgenen zu lassen«. Der hier von Wolfram in der zweiten Person Singular Angesprochene kann somit nicht Wolfram selbst gewesen sein. Der Verdacht liegt nahe, dass hier ein Mittelsmann, von dem Wolfram die Kyot-Fassung erhielt, in einem imaginären Dialog zwischen Autor und Überbringer gewissermaßen als Zeuge für die Erklärung aufgerufen wird, warum die Gralgeschichte bislang noch nicht veröffentlicht werden durfe. Dies ist auch insofern schlüssig, als Wolfram an anderer Stelle schreibt, »die rechte Geschichte« sei zuvor aus der Provence nach Deutschland gesandt worden, und auch Chrétien gibt an, er habe das »Buch über den Gral« vom Grafen von Flandern erhalten. Mit anderen Worten: Der Text muss zu diesem Zeitpunkt bereits geschrieben und »im Umlauf« gewesen sein. Das wiederum lässt den Schluss zu, dass Kyot *vor* Chrétien und *vor* Wolfram lebte und seine Aufzeichnungen niedergelegt hatte. Es wird sich auch zeigen, dass unsere Hypothese, die eine solche Vorverlegung der Wirkungszeit Kyots annimmt, durchaus in sich widerspruchsfrei ist und alle bekannten Fakten berücksichtigt.

Im Jahre 1080 wird Hugo de Payens, der spätere Begründer des Templerordens, geboren. Über seine Kindheit wissen wir wenig, aber wahrscheinlich nahm er schon mit neunzehn Jahren am ersten Kreuzzug unter Gottfried de Bouillon teil und war dabei, als Jerusalem am 14. Juli 1099 fiel. Daraufhin kehrte er nach Frankreich zurück und begab sich in den Dienst des Grafen Hugo de Champagne, dessen Offizier er wurde.
Es vergehen fünf Jahre. Was genau in dieser Zeit geschehen ist, darüber gibt es keinerlei Unterlagen. Möglicherweise war er im Auftrag seines Herrn und Freundes irgendwo unterwegs. Danach treten beide, Hugo de Champagne und Hugo de Payens, erneut eine Reise ins Heilige Land an. Aber sie bleiben nicht lange und kehren bald wieder zurück. Kaum in Frankreich, nimmt Hugo de Champagne Kontakt zu Etienne Harding, dem Abt der sieben Jahre zuvor gegründeten Zisterzienser auf. Die Folge: Der junge Orden beginnt mit genauesten Studien verschiedenster hebräischer Texte (später auch des Korans), ja, es werden sogar Rabbiner aus dem Hochburgund zur Hilfe herangezogen, um bei den schwierigen Übersetzungen zur Seite stehen zu können – ein

für damalige Zeiten geradezu sensationeller Vorgang. In Troyes befand sich die berühmte Kabbalahschule des großen Rabbiners Rashi (Solomon ben Isaac). Dieser starb zwar 1105, die Arbeit wurde jedoch von seinen Schwiegersöhnen fortgesetzt. Nach jüdischen Überlieferungen wurde Rashi häufig von Hugo de Champagne besucht, und es scheint, als bahnten sich entscheidende Dinge an.

Im Jahre 1114 reiste Hugo de Champagne erneut ins Heilige Land, um sich nach der Rückkehr wiederum sofort mit Etienne Harding und den Zisterziensern in Verbindung zu setzen. Aber nicht nur das: Zum allgemeinen Erstaunen schenkte er dem Orden den Wald von Bar-sur-Aube und veranlasste die Gründung der Abtei von Clairvaux. Der junge Bernhard de Fontaine (der spätere »heilige Bernhard«) nahm dieses Projekt in Angriff. Und noch etwas: Hugo äußerte den seltsamen Wunsch, dem

Abb. 29: Während des Mittelalters gab es in Europa mehrere jüdische Thora-Schulen. Manche von ihnen beschäftigten sich auch mit der Kabbalah – etwa jene von Rabbi Rashi in Troyes, deren Lehrer zu Übersetzungsarbeiten im Vorfeld der Templergründung herangezogen wurden.

Abb. 30: Bernhard von Clairvaux. Der spätere »heilige Bernhard« gilt als einer der führenden ideologischen Köpfe der Templergründung.

Orden der Hospitaliter (Johanniter) von Jerusalem beizutreten. Weil er aber verheiratet war, wurde ihm dieser Wunsch abgeschlagen.

Die ganze Sache ist sehr merkwürdig. Wenn Hugo tatsächlich nichts anderes im Sinn gehabt hätte, als mildtätige Werke zu tun, er hätte sicherlich Aufgaben gefunden. Aber hier ging es augenscheinlich um etwas ganz anderes. Dann, im Jahr 1119, trieb die mysteriöse Angelegenheit auf ihren Höhepunkt zu. Hugo de Payens zog zusammen mit Gottfried von Saint-Omer und einer Hand voll weiterer Getreuer nach Jerusalem. Wer diese Männer waren, ob es sich um sechs oder sieben, möglicherweise auch acht weitere Ritter handelte, ist unklar. Man nimmt an, dass André de Montbard (ein Onkel Bernhards) mit dabei war. Ferner werden die Namen Payens bzw. Nivard de Montdidier, Archembaud de Saint-Amand, Geoffry Bisol, Hugues Rigaud und zwei Zisterzienser-Mönche, Konrak und Gundemar, genannt. In Jerusalem angekommen, legten sie das Gelübde der Keuschheit, des Gehorsams und der Armut in die Hände des dortigen Patriarchen ab und waren von diesem Tag an in einer Laienbruderschaft zusammengeschlossen. Und abermals geschah etwas sehr Seltsames: Balduin II., König von Jerusalem, räumte diesem kleinen Häufchen einen Teil seines Palastes ein. Kein Wunder, dass sie sich von nun an »Templer« nannten, denn dieser Palast stand *nirgends anders als über dem ehemaligen Tempel Salomos*!

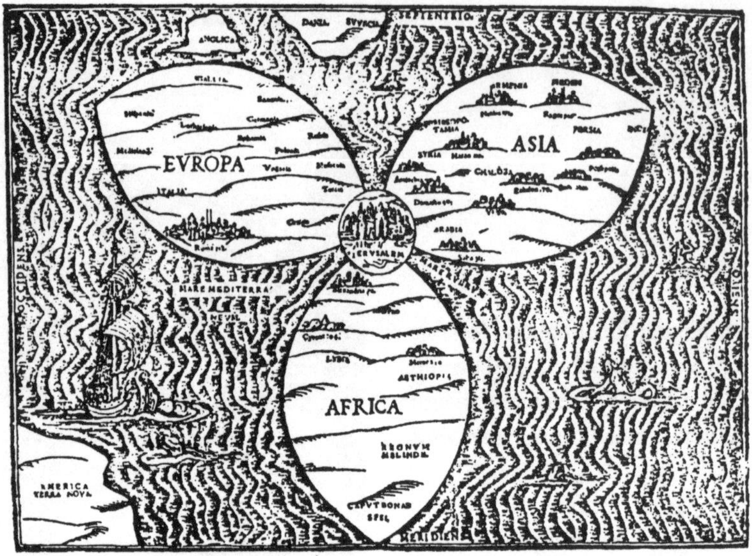

Abb. 31: Sogar noch nach der Entdeckung Amerikas wurde Jerusalem als »Zentrum der Welt« betrachtet, wie diese Karte der Kontinente deutlich macht.

Hartwig Sippel[4] schreibt dazu: »Die Wahl genau dieses Standortes scheint daher ganz offensichtlich alles andere als eine gewöhnliche Schenkung König Balduins im herkömmlichen Sinne an die Tempelritter gewesen zu sein. Dabei weiß die bisherige Geschichtswissenschaft darüber im Grunde merkwürdigerweise so gut wie nichts zu berichten.«

Man muss sich das einmal vorstellen: Jerusalem galt während der Zeit des Mittelalters als Zentrum des Erdkreises. Die Stätte, um die es hier geht, der ehemalige Tempelbezirk, war das Zentrum dieses Zentrums, der Nabel der Welt. Dem König von Jerusalem hätte ein solcher Ort als Residenz sicher zugestanden – aber diesem kleinen Haufen armseliger Ritter? Wenn dies trotzdem geschah, wenn der König sogar seinen Platz dort schließlich vollständig räumte, um ihn den Templern zu überlassen, muss es fraglos einen schwer wiegenden Grund dafür gegeben haben. Denn nachdem Balduin II. in einen neuerbauten Palast nahe des Davidsturms umgezogen war, gehörte dem Orden das *gesam-*

te Areal. »Solange Jerusalem christlich blieb«, schreibt Monika Hauf[5], »sollte dies der unbestrittene Hauptsitz der Templer bleiben. Dort wurde der Großmeister gewählt, dort traf er mit seinem Rat Entscheidungen, die für das gesamte Land Bedeutung haben sollten ... Auch die Menschen des Mittelalters waren von der Heiligkeit des Ortes ergriffen. Es war in ihren Augen nur gut und richtig, dass sich eine Ordensgemeinschaft gerade dort etablierte.«

Dieser Umstand ist für die Männer, die schon bald »Arme Ritterschaft vom salomonischen Tempel« oder vereinfacht »Templer« genannt werden, offenbar von extremer Wichtigkeit. Auch wenn keine schriftlichen Unterlagen darüber existieren, zeigt die Parallelisierung, die Wolfram von Eschenbach mit seiner Gralsburg Munsalvaesche zum Tempel von Jerusalem anstrebt, indirekt doch die Bedeutung dieser Wohnstätte an. Herbert Kolb[1] ist fest davon überzeugt: »Diese Weise der Bezeichnung [dass die Templeisen auf Munsalvaesche nahe beim Gral wohnen, Anm. d. Verf.] steht wiederum in genauer Analogie zu dem Wohnsitz des Templerordens in Jerusalem ... Auch die milites Christi oder milites templi [die Templer, Anm. d. Verf.] wohnten beim Tempel, dem Tempel in Jerusalem. Die von David geweihte,

Abb. 32: Der moslemische Felsendom auf dem Tempelfelsen Jerusalems während des Mittelalters. Die Stadt gilt seit langem als Zentrum der drei Weltreligionen: des Judentums, des Christentums und des Islam.

von Salomon zum Reichsheiligtum erhobene, von den Christen zum templum Domini umbenannte Kultstätte war ein Rundbau, ein Haus daneben, Palast der Könige von Jerusalem und in Teilen Wohnsitz der Tempelritter, ein viereckiges Gebäude. Die These der präfigurativen Gestaltung kann also auch für die architektonische Anlage von Munsalvaesche angewandt und hieran verifiziert werden: Bau und Anordnung von palas und tempel [im *Parzival*, Anm. d. Verf.] entsprechen in ihren Grundzügen den baulichen Verhältnissen des Tempelritterhauses, das zugleich Königspalast ist, und des Tempels in Jerusalem.« Joachim Bumke[6] führt diesen Punkt noch weiter aus: »In Wolframs Beschreibung von Munsalvaesche sind die Jerusalemmotive besonders deutlich: Die Anlage des Festsaales und seine Fensterlosigkeit, das Bett in der Mitte und die Zahl der 24 Graljungfrauen erinnern an die Beschreibung der Himmlischen Stadt in der ›Johannesapokalypse‹ ...«
Acht Jahre lang blieben die Templer in Jerusalem. Im Jahre 1125/26 folgte ihnen Hugo de Champagne nach. Offensichtlich erschien ihm die Angelegenheit nun dermaßen bedeutend, dass er Frau und Kind verstieß, um sich der kleinen Gruppe in Jerusalem anschließen zu können. Nicht einmal Bernhard von Clairvaux schien diesen Schritt nachvollziehen zu können. Der Pariser Historiker Alain Demurger[7] schreibt: »Man kann die Haltung Bernhards von Clairvaux – ein der Welt entflohener Ritter – verstehen, als er 1126 den Eintritt Graf Hugos von der Champagne in die Tempelmiliz bedauerte; warum war jener nicht, wie er selbst, ins Kloster Cîteaux eingetreten?« Ja – warum wohl? Und warum unterstellte sich ein Graf der Champagne seinem ehemaligen Untergebenen Hugo de Payens, der nun der Meister des Templerordens war? Auch dies ein unerhörter Vorgang.
In diesen ganzen acht Jahren beteiligten sich die »Ritter vom Tempel Salomons« nicht an einem einzigen Kampf. Balduin II. führte unterdessen Feldzüge gegen El-Ghazi in Antiochien (1119 und 1120) und gegen Nord-Syrien (1121 und 1122). Er wurde im Jahr 1123 gefangen genommen, von Armeniern befreit, erneut eingekerkert und gegen Lösegeld freigelassen. Er belagerte Aleppo und nahm es 1124 zusammen mit den verbündeten Beduinen ein. Gelegenheit, das Kriegshandwerk auszuführen, gab es also mehr als genug. Aber genau das taten die Templer *nicht*.

Abb. 33: Häufige Motive auf den Siegeln der Templer: der Felsendom in Jerusalem über dem Ort des ehemaligen Salomonischen Tempels und die zu zweit auf einem Pferd sitzenden Mönchsritter.

Stattdessen sah man sie entweder im Bereich des Tempels (dort legten sie seltsamerweise die alten Pferdeställe frei, nahmen Ausgrabungen vor, erkundeten uralte Ruinen) oder überhaupt nicht. Dann ritten sie aus und niemand wusste wohin.

Es ist immer wieder eingewendet worden, dies seien nur Legenden, denn die selbst gestellte Aufgabe der ersten Templer sei es gewesen, die Wege für die christlichen Pilger durch das Heilige Land zu sichern. Einmal davon abgesehen, dass sieben oder neun (später vielleicht knapp dreißig) Ritter dazu wohl kaum in der Lage gewesen wären, ist noch ein anderer Umstand bedenklich. Weder in den Ordensstatuten von 1129 noch in irgendeiner anderen Niederschrift oder Chronik dieser Zeit – etwa in jener des Fulko de Chartres, des Beichtvaters von Balduin II. – findet sich auch nur *ein einziges Wort* darüber. Fulko erwähnt die Tempelritter nicht einmal! Martin Bauer[8] schreibt dazu: »Allerdings darf man sich schon ein wenig darüber wundern, dass es praktisch überhaupt keine Urkunden gibt, die die Anfänge der Templer festhalten ... Bis zum Konzil waren die Templer eine kleine, elitäre Bruderschaft, die aus tief religiösen Männern bestand ... Erst mit der Anerkennung durch die kirchlichen Autoritäten wurde die Bruderschaft offiziell zu einem echten Orden nach kanonischem Recht. Erwähnenswert ist eine sehr merkwürdige Lücke in den Regeln. Nirgends findet sich ein Hinweis auf die ursprüngliche Aufgabe des Ordens, den Schutz der Pilgerwege ... Wir würden doch erwarten, dass die Templerregel etwa so beginnt: ›Ziel unseres Ordens ist ...‹ Sollten so intelligente Leute wie Hugo de Payens und Bern-

Abb. 34: Hugo de Payens, der erste Großmeister der Templer, erhält die Ordensstatuten aus der Hand von Bernhard de Clairvaux.

hard von Clairvaux vergessen haben, den Zweck der Gründung in den Regeln festzuhalten?«
Nun, wir können wohl annehmen, dass dem nicht so war, dass also infolgedessen der Schutz der Pilgerwege eben *nicht* zu diesen ursprünglichen Aufgaben gehörte. Doch wie auch immer – im Jahre 1127 fiel die Entscheidung. Vom Heiligen Land aus machen sich André de Montbard und Gundemar zurück auf den Weg nach Frankreich. Ihr Ziel war Clairvaux. Dort trafen sie mit Bernhard von Clairvaux zusammen, der sie offensichtlich schon sehnlichst erwartete. Bernhard setzte drei Schreiben auf: eines an den König von Frankreich, eines an den Papst und eines an die wartenden Ritter in Palästina. Als der Brief dort eintraf, machten sich die meisten von ihnen – bis auf wahrscheinlich zwei oder drei, die zurückblieben – auf den Weg. In Troyes wird daraufhin ein Konzil einberufen und der Orden der Tempelherren offiziell gegründet. Bernhard verfasst die Präambel

zu den Statuten, Hugo de Payens wird der erste Meister (später Großmeister genannt), der Papst erteilt seinen Segen …
Und in diese Präambel der Ordensregel lässt Bernhard schreiben: »Mit Gottes und mit unserer und mit unserers Retters Jesu Christi Hilfe ist das Werk vollendet worden, der seine Freunde aus der Heiligen Stadt Jerusalem in die Marche und Bourgogne zurückbeorderte. Es sind Freunde, die für unser Wohlwollen und für die Verbreitung des rechten Glaubens ohne Unterlass ihre Seele Gott anbieten, welch edle Aufopferung …«
Der Orden war erst neu gegründet, aber Bernhard schreibt: »… ist das Werk *vollendet* worden …« Was ist hier eigentlich geschehen, was ist vorgefallen im Jerusalem und Frankreich der Jahre zwischen 1105/06 und 1129? Nach allem, was wir wissen, nach allem, wie sich uns der Ablauf der Geschehnisse heute darstellt, gibt es nur einen einzigen Schluss. Der Historiker Louis Charpentier[9] fasst ihn so zusammen: »Es gibt nur eine Erklärung für dieses Verhalten: Die neun Ritter sind nicht nur gekommen, um die Pilger zu schützen, sondern auch, um etwas besonders Wichtiges zu finden, zu schützen und mitzunehmen, etwas besonders Heiliges, das sich im Tempel Salomons befindet: die Bundeslade …«
In der Tat: *nur* unter diesem Gesichtspunkt lässt sich erklären, was die neun ersten Templer in Jerusalem tatsächlich taten, wonach sie suchten und was sie schließlich fanden. Die Vorbereitung für diese Suche begann früh. Vermutlich ist Hugo de Payens schon bei seinem ersten Aufenthalt im Heiligen Land während des Kreuzzuges von 1096 bis 1099 auf eine Spur gestoßen. Weitere Nachforschungen, zusammen mit Hugo de Champagne, scheinen die Richtigkeit dieser ersten Spur bestätigt zu haben. Denn unmittelbar darauf begann das intensive Studium der hebräischen Texte, die offensichtlich auf weitere Hinweise »durchforstet« wurden. Erneut reiste Hugo de Champagne ins Heilige Land, und man kann annehmen, dass diese zweite Reise dazu diente, das dem Textstudium Entnommene zu überprüfen. Er kehrte, so können wir folgern, mit einem positiven Ergebnis zurück, denn die Studien gingen weiter, und es begann der Bau der Abtei von Clairvaux. Ihr stand Bernhard de Fontaine als Abt vor, der sowohl Hugo de Champagne als auch Hugo de Payens bestens kannte (letzteren nennt er »meinen vielgeliebten Hugo«). Die Abtei wird zum Zentrum der weiteren Forschung.

Dann, im Jahre 1119, brach Hugo de Payens auf, gefolgt vom Onkel Bernhards und sechs weiteren Männern, eine verschworene Gemeinschaft, der sich später noch Hugo de Champagne anschloss. Sie alle stammten aus dem nordöstlichen Frankreich, Payens lag nur zehn Kilometer von Troyes entfernt, der Stadt, in der auch der Graldichter Chrétien aufwuchs, und Clairvaux nur 40 Kilometer. Gemeinsam arbeiteten sie in Jerusalem, bildeten die Laienbruderschaft der »Armen Ritter vom salomonischen Tempel« und arbeiteten doch in erster Linie am Tempel selbst oder in anderen Teilen des Landes. Schließlich, im Jahre 1127, fanden sie, wonach sie gesucht hatten: Die Mannamaschine befand sich in ihren Händen! Sie informierten Bernhard und dieser gab »grünes Licht« für den Transport. Die Mannamaschine verließ Jerusalem, verließ das heilige Land und kam nach Europa.

Und Kyot? Schauen wir uns in diesem Zusammenhang noch einmal die Person des Hugo de Payens an. Wie Malcolm Barber und Marie-Luise Bulst-Thiele[10] durch ihre Forschungen bestätigt haben, stammte er tatsächlich aus der Stadt Payens, die nur etwa zehn Kilometer von Troyes entfernt am linken Seineufer der Champagne liegt. Als er herangewachsen war, wurde er zum Ritter geschlagen, hatte Besitzungen im Gebiet von Tonnerre und war Herr von Montigny-Lagesse. Hugo war verheiratet und blieb es auch während der ganzen Zeit seiner Templerzugehörigkeit, was äußerst verwunderlich ist. Seine Frau war die Schottin Catherine St. Clair, und das erste Präceptorium der Templer außerhalb des Heiligen Landes ließ er später auf dem Grundbesitz ihrer Familie in Schottland bauen. Sie hatten einen gemeinsamen Sohn mit Namen Theobald (Thibaud). Dieser wurde später Abt des Klosters Saint Colombe in Troyes, folgte aber unter recht eigenartigen Umständen seinem Vater ins Heilige Land nach: Eigenmächtig bediente er sich aus dem Klosterschatz, was ihm seine Mitbrüder bei aller christlichen Nächstenliebe nicht nachsehen konnten. »Was hätte am Templerorden für den jungen Abt so verlockend sein können, dass er dafür seine ehemaligen Bittbrüder bestahl? Doch wohl nur die Aussicht auf etwas ganz Außergewöhnliches – etwas, was ihm nur im Templerorden widerfahren konnte«, kommentiert Franjo Terhart[11] dieses Vorgehen.
Hugo selbst, so glauben die Forscher heute, gehörte einer Seitenlinie der Grafenfamilie der Champagne an, und seine enge Freundschaft zu

Abb. 35: Tempelritter in Kriegsrüstung. Mitglieder des Ordens beteiligten sich in ihrer 200-jährigen Geschichte an zahlreichen Schlachten im Heiligen Land.

Hugo de Champagne bestätigt die tiefe Verbundenheit beider Familien. Durch seine Heirat war er auch mit den Montbards verwandt, also mit der Familie der Mutter Bernhards von Clairvaux. Dennoch schreibt Alain Demurger[7]: »Die Spuren sind rar, und unter diesen Bedingungen ist es nicht verwunderlich, dass Hugo von Payens das Kind vieler Länder geworden ist. Man hat italienische Vorfahren ausfindig gemacht, in Neapel: Vorfahren in Mondovia und unlängst in der Ardèche. Pagan, Pagani, Payen, Peani ... wenn all diese Namen zur selben Familie gehörten, dann war sie gewiss eine der vielköpfigsten des christlichen Abendlandes.«

Obwohl wir also über den jungen Hugo de Payens wenig wissen, scheint er doch ein sehr gebildeter und andererseits dem Abenteuer nicht abgeneigter Mann gewesen zu sein – die Teilnahme am ersten Kreuzzug, zu einer Zeit, als er gerade neunzehn Jahre alt war, gibt uns darauf einen Hinweis. Und später?

Nachdem der Orden offiziell gegründet war, entfaltete dieser Mann eine für die damalige Zeit geradezu unglaubliche Aktivität: Er reiste durch halb Europa, um Mitglieder für seinen Orden anzuwerben. Zunächst verbrachte er einige Zeit in der Champagne, vor allem in Pro-

vins, dann in Anjou und in Maine. Von dort ging es weiter nach Poitou und in die Normandie. Er wurde von Heinrich I. aufs Herzlichste begrüßt und von ihm weiter nach England gesandt. Die Angelsächsische Chronik vermeldet darüber: »Er wurde von allen Männern von Stand empfangen, und sie machten ihm Geschenke; und in Schottland wurde er ebenso empfangen. Außerdem sandten sie große Reichtümer in Gold und Silber nach Jerusalem.« Dann ging seine Reise weiter nach Flandern und im Januar 1129 zurück in die Champagne. Von dort zog er – zusammen mit all den Rittern, die sich ihm angeschlossen hatten – im Laufe des Jahres durch das Rhônetal. Offenbar im Spätherbst kam die Gruppe in Palästina an und beteiligte sich Ende des Jahres erstmals an einem Kriegszug gegen Damaskus.
Die Parallelen zu Kyot könnten nicht auffälliger sein. Reiner Zufall sind sie sicher nicht. Lesen wir noch einmal, was Wolfram über Kyot schreibt:

Kyot, der weise Meister,
begann nach dieser Überlieferung zu suchen,
in lateinischen Büchern,
wo gewesen wäre,
ein dazu geborenes Volk,
dass es sich annähme des Grales Pflege
und redlich genug dazu sei.
Er las in den Chroniken der Länder,
zu Britannien und anderswo,
in Frankreich und in Irland.
Zu Anschouwe fand er die Überlieferung.
Er las von Mazadan
die volle Wahrheit.
Über sein ganzes Geschlecht
stand da das Rechte geschrieben,
und außerdem, wie Titurel
und dessen Sohn Frimutel
den Gral auf Anfortas vererbten,
dessen Schwester Herzeloyde war,
von der Gahmuret ein Kind
bekam, von dem diese Geschichte handelt.

Genauso wie Hugo de Payens durchstreifte Kyot de Provence die von Wolfram angegebenen Länder (mit Ausnahme von Irland; hier ist historisch nichts bekannt). Er war in Frankreich, in Britannien, in Anschouwe, vor 1129 in Rom »und anderswo«. Ziel der Reise Kyots war es, ein »Volk« zu finden, »dass es sich annähme des Grales Pflege«. Nichts anderes tat Hugo de Payens. Er zog von Frankreich aus nach England und Schottland und wieder über Flandern zurück nach Frankreich, um Ritter für seinen Orden zu rekrutieren, mit anderen Worten, ein »Volk« zu finden, dass »redlich genug dazu sei«, die selbst gestellte Aufgabe zu erfüllen.

Nach Auffassung der Literaturwissenschaft sind Templer und Templeisen miteinander identisch gewesen. Das eine waren die historisch in Erscheinung getretenen Angehörigen eines Mönchsritterordens, das andere ihre literarischen Pendants in Wolframs Parzivalerzählung. Wenn es aber hier wie in so vielen anderen Aspekten dieser Überlieferung Parallelen gibt, ist der Schluss nicht nur zulässig, sondern geradezu zwingend, dass dies auch hinsichtlich des Grales gilt. Mit anderen Worten: Kyot ist mit einem großen Grad an Wahrscheinlichkeit identisch mit Hugo de Payens, und so wie dieser nach Menschen suchte, die den Gral in ihre Obhut nehmen konnten, so suchte Hugo nach Gefolgsleuten, die die von ihm und seinen Mitbrüdern entdeckte Mannamaschine/Bundeslade bewahren konnten. Es ist gut möglich, dass die ersten Templer während ihrer Zeit zwischen 1119 und 1129 nur Teile des ursprünglichen Tempelschatzes gefunden hatten. Mit Sicherheit war die Maschine selbst darunter, ansonsten hätte Bernhard nicht geschrieben, das »große Werk« sei bereits vollendet worden. Aber vielleicht fehlte noch die Bundeslade, vielleicht fehlten noch die anderen aus der Bibel überlieferten sakralen Gegenstände. Ob sie sie jemals fanden, wissen wir nicht. Aber das große Aufgebot, mit dem Hugo de Payens nach Palästina zurückkehrte, lässt darauf schließen, dass er diese Funde zumindest zu machen hoffte.

Noch eines kommt hinzu: »In Anschouwe fand er die Überlieferung«, schreibt Wolfram über Kyot. Welche Überlieferung damit gemeint ist, geht aus dem Text nicht hervor. Aber es ist überaus interessant, dass Hugo de Payens in der Tat eine enge Verbindung zu Anjou (Anschouwe bei Wolfram) unterhielt. Er war es, der Graf Fulko V. von Anjou das Ansinnen antrug, Nachfolger König Balduins II. in Jerusalem zu werden. Alain Demurger[7] schreibt: »Graf Fulko V. war einer der ersten abendländischen Fürsten, die sich für die neue Miliz interessierten; sie hatten ihn in ihrem Haus in Jerusalem beherbergt, als er 1120–1121 sein erstes Kreuzugsgelübde erfüllte. Aus Dankbarkeit macht er dem Orden die erste Schenkung. Er war also ein Freund, und Hugo de Payens kam, ihm von Seiten Balduins II. die Krone von Jerusalem anzutragen … Fulko akzeptierte das vom Templerreich überbrachte Angebot und nahm am Himmelfahrtstag 1128 in Le Mans das Kreuz.« Zusammen mit Hugo de Payens und der von ihm rekrutierten internationalen Templerschar erreichte er im Herbst 1129 Palästina und wurde der dritte christliche König auf dem Thron Jerusalems.

Wolfram hatte also allen Grund, davon zu schreiben, Kyot (wie wir annehmen: Hygo de Payens) hätte sich in zahlreichen Ländern nach Menschen umgeschaut, die seinen Vorstellungen entsprachen. Einen Fürsten von Anjou (Anschouwe) und engen Freund als König auf dem Thron von Jerusalem zu wissen, dort, wo die ganze Operation der Templer seit Jahren ablief und weiter ablaufen sollte – idealer hätte man sich diese Kombination kaum vorstellen können. Und: es muss sich unter den zahlreichen Schenkungen, die Fulko an den Orden machte, auch »die Überlieferung« befunden haben, eine weitere, zusätzliche Schrift, die für Hugo und seine Suche nach den versteckten Tempelgeräten nützlich war. Handelte es sich dabei, wie wir bereits darlegten, um Unterlagen aus dem nahen Kloster Cluny? Gut möglich. Auf gar keinen Fall aber kann die Behauptung von Lincoln, Baigent und Leigh[12, 13] zutreffen, hier sei es um irgendeine ominöse und in keiner Weise verifizierbare »Blutslinie« von Jesus von Nazareth über das Haus Anjou bis hinein zu bestimmten Adelshäusern unserer Tage gegangen. Dies hieße, dem Text des *Parzival* Gewalt antun, denn Wolfram schreibt lediglich: »Zu Anschouwe fand er die Überlieferung.« Punkt und aus. Nicht mehr und nicht weniger. Alles andere ist blühender Unsinn.

Und schließlich: Kyot de Provence könnte eine absichtliche oder unabsichtliche Verballhornung des Namens Hugo de Payens durch Wolfram sein, der ja ausländische Namen gerne verfremdete und mit ihnen »spielte«. Die Aussprache von Hugo (sprich: *Ü-gó*) und Kyot (sprich: *Kü-o*) ist sehr ähnlich. Wenn man bedenkt, dass es in der Champagne, nicht weit von Hugos Geburtsort Payens entfernt, die Stadt Provins gibt, in der sich Hugo nachweislich immer wieder aufgehalten hat, wird deutlich, dass Wolfram auch hier eine äußerst subtile, aber letztlich doch erkennbare Verbindung geschaffen zu haben scheint. Joachim Bumke[14] schreibt: »Für die Kyot-Anhänger wie für die Kyot-Gegner [im Streit der Germanisten um die Existenz dieses Mannes, Anm. d. Verf.] stellt sich die Frage, wie der Name Kyot zu erklären ist. Vielfach wird angenommen, dass er seine Entstehung einem Irrtum Wolframs oder einer bewussten Mystifikation verdankt. Von den vielen phantasievollen Theorien aus alter und neuer Zeit scheinen mir zwei Anknüpfungen von größtem Interesse, die beide damit rechnen, dass Kyot dadurch zu einem Provenzalen wurde, dass Wolfram die Stadt Provins (südöstlich von Paris) mit der Provence verwechselt habe.«

Masada – Nebo – Salomons Tempel

Im *Parzival* schreibt Wolfram, Kyot hätte bei seiner Suche »die Wahrheit über Mazadan« gefunden. Möglicherweise handelte es sich dabei um den Text, den er in Anjou erhielt:

Zu Anschouwe fand er die Überlieferung.
Er las von Mazadan
die volle Wahrheit.

In der wissenschaftlichen Literatur zum *Parzival* wird »Mazadan« meist mit einem mythischen Sohn Adams[1, 15] gleichgesetzt, was bedeuten würde, dass die Weitervererbung des Grals bereits auf diesen Mazadan zurückgeht. Wir halten diese Annahme nicht unbedingt für zutreffend, zumal von einer »Übergabe« des Grals von den neutralen Engeln an Menschen in einer solch frühen Zeit (wir müssen bedenken, dass man im Mittelalter fest an die Genealogie der Bibel glaubte) nirgends die Rede ist. Hier könnte es sich also auch um ein Missverständnis handeln, das entstehen *musste*, weil die Forscher bisher noch nicht die Möglichkeit hatten, auch in eine ganz andere Richtung zu denken.
Uns erinnert dieses Wort »Mazadan« an Masada: Im Jahr 35 v. Chr. ließ König Herodes der Große auf einem Tafelberg drei Kilometer westlich

des Toten Meeres eine Festung für sich bauen – zum einen aus Angst vor seinem eigenen Volk, zum anderen aus Angst vor den Römern. 37 Wachtürme umschlossen ein etwa neun Hektar großes Plateau, auf dem sich der König einen prächtigen Palast, zahlreiche Vorratsräume und große Zisternen anlegen ließ.
Im Jahre 66 n. Chr., also zu Beginn des Aufstandes gegen die Römer, wurde Masada von den jüdischen Zeloten besetzt. Nach der Eroberung Jerusalems durch die Truppen Roms flüchteten zahlreiche Überlebende in die Bergfestung und organisierten von hier aus und unter Führung von Eleazar ben Yair weiterhin den Aufstand. Dieser muss allerdings, rückblickend betrachtet, bereits zu diesem Zeitpunkt als endgültig gescheitert betrachtet werden.
Dann, im Jahre 73 nach Christus, rückten Flavius Silva und die zehnte römische Legion heran, um Masada zu belagern. Es dauerte Monate, bevor etwas Entscheidendes geschah. Flavius, der sofort erkannte, dass der Berg im Sturm nicht zu nehmen war, ließ um den gesamten Komplex eine Mauer bauen, die es Flüchtlingen verwehren sollte, in einem günstigen Moment zu entkommen. Und er ließ eine riesige Rampe aus Erdreich aufschütten, über die man den Angriff vortragen wollte.
Die Verteidiger Masadas haben all das mitansehen müssen, ohne etwas dagegen unternehmen zu können. Und am Abend vor dem entscheidenden Sturm der Römer fassten sie ihren schicksalsschweren Entschluss. Wir verdanken den Bericht darüber dem jüdischen Historiker Flavius Josephus, der ihn eigenen Angaben zufolge von zwei Frauen und fünf Kindern erhalten hatte. Diese waren durch Flucht in eine Kaverne als Einzige gerettet worden. Eleazar ben Yair hatte in der Nacht vor dem Angriff seine Untergebenen beschworen:

Lasst unsere Frauen sterben, bevor sie geschändet werden, und unsere Kinder, bevor sie die Sklaverei ertragen müssen; und nachdem wir sie alle umgebracht haben, lasst uns diese ruhmreiche Wohltat uns gegenseitig erweisen, um uns selbst die Freiheit zu erhalten als ein ausgezeichnetes Grabdenkmal für uns alle. Aber vorher lasst uns unser Geld zerstören und die Festung durch Feuer niederbrennen; denn ich bin mir sicher, dass es für die Römer eine große Entäuschung sein wird, nicht auf unseren Körpern triumphieren zu können und unseren Reichtum nicht zu erbeuten. Und lasst uns nichts vergessen dabei au-

ßer unseren Vorräten. Sie sollen nach unserem Tode Zeugnis dafür ablegen, dass wir nicht an Nahrungsmangel zugrunde gegangen sind, sondern gemäß unserem eigenen Entschluss den Tod der Sklaverei vorgezogen haben.

Und so kam es zur Ausführung dieser Tat: die Männer erstachen zunächst alle Frauen und Kinder, dann losten sie unter sich selbst zehn aus, die sie enthaupten sollten, diese zehn wiederum einen, der, bevor er sich selbst umbrachte, die vorher zusammengeworfenen Gegenstände, die den Römern nicht in die Hände fallen sollten, anzündete und kontrollierte, ob auch wirklich alle Verteidiger tot waren. Dann stieß er sich selbst das Schwert durch den Leib.

Als die Römer am nächsten Morgen die Festung einnahmen, bot sich ihnen ein grauenvolles Bild: verbrannte Häuser, getötete Männer, Frauen und Kinder. Und obwohl sie Feinde waren, empfanden sie Ehrfurcht vor dem Mut dieser Menschen.

Masada scheint erstmals im Jahr 1838 von dem amerikanischen Forscher Edward Robinson wiederentdeckt worden zu sein, aber er betrachtete die Ruinen lediglich von einer anderen Anhöhe aus und beschrieb es als »anscheinend unmöglich«, das Felsplateau zu erklimmen. 1842 aber gelang dies dem amerikanischen Missionar S. W. Walcott, der über die ehemalige römische Rampe emporkletterte und alles so vorfand, wie Flavius Josephus es beschrieben hatte. Später kamen viele Reisende nach Masada, haben es besucht und ihre Aufzeichnungen darüber gemacht. Doch erst 1963 begannen unter Yigeal Yadin die eigentlichen Ausgrabungen. Sie förderten zu Tage, was man bis dahin nur für eine Legende gehalten hatte: alles war genauso geschehen, wie Flavius Josephus es in seiner *Geschichte der Juden* dargestellt hatte.

Masada war die letzte Festung des jüdischen Volkes. Hier fanden sich in der Grabungskampagne der Jahre 1963 bis 1965 verschiedene alte Texte (u. a. des Alten Testaments, auch Schriften, die wir bis dahin nicht mehr kannten, so das *Buch der Freudenfeste* und die *Weisheit des Ben Sira*, daneben auch Texte der Essener), Münzen, Geräte und so weiter.

Kyot hatte in Anjou »die Wahrheit über Mazadan« gelesen. In Frankreich begannen die Zisterzienser nach der Rückkehr Hugos de Champagne mit dem genauesten Studium alter hebräischer Aufzeichnun-

gen, und es ist wohl kaum anzunehmen, dass es sich bei diesen Texten um Schriften der Bibel handelte; die waren bekannt.
Nach Abschluss des Studiums setzte die Suche der ersten Templer im Heiligen Land ein. Hatten sie Hinweise auf Masada gefunden, auf die Festung des Herodes, auf den Berg, in den sich die letzten freien Juden zurückgezogen hatten? Im *Buch der Makkabäer* (vgl. Kapitel VII) finden wir den Hinweis, Jeremias habe die Bundeslade am Berg Nebo vergraben. Zwar liegt der Nebo am nördlichen Rand des Toten Meeres, die Festung Masada dagegen am westlichen. Aber es ist denkbar, dass die Lade samt ihres Inhalts irgendwann zwischen dem Zeitpunkt des Verstecks und der Zerstörung Jerusalems durch die Römer gefunden und – unter strengster Geheimhaltung – nach Masada gebracht wurde; sei es vom Berge Nebo aus oder direkt von Jerusalem.

Möglich aber auch, dass die Templer dort nur nach weiteren Hinweisen suchten, die sie zum wirklichen Versteck führten. Und in Betracht gezogen werden muss auch, dass sich die Lade tatsächlich noch im oder unterhalb des Tempelareals befand, denn nicht umsonst haben Hugo de Payens und seine Freunde dort Ausgrabungen vorgenommen; nachgewiesen ist, dass sie die großen Kavernen freilegten, die heute die »Ställe des Salomon« genannt werden.
Einen der ältesten Hinweise auf ein Versteck »an Ort und Stelle« findet sich in der apokryphen Baruchapokalypse (6, 4–10). Dort wird der Angriff der Babylonier auf Jerusalem beschrieben und die Rettung der Bundeslade und des anderen Tempelgeräts durch Engel mystisch verklärt:

Da sah ich: und siehe, vier Engel standen auf den vier Ecken der Stadt, indem ein jeder von ihnen eine Feuerfackel in seinen Händen hielt. Und ein anderer Engel stieg vom Himmel herab und sagte zu ihnen: ›Nehmt eure Fackeln und zündet sie nicht eher an, als bis ich's euch sagen werde! Denn ich bin gesandt, dass ich zuvor der Erde Mitteilung mache und bei ihr niederlege, was der erhabene Herr mir anbefohlen hat.‹
Und ich sah ihn, wie er zum Allerheiligsten hinabstieg und von dort weg den Vorhang nahm und den heiligen Ephod und den Sühnedeckel [die Bundeslade, Anm. d. Verf.] *und die zwei Tafeln und die heiligen*

Abb. 36: Der britische Forscher Edward Robinson, einer der ersten archäologisch tätigen Wissenschaftler in Palästina. 1838 entdeckte er nicht nur die jüdische Festung Masada wieder, im selben Jahr stieß er auch auf den Tunnel des Hezekiah in Jerusalem.

Gewänder der Priester und die 48 Edelsteine, die der Priester an sich trug, und alle heiligen Geräte des Zeltes. Er sagte zur Erde mit lauter Stimme:
›Erde! Erde! Erde! Höre das Wort des allmächtigen Gottes und nimmt diese Dinge in Empfang, die ich dir anvertraue, und bewahre sie bei dir bis auf die letzten Zeiten, damit du sie, wenn es dir befohlen werden wird, hergebest, auf dass sich nicht die Fremden ihrer bemächtigen können.‹ Und es öffnete die Erde ihren Mund und verschlang sie.

Ein weiterer Hinweis findet sich im *Babylonischen Talmud*[16]. Dort heißt es:

R. Nahman sagte: Es wird gelehrt, die Weisen sagen, die Bundeslade sei in der Kammer des Holzstalles verwahrt. R. Nahman b. Jichaq sagte: Auch wir haben es gelernt: Einst bemerkte ein Priester, der da beschäftigt war, dass das Pflaster an dieser Stelle anders aussah, und erzählte es einem Kollegen; bevor er aber mit seinem Bericht zuende war, gab er seinen Geist auf.

Weitere Andeutungen im Talmud veranlassten zudem die Rabbis zu glauben, es gebe zahlreiche Hohlräume im Tempelberg. So wird berichtet, schon König David habe senkrechte Schächte bis zum Abgrund gegraben, sodass Grundwasser aufstieg. Auch das Offenbarungszelt aus der Wüste sei in einer Krypta des Tempels, unterhalb des Hauptgebäudes, aufgestellt worden.

Es mögen solche Texte gewesen sein, die die Templer auf die richtige Spur brachten, Texte, die zuvor in Clairvaux unter Einbeziehung der jüdischen Gelehrten aus der Rabbinerschule von Troyes übersetzt worden waren. Doch schon unter den Teilnehmern des ersten Kreuzzuges waren zumindest Gerüchte über das Versteck der Bundeslade unterhalb des Tempels bekannt – vielleicht waren es diese Mutmaßungen, die den jungen Hugo de Payens neugierig gemacht hatten, als er als 19-Jähriger erstmals ins Heilige Land kam. Albert von Aachen zeichnete in seiner Chronik des ersten Kreuzzuges und der Eroberung Jerusalems unter anderem auf[17]:

Mitten in dieser neuerrichteten Kirche [der Felsendom, Anm. d. Verf.] *aber steht ein Felsblock, ... auf der einen Seite des Felsens führen Stufen in eine Höhle hinab, auf der anderen aber befindet sich nach dem wahrheitsgetreuen Bericht derer, die es mit eigenen Augen gesehen haben, ein kleines Türchen, das aber immer versiegelt ist. Dort sollen nach Meinung mancher Leute einige von den allerheiligsten Dingen bis auf den heutigen Tag aufbewahrt werden.*

Tatsächlich aber gibt es ein solch eisernes Türchen dort überhaupt nicht. Andererseits wusste auch der bereits genannte Kreuzzugschronist Fulko de Chartres über Höhlen oder Gänge im Tempelfelsen[18] und dass »... die Lade des Bundes des Herrn mit der Urne und den Tafeln des Mose [darin] eingeschlossen und versiegelt ist.« Demnach sei es König Josia gewesen, der den Befehl dazu gegeben habe. Kurz darauf bezweifelt Fulko diese Version aber und schreibt: »Aber dies widerspricht dem, was wir in den Schriften Jeremias im zweiten Buch der Makkabäer lesen, weil Jeremias sie selbst in Arabien versteckte.«

All diese Zitate machen die Konfusion deutlich, die damals über das Versteck der Tempelschätze geherrscht haben muss. Andererseits erklärt aber gerade diese Konfusion, warum die Männer um Hugo de

Payens insgesamt *neun Jahre* benötigten, bis sie das gesuchte Objekt – die Bundeslade, die Mannamaschine, den Heiligen Gral – endlich gefunden hatten. Die Frage ist: wo? Am Berg Nebo, »in Arabien«, wo Jeremias sie versteckt haben soll? In Masada, dort, wo die Anjou-Schriften den Weg hingewiesen zu haben scheinen? Oder doch in geheimen Gängen und Räumen unterhalb des einstigen Tempels?
Zu Letzterem vermerkt der Althistoriker Jörg Dendl[19] skeptisch: »Dieses Versteck ist der denkbar ungünstigste Platz. Nach der Zerstörung des salomonischen Tempels blieb der Platz zwar für die Zeit des Exils relativ unberührt, doch schon nach dem Ende der ›Babylonischen Gefangenschaft‹ gab es dort eine umfangreiche Bautätigkeit. Der zweite Tempel wurde ebenfalls dort errichtet, der unter König Herodes in weiteren umfangreichen Bauarbeiten, die sich über seinen Tod hinaus bis weit in das 1. Jahrhundert n. Chr. hineinzogen, umgestaltet wurde. Nach dem Fall Jerusalems im Jahr 70 n. Chr. wurde dieser Tempel bei einem Brand zerstört. Nach dem zweiten Aufstand der Juden in den Jahren 132 und 135 wurde Jerusalem selbst zu einer römischen Kolonie (Aelia Capitolina). Anstelle des jüdischen Tempels wurde ein Tempel des Jupiter Capitolinus errichtet. Doch dieser Tempel war nicht der letzte Bau an dieser Stelle. Nachdem der Kalif Omar im Jahr 637 Jerusalem erobert hatte, ließ er den Tempelberg, der auch für die Muslime ein heiliger Ort ist, von allem Unrat säubern. Abd el-Malik (685–705) erbaute schließlich über dem heiligen Felsen, der angeblich den Ort des Allerheiligsten des salomonischen Tempels markiert, den ›Felsendom‹. Es erscheint kaum glaublich, dass bei allen diesen umfangreichen Bauarbeiten, die immer auch Arbeiten an den Fundamenten der Gebäude eingeschlossen haben werden, die Bundeslade nie entdeckt wurde ... Dieses Versteck muss also als das unwahrscheinlichste angesehen werden, obwohl nicht auszuschließen ist, dass die Bundeslade nicht vielleicht an einem anderen Ort innerhalb der Stadt versteckt wurde.«
Nun gab es während all dieser Zeit zwar diese fortwährende Bautätigkeit – und dennoch existiert offenbar eine ganze Reihe geheimer Gänge und Tunnel, die zum Teil erst im 20. Jahrhundert entdeckt wurden. Bereits vor mehr als 150 Jahren stießen britische Archäologen auf unterirdische Gänge und Schächte südlich des Tempelbergs und unterhalb der so genannten »Davidsstadt« noch weiter südlich: Charles

Warren, Charles Wilson und Claude R. Condor 1864 und 1867 auf den *Jebusiter-Schacht*[20] und zuvor Edward Robinson 1838 auf den *Tunnel des Hezekiah*, eines jüdischen Königs im achten Jahrhundert vor Christus; bei letzterem konnten radiometrische Messungen im Jahr 2003 endgültig sein Alter von 2700 Jahren bestätigen, was lange Zeit von Kritikern angefochten wurde, und ebenso stellten sich die Hinweise in der Bibel aus dem *Zweiten Buch der Könige* und der *Chronik* als völlig korrekt heraus.

In den Jahren zwischen 1909 und 1911 fand die berühmte Parker-Expedition statt. Geführt von dem Engländer Montague Parker waren insgesamt drei britische Adlige, ein Schwede und ein Finne nach Jerusalem gekommen. Bei dem Finnen handelte es sich um Valter H. Juvelius, der gewissermaßen als der »geistige Vater« dieser Operation gelten kann. Operation ist insofern das richtige Wort, als diese kleine Gruppe tatsächlich beabsichtigte, die Tempelschätze, vor allem aber die Bundeslade zu finden und außer Landes zu bringen.

Man muss sich dazu die aktuelle politische Situation vor Augen führen: Jerusalem befand sich damals unter türkischem Protektorat, die gesamte Stadt war muslimischer Besitz, das Tempelareal für den Islam heiligster Boden. Noch heute ist es extrem schwer, dort eine Grabungserlaubnis zu erhalten, selbst für einheimische Archäologen. Fundamentalistisch orientierte Moslems einerseits und ultrakonservative Juden andererseits erschweren wissenschaftliche Arbeiten bis hin zu Morddrohungen gegen die Forscher und regelrechten Gewaltakten. Als Ministerpräsident Benjamin Netanjahu (dem man kaum eine übertriebene Progressivität unterstellen kann) am 26. September 1996 einen der längst bekannten Tunnel wieder der Öffentlichkeit zugänglich machte, kam es noch während der Feierlichkeiten zu einem Blutbad zwischen fanatisierten Moslems und Juden. Fast einhundert Menschen starben, weit mehr wurden verletzt.

Das war zu Beginn des vergangenen Jahrhunderts nicht wesentlich anders. Zwar gab es damals kaum jüdische Bewohner Jerusalems (die Rückkehr begann erst nach dem Zweiten Weltkrieg in den neugegründeten Staat Israel). Aber die dort lebenden Muslime hatten keinerlei Interesse daran, dass für sie ungläubige Europäer unter ihren Heiligtümern, der Al-Aksha-Moschee und dem Felsendom, dort, wo einst der Salomonische Tempel gestanden hatten, nach »Reichtümern« gruben. Für sie war und ist dies ein Sakrileg, eine Entheiligung dieser Stätten. Das wussten natürlich auch die Männer der Parker-Expedition. Sie erhielten zwar eine Genehmigung zur Wiederfreilegung des Hezekiah-Tunnels und des jebusitischen Schachts, der Zugang zum Tempelberg selbst wurde ihnen erwartungsgemäß verwehrt. Sie gruben daher außerhalb des für sie unzugänglichen Bereichs, fanden aber, anders als sie es erhofft hatten, keinen Eingang.

Die ganze Operation ging auf die Ideen von Valter Juvelius zurück. Er glaubte, im Buch des Propheten Ezechiel einen Geheimcode entdeckt zu haben, der den Tempelberg betraf und ihn direkt zum Versteck der Bundeslade führen würde. Nach seiner Vorstellung hatten nur Ezechiel und die Hohenpriester in der babylonischen Verbannung (Ezechiel war einer der von Nebukadnezar Deportierten) den Zugang zu diesem Code besessen, aber da sie niemals nach Israel zurückkehren konnten, geriet er in Vergessenheit. Ganz gleich, ob es einen solchen Code gibt oder nicht, Juvelius selbst glaubte daran, ihn nach nunmehr 2500 Jahren »geknackt« zu haben. Er zeichnete Skizzen, Pläne und Karten und reiste nach Jerusalem.

Ziel seines Aufenthaltes war es, die von ihm entschlüsselten Symbole zu überprüfen. Wie es scheint, war er der Auffassung, alles stimme genau so, wie er es errechnet hatte, denn im folgenden Jahr, 1908, gründete er in London eine eigene Gesellschaft (die J.M.P.F.W. Ltd. nach den Anfangsbuchstaben der Beteiligten: Juvelius, Millen, Parker, Forth und Waughan), übergab die Organisation Montague Parker und kehrte noch im August 1909 mit ihnen nach Jerusalem zurück. Ihr geheimes Ziel: die Entdeckung der Bundeslade.

Sie begannen mit ihren Ausgrabungsarbeiten etwa 600 Meter südlich des Tempelbezirks jenseits der Stadtmauer. Genauere Kenntnisse über den Fortschritt der Arbeiten verdanken wir dem schwedischen Ingenieur Millen, der sie aufzeichnete und 1922 in einem Buch veröffentlichte. Leider gibt es davon bislang keine englische oder sonstige Übersetzung. Wie der finnische Forscher Kaveli Mikkonen[21] jedoch meint, sei der Inhalt von außerordentlichem Interesse. Mikkonen schreibt: »Millen gibt an, dass sie während der folgenden drei Jahre entsprechend den Karten und Beschreibungen von Juvelius' Entschlüsselung vorgingen, und er bestätigt, dass diese Entzifferungen korrekt waren.

Ohne diese Unterlagen hätten sie ihre Arbeit weder beginnen noch durchführen können, und sie hätten eine Vielzahl von Risiken auf sich nehmen müssen, die sie so umgehen konnten.«
Aber sie waren einfach zu weit vom Tempelfelsen selbst entfernt und griffen daher zu einer List. Als Araber verkleidet, schlichen sie sich in der Nacht hinüber zum Felsen und begannen an einer ganz bestimmten Stelle zu graben. Das ging tatsächlich etwa eine Woche lang gut. Dann, in der Nacht zum 19. April 1911, als sie unmittelbar davor waren, den bereits lokalisierten Eingang zu öffnen, geschah das längst Befürchtete: Ein Moslem hatte sich ganz in der Nähe zum Schlafen gelegt und war durch die ungewöhnlichen Hammergeräusche erwacht. Sein entsetztes Schreien weckte die ganze Stadt auf. Innerhalb von Minuten kam es zu einem Riesentumult, dem Parker und seine Leute gerade noch entfliehen konnten. Verfolgt von den Reitern des türkischen Stadthalters, erreichten sie mit knapper Not Jaffa. Ihre dort ankernde Yacht konnte in aller Eile losgemacht werden, die Männer ihr Leben retten. Hinter sich, im Morgengrauen, hörten sie die Schüsse der heraneilenden Türken. Weder Parker noch Juvelius noch ein anderer aus dieser kleinen Gruppe kehrte jemals wieder nach Palästina zurück.
Dies ist die offizielle Seite der Parker-Juvelius-Expedition. Es gibt aber anscheinend noch eine inoffizielle, die im Buch Millens aufgezeichnet ist. Demnach soll es Parker und Juvelius *tatsächlich gelungen sein*, in das Innere des Tempelberges vorzudringen! Leider können wir diese Behauptung nicht überprüfen, da bislang keine Übersetzung vorliegt. Wir zitieren also – mit allem Vorbehalt! – nochmals aus der Arbeit von Mikkonen[21]:
»Millen behauptet, dass innerhalb des Tempelberges ein dreifaches System von Tunneln existiere, Labyrinthe und Wasserkanäle, die jeweils unterschiedlichen Zwecken dienten. Die Eingänge zu diesen Tunneln sind so sorgfältig versiegelt, dass sie ohne die Entschlüsselung durch Juvelius unmöglich zu finden gewesen wären. Es bestand auch die Gefahr, dass man bei ungenügender Vorsicht in einem der Tunnel verschüttet worden wäre. Nach Millen stießen sie sogar auf giftiges Gas in den Tunneln, das Verbrennungen und Schwindelanfälle hervorrief.«
Es ist erstaunlich: aber schon Juvelius scheint befürchtet zu haben, sich im Umkreis der Bundeslade vor Radioaktivität schützen zu müs-

sen. Mikkonen schreibt: »Nach dem Zeugnis von Henry Kjellson, einem schwedischen Forscher, hatte dieser Einblick in den Briefverkehr zwischen Juvelius und Millen, aus dem hervorgangen sei, dass man in den Tunneln tatsächlich auf erhöhte Radioaktivität gestoßen sei.« Das ist allerdings eher fraglich, denn der berühmte »Geigerzähler«, mit dem man hier hätte messen können, wurde erst 1928 von dem deutschen Physiker Hans Geiger erfunden. Möglicherweise liegt ein Irrtum vor, weil Kjellson Annahmen von Juvelius und Millen mit deren (möglichen) Entdeckungen durcheinander brachte. Jedenfalls soll es sich bei dem Radioaktivität ausstrahlenden Objekt um ein an »eine Sanduhr erinnerndes Gerät« gehandelt haben! Auch Mikkonen glaubt, dass »wahrscheinlich weder Juvelius noch Millen dieses Gerät wirklich sahen, eher ist anzunehmen, dass sie davon durch die Entschlüsselung des Bibelcodes erfuhren«. Wie auch immer, Henry Kjellson führte 1950 selbst Experimente mit einem Geigerzähler an jenen Stellen durch, von denen er annahm, dort seien die Mitglieder der Parker-Expedition in den Tempelberg eingedrungen – eine erhöhte Strahlung konnte er dort nicht feststellen. Allerdings: An einer anderen Stelle in Jerusalem, die Kjellson verdächtig vorkam, konnte er tatsächlich einen starken Geigerzählerausschlag ermitteln. Henry Kjellson war übrigens nicht irgendein verrückter Einzelgänger, sondern entwickelte als Ingenieur nicht weniger als acht Militärflugzeuge und flog 1923 einen Höhenrekord. Seine Arbeiten, u. a. über die deutsche Rakete V-2 und Roboterwaffen, brachten ihm eine schwedische Ehrenprofessur und den englischen O.B.E.-Orden ein.

In den Wirren des Ersten Weltkriegs verschwanden die Karten und Skizzen, die Juvelius gezeichnet hatte. Während der Jahre 1919 bis zu seinem Tod 1922 fertigte er nochmals zahlreiche neue Zeichnungen und Pläne an, die sich nach wie vor im Besitz der Familie befinden sollen. Nach Angaben des finnischen Geistlichen Voitto Viro, eines Freundes der Familie, sei es sehr schwer, diese Karten zu interpretieren, und das wichtigste Objekt von Juvelius Forschungen, nämlich die hebräische Bibel, mit deren Hilfe er seine Entschlüsselung vornahm und in die er die Koordinaten eintrug, wurde auf seinen Wunsch zusammen mit seiner Leiche eingeäschert.

Zugegebenermaßen erscheint diese ganze Sache problematisch. Historisch gesichert ist lediglich, dass die Parker-Expedition einen Eingang

zu einem Tunnel im Tempelbereich entdeckt hatte, gerade in dem Moment, als man sie von dort vertrieb und sie nichts anderes retten konnten als ihr eigenes Leben. Archäologen fanden 1998 am Ort des Geschehens noch Gegenstände, die Parker bei seiner Flucht zurücklassen musste: zwei Eimer, eine Leiter und eine Pfeife. Die Behauptungen über erhöhte Radioaktivität sind nicht stimmig, die Entdeckung eines sanduhrähnlichen Gerätes in den Code-Texten des Buches Ezechiel nicht verifizierbar, aber vor dem Hintergrund, dass Parker von dem Wissen um eine Mannamaschine weit entfernt war, zumindest interessant. So bleibt alles ziemlich verschwommen und ist wohl eher Teil der Legende, die sich inzwischen um die Parker-Juvelius-Expedition gebildet hat.
Und doch …

Millen behauptet in seinem Buch, der ganze Tempelberg sei von einem dreifachen System aus Tunneln und Kanälen durchzogen. Das macht auf den ersten Blick den Eindruck völliger Verrücktheit, zumindest aber unsinniger Übertreibung. Aber es *scheint der Wahrheit zu entsprechen*!
Seit den 1990er Jahren arbeitet der israelische Chef-Archäologe Ronny Reich an der Westseite der Tempelmauer. Die Forscher sind dort mittlerweile bis in jene Schichten vorgestoßen, in denen sich die Zeugnisse aus der Zeit Herodes des Großen während des ersten Jahrhunderts vor Christus befinden. Dabei fanden sie Quadersteine, die mit hebräischen Schriftzeichen bedeckt sind und »heilig« bzw. »Heiligkeit« bedeuten. Nur wenige hundert Meter entfernt stießen sie kurz darauf im Zuge archäologischer Notgrabungen (dort sollte ein Haus gebaut werden) auf etwas völlig Überraschendes. Ronny Reich[22] berichtet: »Rein zufällig fanden wir Hinweise auf einen geheimen Schacht, und das machte uns natürlich furchtbar neugierig. Wir studierten alte Karten der Briten, die im letzten Jahrhundert erstellt wurden. Die Hinweise verdichteten sich immer mehr, dass wir hinter einer heißen Spur her waren, und dann begannen wir mit der Arbeit.«
Reich arbeitet hier zusammen mit dem Historiker und Unterwasserarchäologen Richard Andrews von der Universität Oxford. Dieser setzte zur weiteren Klärung modernste Technologie ein[23]: »Wir haben mit Infrarot- und Thermoscannern den Tempelberg und die Tempel-

mauern vermessen, und wir konnten jetzt beweisen, dass der gesamte Tempelberg wie eine Honigwabe von geheimen Gängen durchzogen ist, und die gilt es nun zu erforschen.«

Das ist im Grunde genau das, was die Männer der Parker-Expedition schon zu Beginn des 20. Jahrhunderts entdeckt zu haben scheinen: ein Labyrinth von Gängen, das den gesamten Tempelberg durchzieht! Inzwischen haben Reich und Andrews – von der Öffentlichkeit völlig abgeschirmt – tatsächlich jenen Gang wieder geöffnet, der von der Parker-Expedition gefunden wurde, und ihn in jahrelanger Arbeit freigelegt. Aber das ist offensichtlich nur der Anfang. Andrews meint dazu: »Wir finden hier immer neue Hinweise auf weitere Passagen und Verstecke, ein Platz voller Geheimnisse. Wenn man ganz logisch und simpel darüber nachdenkt, dann könnte man zu dem Schluss kommen, die Bundeslade sei hier im Berg verborgen. Und es gibt Leute, die sind inzwischen davon überzeugt. Sollten wir sie je finden, dann wäre das die größte Entdeckung aller Zeiten!«

Das Ganze ist eine überaus sensationelle Entwicklung, und wir fragen uns, wohin sie schließlich wohl führen wird. Dabei muss man immer die Schwierigkeiten bedenken, unter denen die Forscher dort arbeiten. Jeder Handgriff wird von orthodoxen Juden ebenso wie von misstrauischen Moslems peinlichst genau registriert, und dass all diese Arbeiten von der Öffentlichkeit bislang weitgehend unbeobachtet vorangetrieben werden konnten, ist schon erstaunlich genug.

Die Frage ist freilich, ob sie dort unten, in diesem Labyrinth aus Gängen, Tunneln, Höhlen, künstlichen Kavernen, Schächten und Kanälen eines Tages wirklich auf die Bundeslade stoßen werden. Es ist gut möglich, dass die Templer sie nicht fanden, dass die Lade also (nicht die Mannamaschine!) noch immer dort unten liegt. Doch wie groß ist diese Wahrscheinlichkeit?

Dass während des Mittelalters tatsächlich ein Tunnel in den Tempelfelsen getrieben wurde, um in das unterirdische Labyrinth eindringen zu können, das entdeckte der israelische Archäologe Meir Ben-Dov bereits um 1980. Er konnte die Anlage dieses Tunnels sogar datieren: auf das 12. Jahrhundert. Damit wären die Templer die Favoriten, die für seine Erbauung in Frage kämen – und ein Hinweis mehr darauf, dass sie wirklich nach Jerusalem gekommen waren, um hier zu graben, um die Bundeslade und den Heiligen Gral zu finden. Es ist in diesem Zu-

sammenhang interessant, die wenig beachtete Chronik von Bernard le Trésorier zu lesen und in ihr den Bericht Ernouls, der um 1187 in Jerusalem weilte. Seine Ausführungen können so interpretiert werden, dass die Gründungsmitglieder des Tempelritterordens aus Laienbrüdern des Ordens der Regularkanoniker vom Heiligen Grab hervorgingen. Sie waren für einen großen Bereich des Tempelberges zuständig. Die späteren Tempelherren könnten im Schutz dieses Ordens Grabungen auf dem gesamten Tempelareal vorgenommen haben. Wie dem auch gewesen sein mag, existiert ein Tunnel aus der fraglichen Zeit, der auf Aktivitäten in dem von uns vermuteten Zusammenhang hindeutet.
Ben-Dov[23] schreibt dazu: »Der von der Südwand ausgehende Tunnel führte etwa dreißig Meter weit ins Innere, bevor er von Steinen und Geröll versperrt wird. Wir wussten, dass er weiterführen musste, respektierten aber die Übereinkunft, nach der wir nicht im Bereich des Tempelberges graben durften, ohne zuvor die Zustimmung der zuständigen muslimischen Behörden einzuholen. In diesem Fall erlaubte man uns lediglich, den freigelegten Teil des Tunnels zu vermessen und zu fotografieren. Weitere Ausgrabungen durften nicht durchgeführt werden. Wir beendeten unsere Arbeit, indem wir den Tunnel mit Steinen verschlossen.«
So harrt also das Geheimnis dieses künstlichen Ganges – vermutlich angelegt durch die ersten Templer – weiterhin auf seine Entschleierung, und er wird es wohl bis zu jenem Tag, an dem verständigere und weltoffenere Behörden den Weg dorthin wieder frei machen. Leider sieht es nicht danach aus, als ob dies in der näheren Zukunft geschehen wird, und wir müssen abwarten, was die Forschungen von Ronny Reich und Richard Andrews erbringen. Doch auf was immer sie stoßen werden: Es wird unser Verständnis von dem, was sich vor Jahrtausenden in Jerusalem abspielte, nicht nur erweitern, sondern vermutlich zur Gänze verändern.

Das Idol

Unsere Annahme, dass sich die Mannamaschine im Besitz des Templerordens befand, beruht zum einen auf dem Wolfram-Text (Templeisen als »Hüter des Grals«), zum anderen auf den seltsamen

Vorgängen, die sich um die Gründung der Tempelherrengesellschaft abspielten. Dies aber würde – eingestandenermaßen – nicht genügen, um unserer Behauptung eine angemessene Wahrscheinlichkeit zu verleihen.

Aber: es gibt noch einen dritten Hinweis, der diese Vermutung bestätigt. Durch ihn werden wir dazu in die Lage versetzt, nicht nur glaubhaft zu machen, dass die Templer im Besitz des Grals waren, sondern auch, dass es sich bei diesem Gral *tatsächlich um die Mannamaschine* gehandelt hat.

In der Anklageschrift gegen den Templerorden finden wir in Artikel 46 folgende Passage: »Dass sie [die Templer] in allen Provinzen Götterbilder besaßen, das heißt Köpfe, die zum Teil drei, zum Teil ein einziges Gesicht hatten, und dass manche davon Menschenschädel waren.« Und in Artikel 47: »Dass sie in den Versammlungen, vor allem in den großen Kapiteln, das Bild wie einen Gott, wie ihren Erlöser verehrten und behaupteten, dieser Kopf könne sie erretten, er gewähre dem Orden alle Reichtümer, bringe die Bäume zum Blühen und die Pflanzen der Erde zum Sprießen.«

Bei den Durchsuchungen der Comtureien ist nicht ein einziges dieser Götzenbilder aufgetaucht, und die in den Prozessen von den Mitgliedern unterer Ränge stammenden Aussagen waren z. T. sehr widersprüchlich: Da ist von Totenschädeln die Rede, von schwarzen Katzen, vom abgeschlagenen Haupt einer Jungfrau usw. Was hier – im Angesicht der Folter – gestanden wurde, das waren nichts weiter als Gerüchte, Phantasien und Mutmaßungen, die unter den Templern im Umlauf waren.

Bei den Würdenträgern des Ordens sah es anders aus. Sie schwiegen zu diesem Thema nicht, antworteten aber nur vage, wichen aus, verschanzten sich hinter Allgemeinplätzen. Dass sie bei ihren Aussagen dennoch nicht logen, können wir erst jetzt mit vollem Recht bestätigen. Im Haus des Tempels von Paris fand sich ein kleines Kästchen mit der Aufschrift »CAPUT LVIII« (Kopf LVIII), aber es ist das Einzige dieser Art, und deren gab es damals, auch außerhalb des Ordens, eine ganze Menge. Es waren Reliquien, aber niemals kam einer der Obersten auf die Idee, das »Götzenbild« als Reliquie zu bezeichnen.

Da sich von diesen »Idolen« keines finden ließ, ist anzunehmen, dass, wenn es existierte (und darauf deuten die Angaben der Ordensführer hin), es sich nur um ein einziges Idol handelte. Wo es untergebracht war, wissen wir nicht, aber was es war, das kann jetzt entschlüsselt werden: Dieses Idol der Templer, das *Baphomet* genannt wurde, das geheim war und offensichtlich nur die obersten Ränge des Ordens oder ein »innerer Kreis« zu Gesicht bekam, war nichts anderes als jener Gegenstand, der einst von Hugo de Payens und seinen Freunden aus Palästina geholt worden war – die Mannamaschine!

Die Formulierungen in der Anklageschrift – »Köpfe«, die mehrere »Gesichter« hatten – weisen bereits deutlich auf die Beschreibung des *Sohar* hin. In den 1877 erschienenen und von einem Dr. Merzdorf, dem damaligen Großherzoglich-Oldenburgischen Oberbibliothekar, herausgegebenen »Geheimstatuten« des Ordens[25] wird dies noch deutlicher. Merzdorf will diese Texte aus vatikanischen Archiven erhalten haben, aber schon zwei Jahre später konnte der Historiker Hans Prutz[26] nachweisen, dass es sich wohl um eine Fälschung handelt, die aber möglicherweise auf andere Quellen zurückgriff. Dennoch: die Charakterisierung *Baphomets* ist hier so unzweideutig, dass diese Schilderungen wohl zumindest auf Überlieferungen beruhen müssen, die auf tatsächliche Fakten zurückgehen. In den so genannten »Geheimstatuten« heißt es zum Beispiel: »Nun folgt die Enthüllung des Idols, das aus seinem Behältnis genommen und allen Anwesenden mit den Worten gezeigt wird: ›Drei sind, welche der Welt Zeugnis geben, und diese drei sind eins‹, worauf alle mit dem Rufe ›Ja – Allah‹ (d. h. angeblich ›Glanz Gottes‹) antworten.« – Wir haben hier also zwei Elemente, die, ganz gleich, ob es sich bei dem Gesamttext der Statuten um das Original oder eine Montage aus Versatzstücken handelt, mit der Mannamaschine korreliert werden können: die drei Köpfe, die als Einheit gesehen werden, und der »Glanz Gottes«, der sich im *Sohar* als »Glanz des kleinen Gesichts«, als das »leuchtende Antlitz« des OThIQ IVMIN darstellt.

Emma Jung[27], die zunächst auf den bekanntermaßen mit dem Gral gleichgesetzten »Stein der Weisen« eingeht und betont, dass dieser »Lapis der Alchemie« eine »hell-dunkle Einheit der göttlichen Gegensätze« darstellte, ein »Gottesbild«, das weiblich und männlich zugleich gewesen sei, meint: »Die Baphomet-Figur, welche die Templer angebetet haben sollen, scheint ebenfalls ein solch hell-dunkles einheitliches Gottesbild dargestellt zu haben. Es soll ein doppelgesichtiges androgy-

nes [d. h. männliche und weibliche Merkmale vereinendes, Anm. d. Verf.] Wesen gewesen sein mit einem langen silbergrauen Bart oder einem Kopf aus Kupfer, welcher in Orakelform Fragen beantwortete.« Diese Beschreibung deckt sich in außergewöhnlicher Weise mit jener, die das *Sohar* von der Mannamaschine gibt: Auch sie wird als »männlich« und »weiblich« zugleich beschrieben, auch sie ist »doppelgesichtig«, auch sie hat einen »Bart«, auch sie ist zumindest teilweise aus Metall (»Kopf aus Kupfer«), auch sie hat – über die eingebaute Funkanlage – Fragen beantwortet. Die Mehrköpfig- und Doppelgesichtigkeit des Idols könnte sogar ihre Entsprechung finden in den zahlreichen Siegel-Darstellungen des Ordens[28]. Bis heute ist rätselhaft, warum die Mönchsritter sich häufig zu zweit auf einem Pferd sitzend dargestellt haben. Allgemein wird angenommen, man habe damit die Armut des Ordens zum Ausdruck bringen wollen. Aber vom militärischen Gesichtspunkt ist es vollkommen unsinnig, gewissermaßen mit »doppelter Besetzung« in eine Schlacht zu reiten. Allein die Eisenrüstung eines Ritters hatte ein beträchtliches Gewicht – zwei solcher Ritter während des Kampfes zu tragen, wäre für ein Pferd unmöglich gewesen, von den Nachteilen, die die Reiter gegenüber dem Feind gehabt hätten, ganz zu schweigen. Vielleicht schimmert auch in diesen Abbildern nichts anderes durch als das Vermächtnis des Ordens: *Baphomet*, die »doppelköpfige« Mannamaschine.
In einer weiteren Anklageschrift erfahren wir Zusätzliches über die »Augen« und den »Bart« des Idols, das unsere Ansicht auf verblüffende Weise bestätigt.

… und dasselbe [das Idol] *hatte in den Augenhöhlen Karfunkelaugen, die leuchteten wie die Helle des Himmels, und wie man sah, ruhte ihr Glaube darauf und war es ihr oberster Gott, und jeder vertraute darauf, und zwar guten Herzens. Und diese Haut hatte einen halben Bart im Gesicht und die andere Hälfte am Hintern, was ein widersinnig Ding war; und gewiss ist, dass der neue Templer ihm huldigen musste wie Gott, und das alles geschah zum Hohn unseres Heilands und Erlösers Jesu Christi.*

Was die »wie die Helle des Himmels« leuchtenden »Augen«, die Lampen der Maschine, betrifft, darauf brauchen wir hier nicht mehr einzugehen. Aber es lohnt sich, noch einmal einen Blick auf die so genannten »Barthaare« zu werfen, die sich sowohl »im Gesicht« als auch »am Hintern« befanden, was für Philipp und seine Inquisitoren verständlicherweise »ein widersinnig Ding« sein musste. Bei Sassoon und Dale[29] findet sich in der Einführung des Kapitels »*Die ehrwürdigen Bärte*« über das Schlauch-Zirkulationssystem der im *Sohar* beschriebenen Mannamaschine dagegen eine Passage, die uns diese Ausführung verständlich werden lässt: »Dass es sich bei den Barthaaren nicht um Barthaare im gewöhnlichen Sinne handelt, wird schon von Anfang an deutlich; einige Teile wachsen an einem Teil des Gesichts heraus und an einem anderen wieder hinein; andere führen direkt ins Körperinnere ...«

Eine im vorletzten Jahrhundert erstmals geäußerte Idee, *Baphomet* sei in Wahrheit nur eine Verballhornung des Wortes »Mohamet« oder »Mahumet« und deute auf geheime muslimische Elemente in der Templerlehre, wird auch heute noch immer wieder gerne zitiert, ist aber seit langem widerlegt. In ihrer Abhandlung über die »Idole« des Tempelherren weisen zum Beispiel die beiden französischen Philologen Jean-Henri Probst-Biraben und A. Maitrot de la Motte-Capron[30] darauf hin, dass es »muselmanische Idole nicht gab« und dass im Islam gerade das Abbildungsverbot noch heute strengstens gehandhabt werde. Sprachwissenschaftliche Untersuchungen des Wortes *Baphomet* hätten jedenfalls keine Beziehung zu »Mohammed« ergeben. Das Gleiche hatte schon vor mehr als hundert Jahren der Historiker Hans Prutz festgestellt[26]: »Der Cultus der Mohammedaner kennt absolut kein Bild: Gegen nichts sind die Bekenner des Islam mit so unerbittlicher Härte eingeschritten wie gegen den ihnen als schnödeste Abgötterei erscheinenden christlichen Heiligen- und Bilderdienst ... Von dieser Seite ist daher für die Erklärung der templerischen Geheimlehre nichts zu gewinnen, und alle Versuche, dieselbe von mohammedanischen Lehrmeinungen abzuleiten, müssen als gänzlich verfehlt bezeichnet werden.«

Islamische Autoren (wie Idries Shah[31]) hingegen weisen auf den arabischen Begriff im maurischen Spanien *Bufimat* hin. Dies würde »Haupt der Erkenntnis« bedeuten. Es lohnt, das Wort *Baphomet* einer etwas genaueren Analyse zu unterziehen: Hugh Schonfield[32] konnte aufzeigen, dass *Baphomet* wahrscheinlich eine hebräische Athbash-Chiffrierung ist, das heißt einer der geläufigsten jüdisch-kabbalistischen Geheim-

Abb. 37: Angeblich um ihre Armut innerhalb des Ordens zu symbolisieren, stellten sich die Templer insbesondere auf ihren Siegeln als jeweils zwei Ritter auf einem Pferd dar. Während der Kämpfe hätte dies allerdings nur Nachteile gebracht.

schriften entstammt. Das hebräische Alphabet setzt sich aus 22 Buchstaben zusammen, die in Athbash wie folgt chiffriert werden: die ersten elf Buchstaben werden der Reihe nach aufgeschrieben, die zweiten elf Buchstaben in umgekehrter Reihenfolge (d. h. der letzte Buchstabe zuerst) daruntergesetzt, also:

A	B	G	D	H	V	Z	Ch	T	I	K
Th	Sh	R	Q	Tz	P	O	S	N	M	L

Dadurch entstehen Buchstabenpaare, die zum Chiffrieren nun einfach ausgetauscht werden, aus G beispielsweise wird R, P wird durch V ersetzt usw. Das Wort *Baphomet* wird auf Hebräisch BPVMTh geschrieben. In Athbash entsteht somit aus

B	P	V	M	Th
Sh	V	P	I	A

also ShVPIA. Dieses Wort heißt *Sophia*, was auf Griechisch nichts anderes als »Weisheit« bedeutet. Schonfield[32] schreibt über seine Entdeckung: »Ich beschloss, den offenbar künstlichen Namen Baphomet als Verschlüsselung zu betrachten und gebrauchte den Atbash-Code zur Entzifferung. Ich schrieb den Namen Baphomet in hebräischen Buchstaben, die durch die Atbash-Umkehrung sofort zum Wort Sophia wurden, dem griechischen Wort für Weisheit. So war dieses jahrhundertealte Geheimnis das erste Mal offenbart!«

Zu einer ganz ähnlichen Interpretation war allerdings bereits 1826 der Historiker W. F. Wilke in seiner Geschichte des Tempelherrenordens gekommen[33] In seiner Interpretation sei das Idol ein »Dämon« gewesen, der »Weisheit und Reichtum« verliehen habe und wahrscheinlich auf das Griechische βαπητ γηνογδ (Taufe der Weisheit) zurückzuführen sei. Damit müsste nach Wilke der Name eines Ritus gemeint gewesen sein, der dann auf das Idol selbst übertragen wurde. Wilke notiert sogar, die Templer hätten sich in schwierigsten Lagen an einen »Stein« gewandt, der in der mittelalterlichen Hermetik *Rebis* geheißen habe – das »doppelte Ding«.

All das ist von großem Interesse, insofern, als dass der Begriff »Stein« und »Ding« im Zusammenhang mit dem Gral ja auch in Wolframs *Parzival* auftaucht. Übrigens ist auffällig, dass der Heilige Bernhard, der am Anfang des Templerordens eine entscheidende Rolle spielte, von einem »Stein, aus dem man Honig schlagen kann« spricht. Honiggeschmack wird dem Manna nachgesagt. Und der Begriff *Rebis* = »das doppelte Ding« würde das OThIQ IVMIN sehr gut charakterisieren. »Weisheit« schließlich nimmt in der Beschreibung des *Sohar* über die Mannamaschine eine dominierende Stellung ein, etwa in GHV 58: »Und diese Haut ist dazu da, das Hirn zu überdecken, welches die verborgene Weisheit ist. Und weil diese Weisheit von dieser Haut bedeckt ist, die nicht geöffnet werden kann, wird sie die verborgene Weisheit genannt ...«

Oder in KHV 188: »Diese Weisheit wird geöffnet, und es geht ein Strom von ihr aus, der herabrinnt und den Garten bewässert.«
Sassoon und Dale[29] schreiben dazu: »Den Mystikern zufolge handelt es sich bei der ›verborgenen Weisheit‹ um ein esoterisches Wissen, welches die Menschen niemals erwerben können. Warum wird es aber auf diese Art beschrieben, wenn dem wirklich so wäre? Liest man es dagegen als einfache technische Beschreibung, dann ist die ›verborgene Weisheit‹ nichts weiter als ein ›Schädel‹ oder ein Tank, in den nicht hineinzukommen ist, weil er von einer ›Ätherhaut‹, die sich nicht öffnen lässt, überzogen ist.«
Es ist wichtig festzuhalten, dass mit großer Wahrscheinlichkeit nur wenige Templer – gewissermaßen ein innerer Kreis – überhaupt jemals die Maschine gesehen hatten. Sie standen damit ganz in der Tradition jener Hohenpriester, die das OThIQ IVMIN jeweils nur einmal im Jahr im Allerheiligsten des Jerusalemer Tempels verehrten. Wir sind uns in unserer Einschätzung deswegen so sicher, weil es in jedem Fall eine geheime Lehre im Templerorden gegeben hat. Interessanterweise spricht bereits Papst Innozenz III. am 3. September 1208 in einem Schreiben an den Visitator des Tempelherrenordens im Abendland »dämonische Lehren« bei den Ordensrittern an. Überdies war den Tempelbrüdern das Verbot auferlegt, die Regeln des Ordens bei sich zu führen, es sei denn durch die Erlaubnis des Konvents. Was sollte Gefährliches an den Regeln sein, die einstmals vom Heiligen Bernhard redigiert worden waren? Die offiziellen Templerregeln waren zudem nicht nur innerhalb des Ordens bekannt, vielmehr hatten sie die Regeln der anderen geistlichen Ritterorden stark beeinflusst, z. B. die des Deutschen Ordens. Und militärische Geheimnisse enthielten sie auch nicht.
Die Begründung lautete: »Die Knappen finden sie bisweilen und lesen sie, und so legen sie unsere Einrichtungen den in der Welt Lebenden offen, was unserer Religion schaden kann.« Wie können die Regeln eines Mönchsordens der christlichen Religion schaden?
Walter Zöllner schreibt dazu in seinem Buch über die Geschichte der Kreuzzüge[34]: »Da es im Orden üblich war, alle Bräuche möglichst geheim zu halten, kannten nur die höchsten Funktionäre den vollständigen Text, von dem es zudem nur wenige Kopien gab. Der einfache Ritter verfügte lediglich über einzelne Informationen. Die Geheimhaltungsvorschriften, die mit strengen Aufnahmebestimmungen ver-

bunden waren, dienten dazu, eine unbedingte Disziplin aufrechtzuerhalten und ein militantes Elitebewusstsein zu formieren.« Und genau das Gleiche galt mit Sicherheit auch für das höchste Heiligtum des Ordens: das so genannte *Idol Baphomet*.

Die Aussagen der höheren Mitglieder des Ordens, also jener, die nicht nur Gerüchte gehört und infolgedessen von »schwarzen Katzen«, »kalbsgesichtigen Tieren« usw. fabulierten, sind daher erstaunlich. Auch sie scheinen sich zu widersprechen. Diese Widersprüche lösen sich jedoch sofort auf, wenn wir bedenken, dass hier einerseits unter den grausamen Bedingungen der Folter ausgesagt wurde, und zum anderen die Möglichkeit in Betracht ziehen, es werde nichts anderes beschrieben als die Mannamaschine, das OThIQ IVMIN des *Sohar*. Die meisten betonten in den Verhören den »Bart« der »Figur«, viele hoben hervor, das Idol sei »glattköpfig« gewesen. Ein Templer namens Guillaume de Herblay sagte aus, *Baphomet* habe »geglänzt wie vergoldetes Silber«, André Armadi beschrieb es mit drei, Guillaume d'Arteblay mit nur zwei Gesichtern. Das mag auf den ersten Blick verwundern, aber im *Sohar* lesen wir über das OThIQ IVMIN (KHV 59): »Drei Köpfe sind ausgehöhlt; dieser befindet sich in jenem, und dieser über dem anderen. Ein Kopf ist die Weisheit; er ist der verborgenste ...« Und in KHV 175: »Es gibt drei obere Köpfe; zwei Köpfe und einen, der sie beinhaltet ...«

Und so schreibt denn auch W. F. Wilke in seiner Geschichte des Tempelherrenordens[33] ganz richtig, dass man »in diesem vielgestaltigen Gebilde der Phantasie« entweder ein Bild des abgeschlagenen Kopfes Johannes des Täufers sehen könne oder aber »des Trinitariers Makroposopus der Kabbalah« – des dreifältigen großen Gesichts des OThIQ IVMIN, d. h. des oberen Teils der Mannamaschine! Kann es eine noch deutlichere Bestätigung geben als diese?

Gemeinsam ist den Aussagen über das Idol zumindest eines: das unbeschreibliche Entsetzen vor diesem »Ding«. Beispielhaft dafür sind die Aussagen, die Raoul de Gizy gegenüber der Inquisition machte. Aus den Prozessakten ergibt sich folgender Verhörablauf:

Inquisator: »Erzähle uns nun etwas über den Kopf.«
Raoul de Gizy: »Gut, der Kopf. Ich habe ihn in sieben Kapiteln gesehen. Er wurde von Bruder Hug de Peraud und anderen getragen.«

Inquisator: »Was tat man, um ihn zu verehren?«
Raoul de Gizy: »Nun, das geschah so: Er war anwesend, und jedermann warf sich auf den Boden, schlug seine Kapuze zurück und betete ihn an.«
Inquisator: »Wie sah sein Gesicht aus?«
Raoul de Gizy: »Schrecklich. Für mich war es wie das Gesicht eines Dämonen, wie das eines maufé [d. h. eines teuflischen Geistes, Anm. d. Verf.]. Immer wenn ich die Augen darauf richtete, wurde ich von solchem Entsetzen gepackt, dass ich kaum hinsehen konnte. Ich zitterte am ganzen Leibe.«

Es ist doch wohl kaum anzunehmen, dass die als Soldaten ausgebildeten Tempelritter, die die Schrecken des Krieges und das grässliche Gesicht des Todes auf den Schlachtfeldern des Mittelalters kannten, vor einem simplen bemalten Menschenschädel, einer irgendwie beleuchteten Holzfigur oder auch einer Mumie zurückschreckten. Nur die Konfrontation mit dem für sie völlig Unbegreiflichen, mit dem absolut Unbekannten, kann diese Reaktion hervorrufen – Reaktionen, wie wir sie heute aus den Cargokulten kennen, wie sie die Konfrontation mit völlig unverständlicher Technologie immer wieder hervorgerufen hat. Julius Evola[35] schreibt: »Eine solche Wirkung [die des Entsetzens beim Anblick *Baphomets*, Anm. d. Verf.] erinnert in kaum veränderter Form an die bei einigen Gralsproben festgestellte, wobei die ›Haare weiß werden‹, und in dem, der in der Prüfung versagt, ein tiefer Abscheu vor allen irdischen Dingen und ein tiefes und unheilbares Gefühl des Unglücks erweckt werden.«
Die Mannamaschine *war* im Besitz der Templer – mit allergrößter Wahrscheinlichkeit. Sie wurde von den Gründungsmitgliedern aus Palästina nach Frankreich gebracht, dort aufbewahrt und als heilig und »göttlichen Ursprungs« verehrt. Es mag die Frage auftreten, warum eigentlich diese ganze »Operation Heiliger Gral« gestartet wurde, welches Interesse Hugo de Payens, Hugo de Champagne und all die anderen an der Mannamaschine hatten. Wir haben bereits früher darauf hingewiesen, dass Manna in dem Ruf stand, lebensverlängernd, wenn nicht sogar unsterblich machend zu wirken. Das »ewige Leben« zu erwerben, ist im Laufe der Geschichte bereits Grund zu ganz anderen »Abenteuern« gewesen. Für den mittelalterlichen Menschen, der, wie

wir schon gezeigt haben, von und mit Reliquien lebte, muss die Aussicht, auf ein solch »göttliches Geschenk« zu stoßen, von unerhörtem Reiz gewesen sein. Dass das Gerät kein Manna mehr produzierte, konnten die Templer der Gründungszeit nicht wissen – und wenn es ihnen aus der Flegetanisschrift oder anderen Texten bekannt war, so hofften sie vielleicht, diese »Ewigkeitsmaschine« wieder zum Laufen zu bringen: durch Gebete, durch Gesänge, durch Opfer, wie auch immer. Gelingen konnte ihnen dies freilich nicht.

Zugang zur Maschine hatten im Laufe der zweihundertjährigen Templergeschichte nur die Ordensobersten oder – was wahrscheinlicher ist – ein »innerer Kreis«, die eigentlichen »Gralsritter«. Die Mitglieder dieses Kreises müssen nicht zwangsläufig nur die Ordensobersten gewesen sein. In den unteren Rängen kursierten dagegen Gerüchte über ein Idol, aus dem in der Anklageschrift zahlreiche Götzenbilder geworden waren. So kam es zur Rede von »Menschenschädeln«, »Schwarzen Katzen« usw., die in den zum Teil unter der Folter erzwungenen Aussagen immer weiter ausgeschmückt wurden, um die Inquisitoren zufrieden zu stellen, das heißt, das von ihnen bereits fest gefügte Bild der Götzenanbetung zu bestätigen. Als die Schergen Philipps zuschlugen, fanden sie nichts von alldem. Weder in den Comtureien noch in den Prioraten. Hier hing als einziges verehrungswürdiges Zeichen das Kreuz. Die Mannamaschine entdeckten sie nicht.

Die Möglichkeit, dass die Häscher der Inquisition das Gerät fanden, kann nicht ganz ausgeschlossen werden. Dann wäre es entweder in die geheimen Kammern Philipps gewandert oder in die Hand des Papstes und damit – später – in die Geheimarchive des Vatikans gelangt. Aber es liegen keinerlei Aufzeichnungen oder Berichte über einen entsprechenden Fund oder einen solchen Transport vor, was bei der Entdeckung der Maschine fraglos der Fall gewesen wäre, hätte man auf diese Weise doch die ansonsten ziemlich substanzlosen Vorwürfe gegen die Templer beweisen können.

Nein, die »Miliz der armen Ritter Christi vom Tempel Salomons« hatten vorgesorgt. Die Mannamaschine wurde nicht gefunden. Als Philipp zuschlug, war das bedeutendste Requisit des Ordens längst in Sicherheit gebracht …

XI. Das Versteck

Dies ist der Bericht von den Dingen, die sich zutrugen und die sie taten. Alles ist schon geschehen. Sie sprechen mit ihren eigenen Worten und deshalb wird der Sinn von vielen manchmal nicht verstanden. Aber genauso, wie es geschah, so steht es geschrieben. Später einmal wird alles genau erklärt, und das wird wohl nicht von Übel sein.

Buch des Chilam Balam von Chumayel
(Hl. Überlieferung der Yukatan-Maya)

Am 14. September 1307 beschloss der König von Frankreich, Philipp der Schöne, den Orden der Templer endgültig zu vernichten. Mit selbem Datum gingen darauf abzielende Schreiben in alle Teile des Landes. In der Nacht vom 12. auf den 13. Oktober schlugen Philipps Soldaten zu. Zwischen dem 14. September und dem 12. Oktober lag ein ganzer Monat. Diese Frist musste eingehalten werden, damit die Verhaftung überall gleichzeitig erfolgen konnte.

Selbstverständlich waren die Briefe, mit denen Philipp seinen Befehl übersenden ließ, versiegelt. Aber es ist kaum anzunehmen, dass nicht zumindest Gerüchte über die bevorstehende Aktion zum Orden hin durchgesickert sind. Die Tempelritter und Tempelbrüder, deren Mitglieder zu den angesehendsten Häusern Frankreichs zählten, verfügten über entsprechende Verbindungen. Bereits im Juli 1307 hatte sich eine Fraktion von Kardinälen ohne Wissen des Papstes mit Philipp zusammengefunden, um die Vernichtung des Ordens zu besprechen. Am 24. August hatten die Templer selbst von Clemens eine Untersuchung wegen Verleumdung verlangt. Clemens forderte Philipp daraufhin auf, ihm Beweise vorzulegen, die aber nicht beigebracht werden konnten. Am 23. September legte schließlich der Groß-Siegelbewahrer, Gille Aiscelin, Erzbischof von Narbonne, sein Amt nieder, da er die Anordnungen, die Philipp am 14. September gegeben

hatte, nicht mitzutragen vermochte. Die Templer ahnten folglich, was auf sie zukam.
Erstaunen mag auf den ersten Blick die Gleichmütigkeit, mit der sie sich gefangen nehmen ließen. Aber den Mönchsrittern war es verboten, das Schwert gegen einen anderen Christen zu erheben. Ferner ist zu vermuten, dass sie ihr Vertrauen ganz auf den Papst richteten, in dem Glauben, die Kirche werde ihre Unschuld erkennen und sie der Hand Philipps wieder entreißen. Wie sehr sie sich darin täuschten, wissen wir.
Aber die führenden Männer des Ordens – der innere Kreis, die eigentlichen Gralsritter – werden voraussehend genug gewesen sein, ihre Hoffnungen nicht nur auf diese Vermutung zu bauen. Sie konnten annehmen, dass Philipp eine Durchsuchung veranlassen würde, und so werden sie dafür gesorgt haben, dass ihr wertvollster Besitz in Sicherheit gebracht wurde, in ein Versteck, das weder für Philipp noch für die Kirche erreichbar war, das sich ihrem Zugriff entzog. Gibt es Hinweise auf ein solches Versteck? Existiert eine Spur, die uns vielleicht zum derzeitigen Aufenthaltsort der Mannamaschine führen könnte? Machen wir uns also auf die Suche, forschen wir nach an den Orten, die uns vielleicht einen Hinweis darauf geben könnten, wo noch heute das vielleicht wichtigste Relikt der Menschheitsgeschichte auf seine Entdeckung wartet.

Rennes-le-Château und das Geheimnis des Montségur

Man schrieb den 3. Januar 1917. Kalt wehte der Wind über das unwirtliche Hochplateau inmitten der Pyrenäen. Unterhalb eines kleinen, aus hellen Steinen errichteten Turmes spielte sich eine makabere Szene ab: In einem hohen Lehnsessel saß steif der verstorbene Pfarrer des Dorfes. Seine Leiche war in ein rotes Gewand gehüllt. Auf der Terrasse vor ihm zogen ernsten Gesichtes die Menschen vorbei. Viele von ihnen stammten nicht aus der kleinen Bergsiedlung; sie waren von weither angereist. Diese Fremden waren es auch, die kleine Troddeln von der Robe des leichenstarren Abbé rissen. Aus welchem Grund, das haben die Bewohner der kleinen Stadt nie erfahren. Ein seltsames Mysterium lastete auf dem Ort, ruhte auf dem Toten – ein jahrhundertealtes und für viele beunruhigendes Geheimnis. Rund sechzig Jahre später bra-

chen wir, zusammen mit unserem Freund und Templerforscher Armin Schrick, auf, längst vergangenen Ereignissen nachzuspüren.
Durch kräftiggelb blühende Sonnenblumenfelder waren wir von Carcassonne kommend nach Süden gefahren. Hier ist noch vieles sehr ursprünglich geblieben. Insbesondere in den kleinen, abgelegenen Orten der Pyrenäen, die nicht vom Massentourismus berührt wurden, kann der Reisende noch jener Originalität begegnen, die diese Gegend und seine Bewohner auszeichnen. Dann rückt sie heran: eine wild zerklüftete Berglandschaft. In steilen Kurven geht es höher und höher hinauf. Unser Ziel ist die letzte Felsenfestung der Katharer, einer »Ketzer«-Bewegung des Mittelalters.
Hier soll, jedenfalls wenn man den Beschreibungen Otto Rahns in seinem 1933 erschienenen Buch »Kreuzzug gegen den Gral«[1] folgt, tatsächlich der Gral gelegen haben. Rahn, der später als NSDAP-Mitglied und Obersturmführer in der SS-Totenkopfdivision »Oberbayern« eine traurige Karriere machte, schrieb damals: »Als ich einmal auf der Straße der Cathari zum Gipfel des Tabor hinaufstieg, traf ich einen alten Schafhirten. Der erzählte mir folgende Legende: Als Montségurs Mauern noch standen, hüteten in ihnen die Cathari, die Reinen, den heiligen Gral. Montségur aber war in Gefahr. Luzifers Heerscharen lagen vor seinen Mauern. Den Gral wollten sie haben.«
Sollte Montségur identisch sein mit dem Munsalvatsch bzw. Munsalvaesche in den Texten Wolframs von Eschenbach? Wer waren die Cathari? Welche Heerscharen hatten vor der geheimnisvollen Bergfestung gelegen? Vor allem aber: Befand sich der Gral einst hier, in der zerklüfteten Welt der Pyrenäen?
Versetzen wir uns zurück in die Zeit des zwölften und dreizehnten Jahrhunderts. Im Süden des heutigen Frankreich, in der Provence und dem Languedoc, war damals eine neue religiöse Bewegung entstanden, die große Teile des Landes ergriffen hatte und auch nach Italien, Katalonien und Deutschland, insbesondere ins Rheinland und bis nach Goslar vorgestoßen war. Die Katharer oder Albigenser (d. h. »die Reinen«, »die Vollkommenen«)[2–4] stellten eine große Erneuerungsbewegung dar. Grundgedanke ihrer Lehre war, dass Gott Geist und die absolute Liebe, vollkommen, unveränderlich, gerecht und ewig sei. Böses und Schlechtes könne deshalb niemals von ihm kommen. Die logische Schlussfolgerung daraus war, dass somit auch die Werke Gottes nur

vollkommen, unveränderlich, gerecht und gut sein können wie die Quelle, der sie entstammten.

Unsere Welt hingegen hatte sich als vergänglich, als ungerecht und unvollkommen erwiesen. Das Prinzip des Todes wirkte immer und überall und war dem Stoff der Welt gewissermaßen immanent. Daraus ergab sich für die Katharer die Unvereinbarkeit des Vollkommenen mit dem Unvollkommenen. Etwas Unvollkommenes könne daher niemals von etwas Vollkommenem verursacht worden sein. Die irdische Welt, so ließ sich damit in letzter Konsequenz ableiten, war folglich keine Schöpfung Gottes, sondern eine des Teufels. Nur das Unsichtbare – etwa die menschliche Seele – sei göttlichen Ursprungs.

Somit war auch alle weltliche und kirchliche Herrschaft Teufelswerk. Und Rom lieferte tagtäglich neue Beweise für diese Auffassung. Eine zuvor nicht gekannte Entsittlichung hatte um sich gegriffen. Der Papst, der sich als Stellvertreter Christi auf Erden bezeichnete, glich mit seinem ausschweifenden Leben, seinen Intrigen und Mordspielen eher dem Stellvertreter des Teufels als dem Statthalter des Sohnes Gottes, und der Klerus stand seinem Oberhaupt in nichts nach. In den romanischen Ländern kam es zu einer »Los-von-Rom-Bewegung«.

Der Heilige Stuhl in Rom sah sich herausgefordert. Papst Innozenz III. rief zu einem Kreuzzug: Christen sollten gegen Christen kämpfen – unbarmherzig, blutig, grausam.

Im Jahr 1209 war es so weit. Ein gewaltiges Heer aus Kreuzfahrern zog dem Languedoc entgegen. Aus Burgund und Lothringen, dem Rheinland, aus Österreich und Ungarn, Slovenien und Friesland hatten sie sich zusammengerottet. Einem Heer aus Raubrittern und Bauern, aus Gesindel wie den ribautz (»Hurenknechten«) und truands (»Leichenfledderern«) schritt ein fanatischer Priester, der Erzabt Arnold von Cîteaux, in wehender Mönchskutte voran. Erzbischöfe, Äbte und Mönche folgten ihm – ganz zum Schluss des Zuges zogen die Dirnen.

Die mächtige Stadt Béziers fiel der brandschatzenden Horde als Erstes zum Opfer. Ihr Fanatismus kannte keine Grenzen, und durch ihre Mordtaten hofften sie, den Ablass ihrer Sünden zu erreichen. Mit dem Ruf: »Tötet sie alle, Gott wird die Seinen schon herausfinden!«, ließ Bischof Reginald von Monpeyroux gläubige Katholiken ebenso wie katharische Ketzer, Frauen, Kinder und Greise, sogar die eigenen in

Abb. 38: Das Massaker von Béziers, eines der schrecklichsten im christlichen Abendland. Während des Kreuzzuges gegen die Katharer wurden Tausende von Einwohnern auf Geheiß von Erzabt Arnold von Cîteaux niedergemetzelt.

der Stadt verbliebenen Priester, hinrichten. Béziers ging in Flammen auf, und dunkler Rauch stieg als unheilvolles Orakel in den blauen Himmel über der Provence und dem Languedoc empor.

Das einst von den Goten erbaute Carcassonne war das nächste Ziel der wütenden Schar unter dem blutigen Kreuz. Der König von Aragon im heutigen Spanien, ein Schwager von Ramon-Rogers, der die Stadt gegen das heranrückende Heer verteidigte, obwohl er selbst nicht zu den Ketzern gehörte, war über die Pyrenäen gekommen, um das Schlimmste zu verhindern. Doch auch er konnte die fanatischen Kreuzzügler nicht zum Einhalten bewegen.

Durch Verrat wurde Ramon-Rogers in eine Falle gelockt. Die Stadt, durch die lange Belagerung von Hunger, Durst und Epidemien gezeichnet, schien für die Einnahme bereit. Und jetzt, da die Katharer ihres militärischen Führers beraubt waren, würde man sie besiegen und die Stadt übergeben müssen.

Am Morgen nach dem Verrat erwartete man die Übergabe. Aber nichts regte sich in der befestigten Stadt. Keine Wachen waren zu sehen, unheimliche Stille lag über den Mauern. Das Osttor wurde gerammt und aufgebrochen: Stille, Leere. Stadt und Burg erschienen wie ausgestorben. Dumpf hallten die Schritte der Eroberer von den Hauswänden der engen Gassen wider, Totenruhe lag selbst über der inneren Burgfestung. Erzabt Arnold und seine Begleiter waren ratlos: Wie war es möglich, dass die Bevölkerung einer ganzen Stadt über Nacht verschwinden konnte?

Schließlich wurde das Geheimnis entdeckt. Nahezu sämtliche Einwohner hatten sich durch unterirdische Stollen und Gänge aus der belagerten Stadt retten können. Nur etwa fünfhundert alte Männer und Frauen waren zurückgeblieben, hatten sich in den Kellern versteckt. Sie alle wurden auf dem Platz vor der Kathedrale zusammengetrieben. Etliche von ihnen schworen der Ketzerei ab. Die anderen wurden auf einem riesigen Scheiterhaufen verbrannt, während Arnold von Cîteux eine Messe zum Heiligen Geist zelebrierte und das *Te deum* anstimmte.

Carcassonne ist nicht erst seit damals mit Mythen und Sagen verbunden. Schon recht früh tauchte die Vermutung auf, die Westgoten hätten unter König Alarich 410 n. Chr. und nach dem Fall Roms Teile des Schatzes aus dem Tempel Salomos nach Carcassonne geschafft. Unter anderem soll sich darunter auch der siebenarmige Leuchter befunden haben, wie er auf dem Triumphbogen des Kaisers Titus in Rom dargestellt ist. Waren die Katharer im Besitz eines Teils der Schätze aus Jerusalem?

Seit langem schon träumen Abenteurer vom Schatz der Katharer. Die Suche konzentriert sich dabei auf jene zerklüftete Gegend der Pyrenäen, in der einst die Hochburg der Ketzergemeinschaft lag. Als wir die Felsen hinaufstiegen, lag die letzte Burg der Katharer wie ein gestrandetes Schiff auf dem zuckerhutförmigen Kalksteinfelsen vor uns. Dreißig Jahre hatten ihre Mauern die Albigenser beschützt – dreißig Jahre lang auch ihren rätselhaften Schatz geborgen?

Im Jahr 1244 begann die Belagerung Montségurs[5]. Die päpstliche Armee umzingelte den Berg. Friedrich II., der deutsche Kaiser, so lauteten die Gerüchte, wollte den Eingeschlossenen zu Hilfe eilen. Doch auch er wäre zu spät gekommen. In der ersten Märznacht des Jahres 1244 gelangten die Belagerer – erneut durch Verrat – bis zum Gipfel hinauf. Die Wache wurde überwältigt und getötet. Die Katharer erhielten eine vierzehntägige Bedenkzeit für die Übergabe zugebilligt. Dann sollten sie ihrem Ketzerglauben entweder abschwören oder öffentlich verbrannt werden. Pierre Roger von Mirepoix, der militärische Oberbefehlshaber und Verteidiger der Burg, sollte mit allem Gold und Silber unbehelligt abziehen.

In der Nacht vor der Übergabe aber ereigneten sich seltsame Dinge: Vier Katharer kletterten, in Wolltücher gehüllt, an Seilen den steilen Gipfel herab. Sie waren sich bewusst, dass eine Entdeckung ihrer Flucht die sofortige Ermordung sämtlicher Geiseln zur Folge gehabt hätte. Die Legende von Montségur erzählt, sie hätten in jener Nacht den Schatz der Katharer in Sicherheit gebracht.

Als die Zeit des Waffenstillstands abgelaufen war, schlugen die Katharer die Bedingungen für einen freien Abzug aus. Die Burg wurde daraufhin gestürmt, zweihundert Ketzer zum Fuß des Berges getrieben und verbrannt. Im Jahr 1960 wurde dort, wo heute der Fußweg hinauf zur Burg beginnt, auf dem Camp des Crémats, dem »Feld der Verbrannten«, den »Märtyrern der reinen christlichen Liebe« ein Gedenkstein errichtet.

Mit der Ausrottung der Katharer, einer der größten außerkirchlichen Strömungen des Mittelalters, verschwand auch ihr Glaube aus dem Bewusstsein des Abendlandes. Erst viel später besann man sich ihrer als Vorläufer des Protestantismus. Die Aufklärer der folgenden Jahrhunderte sahen im Kreuzzug gegen die Katharer eines der schrecklichen Beispiele kirchlichen Fanatismus. Nicht ausgelöscht aber wurde bis heute der Mythos vom geheimnisvollen Schatz dieser Menschen.

Ein Schatz aus Gold, Edelsteinen, Juwelen? Wohl kaum. Denn Wertgegenstände wie diese durfte der Graf von Mirepoix bei seinem Abzug mit sich nehmen. Was also wurde damals auf der Burg versteckt – mit Wissen oder doch stillschweigendem Einverständnis der Eingeschlossenen?

Noch heute möchten viele glauben, dass wahr ist, was die Gerüchte besagen: dass der Katharerschatz nichts anderes war als der Heilige Gral und Montségur identisch war mit Munsalvaesche, der Gralsburg. Immer noch, so hoffen sie, sei er irgendwo im Berg versteckt.

So reizvoll dies alles auch klingen mag, die Katharer besaßen den Gral nicht. Die Legenden um ihn und den Zusammenhang mit den Ketzern auf Montségur entstammen nachweislich einer viel späteren Zeit. Und die Namensähnlichkeit (Montségur und Munsalvaesche) ist eben nur eine entfernte Ähnlichkeit und keine Identität, die sich etymologisch irgendwie belegen ließe. Namensähnlichkeiten existieren auch mit anderen Burgen. Eines der bekanntesten Beispiele ist das spanische Montserrat. Doch auch dieses Kloster auf einem zerklüfteten Bergmassiv im Nordosten Barcelonas hat erst *anhand* der Gralliteratur diesen Anspruch für sich geltend gemacht.

Dass uns unser Weg dennoch in die Pyrenäen führte, geschah nicht ohne Grund. Von Montségur aus ging unser Blick hinunter zu einem kleinen, abgeschiedenen Ort am Fuß des Berges: Rennes-le-Château. Während des Mittelalters hieß dieser Ort noch Redae und war kurzzeitig sogar die letzte Hauptstadt des Westgotenreiches gewesen. Wir stiegen hinab. Rechts von uns erhob sich ein Turm. Er ist längst nicht so alt wie der Ort. Seit er vor hundert Jahren errichtet wurde, ranken sich geheimnisvolle Erzählungen um seine Existenz.

Unterhalb dieses Turmes hatte 1917 die eigenartige Zeremonie um den verstorbenen Pfarrer des Ortes, Berenger Saunière, stattgefunden. Dieser hatte als neuer Curé sein Amt am 1. Juni 1883 angetreten. Nach allem, was man über ihn weiß, muss er ein sehr intelligenter und weitsichtiger Mann gewesen sein, der in diesem abgeschiedenen Bergdorf im Grunde fehl am Platz war.

Um 1891 begann Saunière mit viel Energie und persönlichem Einsatz die Restaurierung der alten Kirche des Ortes. Im Verlaufe der Arbeiten nahm er auch die alte Altarplatte herunter, die auf einem Altar mit westgotischem Fundament ruhte. Zu seiner Überraschung entdeckte er, dass einer der Träger hohl war und vier versiegelte Holzröhren darin eingebettet lagen. Was sie genau bewahrten, wissen wir nicht. Es soll sich jedenfalls um wichtige Pergamenttexte aus den Jahren 1244, 1644 und 1780 gehandelt haben, Letzteres von einem Vorgänger Saunières, dem Abbé Antoine Bigou.

Die Dokumente von 1780 waren mit lateinischen Texten versehen und Passagen aus dem Neuen Testament ohne Wortzwischenräume abgeschrieben. Hinzu kamen Buchstaben ohne erkennbaren Sinn. Ein zweites Pergamentschriftstück aus der gleichen Zeit war ebenfalls bei-

gefügt. Die Zeilen erschienen abgehakt, die Buchstaben in unterschiedlicher Größe geschrieben. Der Text lautete: BERGERE PAS DE TENTATION QUE POUSSIN TENIERS GARDENT LA CLEF PAX DCLXXXI PAR LA CROIX ET CE CHEVAL DE DIEU J'ACHEVE CE DAEMON DE GARDIEN A MIDI POMMES BLEUES. Auf Deutsch bedeutet dies: Schäferin, keine Versuchung. Dass Poussin, Teniers den Schlüssel besitzen; Friede 681. Beim Kreuz und diesem Pferd Gottes beende (zerstöre) ich diesen Dämon von Wächter zu Mittag. Blaue Äpfel.
Die britische Fernsehgesellschaft BBC strahlte diese Zeilen im Rahmen einer Sendung über Montségur vor einigen Jahren aus und erhielt von einem anonymen Zuschauer folgende Dechiffrierung aufgrund herausgehobener Buchstaben: A DAGOBERT II ROI ET A SION EST CE TRESOR ET IL EST LA MORT. – Dieser Schatz gehört König Dagobert dem Zweiten und Zion, und dort liegt er tot.
Diese Entschlüsselung könnte auch Abbé Saunière gelungen sein. In Paris nahm er Kontakte mit hohen Würdenträgern auf. Nach seiner Rückkehr entdeckte er eine alte Steinplatte aus dem siebten oder achten Jahrhundert, die weitere Geheimzeichen trug. Auf dem Kirchenhof fand sich auf einem Grabstein darüber hinaus ein Anagramm, eine zusätzliche Botschaft mit gleichem Inhalt. Der Pfarrer – nicht darüber informiert, dass andere den Text bereits aufgezeichnet hatten – zerstörte sie. Und er nahm Briefkontakt zu zahlreichen, im Ausland lebenden einflussreichen Persönlichkeiten auf und verfügte plötzlich über nicht unbeträchtliche Geldmittel. Ein Teil des Geldes verwendete er für die Modernisierung des Dorfes, mit dem anderen Teil errichtete er sich den Turm und ließ die Kirche auf recht eigentümliche Weise restaurieren.

An jenem Spätsommermorgen gingen wir zwischen uns bis in Schulterhöhe reichenden Mauern auf die Kirche von Rennes-le-Château zu. Zwei alte Männer saßen am Wegrand, ihr Kinn auf einen Stock gestützt. Unser Freund Armin, der uns begleitete und sich seit Jahren mit der Geschichte der Goten und Katharer beschäftigt hatte, war schnell mit ihnen in ein Gespräch gekommen. Wir unterhielten uns über die vergangene Zeit, über die mysteriöse Geschichte von Rennes-le-Château. Manche der Ortsbewohner, so erzählten sie uns, hielten noch heute den verstorbenen Curé für einen Verrückten, andere hingegen wären der Ansicht, er sei einem großen Geheimnis auf der Spur gewesen.

Nur ein paar Schritte entfernt befindet sich der Eingang zum Kirchenschiff. Die hölzerne Tür stand halb offen. Über ihr befindet sich eine für ein Gotteshaus sehr eigenartige Inschrift: TERRIBLE EST LOCUS SITE – Dieser Ort ist schrecklich.

Halbdunkel umfängt uns. Das Licht, das durch die geöffnete Tür hereinfällt, trifft genau auf eine fratzengesichtige Dämonengestalt: Asmodi, der Hüter der Geheimnisse, der Hüter der verborgenen Schätze. Nach einer jüdischen Legende soll er am Bau des Jerusalemer Tempels mitgewirkt haben. Saunière selbst hat die Figur hier aufstellen lassen.

Die Kirche ist recht farbig gestaltet, »kitschig«, wie manche sagen würden. Unter einem violetten Sternenbaldachin steht der Altar in der Apsis. Hier fand Saunière die Dokumente mit der Geheimschrift. Im unteren Bereich des Altars kann man ein Bild Maria Magdalenas ausmachen, das die britischen BBC-Autoren Henry Lincoln, Michael Baigent und Richard Leigh[6,7] zu abenteuerlichen Schlüssen und zur Konstruktion ihrer ziemlich verworrenen Geschichte bewog, auf die sich später Dan Brown in seinem Roman *Sakrileg* bezog. Gezeigt werde das Gralgeheimnis: Der Gral sei »gleichermaßen ein Symbol für Jesu königliches Blut wie für Maria Magdalenas Schoß, aus dem die Nachkommenschaft hervorging.«

Man möchte kaum glauben, dass ein solches Wirrwarr von irgendjemandem ernst genommen werden könnte. Aber in einer Zeit, in der Verschwörungstheorien in Mode sind, muss offenbar alles dafür herhalten: die Templer, die Freimaurer, Leonardo da Vinci, Isaac Newton und sogar der Heilige Gral.[8]

Was immer aber das von Curé Saunière entdeckte Geheimnis war, in der Kirche von Rennes-le-Château mit ihren seltsamen Darstellungen – etwa ihren eigenartigen Kreuzwegstationen – laufen die Fäden zusammen. Saunière scheint sein Geheimnis mit in den Tod genommen zu haben. Ob er diesen Tod bereits ahnte, wissen wir nicht. Er erlitt am 17. Januar 1917 einen Schlaganfall, doch schon am 12. Januar, als er sich noch bester Gesundheit erfreute, bestellte seine Haushälterin den Sarg für ihn. Als Saunière im Sterben lag, wurde der Priester der Nachbargemeinde gerufen. Dieser soll erschüttert aus dem Haus gekommen

und seinem Amtsbruder die Sterbesakramente verweigert haben. Ohne die Letzte Ölung starb Saunière am 22. Januar 1917.
War ihm dieses Sakrament verweigert worden, weil er Selbstmord begangen hatte? Oder welches Geheimnis umgab diesen Mann? War er, wie einige vermuteten, den Lehren der Katharer verfallen gewesen? Was hatte er entdeckt?
Die Vermutung liegt nahe, in Rennes-le-Château sei der alte Gotenschatz, der Schatz des Merowingerkönigs Dagobert II., vielleicht auch der siebenarmige Leuchter versteckt gewesen. Aber ist dies das ganze Geheimnis? Die Bewohner des Dorfes erzählten uns, sie zweifelten daran, dass ihr Pfarrer damals den Schatz gefunden habe. Nachweislich aber erhielt er finanzielle Mittel in nicht unbeträchtlichem Umfang, unter anderem vom Vetter des österreichischen Kaisers Franz Joseph, Johann Salvator von Habsburg.

Der Literat Peter Bamm schrieb 1978[9]: »Landschaften haben Gesichter, und Gesichter haben Schicksale. Es gibt Landschaften, denen bestimmt ist, der Rahmen großer Geschichten zu werden, und es gibt Landschaften, in welchen das erste größere Ereignis der Jüngste Tag sein wird.« Das Gebiet um Rennes-le-Château gehört zu den geschichtsträchtigen Landschaften unserer Erde. Was immer sich dort einst abspielte, es hat die Geschichte beeinflusst und beeinflusst sie vielleicht noch immer.
Pfarrer Saunière hatte einst das Poussin-Gemälde »Die Hirten von Arkadien« erstanden. Es zeigt u. a. einen Sarkophag, den man zehn Kilometer von Rennes-le-Château und fünf Kilometer von Blanchefort entfernt gefunden hatte. Auf einem abgebildeten Grabstein findet sich fast unleserlich die Inschrift ET IN ARCADIA EGO – Auch ich in Arcadien. Das Verb fehlt. Lincoln, Baigent und Leigh[6] bieten eine verblüffende Lösung für dieses Anagramm an: I TEGO ARCANA DEI – Scher dich hinweg! Ich halte die Geheimnisse Gottes verborgen.
Die Geheimnisse Gottes? Nach Aussagen der Bewohner von Rennes-le-Château soll zuletzt der französische Geheimdienst in den sechziger Jahren danach geforscht haben. Seltsam, wenn es sich nur um Gold- und Silberschätze handeln sollte. Spürten sie dem nach, was auch der spätere SS-Obersturmführer Otto Rahn dort suchte? Spricht man die sonst so aufgeschlossenen Dorfbewohner von Montségur auf diesen

Mann an, so hüllen sie sich in ein eigentümliches Schweigen. »Ja, gekannt haben wir ihn«, murmeln die Älteren, und ein Mann weist hinüber auf den Platz vor dem Gasthaus. »Dort drüben hat er gesessen. Freundlich und nett ist er gewesen.«

Mehr kommt nicht über ihre Lippen. Rahn, der als erster Deutscher über Montségur geschrieben hat, ist hier schon zur Legende geworden. Die Umstände seines Todes waren seltsam genug. Die Gerüchte über seinen Tod spannen sich von einem Selbstmord bis hin zu einem »unnatürlichen Tod durch fremde Hand«. Seine Leiche wurde am 10. Mai 1939 in den Bergen bei Kufstein eingeschneit gefunden. Einen Tag zuvor hatte er noch mit seinem Verleger, Otto Vogelsang, telefoniert und war »gelöst, zukunftsfreudig und heiter«. Rahn wollte wenige Tage später heiraten. Zu seiner Hochzeit hatten sich unter anderem der Reichsführer SS, Heinrich Himmler, und SS-Brigadeführer Karl Maria Weisthor angesagt.

Himmlers Hang zur Mystik war bekannt[10]. Das so genannte »Forschungsamt Ahnenerbe SS« rüstete Expeditionen ins Himalaja und nach Südamerika aus, um uralte Geheimnisse aufzuspüren. Andere Gruppierungen widmeten sich der Magie, wollten gar eine neue Religion gründen. Himmler experimentierte mit Fernsuggestion durch Gedankenübertragung und empfand sich selbst als Reinkarnation Kaiser Heinrichs I., in dessen Gruft er jährlich in der Silvesternacht hinabstieg. Die gesamte Geschichte der SS zeigt deutliche Parallelen zu Mönchs- und Ritterorden auf: Struktur und Disziplin waren ähnlich, doch ihre furchtbaren Ziele waren völlig anders gesteckt. Louis Pauwels und Jacques Bergier[11] bezeichnen die Totenkopf-SS zu Recht als »kämpfende Mönche eines schwarzen Ordens«, die ihre Weihe in Burgen erhielten.

Konturenhaft wird dabei ein anderer Aspekt sichtbar: Himmlers Suche nach dem Gral. Wie eine Gralsburg wollte er auf Vorschlag Weisthors (dem man angebliche PSI-Kräfte nachsagte und der sich selbst als einem uralten Königsgeschlecht angehörig empfand) eine Festung in Westfalen herrichten. Himmler hatte dafür die Wewelsburg ausersehen, deren Anfänge im 12. Jahrhundert liegen[12].

Walter Schellenberg schreibt in seinem Memoiren[13]: »Sie war sozusagen das große SS-Kloster, wohin der Ordensgeneral einmal jährlich das Geheimkonsistorium einberief. Hier sollten alle, die zur obersten Ordensführung zählten, geistige Exerzitien und Konzentrationsübungen abhalten. In dem großen Versammlungssaal besaß ein jedes Mitglied einen bestimmten Sessel mit einem Silberplättchen, auf dem sein Name eingraviert war.« Was mit diesen »Exerzitien« gemeint war und was innerhalb dieses kleinen Kreises der »Auserwählten« wirklich geschah, ist unbekannt.

Unter dem nördlichen Turm der Burg befand sich ein großes Kellergewölbe aus Naturstein, in desssen Mitte eine brunnenartige Vertiefung angelegt war. Hier errichtete Himmler seinen »Mittelpunkt der Welt«. Eine steinerne Schale bildete das Zentrum, umgeben von zwölf steinernen Sockeln an den Wänden. Angeblich wurden in dieser Schale die Wappen toter SS-Führer verbrannt und die Urnen mit der Wappenasche auf den steinernen Sockeln postiert. Hier versammelte Himmler seine eigene Tafelrunde, hier lebte er sein eigenes Gralsmysterium. Zwölf SS-»Ritter«, der innere Kader, wurde von ihm hier zum Konklave geladen. Ihr oberster »Priester« war Adolf Hitler selbst, der sich 1936 auf einem Gemälde sogar als Gralsritter darstellen ließ. Vermutlich hätte er dabei einen seiner berüchtigten Anfälle bekommen, hätte er geahnt, dass 50 Jahre später sein abgebildetes »Gralschwert« von zwei wohlhabenden Texanern ersteigert wurde. Es war bei Kriegsende einem US-Soldaten in Berchtesgaden in die Hände gefallen.

Soweit man die okkulte Geschichte des nationalsozialistischen Deutschlands überhaupt nachvollziehen kann, wurzelt sie u. a. in dem Wiener Neutempler-Orden und der Thule-Gesellschaft. Leider weiß man über all diese Dinge noch viel zu wenig, da diese Seite, die dunkle esoterische Wurzel des »Tausendjährigen Reiches«, bislang nur sehr lückenhaft erforscht und rekonstruiert ist. Dass die Sage vom Heiligen Gral dabei eine nicht unwichtige Rolle gespielt hat, scheint sich abzuzeichnen.

Der amerikanische Erfolgsregisseur Steven Spielberg lässt in seinem Film »Jäger des verlorenen Schatzes« die Bundeslade von der SS suchen. Tatsächlich kam es von Seiten deutscher Einheiten zu Grabungsaktivitäten in der Festung Gisor, die zwischen 1158 und 1161 für drei Jahre den Templern unterstand, und ein Stab Himmlers erwog noch in den letzten Kriegstagen eine Expedition, um den Gral zu finden. Einsatzleiter sollte Otto Skorzeny sein, jener Mann, der zuvor den italienischen Duce Benito Mussolini befreit hatte. Einsatzgebiet: die Pyrenäen[11]. Warum gerade dort? Welche Spur hatte die SS entdeckt? Wollte man nach Rennes-le-Château, nach Montségur, in die Höhlensysteme der Pyrenäen?

Silbrige Wolkenbänke hüllen Montségur ein, als wir ein letztes Mal am Kalkfelsen vorbeifahren. Ein Sonnenstrahl durchbricht die Wolken und legt sich auf das Tal und die kleinen steinernen Häuser des Ortes. Wenn man hier mit den Menschen redet, kann man interessante Bekanntschaften machen. Wir machten die von Monsieur Resnikov, dessen Buchladen den Namen *au coin de temps* (»An der Ecke der Zeit«) trug. Einige Menschen hier scheinen etwas mehr zu wissen oder zu ahnen, als sie erzählen. Aber der Montségur und die Festung auf seiner Spitze ist für sie alle noch immer ein verwunschener Ort, den nur die wenigsten von ihnen betreten.

Am Tag unserer Abreise trägt uns zum Abschied einer der letzten großen occetanischen Dichter in der alten Sprache des Languedoc das Lied von Montségur vor, ein Lied von Liebe und Hass, Schönheit und Schrecken einer vergangenen Zeit. Ein Rätsel lastet auf dieser Landschaft. Wir haben es nicht lösen können. Vielleicht wird es niemals gelöst werden.

Nebel liegt wieder über der Burg, als der Berg hinter uns verschwindet; Wolkenschleier, die ihre Mauern genauso bedecken wie ihr uraltes Mysterium. Was immer das Geheimnis dieses Ortes sein mag – es wurde bewahrt, jahrhundertelang, bis auf den heutigen Tag.

Im »Wald des Orients«

Philipp, durch Gottes Gnaden König der Franzosen, an Bonifaz, angeblich Papst, wenig oder gar keinen Gruß! Möge euer allerhöchster Wahnsinn wissen, dass wir im Zeitlichen niemandem unterworfen sind!

So begann ein dreister Brief, den Philipp der Schöne an Papst Bonifaz VIII., den Vorgänger Clemens', richtete. Weil Bonifaz den wiederholten Aufforderungen Philipps nicht nachkam und sogar eine Exkommunizierung gegen den König aussprach, ließ dieser das greise

Kirchenoberhaupt schließlich entführen und einkerkern. Bonifaz überlebte seine spätere Befreiung nur um wenige Tage.
Philipps Hass gegenüber dem Papst war so groß, dass er sich zu dessen Lebzeiten nicht nur mit den Templern gegen ihn verbünden wollte (was die Templer jedoch ablehnten), sondern auch von Clemens nach dessen Inthronisierung verlangte, die Gebeine des Verstorbenen herauszugeben und ihn nachträglich zu exkommunizieren. Clemens weigerte sich jedoch erfolgreich. Philipp hatte zweifellos ein gestörtes Verhältnis zur Kirche, aber trotz seiner wiederholten Angriffe hat er Clemens mehrmals aufgefordert, ihn nach seinem Tode heilig zu sprechen.
Philipp war ein starker Herrscher. Die Templer wussten dies spätestens seit seinem Machtantritt. Er enteignete Kaufleute und Juden, die er des Landes verwies, um auf diese Weise an Geld zu kommen. Dass es den Templern ebenso ergehen könnte, hatte man dem Großmeister Jacques de Molay zugetragen, ebenso wie dem Großmeister des Johanniterordens, Foulques de Villaret. Philipp plante mit den Johannitern Ähnliches wie mit den Templern. Es besteht kein Zweifel, dass die Ordensführer angesichts dieser Situation Verstecke vorbereitet und über Fluchtwege nachgedacht haben.
Die ersten Besitzungen der Templer waren jene, die Graf Hugo de Champagne und Hugo de Payens dem Orden überschrieben hatten. Es waren Gebiete in der Nähe von Troyes zwischen Seine und Aube, nicht weit von Payens im Nordwesten und Clairvaux im Südosten. Hier vermutet Louis Charpentier[14, 15] das Versteck des Templerschatzes.

La forêt d'Orient – »Wald des Orients« – heißt dieses zwanzigtausend Hektar große Gebiet. Als wir unter der sommerlichen Sonne von Troyes, der Hauptstadt der Champagne kommend, vorbei an dem großen *Lac de la Forêt d'Orient*, dem »See des Orients« fahren, gehen unsere Gedanken zurück in die Zeit, als hier das Stammland der Templer lag. Wo sich heute ein großes Erholungsgebiet, Vogel- und Wildreservate erstrecken, befand sich selbst vor hundert Jahren noch ein riesiges Sumpfgebiet, ein unpassierbares Dickicht, ein Urwald im wahrsten Sinne des Wortes.
Und dennoch – gerade hier, um und in diesem Wald, konzentrierten sich die Comtureien und Häuser der Templer. Hier legten sie regel-

rechte Befestigungsringe an, die aus Stützpunkten ihrer Niederlassungen bestanden. Niemand konnte in diesen Wald hinein oder hinaus, ohne die Erlaubnis des Ordens zu besitzen.
Im Inneren des Geländes gibt es ein viele Quadratkilometer großes Gebiet, das bis auf den heutigen Tag den Namen »Wald der Templer« trägt. Man hat es weitgehend unberührt gelassen. Nur eine schmale Teerstraße führt einspurig hindurch. Wir folgen den wenigen ausgetretenen Pfaden und befinden uns schon bald in einem verwilderten Gelände, das sich die Märchendichter der Romantik oder die Fantasy-Autoren unserer Tage als verwunschenen Wald nicht anschaulicher hätten zum Vorbild nehmen können. Dorniges Gestrüpp macht ein Vorwärtskommen immer wieder nahezu unmöglich. Durch den hellen, festen und dichten Ton, der flach auf einer Kreidekalkschicht lagert, bilden sich zahlreiche Rinnsale und sumpfige Pfützen. Früher gab es, wie wir den alten Karten des Gebietes entnehmen konnten, zahlreiche natürliche Wasserläufe und kleine Teiche, die den Wald zu einem nahezu undurchdringbaren Gelände machten.
Scheinbar allen vernünftigen Überlegungen zum Trotz ließen die Templer gerade hier weitere Teichsysteme anlegen, die sie nach Belieben füllen oder ablassen konnten. Fischteiche? Das ist höchst unwahrscheinlich, denn in der ganzen Gegend gab es ohnehin genügend Weiher, die zu diesem Zweck völlig ausreichten. Dazu brauchte man sich nicht die Mühe im unwegsamen Gelände dieses Urwaldes zu machen. Es muss eine andere Absicht dahinter gestanden haben. Wir wissen, dass die Baumeister der Templer aus bestimmten Tonmischungen ein zementähnliches Material herzustellen verstanden. Legten sie vielleicht hier, im »Wald des Orients«, im »Wald der Templer«, eine unterirdische Anlage an, geschützt durch das Dickicht darüber, gesichert durch die Bewachungsringe der Comtureien? Louis Charpentier[15] schreibt dazu: »Kann man ein besseres Versteck finden als unter dem Wasser eines Weihers? Speziell eines künstlichen Weihers, den man nach eigenem Gutdünken füllt, wenn das ›Versteck‹ angelegt ist, das dann durch das Wasser zugedeckt wird? Ein ›Versteck‹, das jeder Nachforschung trotzt?«
Es war auch ein unwegsamer, verwilderter Wald, durch den Parzival in der Grallegende Wolframs von Eschenbach zur Burg Munsalvaesche gelangte. Vielleicht gibt es diesen Wald wirklich, mitten in Frankreich,

in der Champagne. Vielleicht ließen die Templer hier, im *Forêt d'Orient*, schon recht früh ein Versteck für ihr Heiligtum, die Mannamaschine, anlegen, jenes Gerät, das sie einst im Orient gefunden hatten. Wusste vielleicht Chrétien, der aus dem nur wenige Kilometer entfernten Troyes stammte, deshalb so viel über den Gral, tat er vielleicht auch deshalb »der *maere* unrecht«, wie Wolfram schreibt, weil er die Spur nicht zu deutlich hat werden lassen wollen? Der Gral wird am Ende der Erzählungen Wolframs »in den Orient entrückt«. War damit möglicherweise gar nicht das Morgenland gemeint, sondern jenes Gebiet mitten in Frankreich, das den Namen des Orients genauso trägt wie den Namen der Templer?

Wenn sich die Mannamaschine tatsächlich dort befindet, sollte es möglich sein, sie zu entdecken. Wir wissen, dass das Gerät mit einem Plutoniumreaktor angetrieben wurde, dass es radioaktiv strahlte. Noch heute müsste eine Reststrahlung oder eine erhöhte Wärmequelle messbar sein, Hohlräume könnten mit geophysikalischen Methoden lokalisiert werden. Natürlich ist eine solche Suche sehr aufwendig: Man müsste zunächst über eine airborne-Untersuchung, das heißt vom Flugzeug aus, mögliche Hohlräume auffinden und kartieren. In Frage kommende Gebiete sollten dann mit Hilfe radiometrischer, magnetometrischer und geoelektrischer Messungen untersucht und abgegrenzt werden. Erfolgversprechende Punkte mit abnormen geomagnetischem oder radioaktivem Verhalten könnten dann durch Grabungen oder Flachbohrungen erkundet werden. Das Ganze setzt aber ein geophysikalisch geschultes Forschungsteam mit modernstem Gerät und nicht unbeträchtlichen finanziellen Grundlagen voraus. Andererseits sollte man bedenken, wie viele Mittel heutzutage in technologische und andere Großprojekte fließen, deren Nutzen zumindest zweifelhaft ist.

Einer näheren Untersuchung wert wäre auch eine auf den ersten Blick mehr als kuriose Geschichte[16]: »Bei Dreux gibt es die Ruinen der Burg La Roberlière (oder La Robardière). Sie wurde von Robert I. erbaut. Pierre de Dreux habe sie als Zufluchtsstätte vorgesehen. Dreimal im Jahr, nämlich am 25. April, am 25. August und am 25. Dezember, begibt sich im Wald von Dreux, der früher Wald von Crothais (Croth, keltisch = Grotte) hieß, jeweils einer der ›Dreizehn‹ an eine bestimmte Stelle, legt ein Gewand aus Leinen und eine Mönchskappe an, ›bewacht den Schatz und teilt das Manna mit den Unsichtbaren ...‹ Daraus ist die Legende vom Weißen Mann entstanden. Diese Wallfahrt ist nicht abgeschafft.« Ein Kommentar erübrigt sich.

In Frankreich gibt es noch immer Hinweise auf die letzten Zufluchtstätten der Templer: fast verblichen, versteckt, verschlüsselt, verstreut über das Land. Die Suche nach ihnen ist mühselig, oft enttäuschend und manchmal überraschend.

Wir fuhren die Loire flussaufwärts, vorbei an alten Burgen und Wasserschlössern, sanften Bergen, rauschenden Wäldern und blühenden Wiesen. Unser Ziel war die Stadt Chinon.

Steinzeitmenschen und Gallier, Römer und Westgoten haben hier gelagert, die Grafen von Anjou errichteten schließlich eine Burg, deren Mauern sich noch heute in den Wassern der Vienne spiegeln. Mehrmals wechselte die Festung ihren Besitzer. Dem Geschlecht der Grafen von Anjou folgten die Plantagenets, und die Burg wechselte in britischen Besitz, als einer der ihren 1154 König von England wurde: Heinrich II. Sein Sohn, Richard Löwenherz, sei – so berichtet die Sage von Chinon – Jahrzehnte später hier gestorben. König Philipp August nahm die Burg 1205 erneut in französischen Besitz. Einen Höhepunkt in ihrer Geschichte erlebte die Festung, als in ihren Mauern Johanna von Orleans König Karl VII. erkannte und ihn zur Rückeroberung des Reiches aufrief. Zuvor aber hatte die Burg auch dunkle Stunden gesehen. Jacques de Molay, der letzte Großmeister der Templer, Hugo de Pairaud, der Generalvisitator des Ordens in Frankreich, und andere Templer waren von Philipp im 25 Meter hohen Bergfried *du Coudray* eingekerkert worden. Heute kann jedermann den Turm besichtigen. An der 3,25 Meter durchmessenden Eingangsmauer erkennt der Besucher seltsame Ritzungen. Während ihrer Gefangenschaft hinterließen die Templer diese rätselhaften Zeichen, die bis heute nicht entschlüsselt werden konnten. Dennoch müssen sie wichtige Informationen für die Nachwelt enthalten, denn sonst hätten sich die Gefangenen kaum die Mühe gemacht, sie in den Stein zu kratzen. Welches Vermächtnis mag hier verschlüsselt vor uns liegen? Welche Hinweise wollten die Templer geben, welche Informationen hinterlassen? Wir wissen es nicht, aber die Zeichen von Chinon existieren, und die stumme, jahrhundertealte Inschrift wartet noch immer darauf, von jenen gelesen zu werden, die ihre Botschaft verstehen.

Schon bald nach seiner Gründung hatte der Templerorden damit begonnen, Ordensprovinzen auch außerhalb der Stammlande aufzubauen: in Portugal, Spanien, England, Schottland, Italien, Deutschland, Österreich, Böhmen, Mähren, Slovenien, Polen, Ungarn und Dalmatien. Philipps Machtbereich erstreckte sich indes lediglich auf Francien, das nur Teile des heutigen Frankreich umfasste. Außerhalb seines Reiches vollzogen sich die Verhaftungen – verständlicherweise – daher nur mit Widerstand und Verzögerungen. Philipps Aufforderung, die Ende Oktober an die Könige von Deutschland, England, Sizilien, Aragonien und an die Herzöge von Brabant und Flandern erging, folgte eine Taktik des Hinhaltens. Eduard II., König von England und zukünftiger Schwiegersohn Philipps, äußerte in einem Brief vom 30. Oktober 1307 große Zweifel an der Wahrheit der Beschuldigungen. Erst als am 22. November Papst Clemens eine Bulle (*Pastoralis praeeminentiae solio*) an die christlichen Könige Europas verfasste, begannen auch im nicht-französischen Ausland größere Aktionen gegen die Templer anzulaufen.

Eduard II. wich der Aufforderung aber auch zu diesem Zeitpunkt noch immer aus. Er verlangte zunächst von seinem Seneschall, Wilhelm de Dene, Auskunft über »die bösen Gerüchte über die Templer«, die er weder glauben wolle noch könne. Am 4. Dezember wandte sich Eduard an die Könige von Portugal, Castilien, Aragonien und Sizilien. Er forderte sie auf, den ausgestreuten Gerüchten um die sich für die gesamte Christenheit hoch verdient gemachten Templer keinen Glauben zu schenken, sondern im Gegenteil, ihre Güter zu schützen, bis ihre eventuelle Schuld erwiesen sei. Am 15. Dezember, also erst ganze zwei Monate nach der Verhaftung der Templer in Frankreich, sah sich Eduard aufgrund der ihm ausgehändigten päpstlichen Bulle schließlich doch genötigt, die Templer zu verhaften und entsprechende Befehle auch nach Wales, Schottland und Irland zu übersenden. Die Gefangennahme erfolgte jedoch erst zwischen dem 7. bis 10. Januar des folgenden Jahres. In der Provence – die damals nicht dem Machtbereich Philipps unterlag – setzte auf Anordnung Karls II., des Königs von Neapel und Grafen der Provence, die Verhaftung sogar erst am 24. Januar ein.

Der Orden, dessen Mitglieder sich anfangs eher gleichmütig in der Hoffnung hatten gefangen nehmen lassen, ihre Unschuld zweifelsfrei beweisen zu können, gruppierten sich nun zum Widerstand. In Moncon (Spanien) beispielsweise verteidigten die Templer Aragoniens bis zum 17. Mai 1309 ihre Festung gegen König Jaime; Chalmera gab erst im Juli 1309 auf. Jaime hatte zuvor an Philipp geschrieben, mehrfach seien Angehörige des Ordens für seine Vorfahren gestorben und er wisse, dass sie rein und katholisch und ihre Verdienste unschätzbar seien. Er schritt erst nach mehrmaligem Botenaustausch, nach Mahnungen und Bullen des Papstes, die schließlich zu seiner Exkommunikation hätten führen können, und auch dann noch schweren Herzens gegen die Templer ein.
Und erst am 27. Mai ergaben sich die Templer auf Zypern. An eine geheime Verhaftung wie in Frankreich war hier, am damaligen Hauptsitz der Templer, ohnedies nicht zu denken. Der Orden war gewarnt. (Interessanterweise wurde, wie der Theologe H. Finke[17] schreibt, einem in Neapel verhafteten Templer nachgerufen: »Das ist auch einer von jenen, die in Zypern ein Götzenbild anbeten.«) Zwar wurde das Eigentum vom zyprischen König eingezogen, die Templer selbst blieben jedoch auf freiem Fuß und durften auch nach wie vor die Sakramente empfangen. Beim Verhör, das erst 1310 begann, erklärten selbst die Zeugen der Anklage, dass sie nur Gutes über die Templer aussagen könnten.
Halbherzig kamen auch in anderen Staaten die Landesherren der Aufforderung zur Verhaftung nach. In Flandern musste der am 13. November veröffentlichte Verhaftungsbefehl am 26. März erneut ausgestellt werden, da offenbar die Templer unbehelligt geblieben waren. In der Bretagne wurden die Beamten des französischen Königs einfach rausgeschmissen. Auf Mallorca kam es nur zu Verhören, der Herrscher Kastiliens verteidigte öffentlich die Mönchsritter. In Italien konnten sich die meisten Templer der Verhaftung entziehen, und aus Ungarn und Polen liegen keine Dokumente über die Verhaftung vor. Einen glatten Freispruch gab es in Trier. In Mainz traten zwanzig voll gewappnete Tempelritter, die vom Komtur der rheinischen Lande, Reichsgraf Hugo, angeführt wurden, vor den Erzbischof. Die Chronik berichtet über dieses Auftreten:

Der Erzbischof Peter Aichspalter sah sich die Männer an, und, obwohl er sie einer Gewalttat für fähig hielt, forderte er den Komtur verbindlich auf, sich zu setzen und sein Anliegen vorzutragen. »Diese Ritter und ich haben erfahren«, sagte der Komtur mit heller Stimme, »dass durch päpstliche Verordnung eine Synode einberufen werde, um unseren Orden zu vernichten. Man klagt uns, so heißt es, schwerer Verbrechen und Laster an, die selbst die Heiden entehren würden. Es wäre uns zu schmerzlich, ja unerträglich, sie auch nur auszusprechen. Wir beschweren uns, dass die Ritter verurteilt werden sollen, ohne gehört worden zu sein. Wir erklären laut, dass jene unsere Ordensbrüder, die unter dem Vorwand solcher Verbrechen zu den Flammen verurteilt wurden, alle ohne Ausnahme trotz Tortur und Tod geleugnet haben.«

Bei einem zweiten Termin, bei dem 38 Templer und elf hoch stehende andere Personen zur Verhandlung erschienen, sprach Erzbischof Peter die Templer von jeglicher Schuld frei.
Auch in Österreich und Ungarn zogen die Herzöge die Verfahren in die Länge. Und hier treffen wir auf eine Spur, die für uns von allergrößter Bedeutung ist. Eine Zeichnung, verewigt im Stein, hat sich in der Burg Lockenhaus im Burgenland bis heute erhalten.
Tatsächlich hatten die Templer dort und bis hinein ins heutige Slowenien und Kroatien Festungen errichtet. Interessanterweise gibt es auch einen möglichen Hinweis darauf im Parzival Wolframs von Eschenbach. Joachim Bumke[19] schreibt dazu: »Trevrizent erzählt im neunten Buch [des Parzival, Anm. d. Verf.], dass er als junger Mann auf seinen Ritterfahrten von Aquileja aus über Cilli dorthin gereist sei ..., und er nennt in diesem Zusammenhang eine Reihe von Orts-, Fluss- und Bergnamen, die sich in der Südostecke der mittelalterlichen Steiermark nachweisen lassen ... Wie sich diese sehr genauen Lokalkenntnisse in einer weit entfernten Gegend erklären, wird bis heute als »das steirische Rätsel« (Albert Schreiber) diskutiert.«

Auch im benachbarten Burgenland sollen nach der Verhaftungswelle in Frankreich Templer Schutz gesucht haben. Selbst wenn es nur wenige historischen Aufzeichnungen darüber gibt (was kaum verwundern kann, wollten die geflohenen Angehörigen des Ordens doch nach Möglichkeit unerkannt bleiben), wird z. B. die stolze, um 1200

Abb. 39: Burg Lockenhaus in einer Darstellung von 1680. Die im österreichischen Burgenland nahe zur Grenze nach Ungarn gelegene Festung diente auch den Templern zum Feiern ihrer Rituale und beherbergt den mysteriösen »Tabernakelstein« mit der Abbildung des OThIQ IVMIN.

erbaute Burg Lockenhaus in eine enge Verbindung mit den Templern gebracht.

Dieses »Juwel des Burgenlandes« wurde von dem mächtigsten burgenländischen Adelsgeschlecht, den Grafen von Güssing, errichtet.[20] Templer aus der ungarischen Ostprovinz sollen hier unter Graf Nikolaus I. (1274–1297) ihren »Kultraum« angelegt haben, auf den wir sogleich zurückkommen werden. Gesichert scheint auch zu sein, dass – da die Templer in der näheren Umgebung von Lockenhaus Besitzungen hatten und sich das nächste Konvent in einer Entfernung von nur zehn Kilometern in Bö befand – »der Sage vom Untergang der Templer auf Lockenhaus echte Fakten zugrunde gelegen haben müssen und dass das Ende der Templer in der Folge vom Volksmund als Sage weitergegeben wurde«[21]. Bekanntlich haben die Präzeptoren der Tempelherren im diplomatischen Dienst der Güssinger gestanden und waren für sie in Ungarn, am Hof von Neapel oder bei der römischen Kurie tätig. So mag die Überlieferung nicht verwundern, die Burgbesitzer von Lockenhaus hätten den Tempelrittern die Verteidigung ihrer Burg übertragen.

Es ist eine prachtvolle Burg, die sich über uns erhebt. Vorbildlich restauriert, erhält der Besucher beim Aufstieg eine Ahnung davon, was höfisches Leben im Mittelalter bedeutete: für jene, die auf einer solchen Burg wohnten und für jene, denen dies weitgehend verwehrt war. Wenn man schließlich in einem der Innenhöfe steht, die efeuüberrankten Mauern, Türme, Fenster und Türöffnungen sieht, dann scheint es fast, als sei hier die Zeit stehen geblieben.

Doch uns interessiert insbesondere der sagenumwobene »Kultraum« der Burg, der sich zwischen Hoch- und Vorburg befindet. Der geheime unterirdisch angelegte Sakralraum besaß vermutlich nur einen einzigen Zugang. Dieser befand sich im Scheitelpunkt des Gewölbes und war eine Deckenöffnung von 75 cm. Die Ritter konnten diese Kammer mithin ausschließlich über eine Leiter oder durch Abseilen erreichen. Diese Konzeption ist einmalig in ganz Europa. Der Schlussstein der Südapside trägt das Tatzenkreuz der Templer als Gravur, und so bestätigt sich die legendäre Überlieferung, der Raum habe dem Tempelritterorden zum Abhalten geheimer Riten gedient.

Als wir den Saal betreten, sind wir eher enttäuscht: Vor uns öffnet sich eine fast völlig leere, kapellenähnliche Halle, schmucklos, mit einem tonnenüberwölbten rechteckigen Mittelteil und begrenzt durch je einen Chor am Eingang und am Abschluss. Doch dieser erste Blick täuscht: An der Decke der Halle ist genau im Zentrum das so genannte »Lichtauge« eingelassen, darunter findet sich am Boden eine vermutlich ursprünglich mit Wasser gefüllte, halbkugelförmige Vertiefung. Ähnliche Konstruktionen kennt man aus Syrien (die byzantinisch-fränkische Festung von Sahuyn bei Lattaquia) und ebenso aus der Burg Gisors in Frankreich. Sie dienten dazu, in einer bestimmten Nacht des Jahres das Licht eines Sterns oder Sternbildes in den Raum fallen zu lassen und im Wasser der Schale widerzuspiegeln. Die mathematisch-astronomische Konzeption des Raumes ergibt sich auch aus seiner exakten Nord-Süd-Ausrichtung, die im Gegensatz zur Gesamtanlage der Bauten auf Lockenhaus angelegt ist.

Neben dem Kultraum existiert eine eigene Burgkapelle, in der kunstgeschichtliche Arbeiten zisterziensische Einflüsse nachweisen. Mit Tempelrittern als den geistigen Vätern der Anlage würde dies gut harmonieren, sie trugen bekanntlich das weiße Gewand der Zisterziensermönche, übernahmen einen Teil ihrer Regeln und auch ihrer sakralen Architektur.

Zugleich stellt sich damit die Frage nach dem Konzept der Burg. »Wenn diese Bauten, Kultraum und Kapelle, zu gleicher Zeit geschaffen wurden, wozu dann zwei Kulträume?«[20] Beide müssen wohl als Einheit verstanden werden, denn sie tragen dieselben Steinmetzzeichen.
Diese finden wir zudem in dem imposanten zweischiffigen Rittersaal wieder, der bereits 1670 als »Kapitelsaal der Templer« bezeichnet wurde und den M. J. Krück von Poturzyn mit der Architektur der Templerburgen in Schottland vergleicht. Die riesige Halle nimmt ein Drittel der gesamten Burg ein und war nahezu größer als der gesamte nutzbare Wohnbereich. Wer benötigte eine solche Halle? Paul Anton Keller[24] führt aus: »Die Güssinger Grafen hatten wohl kaum die Tendenz, für Besprechungen eine kostspielig-riesige Halle zu bauen. Wenn ja, wäre ihre weitaus größere Hauptburg Güssing zuvörderst dafür in Frage gekommen.« Auch diese Tatsache lässt den Schluss zu, Burg Lockenhaus sei ein Zentrum der Templer gewesen und diese seien von den Güssingern gedeckt worden. Dass dieses Grafengeschlecht, das selbst Bann und Interdikt durch den Papst gelassen ertrug, schützend seine Hand über die »Ritterschaft vom salomonischen Tempel« hielt, kann am Beispiel Bischofs Nikolaus von Raab, einem Güssinger, belegt werden, der möglicherweise aufgrund seiner Fürsprache 1337 auf der Flucht von seinen Häschern erschlagen wurde.

Doch zurück zum Kultraum, dem »magischen Herzpunkt der Burg«. Wir gehen hinüber zu jenem seltsamen »Symbolstein«, von dem wir gelesen hatten. Er befindet sich heute in der vorderen Apsis und soll eine »Tabernakelkammer« gewesen sein. Es handelt sich um einen ca. 1,20 m hohen Steinblock, innen teilweise ausgehöhlt, um darin Platz für einen Kelch mit Hostien zu machen, aber ohne jegliche christliche Symbolik, was im Mittelalter jeden Priester und Gläubigen stutzig gemacht hätte. Als wir näher treten, verschlägt es uns förmlich den Atem. Denn was wir hier sehen, eingeritzt auf der Vorderseite dieses Blocks, hatten wir nicht erwartet. Wir erkennen ein Rechteck, das von einem Halbkreis gekrönt wird. Unterhalb dieses Halbkreises und gewissermaßen darin eingeschlossen findet sich ein weiterer Halbkreis, der nach unten in zwei sich berührende Kreise übergeht. Im unteren Bereich des Rechteckes sind nochmals zwei sich berührende ovale Kreisstrukturen dargestellt. Nach Interpretation des Esoterikers Gerhard

Abb. 40: Das Bildnis auf dem »Tabernakelstein« im Templerkultraum von Lockenhaus: eine stark vereinfachte, symbolhafte Darstellung Baphomets *bzw. der Mannamaschine. Gut erkennbar sind die oberen, ineinander verschlungenen »Köpfe« und die beiden unteren Speicher für das Manna.*

Gross handelt es sich »beim oberen Symbol um eine doppelköpfige Schlange, die durch den ›heiligen Knoten‹ verbunden ist«[21]. Auch mit lebhaftester Phantasie können wir allerdings die »doppelköpfige Schlange« nirgends erkennen, vom »heiligen Knoten« ganz abgesehen. Bezüglich der zwei unteren Kreise heißt es dagegen: »Das Symbol auf dem Stein bedeutet das Wort ›Brot‹. Das Wort ›vom Brechen des Brotes‹ ist die allerälteste Bezeichnung: ›Ich bin das Brot des Lebens, das vom Himmel kommt, auf dass, wer davon isset, nicht sterbe.‹«
Auch wenn dieser Satz aus dem Neuen Testament entlehnt ist, schimmert in dieser Deutung vielleicht doch eine vage Erinnerung an das hindurch, was hier auf zwar recht einfache, aber doch erstaunlich deutliche Weise gezeigt werden sollte: Was wir da vor uns haben, ist nichts anderes als eine mittelalterliche Abbildung des dreiköpfigen *Baphomet* auf einem Symbolstein der Templer, das bislang einzige Bildnis der Mannamaschine aus dem zweiten nachchristlichen Jahrtausend!
Es fällt sofort auf, dass im oberen Teil der Zeichnung mehrere Kreise und Halbkreise ineinander geschachtelt sind – nichts anderes wird im *Sohar* über die Maschine gesagt, beispielsweise in KHV 59: »Drei Köpfe sind ausgehöhlt; dieser befindet sich in jenem und dieser über dem anderen. Ein Kopf ist die Weisheit; er ist der verborgenste ...« Oder in KHV 175: »Es gibt drei obere Köpfe; zwei Köpfe und einen, der sie beinhaltet.«
Wenn dies in der Lockenhaus-Darstellung der obere Bereich der Mannamaschine ist, ergibt sich zwangsläufig, dass die beiden unteren Kreise die Auffangbehälter für das Manna symbolisieren. Ein Vergleich

mit der Rekonstruktion der Maschine durch Sassoon und Dale[22] zeigt ihre richtige Positionierung in Bezug zur Gesamtfiguration!
Dies ist fraglos mehr als ein Zufall: In einem von den österreichischen Templern für ihre heiligsten Riten genutzten »Kultraum« findet sich ein »Symbolstein«, der nicht nur, was die korrekten Proportionen, sondern auch was die markantesten Details der Maschine betrifft, vollständig mit dem OThIQ IVMIN des *Sohar* übereinstimmt. Wir können nicht behaupten, hier einen Beweis für die Mannamaschine vorliegen zu haben, aber mit Sicherheit ist dies eines der wichtigsten Indizien, die wir in Händen halten. Es belegt nämlich dreierlei:

1. Die Mannamaschine entsprach in ihrer äußeren Konfiguration in der Tat dem, was George Sassoon und Rodney Dale aufgrund des *Sohar*-Textes ermittelt hatten (dies ergibt sich in ähnlicher Weise anhand der Abbildungen in Dura-Europos).
2. Die Templer waren *wirklich* in ihrem Besitz – andernfalls gäbe es diese Abbildung hier nicht. Österreichische Ordensangehörige verehrten dieses Abbild, weit weg vom eigentlichen »Stammland«, während ihrer Zeremonien.
3. Die Abbildung belegt, dass die Maschine während des Mittelalters, zur Zeit des Templerordens, noch *vollständig* gewesen sein muss: sie hat in ihrer Gesamtheit existiert, ist so von Hugo de Payens und seinen Freunden gefunden und nach Frankreich transportiert worden und dort im Besitz der Templer verblieben. Auch hier gilt: Andernfalls gäbe es nicht diese Abbildung des vollständigen Objekts.

Und noch eines kommt hinzu: in den letzten Jahrzehnten wird – freilich völlig unabhängig von unserer Interpretation – der Kultraum der Templer von Lockenhaus *mit dem Gral* in Verbindung gebracht. Paul Anton Keller, von 1968 bis 1980 selbst Burgherr auf Lockenhaus, schreibt dazu[23]: »In manchen Beschreibungen der Burg, in Büchern und Zeitschriften vornehmlich aus jüngster Zeit, seit den Klarstellungen im so genannten Kultraum der Hochburg, wird sie ›Gralsburg‹ genannt, und Hinweise auf den ›Gral‹ tauchen immer wieder auf, verständlicherweise ohne dass es zu schlüssigen, beweisträchtigen Formulierungen käme … Und die Burg Lockenhaus, sofern sie eine Tempelritterburg war – darauf weist nicht nur das Tatzenkreuz im Kultraum,

sondern auch die 1670 sogar urkundlich verbriefte Überlieferung hin – hätte in diesem Rätselraum demnach Gralsmythen erlebt? Daher der in neuerer Zeit immer wieder auftauchende Hinweis auf die Gralsymbolik der Burg? Dies zu belegen haben wir, wie gesagt, keine Urkunde, zumal die Templer beklagenswerterweise ja selber ihr Sein und Sinnen mit Geheimnissen umgaben. Dennoch: So völlig in der Luft hängt der Hinweis auf kultische Handlungen zu Lockenhaus nicht. In jüngster Zeit wurden einige wesentliche Erkenntnisse, um nicht zu sagen: Entdeckungen in diesem uralten Bau belegt.«
Ist dies auch wieder nur einer der seltsamen »Zufälle«, denen wir auf unserer Forschungsreise durch die Jahrtausende nun schon so häufig begegnet sind? Oder liegt in der Verbindung Templerkultraum – *Baphomet*-Darstellung – Gralsmysterium nicht doch weit mehr, als es auf den ersten Blick erscheinen mag? Franz Theuer[21] betont in seinem Abriss über die Burg: »Der ›Stein von Lockenhaus‹ ist ... ein unschätzbares Burgdokument; nirgendwo in der Welt ist bis jetzt ein gleichwertiger Tabernakelstein gefunden worden. Es ist daher nicht verwunderlich, dass der Vizepräsident der Stiftung von dem unter jahrhundertealtem Bauschutt aufgefundenen Original eine Nachbildung anfertigen ließ und das Original sicher verwahrt. Aber auch die Nachbildung wurde aus dem gleichen Gestein, einem Traminstein, gehauen. Dieser musste aus Budapest herangeschafft werden.«
Wir können Franz Theuer nur Recht geben: dies *ist* ein unschätzbares Dokument! Nur – wo ist diese Maschine, die hier in so erstaunlicher Weise abgebildet ist, wo ist dieses »Ding« aus einer anderen Welt *heute*? Natürlich könnte sie noch immer in Frankreich sein. Natürlich könnte man sie im Wald des Orients versteckt haben oder in den tiefen Verließen irgendeiner Templerburg, Templerkirche oder Templerkapelle. Eine dieser Spuren führt uns nach Portugal.

Das Gralrätsel von Portugal

Als bizzare Felsenküste mit ausgewaschenen Felsnadeln und natürlichen Torbögen, dazwischen kleine Sandstrände mit feinem, gelben Sand und seichten Buchten, so kennen Touristen die südliche Küste Portugals, die Algarve. Im Frühling überzieht die kantige Steinlandschaft ein grüner Teppich aus Kriech- und Strauchgewächsen. Rote Blüten leuchten gegen den blauen Atlantik. Aber kaum ein Urlauber nutzt die Gelegenheit, von Lagos kommend die N 125 weiter Richtung Westen zu fahren und nahe Vila do Bospo nach einer alten Kapelle Ausschau zu halten. Unscheinbar liegt das gotische Kirchlein seitwärts der Nationalstraße, die nach Sagres führt. In einer Talsenke zwischen gelb blühenden Sträuchern und einigen weidenden Eseln scheint weiß getüncht das schlichte Gotteshaus herüber. Ein heller Feldweg läuft genau auf das Eingangsportal mit der Fensterrosette drüber zu. Einen Kirchturm gibt es nicht. Nur ein weißes Steinkreuz auf dem Satteldach zeigt an, dass ein Sakralbau vor uns steht. Durch nichts kann man hier auf den Reichtum eines Ordens schließen, der ein internationaler Großkonzern des Mittelalters war. Was hatte die Ritter vom Tempel Salomos in diese karge, einsame Gegend verschlagen?

Portugal war eines der Stammlande der Mönchsritter. Im Jahr 1125, vier Jahre bevor in Troyes die Ordensregeln verkündet wurden, ließen sich bereits die Templer in Portugal nieder. Ihr Ansehen wuchs rasch, und so vermachte 1126 die Regentin Teresa das Schloss von Soure »Gott und der Ritterschaft des salomonischen Tempels«,[24] wie es in der Übertragungsurkunde aus dem Jahre 1128 heißt, die der Tempelbruder Reimund Bernard aus dem Roussillon in Empfang nahm. Die *Ritter des Herrn* sollten sich revanchieren, denn sie wurden in den folgenden Jahrzehnten die Speerspitze bei der Rückeroberung der iberischen Halbinsel durch die Christen. Wie in einem Befestigungsgürtel errichteten sie Brückenköpfe und Verteidigungsstellungen zugleich zwischen den großen Flüssen des Landes, dem Mondego und dem Tejo. Ihre Burgen in Dornes und Almourol, in Monsaraz und Santarém oder Alcántara trotzten den Angriffen der Mauren.

Im Jahre 1158 wird Gualdim Pais zum Ordensmeister des Königreiches gewählt. Er ist ein ebenso kampferfahrener Ritter wie tiefgläubiger Mensch. Schon in seiner Jugend begibt er sich im Gefolge des zweiten Kreuzzuges nach Palästina, kämpft fünf Jahre an der Seite der Kreuzfahrer, tritt dem Orden der Templer bei und kehrt nach Portugal zurück. Dort übernimmt er die Aufgabe, die iberische Halbinsel für die Christenheit zurückzuerobern.

Seine heldenhaften Taten gehören bis heute zum nationalen Mythos Portugals. Gualdim bestimmt Tomar, im Herzen Portugals gelegen, errichtet wie Rom auf sieben Hügeln, zum legendären Sitz des Ordens. Seit langem wollen die Gerüchte nicht verstummen, die Templer hätten an diesem Ort die märchenumwobenen Schätze Salomos, alchemistische Geheimnisse oder die Bundeslade und den Heiligen Gral vor ihren weltlichen Verfolgern in Sicherheit gebracht. So brachen wir also auf in das Land der Templer, das an den Gestaden des Atlantiks lag.

Durch eine bergige Landschaft windet sich kurvenreich die Straße weiter hinein in das Landesinnere. Eichen, Pinien und Kiefern, manchmal Eukalyptusbäume, dazwischen Felder, blühende Wiesen, zerfallene Burgen und alte Kirchen prägen dieses Land, in das sich kleine Ortschaften einschmiegen mit melancholischen Menschen.
Als wir Tomar erreichen, ist es Nachmittag. Über die mittelalterliche Stadt hinaus ragt die stolze Festung des Templerordens. Es war am 1. März 1160, als der Ordensmeister mit den Bauarbeiten an der Burg und der entfernt stehenden Kirche Santa Maria do Olival, der Mutter-

Abb. 41: Das Zentrum der Templerburg Tomar.

kirche des Ordens und Pantheon seiner Meister, begann. Durch ein unterirdisches geheimes Netzwerk sollen beide Gebäude miteinander verbunden sein. Die eher unscheinbare Marienkirche wurde später sogar zum Modell und zur Mutterkirche für die Gotteshäuser in der neu entdeckten Welt, Amerika, und den portugiesischen Besitzungen in Asien.

»Will ich mir ein Templerschloss vorstellen, so kommt mir Tomar in den Sinn«, schrieb der italienische Bestsellerautor Umberto Eco. Wer wie wir die alte Festung der »roten Mönche« betritt, ist in der Tat überwältigt von den gigantischen Ausmaßen der Burganlage. Gebäude an Gebäude, verbunden mit einem Wirrsal von Gängen, Treppen und Sälen umgibt uns. Der quadratische Burgfried, der noch über die Hochburg hinausragt, schützt die Festung zur Stadt hin. Durch die nördliche Sonnenpforte oder die südliche Blutpforte gelangt man in den inneren Burgbereich. Das Herz der Anlage bildet die Gebetskapelle des »Convento do Christo«, in deren Mitte die Ursprungskapelle des Templerordens steht. Der Baustil erinnert an die Grabeskirche von Jerusalem, wie sie die Ritter auf ihren Kreuzzügen kennen gelernt hatten und in ihrer Heimat nachempfanden. Ende des 12. Jahrhunderts wurde sie in Form eines Achteckes errichtet, das den Mittelpunkt einer Rotunde mit sechzehn Teilen bildet und von gigantischen, in die Höhe strebenden Eckpfeilern gestützt wird. Später wurde die Kapelle im manuelinischen Stil der Gotik überprägt. Wer die überbordenden Details erfassen will, die im dämmrigen Dunkel des heiligen Raumes zu entschwinden scheinen, bekommt schon bald Genickstarre. Und doch lohnt ein Blick nach oben. Denn manche Templerforscher vermuten in dieser Kapelle einen Hinweis auf den sagenumwobenen Schatz des Ordens.

Der offizielle Reiseführer der Stadt Tomar[25] kommentiert: »Die achteckige Ausrichtung der Gebetskapelle ... könnte die Wiedergabe einer kosmologischen Sichtweise darstellen, die von der ursprünglichen Integration des Menschen in diesem Kosmos ausgeht. Das ›Bullauge‹ über dem Fenster des Kapitels könnte auf die Richtung des alchemistischen Eies hinweisen, nach dem Metall in Gold verwandelt werden kann ... die überall gegenwärtigen Bahomets ...« Die Integration des

Abb. 42: Die Templerkapelle in der Burg Tomar. Holzschnitt von 1867.

Menschen in den Kosmos, das *Alchemistische Ei*, also der *Stein der Weisen*, Bahomet: eine Gedankenkette, wie wir sie selbst nicht zu knüpfen gewagt hätten. Verbirgt Tomar einen Schlüssel zum Heiligen Gral, zur Mannamaschine?

Von der gesamten Konzeption des Raumes, der Festung und darüber hinaus der geographischen Lage in Portugal her spricht tatsächlich einiges für einen solchen Verdacht. Winkelberechnungen verbinden Tomar mit Sternbildern am Himmel und Grenzlinien auf dem Boden. Denn seltsamerweise liegt Tomar, liegt die Burg, liegt letztlich die Kapelle exakt im Mittelpunkt einer gleichseitigen Raute, die von der nördlichen und der südlichen Grenze Portugals gebildet wird. Doch: Als die Templerburg errichtet wurde, gab es Portugal noch gar nicht in seinen jetzigen Grenzen. Nur ein Zufall also? Oder hatten die Tempelritter bereits strategisch weiter gedacht als alle ihre Zeitgenossen? Und: Diese Symmetrie spiegelt sich auch in der Teilung des berühmten Fensters des Kapitelsaales des Klosters *Convento do Cristo* wider. Mehr noch: dieselben Winkel zeigen sich in der geographischen Anordnung Tomars zu Paris, wo der Hauptsitz der Templer auf europäischem Boden lag. Und eben jener Winkel ist in der ⅔-Relation der Sternenkonstellation der Zwillinge vorhanden, das häufig als das Sternzeichen des Ordens bezeichnet wird. Diese Relation findet sich ebenso im Rundfenster der Westseite der Kapelle und in einem Relief an der Kirche S. Joao Baptista, einer der ältesten Kirchen Tomars; ihre Konzeption geht ebenfalls auf Gualdim Pais zurück, dessen Gruft sich unter der Kirche befinden soll. Gualdim beeindruckte schon seine Mitwelt nachhaltig. Er muss ein außergewöhnlicher Gottesstreiter gewesen sein, der trotz zahlreicher Kämpfe gegen die Mauren fast ein halbes Jahrhundert seinen Orden in Portugal anführte und zu einer zentralen Macht anwachsen ließ.

Portugal ohne die Templer wäre nicht denkbar. Im Auftrage Hugo de Payens war Raimund Bernard auf Werbungsfahrt für die Bruderschaft nach Portugal gekommen und sofort mit offenen Armen aufgenommen worden. Erstaunlich genug für Laienbrüder, die kirchlicherseits

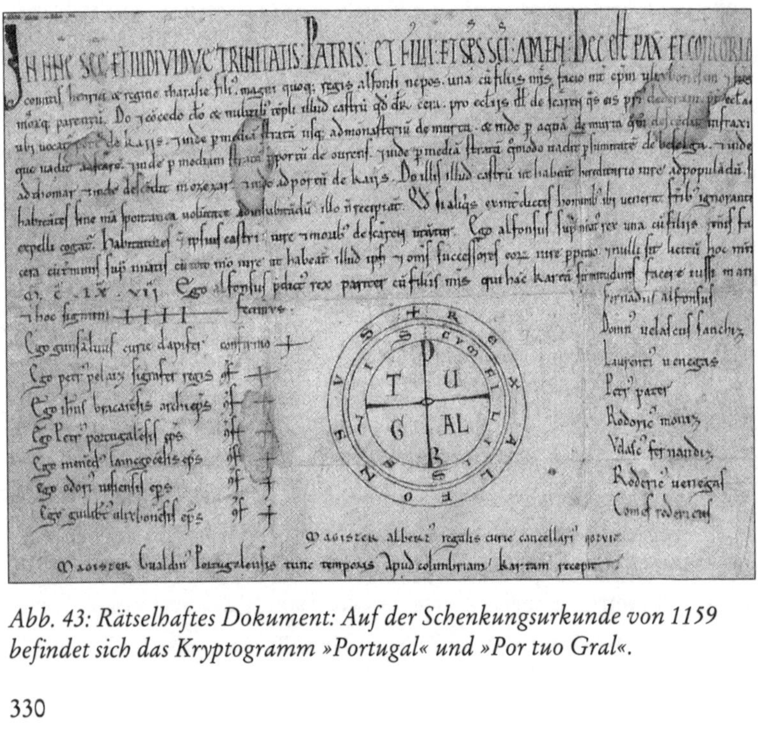

Abb. 43: Rätselhaftes Dokument: Auf der Schenkungsurkunde von 1159 befindet sich das Kryptogramm »Portugal« und »Por tuo Gral«.

zu diesem Zeitpunkt noch keine offizielle päpstliche Bestätigung für ihre Gemeinschaft erhalten hatten. Sie machten sich sofort an die Arbeit. Diese bestand jedoch nicht etwa darin, wie sie wenige Jahre zuvor gelobt hatten, die Pilger in Jerusalem zu beschützen, sondern in der Errichtung einer Frontlinie gegen die Mauren in Portugal, die so genannte »Halbmondfront«. Waren neue Ritter eigentlich für das Heilige Land angeworben worden, so setzte Hugo sie jetzt auf der fernen iberischen Halbinsel ein. Die Schenkungen und Zuwendungen flossen reichlich. Neben der Burg Soure erhielten die Templer schon 1128 eine ganze Ortschaft, Fonte Arcada. 1129 setzt Afonso I. Henriques seine Mutter gefangen und wird der erste König Portugals. Und er tritt dem Templerorden bei, ohne jedoch das Keuschheits- und Armutsgelübde abzulegen. Mit Todesmut kämpfen die Tempelritter nun an seiner Seite. Nach ihrem Sieg über die arabischen Verteidiger Santaréms im März 1147 werden ihnen die Einkünfte aus den Kirchen der Stadt zugesprochen. Die Eroberung Lissabons, des maurischen Zentrums des Südens, folgte.

Im Februar 1159 schenkt König Afonso I. den Templern das Gebiet um Cera, um von hier aus einen Gürtel von militärischen Stützpunkten aufzubauen.[26] Mit dieser Schenkungsurkunde, die im Nationalarchiv zu Lissabon unter dem Signum 7-3/8 aufbewahrt wird, beginnt eine mysteriöse Geschichte. »Alfonsus Rex« steht in dem äußeren Ring einer Art Stempel. Dann folgt die Bezeugung durch dessen Söhne. Im Inneren der Kreisstruktur befindet sich ein Kreuz, an dessen senkrechten Balkenende ein »P«, am unteren Ende ein »R« steht, in der Balkenmitte ein »O«. Die vier abgetrennten Kreisviertel enthalten die Buchstaben »T«, »U«, »G«, »L«. Das Kryptogramm ergibt somit »PORTUGAL«. Aber: Es ergibt ebenso »POR TUO GRAL«, »Für deinen Gral«.[27] Ein Zufall? Es wurde eingewendet, die erste Parzival-Übersetzung sei erst 1272 ins Portugiesische erfolgt, und selbst Chrétiens Werk entstand erst zwei Jahrzehnte nach dem Ausfertigungsdatum der Urkunde. Wenn aber, wie wir vermuten, Kyot einer der ersten Templer war und er die eigentliche Gralgeschichte fand, könnte das Kryptogramm durchaus ein interessanter Hinweis sein. Sollte Portugal, sollte Tomar eine Spur zum Gral bereit halten?

Wie wir bereits darlegten, ist eine Analogie der Kapellenarchitektur zentraler achteckiger bzw. runder Heiligtümer der Templer (z. B. in

London und Paris) zum Wohnsitz des Templerordens in Jerusalem, ebenso wie zum *templum Domini*, der über den Ruinen des salomonischen Tempels errichtet wurde, als auch zur Gralsburg Munsalvaesche wahrscheinlich. Sollte auch dies nur ein Zufall sein, dass wir auch in Tomar, im Zentrum Portugals, im Zentrum der Templerburg auf eine solche Architektur stoßen? Welches Geheimnis hält die Hauptkapelle der Ritter mit dem roten achteckigen Kreuz verborgen?

Im Felsen der Burg wird ein unterirdisches Tunnelsystem vermutet. Zu Recht vermutlich, wenn man die Festungsanlage mit ähnlichen Burgen jener Zeit vergleicht. Entsprechend halten sich Gerüchte, dort unten sei der Kristall der ewigen Weisheit versteckt oder ein fünftes Evangelium. Die geschichtswissenschaftlich konzipierte TV-Sendereihe des *Zweiten Deutschen Fernsehens* »Terra X« ging 1999 diesen Legenden nach. Gottfried Kirchner[28] schlug den portugiesischen Behörden vor, die Kosten für die Untersuchung der unterirdischen Zisternen zu übernehmen und portugiesische Wissenschaftler und eine geophysikalische Firma mit der Forschungsarbeit zu beauftragen. »Mit moderner Geoelektrik oder Georadar kann man heute Hohlräume im Boden bis zu einer Tiefe von 40 Metern völlig zerstörungsfrei aufspüren; nichts auf dem Platz wäre verändert oder beschädigt worden. Doch die zuständigen Stellen lehnten das Projekt ab. Es scheint, als habe man hier, 800 Jahre nach den Templern, immer noch etwas zu verbergen«, so Kirchner.

Nachdenklich macht – bei allen Vorbehalten – das Verhörprotokoll eines Templers vom 6. Mai 1310, das heute im Geheimarchiv des Vatikans unter der Registriernummer 305 fol. 564 aufbewahrt wird. Der Komtur von Rua (Venetien/Italien), Gaufridus, gab an, in Tomar ein *ydolum* gesehen zu haben, ein Götzenbild, das ihm in einer Zeremonie gezeigt wurde. War dies tatsächlich der Fall oder versuchte der verängstigte Mönch nur sein Leben durch eine genehme Aussage zu retten?

In Tomar jedenfalls ist man davon überzeugt: »Falls es einen bevorzugten Ort gibt, an dem der Schatz der Templer gesucht und vielleicht auch gefunden und seine Geheimnisse und Mysterien enthüllt werden könnte, so ist es Tomar und das gesamte Templergebiet, das wahre Herz Portugals und der neuen Welt«, einer Welt, die von diesem zentralen Punkt aus »entstand«.[25]

Was wurde aus den Templern Tomars, was aus dem Orden in Portugal? Als 1308 Papst Clemens V. die Herrscher Europas zur Gefangennahme der Rittermönche aufrief, stellte Portugals König Dinis den Orden und seine Besitzungen unter seinen persönlichen Schutz. Zu viel hatte er diesen treuen christlichen Kämpfern zu verdanken, die seinen Vorfahren 1244 die volle Souveränität über die westliche Iberische Halbinsel verschafften. Gemeinsam mit dem Templermeister João Lourenço gründete er am 14. März 1319 den Christusorden, in den sämtliche Templer, ihre Privilegien und ihre Besitzungen eingingen. Selbst das rote Tatzenkreuz behielten sie, nur wurde es durch ein inneres weißes ergänzt. Es stand für die Unschuld der Ordensmitglieder. Viele Tempelbrüder konnten sich auch aus dem Ausland in diesen neuen Orden flüchten, wo sie sofort aufgenommen wurden. Diese Christusritter, so übrigens wurden schon die Tempelherren bezeichnet (*Militiae Jesu Christi*), bildeten eine neue, starke, verschworene Gemeinschaft. In den folgenden Jahrhunderten haben sie wie kaum eine andere Organisation den Lauf der Geschichte verändert.

An der wind- und wasserzerfurchten Atlantikküste, am äußersten westlichen Punkt Europas, liegt Cabo de São Vicente. Wer in unseren Tagen auf der wie ein Schiffsbug in den offenen Ozean hinausragenden Felsspitze steht, dem letzten Festland bis nach Amerika, denkt fast automatisch an den Küstenstreifen auf der anderen Seite des Atlantiks. Vor über 500 Jahren indes glaubten die meisten Europäer noch, irgendwo dort draußen liege das Ende der Welt, ein tiefer Schlund, der direkt in die Unterwelt führe.

Von dieser Stelle aus plante einer der größten Voraus- und Querdenker seiner Zeit ein Unterfangen besonderer Art, das den Welthandel revolutionieren und die Weltpolitik in nie geahnte Bahnen lenken sollte. Prinz Heinrich der Seefahrer (1394–1460) zog an diesem einsamen Ort an den Gestaden des Atlantiks nur hundert Jahre nach dem Ende des Tempelherrenordens die geistige Elite seiner Zeit zusammen: Geographen, Seefahrer und Astronomen bereiteten die Expansion Portugals zu See vor. Von hier aus brachen portugiesische Seefahrer ein Menschenalter lang auf, die Küste Afrikas zu erforschen, umschifften erstmals 1434 Gil Eanes an der westmarokkanischen Küste und stießen vor in das »Meer der Finsternis«. Von hier aus startete 1482 Diego Cão, überquerte schließlich den Äquator und erreichte die Mündung des

Kongo, und von hier aus umsegelte 1488 Bartolomeu Dias das Kap der Guten Hoffnung. Männer wie Vasco da Gama oder Magellan ließen sich von den Ängsten ihrer Zeit nicht beeindrucken, sie legten den Grundstein für ein gewaltiges Imperium, das sich Jahrhunderte lang von Afrika über Asien bis nach Amerika erstrecken sollte. Auf ihren Segeln prangte noch immer das blutrote Kreuz der Templer.
Die hochgebildeten Kartographen aus dem von Prinz Heinrich gegründeten Forschungszentrum scheinen bereits über erstaunliche Informationen verfügt zu haben, was einen westlichen Kontinent anging. Als 1494 Papst Alexander VI. mit einem Federstrich die Welt in zwei Teile, einen portugiesischen und einen spanischen, entlang des 46. Grades westlicher Länge aufteilte, war dies auf portugiesischen Druck hin geschehen. So sicherte sich Portugal Brasilien als Kolonie. Historiker stehen bis heute vor dem Rätsel, wieso Portugals Logistiker sechs Jahre vor der Entdeckung Brasiliens durch Pedro Alvares Cabral von diesem Land wissen konnten, das sie geschickt vom spanischen Südamerika abzutrennen verstanden und sich auf diese Weise gerade noch einen Anteil an dem neu entdeckten Kontinent sicherten, einem Kontinent, von dem Kolumbus annahm, es sei lediglich die Ostküste Indiens. Ging ihr Wissen vielleicht auf Expeditionsfahrten der Templer zurück? Dies ist nicht unwahrscheinlich, denn der Infant Dom Henrique, eben jener Prinz Heinrich, war einer der führenden Ordensritter des Christusordens, dem unmittelbaren Nachfolgeorden der Tempelherren. Brachten diese oder andere Seefahrer den Gral, die Mannamaschine, mit Schiffen über den Atlantik in Sicherheit?

Ein Highlander in Amerika *oder* Liegt das OThIQ IVMIN auf Oak Island?

Es ist auffällig, dass bei den Razzien im Machtbereich Philipps und bei den Durchsuchungen in anderen Ländern nie die eigentlichen Archive des Ordens gefunden wurden. Alles, was entdeckt wurde, waren einfache Hausbibliotheken. Verschiedene Autoren nehmen deshalb an, Philipp habe das Ordensarchiv vernichtet. Aber schon der Historiker Konrad Schottmüller[29] meint, dass die Vermutung, »Molay [habe] das Archiv 1306 nach Frankreich [d. h. von seinem Hauptsitz auf Zypern nach Frankreich, Anm. d. Verf.] mit sich geführt, irrig ist, so sind auch alle Folgerungen über die Zerstörung hinfällig; und es ist kaum anzunehmen, dass die außerordentlich umfangreichen Actenstücke des ein ganzes Staatswesen repräsentierenden Templerordens unter dem Schutz des regierenden Conventes auf Cypern zurückgelassen und in dessen Hut bis Ende Mai 1308 zu Limisso geblieben sind.«

Verschiedene Hausarchive sind jedoch belegt, so eine Urkunde über die »Sequestration des Tempelhofes von Limaye in der Provence«, dessen Präceptor das Archiv einem befreundeten Prior am 23. Januar 1308 übergab. Es fehlen dagegen die Ordensprovinzial-Archive, beispielsweise aus Frankreich, Auvergne, Poitou, der Provence, der Normandie; es fehlt das General- oder Staatsarchiv des Ordens, es fehlt die gesamte Korrespondenz mit dem Heiligen Stuhl, mit Königen und Fürsten, anderen Großwürdenträgern, der Verwaltung und des kaufmännisch-bankmäßigen Verkehrs. Lediglich Akten über die nichtpolitische und nicht-rituelle Seite des Ordens befinden sich in Kastilien und in den Archiven des Christusordens in Portugal. In Aragón und England wurden Archive beschlagnahmt, von denen einige Unterlagen wohl an die Hospitaliter übergeben wurden, andere in den königlichen Kanzleien aufbewahrt wurden; dies sind die Urkunden, die uns heute überhaupt Aufschluss über den Orden geben.

Die Frage bleibt, wohin all diese Schriften verschwunden sind. Es ist anzunehmen, dass es mehrere Verstecke dafür gab, denn eine Vernichtung sämtlicher Unterlagen ist wenig wahrscheinlich.

Eduard I. (er starb im Juli 1307) und sein Nachfolger Eduard II. von England waren den Templern wohlgesonnen, nicht zuletzt auch wegen des großen Einflusses, den die Großmeister des Ordens seit jeher in England hatten. Edward I. hatte erst wenige Jahre zuvor, 1304, die segensreichen Dienste, die der Meister der Templer von England dem Königreich erwies, gelobt. So zögerten sich in England Verhaftungen und Verhöre bis September 1309 hinaus, als vom Kontinent zwei Inquisitoren eintrafen. Diese verlangten die Folter. Der König stimmte erst nach Druck am 9. Dezember zu. Indes half dies den Inquisitoren nicht weiter, weil sich niemand bereit fand, die Folterungen durchzuführen. Nach sechs erfolglosen Monaten sahen die kirchlichen Abgesandten nur noch die Möglichkeit, die Gefangenen nach Ponthieu zu bringen, eine englische Besitzung auf dem Kontinent, die nicht der englischen Gesetzgebung unterlag. (Wenn wir die Maßnahmen der US-amerikanischen Regierung nach dem Terroranschlag vom 11. September 2001 betrachten, Gefangene außerhalb amerikanischen Territoriums ohne richterliche Untersuchung zu inhaftieren und zu verhören, scheint sich noch immer nicht viel im Vorgehen der Mächtigen gegenüber verbrieften Bürgerrechten geändert zu haben.) Jetzt erst wurde ein Folterer gefunden. Aber es sollte noch bis Juni 1311 dauern, bis es »Geständnisse« gab. Ganze drei.

Sehr klug bemerkte im Februar 1308 ein englischer Templer: Die Prozesse seien nicht ausgelegt, »die Wahrheit ans Licht zu bringen, sondern aus einem Verdächtigen einen Schuldigen zu machen.«

Besonders schutzreich scheint Robert I. (Robert the Bruce), König von Schottland, gewirkt zu haben. Er war 1306 exkommuniziert worden, mit Philipp verfeindet, und Verwandte des Königs waren selbst Mitglieder des Ordens. Vielfach wird hier, in dieser Zeit und in diesem Land, einer der Ursprünge der Freimaurerei gesehen. 1738 schrieb Sir Horace Mann, der englische Gesandte in Florenz, an den schwedischen Konsul Udny[30]:

Der König von Schweden hat an den König von Spanien geschrieben ... und hat Schritte unternommen, die vielleicht lächerlich erscheinen, aber dennoch sicher sind. Sie fußen auf der Annahme, dass nach der Aufhebung des Tempelherrenordens und der Verfolgung seiner Mitglieder einige von ihnen in die schottischen Highlands flüchteten, dort wieder auftauchten und sich dem Freimaurerbund anschlossen, als dessen erbliche Großmeister die schottischen Könige gelten.

Verschiedene Überlieferungen berichten, Templer seien nach der Auflösung ihres Ordens im Jahr 1312 auf die schottische Insel Mull geflüchtet und hätten dort sogar einen neuen, geheimen Orden gebildet. Jacques de Molay selbst soll es gewesen sein, der seinem Ordensbruder Pierre d'Aumont den Auftrag dazu gegeben hat. Das berichtet jedenfalls der deutsche Freimaurer Baron Karl von Hund im 18. Jahrhundert. Immerhin: Dem Templerorden waren in seiner Spätzeit Maurer- und Steinmetzzünfte angeschlossen, die über zahlreiche Privilegien verfügten, und in ihrer Tracht soll etlichen Mönchsrittern die Flucht aus Frankreich gelungen sein. Einer vom Parlament registrierten königlichen Ordonanz zufolge verließen bereits 1290 Templer in Paris ihr Ordenshaus »in Zivil«. Warum auch immer. Sie verstanden sich somit darauf, unauffällig unterzutauchen. Definitiv gelang in Toulon sieben Templern die Flucht, wahrscheinlich weil sie von Bischof Raimund Rostaing gewarnt wurden. Andererseits kamen Ordensritter verkleidet aus dem nicht-französischen Ausland und holten Erkundigungen über die Gefangennahme ihrer Ordensbrüder ein, um so sichere Informationen zu erhalten.[29]

Alten Chroniken zufolge hätten Angehörige der Templer – in voller Ordenstracht – sogar noch in der Schlacht von Bannockburn am 25. Juni 1314 an der Seite von Robert the Bruce in Schottland gekämpft. Dies wäre durchaus nicht verwunderlich gewesen: Robert I. war von Rom exkommuniziert worden, das Land, dessen Freiheit und Unabhängigkeit von England er sich zurückerkämpfte, war dadurch gewissermaßen »heidnisches Territorium« geworden – für die Templer ein ideales Refugium. Es wird erzählt, bei der Schlacht von Bannockburn habe Robert I. bereits vor der Niederlage gestanden, als unerwarteterweise eine völlig unbekannte Truppe in den Kampf eingriff: eine Schar von Männern, die unter dem roten Tatzenkreuz der Templer ritten.

Balantrodoch, nicht weit von Edinburgh im Süden Schottlands gelegen, war das Hauptquartier der Templer gewesen. Heute noch trägt diese Ortschaft den Namen Temple, und nahe ihres Zentrums findet sich, in Ruinen liegend, der rechteckige Grundriss der Ordenskirche. Von größerer Bedeutung ist aber eine Kapelle ganz in der Nähe: *Rosslyn Chapel.* 1446 legte Sir William St. Clair hier den Grundstein. Aus dem Geschlecht der St. Clairs (oder auch Sinclairs, abgeleitet von Sanctus Clarus = Heiliges Licht) waren zahlreiche Templer hervorgegangen, insgesamt standen sie dem Orden sehr nahe, und das schon seit frühester Zeit. Die Ehefrau Hugo de Payens' war eine geborene St. Clair, und hier, auf dem Grundbesitz ihrer Familie, ließ Hugo das erste Präzeptorium der Templer außerhalb des Heiligen Landes errichten. Später sollen die Sinclairs selbst »erbliche Großmeister der schottischen Freimaurer« gewesen sein[31].

Berühmt sind die beiden Säulen am Eingang, insbesondere die reichlich mit Ornamentik verzierte *Prentince Pillar*. Überhaupt ist die gesamte Kapelle mit einer Vielzahl seltsamer in Stein gehauener Symbole bedeckt. Da gibt es Pyramiden, seltsame Pflanzen, gezackte Kreuze, Winkelmaße, Kompasse, Sterne – aber im Grunde so gut wie keine christlichen Motive. Die Kirchenfenster der Taufkapelle sind wie diese erst im vergangenen Jahrhundert hinzugekommen, einzig eine kleine Kreuzigungsszene scheint originalen Ursprungs zu sein. Vieles könnte in die Freimaurersymbolik deuten. Freimaurer und Rosenkreuzer sollen später ihre Versammlungen in dieser Kapelle abgehalten haben, die nicht einmal einen Altar hatte. Mit anderen Worten: nach Auffassung vieler ist mit und in diesem Gotteshaus die schottische Freimaurerei, gewissermaßen als geheime Folgegesellschaft des Templerordens, begründet worden.

Und vielleicht ist diese Auffassung gar nicht so falsch. In der heutigen Freimaurerei gibt es eine ganze Reihe so genannter Code-Wörter, die Mitglieder bestimmter Ränge und Grade untereinander austauschen, um sich gegenseitig zu identifizieren. Eines dieser Schlüsselworte ist *Macbenac.* Wohl kaum ein Freimaurer weiß heute noch, was dieses Wort bedeutet – es ist im Laufe der Zeit zu einem leeren Begriff, zu einem leeren Ritual geworden. Es sei angeblich ein Wort aus einer unbekannten Sprache und könne so viel heißen wie: »Das Fleisch fällt vom Knochen« oder »Die Leiche ist verfault« oder auch »Der Tod eines Baumeisters«. Aber wie wir gleich sehen werden, ist das vollkommener Unsinn.

George Sassoon fand heraus, dass dieses Wort aus dem Gälischen stammt und nichts anderes bedeutet als »Sohn des Hohen Berges«. Wer könnte dieser »Sohn des Hohen Berges« gewesen sein? Möglicherweise niemand anderes als der Templer Pierre d'Aumont, der von Jacques de Molay den Auftrag zur geheimen Weiterführung des Ordens erhalten hatte und der nach der Ankunft in Schottland seinen Namen einfach in die dort übliche Landessprache übertrug. Wenn dem so wäre, würde dies bedeuten, dass Pierre d'Aumont seinen Auftrag wirklich in die Tat umsetzen konnte. Er müsste dann heute als einer der Begründer der Freimaurerei gelten, in der die Ideen des Templerordens weiterlebten, etwa, den Tempel Salomos neu zu errichten – nicht unbedingt als Bauwerk, sondern als Symbol für den Bau der menschlichen Ethik und Moral (übrigens wird von den Freimaurern heute Hiram-Abi als »Gründervater« ihrer Ideen betrachtet[32]).

Ein weiteres Beispiele für solch ein bedeutungsvolles Code-Wort, dessen Inhalt niemand mehr versteht, ist *Heredum* oder *Hor Adom.* Unter den europäischen Freimaurern gab es sogar einmal die Vermutung, dies könne vielleicht der Name eines Berges in Schottland sein. Doch die Anfrage bei der Ersten Loge in Edinburgh ergab ein negatives Ergebnis. Dort sei ein Berg mit diesem Namen unbekannt. George Sassoon fand aber auch hier heraus, dass das nicht richtig ist. Allerdings kommt *Har Adom* oder *Heredom* aus dem Hebräischen und heißt so viel wie »Roter Berg«. Diesen »Roten Berg« gibt es wirklich in Schottland! Nur trägt er dort die gälische Bezeichnung *Sgurr Bearg*. Der Name reicht bis ins 8. Jahrhundert zurück und gelangte damals vermutlich mit den Wikingern in die gälische Sprache. Interessanterweise aber liegt der »Rote Berg« an exponierter Stelle einer alten Pilgerstraße nach Jerusalem. Die Route wurde seinerzeit von den Templern überwacht, und möglicherweise erreichten Templer, nachdem sie an Land gegangen waren, auch auf diesem Weg ihr neues Domizil, in dem sie untertauchen konnten.

Doch kommen wir zurück zur *Rosslyn Chapel*, die ein ganz besonderes Geheimnis zu umgeben scheint – ist sie doch offensichtlich nichts anderes als ein gotisch inspirierter Nachbau des Herodianischen Tempels in Jerusalem, von dessen Grundmauern man damals annahm, es handele sich um die seines Vorläufers aus salomonischer Zeit! Herausgefunden haben dies der britische Publizist Christopher Knight und der Naturwissenschaftler Robert Lomas. In ihrem Buch »Unter den Tempeln Jerusalems«[33] schreiben sie: »Rosslyn stellt keine Interpretation der Ruinen in Jerusalem dar, sondern es ist, was die Fundamente angeht, eine genaue, sehr sorgfältig ausgeführte Kopie. Die unvollendeten Teile der Westmauer sind da, die tragenden Wände und das Arrangement der Säulen passen genau, und die Säulen Boas und Jachin [die auch am Eingang des Jerusalemer Tempels standen; Anm. d. Verf.] stehen exakt am östlichen Ende des inneren Tempels. Die Stelle, die wir als Zentrum des Siegels Salomos festlegten, stellte sich als Mittelpunkt des mittelalterlichen Globus heraus – das Zentrum des Allerheiligsten, die Stelle, wo im Tempel von Jerusalem die Bundeslade stand.«
Nach Christopher Knight und Robert Lomas soll sich unterhalb dieser Stelle noch heute der »Gral« befinden. Allerdings vermuten die beiden Autoren in ihm nicht die Mannamaschine, sondern Dokumente aus der Zeit Jesu, die berühmte Schrift »*Q*«, die den uns bekannten drei synoptischen Evangelien von Matthäus, Markus und Lukas zugrunde

gelegen haben soll. Viel wahrscheinlicher aber ist, dass – sofern heute überhaupt noch irgendetwas dort unten existiert – wir es mit dem umfangreichen geretteten *Archiv* des Templerordens zu tun haben. Dass sich in Rosslyn zumindest anfänglich diese Schriften befunden haben könnten, ergibt sich aus dem Bericht über einen Brand im Bereich des Schlosses Rosslyn aus dem Jahr 1447, also ein Jahr nach dem Beginn des Kapellenbaues. Der Historiker Tim Wallace-Murphey schreibt dazu[34]: »Zu jener Zeit (1447) gab es einen Brand, durch den die Bewohner gezwungen waren, aus dem Gebäude zu fliehen. Als der Kaplan des Prinzen [gemeint ist William St. Clair, Prinz von Orkney; Anmerk. d. Verf.] das sah, fielen ihm die Schriften seines Herrn ein, und er lief zum Verlies, wo sie alle waren, und schaffte vier große Truhen heraus. Der Prinz erhielt durch die Klagerufe der Damen und Edelfrauen Kunde von dem Feuer, und als er von Colledge Hill aus diesen Anblick sah, tat es ihm nur um seine Schriften Leid, aber als ihm sein Kaplan, der sich am Glockenseil gerettet hatte, erzählte, dass seine Schriften und Chartas alle gerettet seien, wurde er wieder froh und ging, um die Prinzessin und die Damen zu trösten.«

Es müssen wirklich sehr wichtige Dokumente gewesen sein, die der beherzte Kaplan von Rosslyn da aus den Flammen rettete. Was mit ihnen später geschah, ist allerdings unklar. Möglicherweise lagern sie wirklich unterhalb von *Rosslyn Chapel*, wo ein ganzes Labyrinth von Gängen vermutet wird, analog zum Tunnelsystem im Tempelfelsen von Jerusalem. Merkwürdig ist in der Tat, dass die Arbeiten an den Fundamenten vier Jahre dauerten – ziemlich viel Zeit für diese nicht allzu große Kapelle, die nur aus einem einzigen Raum und einer kleinen Krypta besteht.

Merkwürdig ist aber noch etwas anderes: In der das Kirchenschiff schmückenden gotischen Ornamentik finden sich die Abbildungen von etlichen Pflanzen. Zwei von ihnen sind von Botanikern eindeutig als Darstellung von Maiskolben und des Aloe-Kaktus' identifiziert worden. Beides aber ist weder in Europa noch im Vorderen Orient heimisch, sondern in Mittelamerika. Als William St. Clair 1446 den Grundstein legte, war Columbus noch nicht einmal geboren, als sie 1486 fertig gestellt wurde, noch nicht in See gestochen. Wie kommt es dann zur naturgetreuen Darstellung solcher Pflanzen in Rosslyn?

Abb. 44: Der Gesamtbezirk des Tempels von Paris. Von einer hohen Mauer umgeben, schützte er den Mittelpunkt des Ordens in Frankreich – und damit auch die Mannamaschine?

Ein Rätsel der Templerforschung ist bis heute der Verbleib der mächtigen Flotte geblieben. Die Mönchsritter hatte einen eigenen Hafenkomtur, und wenige Jahre vor Zerschlagung des Ordens gehörte den Templern die *Le Faucon*, das größte Schiff seiner Zeit. Wohin sind die vielen Schiffe verschwunden, die dem Orden gehörten? Es hat ganz den Anschein, dass etliche Templer mit diesen Schiffen flohen oder zu fliehen versuchten. Henry Charles Lea[35] berichtet über die Inquisition im damals eigenständigen Königreiche Aragonien unter König Jakob II.: »Eine Anzahl Verhaftungen wurden vorgenommen; einige Brüder legten Bart und Mantel ab und hielten sich glücklich im Verborgenen, andere versuchten zur See mit einem Teil ihrer Schätze zu entkommen, aber widrige Stürme warfen sie zurück an die Küste, wo man sie verhaftete.«
Und in Frankreich? Unter den Akten, die nach der Eroberung Roms durch Napoleon 1809 nach Paris gebracht wurden, befanden sich auch

etliche zuvor in den Geheimarchiven des Vatikans untergebrachte Dokumente aus den Templerprozessen. In einer dieser Niederschriften findet sich die Aussage Jean de Chalons, eines Mitglieds des Ordens aus Nemours in der Diözese Troyes, die uns einerseits bestätigt, dass die Templer von der drohenden Verhaftung informiert waren, die uns andererseits aber auch einen wertvollen Hinweis auf den möglichen Verbleib der Mannamaschine gibt:

Ich habe am Abend vor der Razzia, am Donnerstag, den 12. Oktober 1307, selbst drei mit Stroh beladene Wagen gesehen, die kurz nach Einbruch der Nacht den Tempel von Paris verließen, und Gérard de Villers und Hugo de Chalons, die dazu 50 Pferde führten. Auf den Wagen

Abb. 45: Tempelritter im »Zentrum der Macht« ihrer Bruderschaft. Der Turm des Tempels von Paris blieb noch lange nach der Vernichtung des Ordens erhalten. Von hier aus hatte sich der von Jean de Chalon beschriebene Wagenkonvoi am Abend vor der Inquisition auf den Weg gemacht.

Abb. 46: Es gibt kein Bildnis von Henry Sinclair. Überliefert ist aber sein Wappen.

waren Truhen verborgen, die den gesamten Schatz des Generalvisitators Hugo de Pairaud enthielten. Sie nahmen Richtung auf die Küste, wo sie an Bord von achtzehn Schiffen des Ordens ins Ausland gebracht werden sollten.

Eine Möglichkeit ist, dass sie sich in die nordschottischen Häfen absetzten. Und dann? – Der Großvater von William St. Clair war der 1345 geborene Prinz Henry Sinclair. Mit 13 erhielt er den Titel eines Barons von Rosslyn, mit 21 wurde er zum Ritter geschlagen. Den Titel *Earl of Orkney* und *Lord of Shetland* erhielt er mit 24. Er führte zwei Ehen: die erste mit der Urenkelin König Magnus' von Norwegen, die zweite, nach deren frühem Tod, mit Janet Halyburton. Mit ihr hatte er dreizehn Kinder. Später erhielt er den Titel *Lord Sinclair* und avancierte zum Obersten Richter Schottlands. Allgemein wird er als einer der Begründer der schottischen Freimaurerei betrachtet, die sich dort direkt von den Templern her ableitete. Henry Sinclair starb 1400 in der Schlacht von Orkney. Erst wenige Wochen zuvor war er von einer großen, zweijährigen Reise zurückgekehrt, von einer Reise, die ihn, wie manche glauben, nach Nordamerika, genauer: nach Neu-Schottland und bis hinunter an die Küste des heutigen US-Bundesstaates Massachusetts geführt hatte!

Grundsätzlich ist es durchaus möglich, dass schottische oder andere nördliche Seefahrer schon um diese frühe Zeit den Weg nach Amerika fanden. Weitgehend akzeptiert ist heute, dass um 985 n. Chr. der Wikinger Bjarn Herluffson als erster Norweger die »neue Welt« erreichte. Um 1000 folgte ihm Leif Eriksson und gründete in dem von ihm so benannten »Vinland« (wegen des dort wachsenden wilden Weines) die erste europäische Kolonie, die sich – mit Unterbrechungen – sogar bis zu Beginn des 15. Jahrhunderts behaupten konnte, dann aber wegen des sich verschlechternden Klimas aufgegeben werden musste. 1121 war sogar der isländische Bischof Erich Gnupson nach »Vinland« aufgebrochen, um die dort ansässigen Kolonien zu besuchen, die er ganz selbstverständlich als seiner Diözese zugehörig betrachtete. An der Mündung des Black Duck Brook, nicht weit von dem kleinen kanadischen Fischerdorf L'Anse au Meadow entfernt, fanden sich die Ruinen dieser Wikingersiedlung auf amerikanischem Boden.

Noch früher, in der ersten Hälfte des sechsten Jahrhunderts nach Christus, lebte der irische Mönch St. Brendan. In der allerdings erst im 10. Jahrhundert niedergelegten *Navigatio Sankti Brendani* gibt es Hinweise darauf, dass der Mönch und einige seiner Begleiter Nordamerika erreichten. Nach den »Schafinseln« (Färöer), der »Insel der Schmiede« (Island), dem »großen Fisch Jasconius« (Walfischen) und den »Kristallsäulen« (Eisbergen) des Nordmeeres muss ihm das neue Land mit den »herrlichsten Pflanzen« wie ein Paradies vorgekommen sein. Inzwischen hat der englische Segler Tim Severin mit einem nach 1400 Jahre alten Konstruktionsplänen gebauten Boot zeigen können, dass es den Iren damals durchaus möglich gewesen sein könnte, Amerika zu erreichen.

Abb. 47: Mit solchen, für das ausgehende 14. Jahrhundert typischen Schiffen könnte Sir Henry Sinclair seine 200 schottischen Gefolgsleute nach Amerika geführt haben.

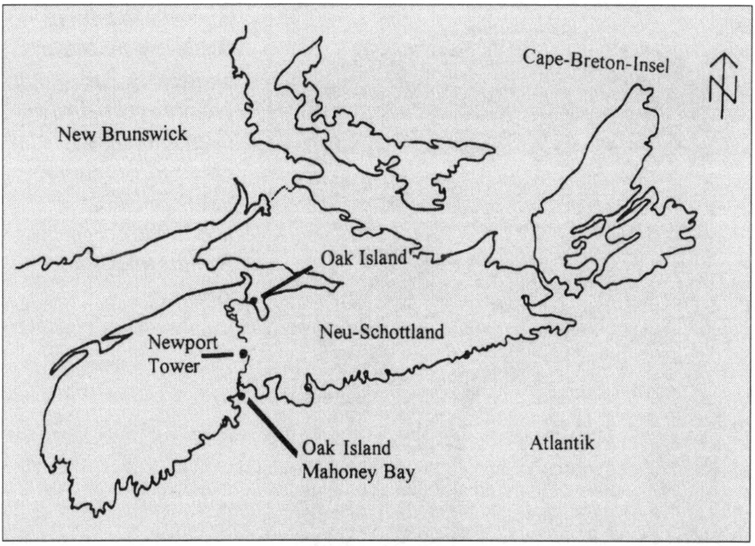

Abb. 48: Die Kanada vorgelagerte Halbinsel Neu-Schottland. Oak Island befindet sich nahe der Südküste. Hier mündet der Gold River in den Ozean, nahe seiner Quelle finden sich die Reste des Newport Towers. Weiter nach Norden fließt der Gaspereau River ins Meer; an der Mündung liegt eine weitere kleine Halbinsel mit dem Namen Oak Island.

Sir Henry Sinclair stand vielleicht in dieser Tradition früher Amerika-Entdecker. Wenngleich seine Reise und sein Aufenthalt dort bislang nicht eindeutig bewiesen werden konnten, gibt es doch eine ganze Reihe von Indizien, die dies zu bestätigen scheinen und sich gegenseitig stützen. Henry Sinclair wäre demzufolge im Jahr 1398 – also vor rund 600 Jahren – von den Orkney-Inseln aus nach Amerika gesegelt, mit einer Flotte von immerhin zwölf kleinen, aber hochseetüchtigen Schiffen und mit einer Besatzung von insgesamt zwischen zweihundert und dreihundert Mann. Die Reise soll die Flotte über die Färöer-Inseln, Island, Grönland, Neufundland bis ins heutige Neu-Schottland (Kanada) und Neu-England (USA) geführt haben.

1558 veröffentlichte der Venizianer Nicolo Zeno ein Manuskript, das eine Beschreibung dieser Reise wiedergibt, und eine Karte, die als »Zeno-Karte des Nordens«, also der nördlichen Länder am Atlantik, bekannt ist. Demnach soll der Ur-Urgroßvater von Nicolo, Antonio

Abb. 49: So könnte der Newport Tower ausgesehen haben. Die erhalten gebliebenen Grundmauern entsprechen skandinavischen und nordschottischen Rundtürmen dieser Art.

Zeno, Kapitän auf dem Flaggschiff Sinclairs gewesen sein und die Flotte nach Amerika geführt haben. Antonio Zeno beschreibt ausführlich die Reise, einen achttägigen Sturm auf dem Ozean und schließlich das Erreichen eines grünen Landes. Sinclair und seine Leute hätten es zunächst für eine Insel gehalten, aber nachdem sie versuchten, diese Insel zu umfahren, stellten sie fest, dass es sich um ein großes Festland handeln musste. Sie nahmen Kontakt zu den dort lebenden Einwohnern auf, von denen sie herzlich empfangen wurden. Sinclair entschied, dort zu bleiben, und unternahm von seinem Standort aus mehrere Expeditionen ins Landesinnere und weiter die Küste hinab nach Süden. Dabei seien einige Männer gestorben. Antonio wurde noch vor Einbruch des Winters mit einem Teil der Flotte zurückgeschickt, während Sinclair selbst für fast zwei Jahre blieb.

Natürlich ist die Echtheit dieses Manuskripts von Historikern angezweifelt worden. Wenn es sich um eine Aufzeichnung von Antonio Zeno handelte – warum kam diese dann erst 150 Jahre später ans Tageslicht? Warum gab es keine Überlieferungen in der Geschichte des Sinclair-Clans, die auf eine solche Reise hinweisen? Und selbst wenn das Manuskript echt wäre – was beweist, dass es sich um Nordamerika handelt?

Es gibt eine ganze Reihe weiterer Hinweise, die sich in erstaunlichem Maße mit dem Zeno-Manuskript decken:

- Die *Micmac*-Indianer Neu-Schottlands, mit denen Henry Sinclair und seine Leute fast zwei Jahre lang zusammenlebten, erinnern sich in ihren Überlieferungen an einen bärtigen weißen »Krieger«, den sie *Glooskap* nennen. Er soll vor langer Zeit auf einer »schwimmenden Stadt« zu ihnen über das Meer gekommen sein, bei ihnen gelebt und sie viele nützliche Dinge gelehrt haben – zum Beispiel das Fischen mit dem Netz. *Glooskap* hat nach Auffassung vieler Forscher eine erstaunliche Ähnlichkeit mit Henry Sinclair.
- Viele Worte der heutigen *Micmac*-Sprache haben eine große Ähnlichkeit mit nordischen Worten, wie sie damals von den Männern der Sinclair-Expedition gesprochen worden sein könnten.
- Mitten in Neu-Schottland, zwischen den Quellen des Gold River und des Gaspereau River, liegen die Fundamente des *Newport Tower*. Es handelt sich um eine kreisförmige Anlage, die in ihrem Stil der nordischen Romanik entspricht. Leider ist davon nicht mehr übrig geblieben als ein Hügel aus Steinen und Erde. Wie alt diese Anlage ist, bleibt vorerst ungewiss, da es bislang keine archäologischen Untersuchungen bzw. Ausgrabungen gegeben hat. Die Ruine liegt auf Privatbesitz. Aufgrund ähnlicher Türme bzw. ihrer Überreste in Skandinavien und Nordschottland ist jedoch zu schließen, dass er in der Zeit zwischen 1150 und 1400 n. Chr. entstanden sein könnte.
- Nahe Westford im heutigen US-Bundesstaat Massachusetts findet sich die in Stein gravierte Zeichnung eines Ritters. Michael Bradley[36] schreibt dazu: »Lange Zeit hielten die Einwohner von Westford die verwitterte Figur auf der Felsbank für eine Arbeit der Indianer, und niemand nahm weiter Notiz davon. 1940 sah dann ein Mann namens Willam B. Goodwin die Zeichnung, betrachtete sie sorgfältig und erkannte die stark verwitterten Teile wie das Schwert und andere Details, die einen europäischen Ursprung nahe legten. Später sandte Frank Glynn, Präsident der Archäologischen Gesellschaft von Connecticut, eine Zeichnung des Schwertes an T. C. Lethbridge, Kurator des Universitätsmuseums für Archäologie und Völkerkunde in Cambridge. Glynn hatte angenommen, dass es sich beim Schwert um eine Wikinger-Waffe handelte, aber Lethbridge erkannte, dass es ein langes, mit einem Knauf versehenes Schwert war, typisch für das 14. Jahrhundert: ein altschotti-

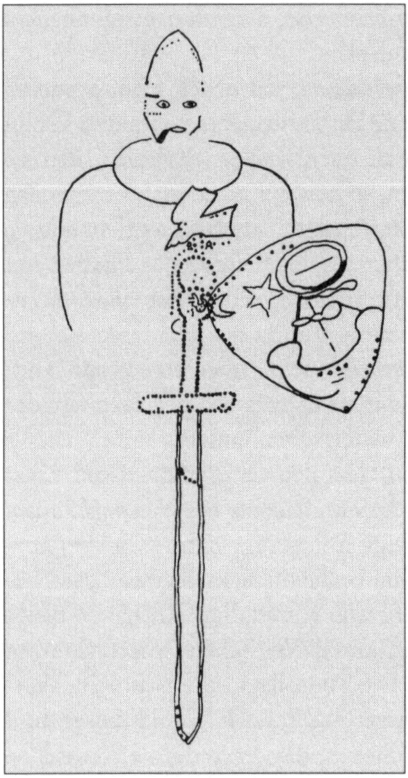

Abb. 50: Skizze des auf einen Stein geritzten Ritters von Westford im US-Bundesstaat Massachusetts. Mit großer Wahrscheinlichkeit handelt es sich um das Abbild eines während der Sinclair-Expedition ums Leben gekommenen Angehörigen des schottischen Gunn-Clans.

sches Breitschwert.« Da es auf der Darstellung zerbrochen ist, könnte es den Tod seines Besitzers anzeigen. Das Wappen, das die Gestalt auf dem Schild trägt, deutet auf ein Mitglied des Gunn-Clans, der mit dem Clan der Sinclairs eng verwandt war; es wäre durchaus möglich, dass Angehörige dieser Familie Lord Sinclair auf seiner Expedition begleiteten.

Vom 5. bis zum 7. September 1977 fand in Kirwall (Orkney) das erste wissenschaftliche Symposium über die Reise Sir Henry Sinclairs nach Amerika statt. Insgesamt 17 Experten verschiedenster Fachrichtungen diskutierten über die bislang zusammengetragenen Indizien und präsentierten ihre eigenen Forschungsergebnisse. Auch wenn nicht alle miteinander in allen Details übereinstimmten, zeigte sich doch vor allem eines: Die zweijährige Expedition Lord Sinclairs gewinnt immer deutlichere Konturen, aus dem Dunkel der Vergangenheit schält sich mehr und mehr das erstaunliche Bild einer schottischen Expedition an die Küsten Nordamerikas, hundert Jahre, bevor Christoph Columbus auf seiner »Santa Maria« die Segel setzte.

Es ist schon seltsam: Da reist ein über zweihundert Mann starker Trupp über den Ozean, geführt von einem Mann, der sich selbst in der Nachfolge der Templer sah, und stößt im heutigen Neu-Schottland an die Gestade eines fremden Kontinents. Er und etliche seiner Männer bleiben dort, unternehmen Expeditionen ins Landesinnere, freunden sich mit den dortigen Indianern an, errichten eine kleine, turmähnliche Festung. Und wozu das alles? Was war der Grund?
Schauen wir uns einmal Neu-Schottland etwas näher an. Es handelt sich um eine in Nordost-Südwestrichtung gestreckte Halbinsel mit einem Längsdurchmesser von etwa fünfundzwanzig Kilometern und einer Breite von meist nicht mehr als achtzig Kilometern. Über ein »Anhängsel« ist sie mit dem nordamerikanischen Kontinent verbunden. Ziemlich in der Mitte der südlichen Küste, vierzig Kilometer westlich von Halifax, mündet der Gold River in den Ozean. Fährt man diesen flussaufwärts nach Norden, stößt man nach etwa zwanzig Kilometern auf den *Newport Tower*, der sich auf der höchsten Erhebung dieser Gegend befindet. Weiter nach Norden entspringt der Gaspereau River, der nach etwa 30 Kilometern an der nördlichen Küste Neu-Schottlands das Meer erreicht und sein Wasser ins »Minas-Becken« ergießt.
Nun, das ist – so könnte man meinen – nichts Besonderes, nichts Aufregendes. Es sei doch durchaus nachvollziehbar, wenn die schottische Expedition genau hier ihre kleine Festung anlegte: auf dieser Anhöhe, die man sowohl von der Nord- als auch von der Südküste her problemlos, sich flussaufwärts bewegend, erreichen konnte. So hätte jeder erfahrene Anführer gehandelt, wenn er beabsichtigt hätte, für längere Zeit an diesem ihm fremden Ort zu bleiben.
Und vielleicht – ja, mit Sicherheit sogar hätte er die Einfahrten zu den beiden Flüssen irgendwie gekennzeichnet. Mit Schildern? Kaum, denn Straßen- oder gar Wasserfahrtsschilder gab es damals nicht. Vielleicht hätte er irgendwo auf einer vorgelagerten Insel ein Signal errichtet, irgendetwas, von dem er wusste, dass man es nicht übersehen konnte.

Es gibt tatsächlich solch kleine Inseln unmittelbar vor der Mündung der beiden Flüsse. Die eine liegt im Norden und ist heute durch Verlandung zu einer Halbinsel geworden. Sie trägt den Namen Oak Island. Die andere, im Süden, vor der Mündung des Gold River, liegt in der Mahoney Bay, und sie trägt ebenfalls den Namen Oak Island. Es ist genau jene Insel, auf der Daniel McGinnis 1775 das Versteck des *Money Pits* entdeckte!

Das Oak Island der Mahoney Bay ist eine von nur zwei unter 350 weiteren, Neu-Schottland vorgelagerten Inseln, auf denen einst ein reicher Eichenbestand die Oberfläche bedeckte. Warum nur dort? Fast hat es den Anschein, als seien die Eichen hier künstlich angesiedelt worden. Denn kurioserweise bedeutet das keltische Wort *oak* nicht nur Eiche, sondern auch »Rechts« und »Tür« oder »Eingang«, und wenn man auf Oak Island steht, dann liegt die Einfahrt zum Gold River, der hinauf zum *Newport Tower* führt, auf der rechten Seite. Und auf der gegenüberliegenden Küste Neu-Schottlands, dort, wo der Gaspereau River ins Meer mündet, ist es nicht anders.

Seltsame Zufälle – oder mehr als das? Wir sind im Verlaufe der Arbeiten an diesem Buch schon auf eine ganze Reihe »seltsamer Zufälle« gestoßen: den »Zufall«, dass sich Gral und Mannamaschine durch die Texte des *Parzival* ebenso wie durch die wissenschaftliche Interpretation so erstaunlich gut parallelisieren lassen; den »Zufall«, dass der Autor der Flegetanis-Schrift identisch ist mit Hiram-Abi, dem Erbauer des Jerusalemer Tempels; den »Zufall«, dass der erste Großmeister der Templer identisch zu sein scheint mit Kyot, dem Entdecker der ursprünglichen Gralsschrift; den »Zufall«, dass die Männer um Hugo de Payens ausgerechnet unter dem einstigen Tempel Salomos nach einem »Schatz« suchten und diesen nach neun Jahren harter Arbeit auch tatsächlich fanden; den »Zufall«, dass die Beschreibung ihres »Idols Baphomet« korrelierbar ist mit der Beschreibung der Mannamaschine; den »Zufall«, dass sich ein Abbild dieser Maschine in einer der Rekonstruktion verblüffend nahe kommenden Weise im Kultraum der Templer von Burg Lockenhaus befindet; den »Zufall«, dass ein Erbe der Templer keine hundert Jahre nach der Zerstörung des Ordens die Gestade Nordamerikas erreicht und dort eine kleine Festung anlegen lässt; und nun noch den »Zufall«, dass dieser Ort in einer untrennbaren Verbindung steht zu jener Insel, auf der vor 200 Jahren das gewaltigste Versteck aller Zeiten gefunden wurde: der *Money Pit* von Oak Island. Alles wirklich nur »Zufälle« ...?

Wer waren die Erbauer des Verstecks? Piraten? Entflohene Sträflinge? Indianer aus Peru? Sir Francis Drake? Käpt'n Kidd? Janusz Piekalkie-

wicz[37] schreibt dazu, dass »... eine solche Leistung nur in mehrmonatiger ausdauernder Arbeit von einer disziplinierten Gruppe von Männern vollbracht werden [konnte], die einem hervorragenden Fachmann unterstand, der zudem mit großen Führungsqualitäten ausgestattet sein musste. Die für eine solche Arbeit erforderlichen technischen Kenntnisse sind die vollkommene Beherrschung des Tief- und Bergbaues; Erfahrungen in dieser Richtung sind naturgemäß weniger bei Leuten zu suchen, die fast ihr ganzes Leben auf dem Wasser verbringen.«
Die Genialität und Kenntnisse der Erbauer, die Absicherung der Anlage, die Konstruktion des Verstecks selbst lassen auf mehr schließen als einen gewöhnlichen »Schatz«, als wie wertvoll er auch immer angenommen werden mag. Hier ging es augenscheinlich um etwas ganz anderes. Um nochmals Piekalkiewicz[37] zu zitieren: »Es ist aber auch nicht auszuschließen, dass diese gewaltige Arbeit von einer Gruppe von Männern durchgeführt wurde, die einer disziplinierten Gemeinschaft angehörten, der die Wahrung des Geheimnisses eine Selbstverständlichkeit war.« Und an anderer Stelle: »Auf jeden Fall deutet das derart kompliziert angelegte Schatzversteck darauf hin, dass die Männer, die dort arbeiteten, ihren Schatz, wenn nicht für sich, so doch der Gemeinschaft, der sie angehörten, für die Zukunft bewahren wollten, sei es auch für eine Zeit, die erst nach Generationen kommen würde.«

War es Lord Henry Sinclair, der 1398 den wertvollsten Besitz der Templer nach Oak Island schaffte? Ließ er die Expedition ausrüsten, weil er dort, weit entfernt vom Zugriff europäischer Königshäuser und der römischen Kirche, ein ideales Refugium sah? Waren es seine Männer, die die Schächte aushoben, die Dämme anlegten, die Wasserfallen konstruierten und schließlich die heilige Maschine in der Tiefe versenkten? Schufen sie ein »Versteck für die Ewigkeit«, zu dem niemand mehr Zutritt haben sollte außer jenen, die »wussten«? Musste deshalb Antonio Zeno, der Venezianer, der wohl weder Templer-Nachfolger noch Freimaurer war, wenige Wochen nach der Ankunft und, wie er schreibt, »gegen meinen Willen«, wieder nach Europa zurückkehren? Liegt die Mannamaschine auf Oak Island, irgendwo tief unter dem *Money Pit*, in jener Höhle, in der 1970 erstmals Videoaufnahmen gemacht werden konnten? Erinnern wir uns, was dort unten entdeckt wurde – Gottfried Kirchner[38] schreibt: »Die Schwarz-Weiß-Aufnahmen der Kamera zeigten gräuliche Gegenstände mit weichen, runden Konturen, die auf dem Höhlenboden lagen. Es gab senkrechte, rohrförmige Formen und rechteckige Objekte, die aussahen, als seien sie mit einer weichen, weißlichen Gipsschicht überzogen.«

Auch das wieder nur ein »Zufall«? Es fällt uns schwer daran zu glauben. Weiche, runde Konturen, rohrförmige Formen, dazu rechteckige Objekte – genau das dürften wir zu sehen erwarten, wenn die Mannamaschine dort unten läge. So, wie sich diese Beschreibung liest, scheint es fast, als sei das Gerät inzwischen auseinander gebrochen, als hätten sich die oberen Teile gelöst, die »grauen Gegenstände mit den weichen, runden Konturen« (möglicherweise Teile des »Bartes«, d. h. des umfangreichen Röhrensystems), die »senkrechten, rohrförmigen Formen« (vermutlich Teile des inneren Bereichs oder des »Abzugsrohres«) und die »rechteckigen Objekte« (vielleicht der »Lautsprecher« oder andere Konstruktionselemente aus dem Inneren der Maschine) über den Boden der Höhle verstreut. Es ist gut vorstellbar, dass diese Zerstörung erst im Zuge der umfangreichen und – von archäologischer Seite aus betrachtet – völlig unprofessionellen Bohr-, Ausschachtungs- und Grabungsarbeiten passierte.

Und: erinnern wir uns auch der so stark voneinander abweichenden Daten, die die Messung mit der radioaktiven ^{14}C-Methode erbrachte – bis hin zum völlig unmöglichen Wert von 3100 nach Christus[39]. Eigentlich ist nur eine Möglichkeit denkbar, wie ein solches Durcheinander produziert werden kann: dann nämlich, wenn die ^{14}C-Werte selbst »durcheinander gebracht«, d. h. irgendwie verfälscht wurden. Im »3100-Jahres-Fall« müsste zum Beispiel mehr ^{14}C angereichert sein als im umgebenden normalen Holz, und wenn man dann die gemessenen Werte – ohne darüber nachzudenken, warum dies so sein könnte – einfach in die entsprechende Altersformel einsetzt, erhält man solch phantastische Daten wie »3100 *nach* Christus«.

Man denkt auf Oak Island inzwischen an von den Erbauern verwendete uranhaltige Pechblende, deren Strahlung die Messverzerrung bewirkt. Aber man hat niemals – weder bei den Ausschachtungsarbeiten noch bei Bohrungen – Pechblende oder andere uranhaltige Gesteine oder Materialien gefunden.

Der 3100-Jahre-Wert könnte zum Beispiel aber auch durch erhöhten Neutronenbeschuss entstehen, allerdings nur, wenn sich die radioaktive

Quelle in unmittelbarer Nähe befände. Oder aber durch ausgetretenes radioaktives Material aus einem Reaktor, das die Umgebung entsprechend kontaminiert hat. Wie sich aus der Rekonstruktion der Mannamaschine und den in der Bibel beschriebenen (siehe Kap. VI) Unfällen ergibt, wurde das Gerät von einem Plutoniumreaktor betrieben, der eine sehr starke Neutronenquelle darstellt. Und wie sich aus den Videoaufnahmen von 1970 ableiten lässt, scheint die Maschine auseinander gefallen zu sein, und es ist gut möglich, dass dabei radioaktives Material ausgetreten ist.
Für diese Annahme einer radioaktiven Quelle im unmittelbaren Bereich des *Money Pit* spricht auch der Fund und die Datierung von Holz, das bei einer Bohrung in einigen hundert Metern vom Hauptschacht *entfernt* gefunden wurde. Hier stieß man auf offenbar natürliche Hohlräume im unterlagernden Kalkgestein, die aber mit einer Eichenholzverschalung abgesichert zu sein scheinen. Das ^{14}C-Alter erbrachte, dass das Holz nach 1200 n. Chr. gewachsen sein muss. Dies ist ein akzeptabler Wert, da man davon ausgehen kann, dass in dieser Entfernung die radioaktive Quelle im Untergrund keinen Einfluss mehr auf die »Atomuhr« des Eichenholzes hatte.

Wir sind sicher: die Mannamaschine *ist* auf Oak Island! Diese kleine Insel vor der Küste Kanadas bewahrt das größte Geheimnis der Menschheitsgeschichte: den unumstößlichen Beweis dafür, dass wir vor Jahrtausenden Kontakt mit einer fremden, außerirdischen Intelligenz hatten. Schauen wir uns noch einmal an, was für diese Möglichkeit spricht:

• Die ingenieurmäßig geniale Konstruktion des Verstecks (Templer und vor allem die ihnen folgenden Freimaurer besaßen in ihren Reihen ausgezeichnete Architekten, Baumeister und Handwerker).
• Die disziplinierte Arbeit, die als Voraussetzung für dieses Projekt anzunehmen ist, die Verschwiegenheit, mit der es durchgeführt wurde, und die Annahme, dass der Inhalt des Verstecks erst für spätere Generationen bestimmt zu sein scheint – oder vielleicht sogar für alle Ewigkeit dort unten ruhen sollte.
• Die Tatsache, dass nur ein besonders wertvoller, einmaliger und absolut geheim zu haltender Gegenstand ein derartiges Vorgehen rechtfertigt.

• Die Ungestörtheit, in der das Unternehmen verwirklicht wurde (Arbeiten, wie sie zum Anlegen des Verstecks notwendig waren, müssen große Mengen an Material und eine Vielzahl an Menschen erforderlich gemacht haben. Trotzdem wurde nach der europäischen Besiedlung Neu-Schottlands nie etwas Vergleichbares beobachtet. Daraus ist der Schluss zu ziehen, dass die Arbeiten zu einer Zeit stattfanden, als das angrenzende Festland erst spärlich oder noch gar nicht von Europäern besiedelt war, d. h. entweder unmittelbar nach der Entdeckung Amerikas durch Kolumbus oder bereits davor.
• Die erstaunlichen Zusammenhänge mit der Sinclair-Expedition von 1398, die in exakt diese Gegend führte und für die Oak Island ein ganz besonderer Ort gewesen zu sein scheint.
• Die Entdeckung einer mit Geheimzeichen bedeckten Sandsteinplatte in einer Tiefe von 30 Metern. Bekanntermaßen verwendeten Organisationen wie die Templer oder noch heute die Freimaurer solche Zeichen, um spezielles Wissen gegen Außenstehende zu schützen. Gleiches gilt für jenen Felsblock, der auf Oak Island gefunden wurde und auf dem ein Punkt inmitten eines Kreises eingeritzt ist: Dies ist ein altes Freimaurer-Symbol, das den Menschen und die ihn umgebenden Grenzen der Moral darstellt, die nicht übertreten werden dürfen.
• Die Filmaufnahmen aus einer Tiefe von 70 Metern. In der dortigen Höhle finden sich Gegenstände, die weniger einem Piratenschatz ähneln als vielmehr den recht gut klassifizierbaren Teilen des OThIQ IVMIN.
• Die Datierung von nach dem Jahr 1200 gewachsenen Holzes aus einer Höhlenverschalung in einiger Entfernung vom Money Pit. Wenn Sinclair das Versteck auf Oak Island anlegen ließ, ist anzunehmen, dass er solches Holz verwendete.
• Die verfälschten radioaktiven Zeitmarkierungen in Holz unmittelbar oberhalb der Maschine, die durch einen Neutronenbeschuss hervorgerufen werden können, wie er bei Plutoniumreaktoren auftritt.
• Vorhandensein bautechnisch genutzter Gesteine, die weder auf der Insel noch im weiteren Umkreis vorkommen (Granit, Sandstein).

Das Auftauchen von Kokosfasern im *Money Pit* ist insofern ein Problem, als Kokospalmen weder in Neu-Schottland noch in Massachusetts gedeihen, sondern sehr viel weiter im Süden, in Mittelamerika. Aber wir sollten bedenken, dass unsere Kenntnisse über die Sinclair-Expedition noch sehr rudimentär sind. Möglicherweise folgten ihm andere nach, möglicherweise segelte er auch viel weiter hinunter in den Süden, als man das bislang angenommen hat. Dafür spricht auch die bereits erwähnte Ornamentik in *Rosslyn Chapel*: die dargestellten Mais- und Aloe-Pflanzen kommen in Mittelamerika vor, nicht in Neu-Schottland. Hier – genauso wie in Bezug auf die gesamte Gralproblematik – eröffnet sich ein gewaltiges Forschungsfeld der Zukunft, dessen Konturen sich erst vage am Horizont abzubilden beginnen.

Tatsächlich wäre dazu eine multidisziplinäre Arbeitsgruppe erforderlich, die über die nötigen fachlichen, logistischen und finanziellen Möglichkeiten verfügt, ein solches Projekt zu verwirklichen. Sicher ist es von Interesse und ein großes wissenschaftliches Abenteuer, wenn zum Beispiel ein Schiff wie die *Titanic* entdeckt, mit Robotersonden untersucht, fotografiert wird und längst verloren geglaubte Utensilien nach Jahrzehnten der ewige Nacht dem Meere entrissen werden können. Um wie viel größer, wissenschaftlich interessanter und für die Zukunft der ganzen Menschheit von entscheidender Bedeutung aber wäre die Entdeckung eines Gerätes wie der Mannamaschine, eines eindeutig identifizierbaren außerirdischen Artefakts auf unserer Erde? Es gäbe kein vergleichbares Ereignis in der uns bekannten Geschichte. Denn dann hätten wir Gewissheit darüber, dass »sie« hier waren und dass wir erst am Anfang eines Abenteuers stehen, das nicht nur atemberaubende historische, sondern wahrhaft kosmische Dimensionen besitzt und uns schließlich selbst den Weg hinaus ins Universum öffnen wird …

Schlussbetrachtung

Mythos oder Realität? Auf jeden Fall ein großartiger Mythos, der aus dem tiefsten Grunde der Zeiten stammt und zugleich Brandung der Zukunft ist.

Louis Pauwels/Jacques Bergier
Aufbruch ins dritte Jahrtausend, 1962

Wir haben in diesem Buch versucht, die Geschichte der Mannamaschine aufzuzeichnen, von den allerersten Anfängen bis hinein in jene Zeit, da sich die Spuren im Dunkel der Vergangenheit des 14. Jahrhunderts wieder verlieren. Dabei sind wir bemüht gewesen, Spekulationen weitestgehend zu vermeiden und die Texte selbst sprechen zu lassen, sie zu interpretieren und Hypothesen als solche zu kennzeichnen. Großes Gewicht haben wir auch auf die Aussagen der Literaturwissenschaft zu dem gesamten Themenkomplex gelegt. Es erwies sich als vorteilhaft, dass gerade die Parzivallegende jene mittelalterliche Überlieferung ist, der innerhalb der deutschen Literaturwissenschaft die größte Aufmerksamkeit zuteil wurde. Die von uns zitierten Forscher sind oder waren anerkannte Wissenschaftler auf ihrem Gebiet. Nicht anders verhält es sich auch mit den in Kapitel IV genannten Naturwissenschaftlern und Ingenieuren. Ihre Arbeiten wurden von uns insbesondere deswegen vorgestellt, um damit deutlich zu machen, dass die Suche nach außerirdischer Intelligenz zu einem wissenschaftlichen Anliegen geworden ist und den ihr einst anhaftenden Makel der Pseudo-Wissenschaftlichkeit längst verloren hat.
Man wird uns vielleicht vorwerfen, dass wir uns nicht auf diese Weise mit der Gralproblematik hätten auseinander setzen dürfen. Als Germanist bzw. Naturwissenschaftler wissen wir durchaus, wovon wir reden. Wir können auch in der Art und Weise, in der wir uns dem Thema genähert haben, nichts Verurteilungswürdiges sehen. Wissenschaft (und zwar sowohl die Natur- als auch die Geisteswissenschaft) lebt ja geradezu von neuen Ideen, neuen Entdeckungen, neu geklärten Zu-

sammenhängen. Dass dabei ältere Hypothesen, Theorien und sogar Axiome verändert, angepasst oder ganz fallen gelassen werden müssen, ist ein normaler Prozess und wird überall dort praktiziert, wo analysiert, untersucht und geforscht wird. Nur durch diesen Mechanismus ist Fortschritt überhaupt möglich. Wer sich – aus welchen Gründen auch immer – diesem Prinzip verweigert, hat Wissenschaft grundsätzlich nicht verstanden.

Eine völlig neue Sichtweise alter Texte haben die Sprach-, Natur- und Ingenieurwissenschaftler George Sassoon und Rodney Dale mit der Rekonstruktion der Mannamaschine aufgetan. Solange die *Kabbalah* und das Buch *Sohar* nur Mystikern und allenfalls Religionswissenschaftlern vorbehalten blieb, konnte aus der Beschreibung des OThIQ IVMIN nichts anderes entnommen werden als undurchsichtige magisch-spirituelle Anschauungen und Weisungen, musste »Kabbalistik« ein Tummelfeld für »Magier«, Zahlenmystiker, Sterndeuter, dubiose Geheimbünde und Scharlatane bleiben. Erst durch die Arbeit Sassoons und Dales, die eben *nicht* unter dem bisherigen Blickwinkel an das Thema herantraten, ist es möglich geworden, den wirklichen Sinn, die wirkliche Bedeutung des *Sohar*-Textes zu verstehen. Allerdings wird die Interpretation des Grals als Maschine für all jene letztlich enttäuschend sein, die darin bislang nur ein esoterisches Symbol verehrt haben. Wir wissen aus vielen Vorträgen und anschließenden Diskussionen, mit welcher Vehemenz gerade so genannte »Esoteriker« unserer Deutung des Grals begegnen. Natürlich ist es jedem unbelassen, im Gral das zu sehen, was er gern möchte, und wer darin nichts anderes erkennen kann als einen metaphysischen Sakralgegenstand oder ein geistiges Ursymbol, mag an seinem Glauben festhalten. Solange wir die Identität von Gral und Mannamaschine nur haben wahrscheinlich machen und nicht *beweisen* können (dazu wäre eine Entdeckung des Gerätes nötig), wollen wir niemandem einen Vorwurf machen, sich unserer Argumentation zu entziehen. *Esoterik* (griechisch) bedeutet aber nichts anderes als »Geheimlehre« oder »Geheimwissenschaft«, und wir sehen es als eine unserer Aufgaben an, Lehren und Wissenschaften nicht geheim und im Verborgenen zu betreiben, sondern neue Erkenntnisse, neue Einsichten, neues Wissen zu erwerben und zu verbreiten, darzustellen und zu veröffentlichen. Wer es dagegen vorzieht, im Geheimen zu arbeiten und sich neuem Wissen zu verschließen, mag dies tun. Er läuft dann allerdings Gefahr, von den Entwicklungen überrollt zu werden.

Wir möchten an dieser Stelle auch ein Wort zur religiösen Gesamtproblematik sagen. Unter unseren Lesern werden etliche sein, die über die hier gegebene Interpretation des Alten Testaments und anderer religiöser Schriften zutiefst schockiert sind. Aus eigener Erfahrung wissen wir, wie schwer es ist, lang bewahrte Glaubensinhalte aufgeben oder verändern zu müssen. Man sollte sich aber bewusst machen, dass unser Glaube ja im Grunde noch immer jener Glaube ist, den die Menschen (d. h. ein einzelnes Volk auf unserer Erde) vor vielen Jahrtausenden besaßen. Er beruht damit auf einem Weltbild, das sich von dem unsrigen nicht nur grundlegend unterscheidet, sondern nachweislich *falsch* ist. Der Gott der Israeliten war nichts anderes als ein Teil dieses Weltbildes, seine Handlungen, Versprechungen, Prophezeiungen bezogen sich ausschließlich auf dieses eine Volk. Er war zudem ein sehr »menschlicher« Gott, mit allen Fehlern und Schwächen eines »menschlichen« Wesens: zornig, wütend, nachtragend, vergesslich, er machte Fehler und bereute sie wieder, er war ungeduldig und dazu bereit, seine Vorstellungen mit allen Mitteln durchzusetzen.
Sind dies wirklich Eigenschaften, die wir von einer allmächtigen und allwissenden Wesenheit erwarten würden? Ist es wahrscheinlich, dass Gott einerseits dieses Universum in all seiner Vielfalt, Schönheit und mathematisch-physikalischen Gesetzmäßigkeit erdacht und geschaffen, andererseits aber während eines Zeitraums von knapp eintausend Jahren sich ausschließlich damit beschäftigt hat, einige Nomadenstämme unter vielen anderen auf einem Planeten von vielen in einer Galaxis von vielen zu isolieren, durch die Wüste zu treiben, sich Zelte und Tempel errichten und Brandopfer darbringen zu lassen, mehr oder weniger sinnvolle religiöse Vorschriften zu geben, Menschen umzubringen (3. Mose 10; 2. Samuel 6), Massaker zu verüben (Ezechiel 8) und ganze Städte dem Erdboden gleichzumachen (1. Mose 19)? Kann man wirklich *glauben*, dass man es dabei mit ein und derselben »Person« zu tun habe? Oder ist in der Bibel nicht vielmehr von einem ganz anderen Wesen die Rede, einem Wesen, von dem die Israeliten glauben *mussten*, dass es sich dabei um Gott handelte?

Der Glaube unserer Vorfahren entsprach ihrem Weltbild, ihrer alltäglichen Erfahrung. Unser Glaube sollte dazu in der Lage sein, darüber hinauszuwachsen. Wer die Taten Gottes in seiner Schöpfung sieht, in der energetischen Ordnung der Atome, in der Gesetzmäßigkeit physikalischer Grundelemente, in der Struktur und dem Aufbau des Universums, wer erkennt, dass dies alles »eher einem großen Gedanken als einer großen Maschine« gleicht (Sir James Jeans, britischer Astronom), der hat sicherlich einen tieferen und begründeteren Glauben als jener, für den Gott irgendwo im Himmel auf einem goldenen Thron sitzt, von einer Engelschar umgeben mehr oder weniger wohlwollend das Geschehen auf der Erde betrachtet und hin und wieder mit Blitz und Donner in die Geschicke der Menschen eingreift. Dies ist der Gott, der den Vorstellungen eines längst vergangenen Zeitalters entsprungen ist, in dem Kontakte mit außerirdischen Intelligenzen Cargokulte gigantischen Ausmaßes entstehen ließen. Wäre es nicht an der Zeit, in Gott das zu sehen, was er ist: ein namenloses Wesen, in und über allem, jenseits der Gesetze von Raum und Zeit und allem Lebendigen immanent?

Unsere Arbeit wäre ohne das Buch *Die Mannamaschine* und dem langen freundschaftlichen Kontakt zu George Sassoon nicht möglich gewesen. Erst nachdem bekannt war, dass das Manna der Israeliten nicht einfach »vom Himmel fiel« oder von Insekten ausgeschieden wurde, konnten wir darangehen, nach weiteren Spuren der Mannamaschine außerhalb der biblischen und hebräischen Welt und ihrer Literatur zu suchen. Wir fanden sie schließlich in der Parzivalerzählung der deutschen und französischen Dichter des Mittelalters. Die Wahrscheinlichkeit, dass diese von etwas völlig anderem als der Mannamaschine schreiben, ist als extrem gering zu bewerten. Wie B. Laufer[1] ausführlich dargelegt hat, ist es auch der menschlichen Phantasie nicht möglich, Dinge zu »erfinden«, die außerhalb des normalen, täglichen Erkenntnisbereichs liegen. Die Idee eines Gerätes oder eines »Dings« aber – wie Wolfram schreibt –, das dazu in der Lage war, Nahrung zu produzieren, *muss* für den Menschen des Mittelalters völlig und absolut jenseits dessen gelegen haben, was er imaginativ erfahren und erfassen konnte (nicht umsonst beschwört Wolfram seine Leser mehrmals, ihm zu glauben). Die Menschen des Mittelalters lebten in einer agraisch geprägten Welt, in der Nahrungsmittel ausschließlich auf völlig natürliche Weise erzeugt, verarbeitet und verbreitet wurden. Selbst die Vorstellung vom Schlaraffenland beinhaltet ja nichts, das in irgendeiner Weise über das Vorstellungsvermögen des durch mittelalterliche Landwirtschaft geprägten Menschen hinausgeht; es projiziert lediglich die alltägliche Erfahrung ins unermesslich Große. Wenn dennoch ein Gegenstand beschrieben wird, der allen persönlichen Erfahrungen zum Trotz dazu in der Lage sein soll, »Brot« *herzustellen*, müssen wir annehmen, dass dieser Gegenstand tatsächlich existiert hat. Wenn darüber hinaus Informationen aus sehr unterschiedlichen Quellen zur Verfügung stehen (Bibel, Kabbalah, Talmud, mittelalterliche Dichtung, Geschichte des Templerordens) und diese Quellen parallelisierbar und in einen logischen Zusammenhang gebracht werden können, darf man sich nicht länger der Erkenntnis verschließen, dass hier von ein und demselben Objekt die Rede ist, das lediglich von unterschiedlichen Autoren zu unterschiedlichen Zeiten und infolgedessen in einem unterschiedlichen Kontext beschrieben wird.

Veröffentlichungen zu unseren Entdeckungen erfolgten zunächst in Form von Vorträgen und Artikeln[2,3], 1984 wurde unser erstes Buch *Die Entdeckung des Heiligen Gral*[4], 1989 ein zweites[5], ein drittes Buch unter dem Titel *Die Ewigkeits-Maschine* im Langen Müller Verlag 1998[6] – gewissermaßen die Vorläufer des nun publizierten vorläufigen »Abschlussberichts« unserer Suche – veröffentlicht. Ergänzende Ausführungen haben wir in dem 2001 publizierten Band *»Artus, Avalon und der Gral. Die Suche nach dem Stein der Weisen«*[7] unseren Lesern zugänglich gemacht. Die zahlreichen Zuschriften, Anregungen und Hinweise, die wir im Laufe der vergangenen Jahre erhielten, zeugen vom großen Interesse jener, die mit unseren Gedanken konfrontiert wurden. Verschiedene Reisen auf den Spuren der Templer und der Mannamaschine haben uns neues Material geliefert und interessante Zusammenhänge aufgezeigt.

Mit dem vorliegenden Buch wurde ein nicht unwichtiger Beitrag zur Beantwortung der Frage geleistet, ob wir einst von Vertretern einer extraterrestrischen Intelligenz besucht wurden oder nicht. Denn es ist möglicherweise zum ersten Mal gelungen, die Geschichte eines von Außerirdischen zur Erde gebrachten Artefakts über einen Zeitraum von 2500 Jahren zu verfolgen – und dies ausschließlich anhand von

Literatur und bildhaften Darstellungen, die das Schicksal dieses Objekts in der einen oder anderen Form widerspiegelt.

Aufgrund der hier behandelten und interpretierten Texte, Dichtungen und anderer Überlieferungen können wir also Folgendes annehmen: Die Mannamaschine wurde semitischen Wüstenstämmen zu Beginn einer »Isolationswanderschaft« durch die Wüste Sinai oder eine andere Wüste der Arabischen Halbinsel übergeben. Während dieser Zeit transportierte man sie in einem Schrein, den die Bibel »Bundeslade« nennt. Mit der Sesshaftwerdung spielte die Maschine etliche Jahre keine tragende Rolle mehr, bis sich König David ihrer erinnerte und sie nach Jerusalem holte. Dort befand sie sich unter seiner Herrschaft im »Heiligen Zelt« und erhielt schließlich ihren Platz im Tempel Salomos. Dass die Bundeslade damals oder in folgenden Jahrhunderten nach Äthiopien gebracht wurde, ist eine Möglichkeit, aber im Moment nicht verifizierbar. Die Mannamaschine dagegen blieb in Jerusalem und wurde vor dem Angriff der Babylonier versteckt: entweder in dem Tunnellabyrinth unterhalb des Tempels oder in Höhlen am Berg Nebo. Wenn sie dort hingeschafft wurde, so verblieb sie für Jahrhunderte dort und wurde später erneut nach Jerusalem bzw. in die Herodes-Festung Masada gebracht. Der jüdischen Welt blieb sie unter dem Begriff der *Schechina* in vager Erinnerung. Angeregt durch die von Kyot (wahrscheinlich Hugo de Payens) in Spanien entdeckten Aufzeichnungen des phönizischen Tempelarchitekten Hiram-Abi, machten sich die Gründungsmitglieder des Templerordens auf die Suche nach dem Gerät und fanden es nach acht Jahren an einer der benannten Stellen. Sie kehrten damit nach Europa zurück und bewahrten es als »Idol« in ihrem Orden. Literarisch fand es später als Gral (was nichts anderes als der vorderorientalische Geheimname für die *Schechina* ist) Einzug in die populäre mittelalterliche Arthur- bzw. Parzivalerzählung. Kurz vor der Zerschlagung der Templer-Gemeinschaft brachte man das Gerät in Sicherheit: wahrscheinlich über Schottland nach Oak Island. Dort liegt es, in mehr als siebzig Metern Tiefe, offensichtlich weitgehend zerstört und auseinander gebrochen und wartet darauf, eines Tages von uns wieder entdeckt zu werden.
So stellt sich uns die Geschichte der Mannamaschine oder des OThIQ IVMIN oder des »Alten der Tage« oder des »Transportierbaren mit

den Behältern« oder der *Schechina* oder des Grals oder des »Idols *Baphomet*« letztlich dar – eine verworrene Geschichte, die aber gerade *wegen* ihrer Komplexität und Problematik faszinierend ist und deren Entschleierung vielleicht dazu beitragen wird, auch weitere, hier nicht behandelte Aspekte der menschlichen Vergangenheit unter einem anderen Licht zu betrachten. Wir meinen, dass es an der Zeit ist, neue und auch notfalls unkonventionelle Wege zu gehen, selbst wenn dies auf den entschiedenen Widerspruch mancher Gelehrter der einen oder anderen Fachrichtung stoßen wird. Damals, vor mehr als 2600 Jahren, sagten außerirdische Intelligenzen aus den Tiefen des Alls zum Propheten Ezechiel (12,2):

Menschensohn, du lebst in einem widerspenstigen Geschlecht. Sie haben wohl Augen, dass sie sehen könnten, aber sie wollen nichts sehen, und Ohren, dass sie hören könnten, und hören doch nichts.

Wie lange eigentlich soll dieses Wort noch gelten …?

Nachwort

von Peter Fiebag

Der Mythos vom Gral hat meinen Bruder Johannes Fiebag und mich seit unserer Kindheit fasziniert und nie mehr losgelassen. Dass wir uns eines Tages selbst inmitten einer abenteuerlichen Suche nach dem legendären Artefakt wiederfinden würden, einer Kriminalgeschichte, die vor über 3500 Jahren begann und bis heute fortdauert, war für uns selbst überraschend und aufregend zugleich. Angespornt durch immer neue Verbindungen, Hinweise und Fakten erarbeiteten wir eine völlig neue Sichtweise des Grals, die ihn als einen sehr realen Gegenstand zeigt, eine nichtirdische Hinterlassenschaft.
Im Oktober 1999 verstarb überraschend für alle mein Bruder Johannes Fiebag mitten in seiner Arbeit an zahlreichen Projekten zur Theorie der Paläo-SETI. Sein Wunsch war es, dass unsere gemeinsamen Forschungen fortgeführt würden. Ich bin daher allen dankbar, die in den vergangenen Jahren zusammen mit mir sachlich an dieser Thematik gearbeitet haben. Denn je mehr Menschen sich mit dem Gral und seiner Geschichte befassen, desto näher werden wir ihm kommen. Eines Tages, da bin ich mir ganz sicher, wird der Beweis für unsere Theorie erbracht werden. Von wem? Vielleicht von einem Leser dieses Buches …

Zur Frage der Überdauerungsfähigkeit der Mannamaschine und ihrer Entdeckung

von George Sassoon

Zunächst möchte ich Johannes und Peter Fiebag zu ihrem Buch gratulieren. Sie waren nicht nur in der Lage, das Material über die Mannamaschine zu verstehen, sondern haben auch eine gut lesbare Zusammenfassung davon wiedergeben können – etwas, das mir selbst immer schwer erschien. Ihre Schlussfolgerungen waren für mich von größtem Interesse, da sie zum überwiegenden Teil die Ergebnisse meiner eigenen Nachforschungen seit der Veröffentlichung unseres Buches *Die Manna-Maschine* bestätigen. Das Material über die möglichen Reisen der Templer oder ihrer Nachfolger nach Oak Island ist außerordentlich bedeutungsvoll und unterstreicht das Bedürfnis nach weiteren Forschungen in dieser Richtung.
Sie haben mich gebeten, die folgende Frage zu erörtern: Ist es überhaupt denkbar, dass die Mannamaschine derart konstruiert war, dass sie 3200 Jahre überdauert haben könnte und wenn ja, wie und mit welchen Mitteln sollte man heute danach suchen?
Die Antwort auf den ersten Teil der Frage lautet auf jeden Fall: Ja. Die Mannamaschine arbeitete vierzig Jahre lang unter widrigen Umständen und bei einem Minimum an qualifizierter Instandhaltung. Die Priester, die das Gerät bedienten, hatten im Höchstfall eine Ausbildung von einigen Wochen hinter sich und keinerlei frühere Erfahrung im Umgang mit Maschinen. Dies heißt, dass die Maschine ein Produkt einer sehr ausgereiften Technologie gewesen sein muss.
Maschinen sind im Allgemeinen nur während des Anfangsstadiums ihrer Entwicklung unzuverlässig. Man denke dabei nur einmal an unsere modernen Automobile, die zehntausend Kilometer und mehr ohne Kundendienst fahren können, auf Reifen, die ihrerseits hunderttausend Kilometer und mehr überdauern. Die frühesten Kraftfahrzeuge hatten alle paar Dutzend Kilometer irgendwelche Pannen, sodass

wir also sagen können, dass in einer hundertjährigen Weiterentwicklung eine hundertfache Verbesserung zu verzeichnen war. Um wie viel zuverlässiger wären dann aber die Autos, die nach einer tausendjährigen Entwicklung gebaut würden? Und wie sollte man die Zuverlässigkeit einer Mannamaschine einstufen, die von einer intelligenten, sich vielleicht schon zehntausende von Jahren im Weltraum aufhaltenden Kultur gebaut wurde? Die für die Konstruktion der Maschine verwendeten Materialien müssen extrem dauerhaft gewesen sein, was bedeutet, dass während der inzwischen vergangenen 3200 Jahre eigentlich nur die Möglichkeit einer absichtlichen Zerstörung zu berücksichtigen wäre.

Eine absichtliche Zerstörung der Maschine liegt durchaus im Bereich des Möglichen. Man muss dabei aber bedenken, dass der Umgang mit dem Gerät, selbst als es nicht mehr arbeitete, äußerst gefährlich sein konnte. Dies hätte eine natürliche Abschreckung für jeden, der eine solche Zerstörung erwogen haben sollte, dargestellt. Es fällt schwer, sich vorzustellen, wie eine solche Maschine gefahrlos zu zerstören wäre. Man könnte sie in eine tiefe Schlucht oder ein tiefes Loch stellen und aus sicherer Höhe schwere Steine herunterfallen lassen. Aber selbst dabei könnte sie noch explodieren und fürchterlichen Schaden anrichten. Die einzig sichere Art der Beseitigung wäre, sie irgendwo zu verstecken, vorzugsweise in einer Höhle, deren Eingang man zuschüttet und alles darüber vergisst – so wie man es heutzutage mit Atommüll macht. Aufgrunddessen halte ich es für durchaus möglich, dass die Mannamaschine in einem unterirdischen Versteck liegt, etwa auf Oak Island.

Wenn wir uns nun dem zweiten Teil der Frage zuwenden, wirft dies einige Probleme auf: mit welchen Mitteln soll man heute nach den Überresten der Maschine suchen? Ein auf der Hand liegendes Hilfsmittel wäre der Geigerzähler oder andere, zur Messung radioaktiver Strahlung taugliche Messgeräte. Allerdings ist es nicht ganz einfach, eine solche Suche genau zu planen und durchzuführen, wenn man nicht exakt weiß, wie hoch die radioaktive Strahlung der Maschine noch ist und zu welchem Ausmaß diese Strahlung durch die eventuell darüberliegenden Felsschichten abgemindert wird. Je schwächer die Strahlung, desto höher der Zeitaufwand pro Quadratkilometer des Suchgebietes.

Eine weitere Alternative wäre die Magnetfeldmessung unter Verwendung von Protonen-Magnetometern, die selbst geringe Abweichungen wie ein Zehnmillionstel vom natürlichen Magnetfeld der Erde registrieren können. Wir haben allerdings keine Gewähr dafür, dass in der Mannamaschine größere Mengen von magnetischem Material verarbeitet waren.

Wesentliche Voraussetzung für ein Auffinden der Maschine ist aber, das in Frage kommende Suchgebiet einzuengen und abzugrenzen. Dies kann aber nur mittels weiterer Nachforschungen auf historischem Gebiet, so wie zum Beispiel in diesem Buch, geschehen. Wir können auch darauf hoffen, dass in dem Maße, wie die Theorie der Mannamaschine in weiteren Kreisen bekannt wird, auch weitere Beweise für ihre Existenz ans Licht kommen und die Aufmerksamkeit der Öffentlichkeit erregen werden. Wir haben festgestellt, dass Mythen und Legenden in ihrer richtigen Auslegung überraschend viel an exaktem Informationsgehalt hergeben. Vielleicht existiert noch irgendwo auf der Welt eine alte Überlieferung, die uns den Schlüssel zu diesem Geheimnis liefern wird.

(Aus dem Englischen von Willy Jaeniche)

George Sassoon erhielt im November 2005 für seine Arbeit über die Mannamaschine den »Pathfinder Award – Internationaler Forschungspreis 2005«, der von der Stiftung Bildung, Technik, Wissenschaft gemeinsam mit der Forschungsgesellschaft für Archäologie, Astronautik und SETI sowie der Erich von Däniken-Stiftung verliehen wird.

Die Mannamaschine und die Alchemisten

von George Sassoon

Wie Rodney Dale und ich in unserem Buch *Die Manna-Maschine* darlegten, stießen wir in alten jüdischen Büchern auf die Beschreibung einer Maschine, die Manna produzierte, die rätselhafte Speise, durch die sich das Volk Israel vor 3500 Jahren während seiner Wüstenwanderung ernährte. Diese Maschine wird in den Texten »Der Alte der Tage« genannt, eine Bezeichnung, die die meisten Leute für einen anderen Namen Gottes halten. Doch laut der Beschreibung in den Texten der Kabbala handelt es sich offensichtlich um ein physikalisches Objekt. Die Apparatur destillierte Wasser aus der Luft und kultivierte kleine Wasserpflanzen im Zentraltank, mit denen sodann Nahrung hergestellt wurde.

Unsere Arbeit wurde durch die Brüder Johannes und Peter Fiebag fortgeführt, die zu dem Schluss kamen, dass dieses Objekt irgendwie seit den alten Zeiten überdauert hat, dass die Tempelritter zum Heiligen Land reisten, um zu versuchen, dieses Gerät zu erobern, und dass sie möglicherweise erfolgreich waren und es nach Europa mitbrachten.

In ihrem Buch »Artus, Avalon und der Gral« werfen die Gebrüder Fiebag auch einen Blick auf die Alchemisten, diese frühen Experimentatoren, die die Grundlagen legten für die moderne Chemie. Das Objekt ihrer Arbeit war, den »Stein der Weisen«, wie ihn die Alchemisten nannten, herzustellen, eine magische Substanz, die unedle Metalle wie Blei und Quecksilber in Gold verwandeln und darüber hinaus Unsterblichkeit verleihen könne. Diese letztere Eigenschaft lässt sofort an eine Verbindung mit der Mannamaschine denken, denn vom Manna – der »Speise der Engel« – wurde ebenfalls geglaubt, dass diejenigen, die davon aßen, wie himmlische Wesen unsterblich werden. Der Gral soll gleichermaßen eine derartige mirakulöse Nahrung produziert haben.

Die frühesten Berichte über Alchemie stammen von arabischen Autoren, die im frühen Mittelalter schrieben. Doch diese Wissenschaft kam

etwa im 12. Jahrhundert nach Europa – bezeichnenderweise in der Periode, in der die Tempelritter ihre aktivste Zeit hatten und in engem Kontakt zur arabischen Kultur standen. Die Arbeit der Alchemisten basierte hauptsächlich auf dem Versuch, Substanzen zu reinigen, wozu sie sich vor allem der Destillation bedienten. Die frühen Destillierapparate, die sie benutzten, waren bekannt als »Athanor« oder »Alembic«. Sie arbeiteten mit diesem Apparat, um jede Substanz, derer sie habhaft werden konnten, zu destillieren, in der Hoffnung darauf, deren »Geist« zu extrahieren. Der Geist wurde angesehen als die reine »Essenz« der Substanz.
Eine Anekdote der Weltgeschichte: Diese Substanzen schlossen natürlich auch Bier und Wein ein, sodass wir es vielleicht den Tempelrittern und den Alchemisten verdanken, wenn wir uns heute an solchen »Geistern« wie Brandy und Whiskey erfreuen können. Es ist eine bemerkenswerte Tatsache, dass Whiskey zu einer sehr frühen Zeit in Irland produziert wurde, nachdem eine Gruppe von Tempelrittern in das Land gekommen war auf der Flucht vor dem König von Frankreich. Man erwartet eigentlich nicht, dass das mittelalterliche Irland eine Brutstätte von Hochtechnologie war noch dass Irland diesen fortschrittlichen chemisch-biologischen Prozess von so früher Zeit an zur Verfügung hatte. Es ist sehr wahrscheinlich, dass die Tempelritter ihn einführten, ebenso wie nach Schottland, wohin sie ihre Reise fortsetzten, um als militärische Ratgeber für König Robert the Bruce zu fungieren und ihm so zu seinem Sieg bei der Schlacht von Bannockburn im Jahre 1314 verhalfen. Erst viel später wurde alkoholischer Geist – vor allem Gin – überall in England hergestellt.

Die Fiebags zählen eine ganze Reihe von Parallelen auf zwischen dem Gral, der Mannamaschine und dem Stein der Weisen:
1. Der Weg zum Gral wie zum »Stein der Weisen« ist beschwerlich und kann tödlich sein.
2. Nur innerlich geläuterte, reine Menschen können ihr Ziel nach langer Irrfahrt erreichen.
3. Ihre Suche nach dem Gral und dem »Stein der Weisen« ist letztendlich eine Suche nach der Einheit von Mensch und Gott.
4. Wer den Gral oder den Stein findet, wird zu einer anderen Person, als sei er wiedergeboren.

5. Die schöpferische Kraft Gottes oder sogar Gott selbst wohnt dem Stein inne durch die materielle Präsenz des Blutes Christ (laut Robert de Boron).
6. Der »Stein der Weisen« wird in einem hermetisch verschlossenen Gefäß aufbewahrt. (Laut Robert de Boron enthält der Gral das Blut Christi.)
7. Die Alchemisten zogen Parallelen zwischen dem »Stein der Weisen« und dem Sohn Gottes und nannten ihn »das irdische Gegenstück zu Christus« oder das »wahre Abbild des wirklichen geistigen und himmlischen Steines, Jesus Christus«.
8. Gold wurde von den Alchemisten als eine vollkommenste Substanz betrachtet, die aus dem »Stein der Weisen« geschaffen werden kann. Christus ist der Vollkommene selbst.
9. Der Gral, wie der Stein, kann alle tödlichen Krankheiten heilen und Unsterblichkeit verleihen.
10. Wolfram von Eschenbach bezeichnet den Gral als »lapis exillis«, also auch als »Stein der Weisen«.
11. Der Gral leuchtet und strahlt ebenso wie auch der »Stein der Weisen« (und die Mannamaschine).
12. In späteren mittelalterlichen Manuskripten wurden sowohl der Gral als auch der »Stein der Weisen« als ein »Smaragd« beschrieben.
13. Sowohl der Gral als auch der »Stein der Weisen« stehen in naher Beziehung zum Universum, zum Weltall, da der Gral laut Wolfram von einer Schar geheimnisvoller Wesen von den Sternen zur Erde herabgebracht wurde, die auch wieder zu den Sternen zurückflog.

Doch die sicher erstaunlichste Entdeckung machten Johannes und Peter Fiebag auf einem Holzschnitt, den sie in einem alten französischen Buch über Alchemie fanden. Das Bild zeigt den »Fourneau Cosmique« oder »kosmischen Ofen«, den »Athanor« der Alchemisten, den diese frühen Forscher zum Destillieren der Substanz für das ewige Leben benutzten. Wie auch die Mannamaschine hat dieses Objekt etliche bauchige Tanks, kleinere Abflussbehälter, einen Herd als Hitzequelle und einen senkrechten Auspuff.
Ein anderer Fakt, der nachdenklich macht, ist der Titel des Buches: *La Theotechnic ergocosmique* (= in etwa: Ergokosmische Gottestechnologie). Rodney Dale und ich benutzten einen ähnlichen Titel für eine un-

Abb. 51: Versuchten mittelalterliche Alchemisten, die Mannamaschine nachzubauen? – Holzschnitt aus Hieronymus Brunschwigs »Grossem Destillierbuch«, Straßburg 1512.

serer frühen Publikationen über die Mannamaschine. Wie konnte ein Franzose aus dem 17. Jahrhundert Technologie mit Gott assoziieren?

Ich überlasse es dem Leser, die Ähnlichkeit zwischen diesem Objekt und unserer Rekonstruktion der Mannamaschine (s. Abbildung) festzustellen. Ist es möglich, dass die Tempelritter die alten jüdischen Texte benutzten, um die Maschine zu rekonstruieren, genauso, wie wir es taten? Aber tausend Jahre vor uns? Und beeinflusste ihre Rekonstruktion das Design der alchemistischen Destillationsapparate? Wir können es niemals sicher wissen, doch es scheint nahe liegend zu sein.

Sehen wir uns noch einmal den »Athanor«, den kosmischen Hoch- oder Schmelzofen genauer an. Diese Vorrichtung diente, wie ausgeführt, dem Destillieren von Substanzen auf der Suche nach dem »Stein der Weisen«. Eine Eigenschaft dieser magischen Substanz soll es sein, dass sie dazu benutzt werden kann, Quecksilber in Gold umzuwandeln, was wiederum die Erlangung von Unsterblichkeit und anderen mystischen Eigenschaften ermöglicht.

Wie verhält es sich nun mit dieser Transmutation, dieser Umwandlung von Stoffen? Wir haben hierauf in den alten jüdischen Texten keine Anspielungen gefunden. Aber in unserer Analyse der Funktionsweise der Mannamaschine wiesen wir darauf hin, dass sie möglicherweise auch mit einer Neutronenquelle arbeitete. Diese subatomaren Partikel können mit Sicherheit Transmutationen verursachen; ohne sie hätten wir keine Atomkraftwerke (und auch keine Atomwaffen).

Der wichtigste Grundstoff, den die Alchemisten bei ihren Experimenten benutzten, war Quecksilber, ein Metall, das im Periodischen System der Elemente in der Rangordnung auf der Stelle über dem Gold

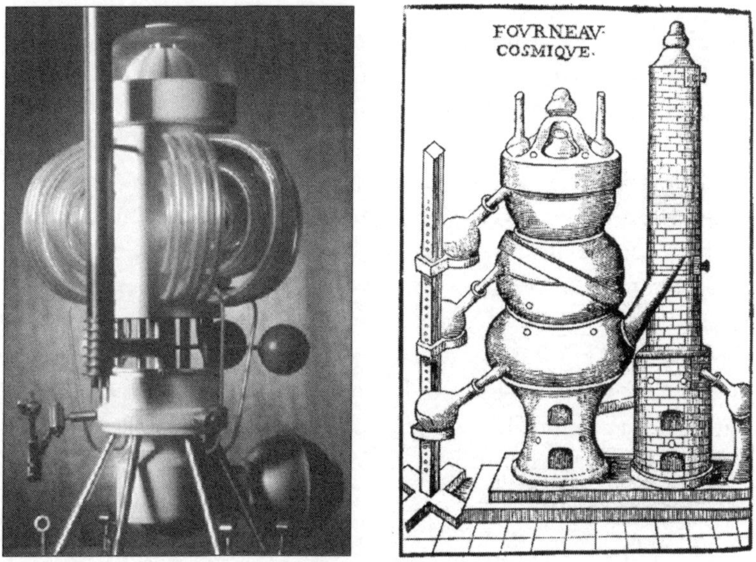

Abb. 52: Die rekonstruierte Mannamaschine von Sassoon und Dale und der »kosmische Ofen« der Alchemisten. Der »Athanor« ist dem Modell der Mannamaschine verblüffend ähnlich. Beide weisen bauchige Tanks, kleinere Zuleitungsbehälter, einen wärmeerzeugenden »Herd« und ein Auspuffrohr auf. Holzschnitt von A. Barlet, 1653.

steht. Was passiert, wenn Quecksilber mit Neutronen bombardiert wird? An dieser Stelle müssen wir uns einiger Fakten aus der elementaren Atomphysik bedienen:

Natürliches Quecksilber (Hg) besteht aus nicht weniger als sieben Isotopen:

Atomgewicht	196	198	199	200	201	202	204
Abundanz (Prozent)	0,15	9,97	16,87	23,10	13,18	29,86	6,87

Wenn ein Atomkern ein Neutron einfängt, wird nur ein Wert zum Atomgewicht hinzugefügt. So werden Isotope mit einem Atomgewicht von 198–201 einfach transmutiert in die geringfügig schwereren von 199–202, die stabil sind, während die Isotope mit einem Atomgewicht von 196, 202 und 204 in unstabile Atomkerne transmutieren mit einem Atomgewicht von 197, 203 und 205. Bei unserer Untersuchung fanden wir folgende Verfallsdaten:

197-Hg + e → 197-Au Halbwertzeit 2,672 Tage
203-Hg → e- + 203-Tl Halbwertzeit 46,61 Tage
205-Hg → e- + 205-Tl Halbwertzeit 5,2 Minuten.

Das Isotop 197 fängt ein negativ geladenes Elektron (e-) in den Atomkern ein, was die positive Ladung um einen Wert mindert und damit in der Periodentafel herabsetzt zu Au, also Gold. 197-Au ist das einzige stabile Isotop von Gold, es umfasst 100 Prozent des natürlichen Metalls.

Hg-203- und Hg-205-Atomkerne emittieren andererseits negative Elektronen, was deren positive Ladung erhöht und sie auf der Periodentafel zu Thallium (Tl) aufwertet. 203-Tl und 205-Tl sind deren einzige stabile Isotope mit natürlichen Abundanzen von 29,523 Prozent bzw. 70,476 Prozent.

So würde auf den ersten Blick das Endergebnis von Neutronen-Bestrahlung von Quecksilber eine Produktion einer kleinen Menge von Gold sein – 0,15 Prozent der umgewandelten Menge – und eine große Menge von Thallium, einem sehr giftigen harten Metall, wie es in Rattengift und Ameisenvernichtungsmitteln benutzt wird. Es wurde allerdings auch eingesetzt, um einen bulgarischen Dissidenten mittels einer

Kugel zu töten, die der KGB mit der Spitze eines Regenschirmes in seinem Bein platzierte.

Andererseits hat Hg-196 im Durchschnitt eine höhere Neutronen-Aufnahme als die anderen Isotope, sodass im Verhältnis eine größere Menge dieses Isotopes transmutieren kann, basierend auf der Neutronenenergie, die wir jedoch nicht einschätzen können.

Auf jeden Fall ist die Verwandlung von Quecksilber in Gold durch die Verwendung einer Neutronenquelle zumindest theoretisch möglich. Nach der Bestrahlung könnte das transmutierte Quecksilber destilliert werden, sodass Gold und Thallium übrig bleiben. Weitere einfache Methoden, die bereits den Menschen des Altertums bekannt waren, würden das Gold reinigen bzw. herauslösen.

Nächste Frage: Hatten die alten Israeliten Zugang zu Quecksilber? Laut dem »Chemical Rubber Company Handbook of Chemistry and Physics« (2003/4) war es den antiken Chinesen und Hindus bekannt und wurde in ägyptischen Gräbern aus der Zeit von 1500 v. Chr. gefunden. Es kommt vor als das rote Mineral Zinnober, Quecksilbersulfid. Um das Metall zu gewinnen, braucht man nur das Zinnober zu erhitzen und den Quecksilberdampf zu kondensieren: ein Destillationsprozess. Der Gebrauch eines Destillierapparates muss schon den alten Ägyptern bekannt gewesen sein, so wie auch den Hebräern.

Vielleicht wanderte einiges dieses alten jüdischen Wissens über arabische Kanäle bis nach Europa und führte zum Beginn der Alchemie im späten Mittelalter. Entwarfen die Alchemisten den Athanor in der Form der Mannamaschine, weil sie glaubten, dass es den Apparat effektiver mache? Wenn ja, aus welcher Quelle stammt ihre Information? Analysierten sie die Texte des Sohar, wie wir es taten, um sie zu erhalten? Oder sah einer von ihnen eine Darstellung der Maschine, die möglicherweise durch Tempelritter während der Zeit der Kreuzzüge nach Europa mitgebracht wurde? Praktizierten die Tempelritter selbst Alchemie? Vielleicht wird weitere Forschung diese Fragen beantworten können.

Ihr Werk mag uns heute sinnlos erscheinen, doch die Versuche der Alchemisten führten zu den Grundlagen der modernen Chemie, und das Design ihres Athanor brachte uns auf diese interessanten Fragen.

(Aus dem Englischen von Gisela Ermel)

Danksagung

Wie jedes andere Buch wäre auch dieses ohne die Mitwirkung und Hilfe vieler nicht möglich gewesen. Vor allen anderen sei mein Bruder Johannes Fiebag (1956–1999) genannt; mir war das Glück beschieden, zusammen mit ihm aufzuwachsen und gemeinsam mit diesem großartigen Menschen die Rätsel unserer Welt zu erforschen.

Auch in seinem Namen möchte ich mich bei unserer Familie bedanken, bei unseren Frauen Gertrud (J. F.) und Claudia (P. F.) sowie bei Johannes' Kindern Tobias, Daniel und Kristina. Dank gilt auch unseren Eltern, unserer Schwester Christiane und unserem Bruder Matthias. Für ihre Unterstützung danken wir unseren Freunden: Dipl.-Ing. Hans-Herbert Beier (†), Dipl.-Ing. Josef F. Blumrich (†), Luc Bürgin, Rodney Dale, M. A., Dr. h. c. Erich v. Däniken, Cornelia v. Däniken, Jörg Dendl, M. A., Dipl.-Bibl. Ulrich Dopatka, Horst und Anke Dunkel, Dr. Algund Eenboom, Gisela Ermel, John Fisch (†), Dipl.-Ing. Christian Forrer, StR Walter Förster, Ingrid Grömling, StR Willi Grömling, Elmar Gruber, Reiner Habeck, Rainer Holbe, Dipl.-Bibl. Hans-Peter Jaun, Peter Krassa (†), Hans Neumann, Dipl.-Geol. Christoph Opfermann, Hans-Werner Sachmann, Wolfgang Siebenhaar, Josef Schedel, Henning Schmiedel und Armin Schrick. Ganz besonders herzlich sei unserem Freund George Sassoon gedankt, der uns im Laufe der vergangenen Jahre bei unserer Arbeit unterstützt, uns zahlreiche Literatur- und andere Hinweise gegeben hat. Unserem langjährigen Lektor Hermann Hemminger, Dr. Rainer Schöttle und den Mitarbeitern des Hauses LangenMüller Herbig sei ebenfalls gedankt.
Dank gebührt schließlich all jenen, die über die Jahrtausende hinweg das Wissen um den Heiligen Gral aufrechterhalten haben und ohne deren Niederschriften dieses Buch nicht hätte entstehen können.

Peter Fiebag, Northeim 2006

Anhang

1. Erläuterungen zur Mannamaschine (s. Abb. 8 auf S. 106)

1. Der *Mund* (Luftzufuhr) transportiert den *Lebensatem* (Luft) durch …
2. ein ringförmiges Rohr in …
3. das *Hirn* des OThIQ IVMIN (Taukondensator). Der Taukondensator ist abgedeckt mit dem …
4. *Äther*, beziehungsweise dem durchsichtigen *äußeren Hirn des* OThIQ IVMIN. Das Wasser aus dem Kondensator läuft in …
5. das *Große Meer* (Tank mit Chlorella-Kultur), wo die Manna-Produktion beginnt. Die Kultur-Lösung zirkuliert durch …
6. die *Haare* des OThIQ IVMIN (Gasaustauschröhren) und wird vom *oberen Auge* (der – nicht sichtbaren – Lichtquelle im Kultur-Tank) bestrahlt. Der Kultur-Tank ist versehen mit dem …
7. *Rest* (Sicherheitsventil) und den …
8. *Abflüssen des Gehirns* (Abflussstutzen). Mit dem Kultur-Tank verbunden sind …
9. die drei *unteren Augen* (Tanks gefüllt mit Nährsalzen) durch …
10. die *Kanäle der unteren Augen* (Verbindungsrohre). Licht und Energie für die Maschine stammen vom …
11. *Gefäß, das Feuer enthält* (Kernreaktor) mit seinen …
12. *Schlüsseln* (Dämpfungsstabschiebern). Fernbedienung erfolgt mit dem …
13. *Arm des kleinen Gesichts* (mechanischer Arm und mechanische Hand). Die durch den Kondensator zugeführte Luft strömt durch …
14. die *lange Nase* (Ventilationsrohr), wird am Reaktor (11) vorbeigeführt, um ihn zu kühlen, und steigt dann, erwärmt, auf durch …
15. die *Nase des kleinen Gesichts* (Auspuff), wobei …
16. die Rauchsäule bei Tag und die Feuersäule bei Nacht erzeugt werden. Eine (nicht sichtbare) Buchnerpumpe im Auspuff erzeugt den Unterdruck, der benötigt wird, um die Chlorella in den …
17. *Aushöhlungen des Hirns des kleinen Gesichts* (Manna-Verarbeitungsapparatur) zu verarbeiten. Die Buchnerpumpe ist an die *Aushöhlungen des Hirns* angeschlossen durch den …
18. *Bart des kleinen Gesichts* (Mehrzweckunterdruckrohre). Das verarbeitete Manna kommt zur Speicherung in …
19. die *Heere* (Manna-Speichergefäße) und wird abgezapft durch den …
20. *Penis* (Manna-Abfüllrohr) und
21. die *Penis*-Abdeckung (Vakuumschleuse). Die Maschine steht auf …
22. *Beinen* wie sechs Säulen (sechs Beine mit Ringen für Trangstangen). Diese ruhen auf dem …
23. *Thron* (Plattform aus Material der Umgebung), der abgerissen wird, wenn die Maschine transportiert wird. Die ganze, der »Transportierbare mit den Behältern« genannte Maschine lässt sich in …

24. *den Alten* (Oberteil) und
25. *das kleine Gesicht* (Unterteil) zerlegen. Zwischen diesen Teilen ist …
26. *die Nacktheit* (Grenzflächenteil). Darunter befinden sich …
27. *die Kronen des kleinen Gesichts* (Inspektionsabdeckplatten) und
28. *das Ohr des kleinen Gesichts* (Kommunikationseinheit).

2. Das Problem des Transports der Mannamaschine

George Sassoon und Rodney Dale rekonstruierten die Mannamaschine als eine zusammengefügte Einheit. Ingenieur Christian Forrer schlägt folgende Variante vor: Bei 600 zu versorgenden Familien mit einem »Gomer« Manna (3,6 l) pro Tag berechnet er einen Lagertank, der ca. 2180 Liter fasste. Eine Tankkugel besaß demnach 1,6 m Durchmesser. Der Algenkulturtank wird mit 5000 Litern angenommen. Damit ergäbe sich ein Außendurchmesser von zwei Metern und eine Höhe von 2,1 Metern. Die Gesamthöhe bis zum Kondensator veranschlagt er mit 5,2 Metern.
Bei diesen Berechnungen würde sich natürlich die Frage erheben, wie eine Maschine diesen Ausmaßes (Leergewicht etwa 1000 kg) durch die Wüste hätte transportiert werden können. Christian Forrer vermutet, dass die Mannamaschine in Baugruppen zerlegt werden konnte (z. B. der Taukondensator als eine Einheit). Der Transport im zerlegten Zustand hätte dann durchaus mit Ochsengespannen und mit Wagen durchgeführt werden können. Für das gefährlichste Element der ganzen Anlage, die nukleare Energiequelle, hätte seiner Ansicht nach die originale Bundeslade als Transportbehälter gedient. Gold- und Holzelemente hätten bei sorgfältiger Verarbeitung tatsächlich eine Abschirmung von radioaktiven Beta- und Gamma-Strahlen gewährleistet.
Genaues werden wir an dem Tage wissen, an dem wir Teile der biblischen Mannamaschine entdecken werden. Und je mehr kluge Köpfe sich auf die Suche nach diesem Relikt machen, desto größer ist die Chance, den Beweis für die Paläo-SETI-Hypothese zu finden.

3. Originaltexte in mittelhochdeutscher Schreibweise

Wolfram von Eschenbach, *Parzival*, Vers 235, 20–32:

nach den kom diu künegin.	*Nach denen kam die Königin.*
ir antlütze gap den schin,	*Von ihrem Anlitz ging ein Schein aus,*
si wânden alle ez wolde tagen.	*dass alle meinten, es beginne zu tagen.*
man sach die maget an ir tragen	*Man sah die Frau gekleidet in*
pfellel von Arâbi.	*Pfellel von Arabien.*
ûf einem grüenen achmardi	*Auf einem grünen Achmardi*
truoc si den wunsch von paradis,	*trug sie die Wunscherfüllung vom Paradies.*
bêde wurzeln unde ris.	*Wurzel war es zugleich und Reis.*
daz was ein dinc, daz hiez der Grâl,	*Das war ein Ding, das hieß der Gral,*
erden wunsches überwal.	*allen Erdenwunsches Überschwang.*

Wolfram von Eschenbach, *Parzival*, Vers 469, 2–8:

ich wil iu künden umbe ir nar	*Ich will Euch künden, wovon sie leben:*
si lebet von einem steine,	*sie leben von einem Steine,*

des geslähte ist vil reine.	*der von ganz reiner Art ist.*
hat ir des niht erkennet,	*Wenn Ihr ihn nicht kennt,*
der wirt iu hie genennet,	*so soll er hier genannt werden.*
er heißet lapsit exillis	*Er heißt Lapsit exillis*
der stein ist ouch genannt der grâl.	*Der Stein wird auch der Gral genannt.*

Wolfram von Eschenbach, *Parzival*, Vers 781, 11–16:

Zuo Parzivâle sprach sie dô	*Da sprach sie zu Parzival:*
›nu wis kiusche und dâbì vrô.	*›Nun halte an Dich in Deiner Freude!*
wol dich es hôhen teiles,	*Wohl Dir, der Du großer Ehre teilhaftig geworden bist.*
du krône menschen heiles!	*Du Krone des Heiles der Menschen!*
daz epitafjum ist gelesen,	*Das Epitaphium wurde gelesen:*
du solt des grâles hêrre wesen.‹	*Du sollst der Herr des Grales sein.‹*

Wolfram von Eschenbach, *Parzival*, Vers 238, 2–24

nu hoert ein ander maere.	*Nun vernehmet eine andere Kunde!*
hundert knappen man gebôt:	*Hundert Knappen wurden aufgeboten,*
die nân in wìze twehеln brôt	*die nahmen auf weißen Linnen Brot*
mit zühten vor dem grâle.	*ehrfürchtig von dem Gral.*
die giengen al zemâle	*Darauf gingen sie*
und teilten für die taveln sich.	*und verteilten sich an die Tische.*
man sagte mir, diz sag ouch ich	*Man sagte mir, und ich sage es auch euch,*
uf iwer jeslìchen eit,	*auf Euren Eid freilich,*
daz vorem grâle waere bereit	*dass vor dem Grale bereit lag*
(sol ich das iemen triegen,	*(wenn ich Euch Falsches berichte,*
sô müezt ir mit mir liegen)	*so lügt Ihr nun ebenso wie ich)*
swâ nâch jener bot die hant,	*wonach ein jeder die Hand ausstreckte,*
daz er al bereite vant	*und dass er vor sich bereitet fand*
spìse warm, spìse kalt,	*warme Speise, kalte Speise,*
spìse niwe unt dar zuo alt,	*neue und dazu altbekannte Speise*
daz zam und daz wilde.	*von zahmem und von wildem Getier.*
esn wurde nie kein bilde,	*Etwas Derartiges hat es nie gegeben,*
beginnet maneger sprechen.	*möchte mancher wohl sprechen.*
der wil sich übel rechen:	*Aber er irrt:*
wan der grâl was der saelden fruht,	*Denn der Gral war die Frucht der Seligen,*
der werlde süeze ein sölh genuht,	*eine solche Fülle irdischer Süßigkeit,*
er wac vil nâch gelìche	*dass er fast all dem glich, was man sagt*
als man saget von himelrìche.	*vom Himmelreiche.*

Wolfram von Eschenbach, *Parzival*, Vers 469, 12–28:

ouch wart nìe ménschén sô wê,	*Auch wenn es einem Menschen noch so schlecht geht,*
swelhes táges es den stein gesieht,	*so wird er, sollte er eines Tages den Gral sehen*
die wochen mac ez sterben niht,	*die Woche darauf nicht sterben.*

diu aller schierst darnâch gestêt,	*Auch bleibt sein Aussehen dasselbe,*
sìn varwe im niemer ouch zergêt;	*das er hatte,*
man muoz im sölher varwe iehen,	
dâmite er hât den stein gesehen,	*als er den Stein erblickte*
ez sì maget ode man,	*und zwar so, wie er – Mann oder Frau –*
al dô sìn bestiu zìt huop an,	*in seiner besten Zeit aussah.*
saeh ez den stein zwei hundert jâr,	*Und wenn sie den Stein zweihundert Jahre sähen,*
im enwurde denne grâ sin hâr.	*nur das Haar würde ergrauen.*
selhe kraft dem menschen fit der stein,	*Solche Kraft gibt den Menschen der Stein,*
daz im fléisch – únde bein	*dass Fleisch und Gebein*
iugent enpfaeht al sunder twâl.	*sofort Jugend empfanden.*
der stein ist ouch genant der grâl.	*Der Stein wird auch der Gral genannt.*

Wolfram von Eschenbach, *Parzival*, Vers 470, 31–40:

Di aber zem grâle sint benant,	*Die aber zum Grale berufen sind,*
hoert, wie die wérdént bekant.	*hört, wie diese benannt werden!*
zénde án des steines drum	*Rings um den Stein herum erscheint am Rande*
von karácten éin epìtafum	*aus Buchstaben ein Epitaphium.*
sagt sìnen namen und sìnen art,	*Es sagt den Namen und das Geschlecht dessen,*
swer dár tuon sol die saelden vart.	*der die Glücksfahrt antreten soll,*
ez si von megeden ode von knaben,	*sei es ein Mädchen oder ein Knabe.*
die schrift darf niemen danne schaben;	*Die Schrift braucht niemand abzuschaben,*
sô man den namen gelesen hàt,	*denn so man den Namen gelesen hat,*
vor ir ougen si zergât.	*vergeht er vor ihren Augen.*

Wolfram von Eschenbach, *Parzival*, Vers 454, 24–31:

ein schar in ûf der erden liez,	*Ihn ließ auf Erden eine Schar,*
diu fúor úf über die sternen hôch.	*die fuhr auf hoch über die Sterne,*
op die ir únschult wider zôch,	*weil ihre Unschuld sie zurück zog.*
sìt muoz sìn pflegen getouftiu fruht	*Seither pflegt ihn getaufte Frucht*
mit álsôkiuschli cher zuht;	*mit Keuschheit und in reiner Zucht.*
diu mennischeit ist iemer wert,	*Die Menschen sind es immer wert,*
der zuo dem grâle wirt gegert.	*die sich der Gral zum Dienst begehrt.*

Wolfram von Eschenbach, *Parzival*, Vers 471, 15–22:

di newéderhalb gestuonden,	*Diejenigen, die außerhalb gestanden*
dô stritén begunden	*als Luzifer und die Trinität*
Lucifer unt Trinitas,	*miteinander stritten,*
swaz der selben engel was,	*diese selben edlen und*
die edelen unt die werden	*werten Engel*
muosen úf di erden	*mussten auf die Erde*
zuo dem selben steine.	*zu diesem Stein.*
der stein ist iemer reine.	*Der Stein ist immer rein.*

Wolfram von Eschenbach, *Parzival*, Vers (453, 1–22):

Kyôt der meister wol bekant
ze Dôlét verworfen ligen vant
in heidenischer schrifte
dirre âventieure gestifte
dér karácter âbc
muoser hân gelernet ê.

ân den lìst von nìgrománzi.
ez half, daz ime der tôuf was bì;
anders wáe dis máere och
unvernumen.
kein heidensch list möht uns
gefrumen
ze künden umbes grâles art,
wi man siner tougen innen wart.

Kyot, der wohl bekannte Meister,
fand zu Toledo verworfen
in heidnischer Schrift
die Urfassung der Aventüre.
Den Sinn des Abc
[Die Buchstaben des Werkes]
musste er zuerst lernen.
Und außerdem die Schwarze Kunst.
Es half ihm, dass er getauft war.
Andernfalls wäre diese Märe noch
heute unvernommen.
Keine heidnische List würde uns dazu
verhelfen,
von des Grales Art zu Künden,
wie man seiner Geheimnisse inneward.

Wolfram von Eschenbach, *Parzival*, Vers 827, 1–13:

Ob von Tróys méister Crìstjân
diesem máere hât unréht getân,
daz mac wol zürnen Kÿôt,
der uns diu rehten máere enbôt.
éndehaft gìht der Provenzâl,
wie Herzeloyden kint den grâl
erwarp, als im daz geordent was,
dô in verwórhte Anfortas.
von Provenz in tiuschiu lant
diu rehten máere uns sint gesant,
und dirre âventiur éndes zil.
niht mêr dâvon nu sprechen wil
ich Wolfram von Eschenbach,
wan als dort der meister sprach.

Wenn der Meister Chrétien von Troyes
dieser Geschichte Unrecht getan hat,
so darf das Kyot wohl erzürnen,
der uns die rechte Geschichte überliefert hat.
Wahrhaftig erzählte der Provenzale,
wie Herzeloydes Kind den Gral
erwarb, so, wie es ihm bestimmt war,
als Anfortas ihn verwirkt hatte.
Von der Provence ins deutsche Land,
wurde die rechte Geschichte uns gesandt.
Und diese Aventüre sind nun beendet.
Ich will jetzt nicht mehr davon erzählen,
ich, Wolfram von Eschenbach,
als es dort der Meister tat.

Wolfram von Eschenbach, *Parzival*, Vers 453, 23–30 und 454, 1–30:

Ein heiden Flégetânis
beiagete an künste hôhen pris.
der sélbe fisiôn
was geborn von Sálmôn,

ûz israhêlscher sippe erzilt
von alter her, unz unser schilt
der tóuf wárt fürzz hellenfiur.
der schreip vons grâles âventiur.
er war ein heiden vaterhalp,
Flégetânis, der an ein kalp
bette, als ob es waere sin got.

Ein Heide, Flegetanis,
eins hochberühmt durch seine Künste,
dieser Kenner der Natur [fision = Physiker]
war mütterlicherseits geboren von Salomo
[bzw. aus dem Geschlecht Salomos]
aus israelitischer Sippe
von alters her, bis unser Schild
die Taufe wurde gegen das Höllenfeuer.
Der schrieb von der Aventüre des Grals.
Väterlicherseits war er ein Heide,
Flegetanis, der ein Kalb
anbetete, als wäre es sein Gott.

wie mac der tievel selben spot
gefüegen an sô wiser diet,
daz si niht scheidet ode schiet
dâvon, der treit die hoechsten hant
unt dem élliu wunder sint bekant?
Flégetânis der heiden
kunde uns wol bescheiden.
iesliches sternen hìnganc
unt siner künfte widerwanc,
wie lánge ieslicher umbe gêt,
ê er wider an sin zil gestêt.
mit der Sternen umbreise vart
ist geprüevet aller menschlich art.

Wie mag der Teufel seinen Spott
einem so weisen Volk zufügen,
dass es nicht unterscheidet [von einem Kalb]
von dem, der der Höchste ist
und dem alle Wunder bekannt sind.
Flegetanis, der Heide,
konnte uns wohl erklären,
wie jeglicher Stern untergeht
und wieder aufgeht,
wie lange er [am Himmel] *entlangzieht,*
ehe er wieder an seiner Stätte steht.
Mit dem Umlauf der Sterne
wird auch geprüft [oder: erkannt, bestimmt]
aller menschlichen Art.

Flégetânis der heiden sach
dâvón er blûwecliche sprach,
im Gestirne mit sinen ourgen
vertrolenbaeriv tougen.
er iach, ez hieze ein dinc der grâl;
des namen las er sunder twâl
inme gestìrne, wie der hiez.
›ein schar in ûf der erden liez,
diu fúor ûf über die sternen hôch.
op dìe ir únschult wider zoch,
sit muoz sìn pflegen getouftiu fruht
mit álso kìuschlicher zuht;
diu mennischeit ist iemer wert,
der zuo dem grâle wirt gegert.‹

Flegetanis, der Heide, sah,
– davon sprach er nur mit Scheu –
in den Sternen mit seinen Augen
geheimnisvoll Verbogenes.
Er sagte, es hieße ein Ding der Gral,
dessen Namen er deutlich gelesen hatte
[in den Sternen]*:*
›Eine Schar ihn auf der Erde ließ,
die fuhr auf hoch über die Sterne,
weil ihre Unschuld sie zurück zog.
Seither pflegt ihn getaufte Frucht,
mit Keuschheit und in reiner Zucht.
Die Menschen sind es immer wert,
die sich der Gral zum Dienst begehrt.‹

Wolfram von Eschenbach, *Parzival*, Vers 455, 1–22

Sus schreip dervôn Flégetânis.
Kyôt der meister wìs
diz maere begunde suochen
in latìnschen buochen,
wâ gewesen waere
ein volc dâzuo gebaere,
dâz ez des grâles pflaege
unt der kìusche sich bewaege.
er las der lande chrônicâ
ze Britâne unt anderswâ,
ze Francrìche unt in Irlánt.
ze Anschouwe er diu maere vant.
ér lás von Mázadân
mit wârheite sunder wân,
umb alles sìn geslehte
stuont dâ geschriben rehte,
unt anderhalp, wie Tyturel

So schrieb davon Flegetanis.
Kyot, der weise Meister,
begann nach dieser Überlieferung zu suchen,
in lateinischen Büchern,
wo gewesen wäre,
ein dazu geborenes Volk,
dass es sich annähme des Grales Pflege
und redlich genug dazu sei.
Er las in den Chroniken der Länder,
zu Britannien und anderswo,
in Frankreich und in Irland.
Zu Anschouwe fand er die Überlieferung.
Er las von Mazadan
die volle Wahrheit.
Über sein ganzes Geschlecht
stand da das Rechte geschrieben,
und außerdem, wie Titurel

unt dés sún Frimutel	*und dessen Sohn Frimutel*
den grâl bráent ûf Anfortas,	*den Gral auf Anfortas vererbten,*
des swester Herzeloyde was,	*dessen Schwester Herzeloyde war,*
bì der Gahmuret ein kint	*von der Gahmuret ein Kind*
gewan, des disiu maere sint.	*bekam, von dem diese Geschichte handelt.*

Wolfram von Eschenbach, *Parzival*, Vers 468, 23–469, 1:

Der wirt sprach	*Der Wirt* [der Einsiedler] *sprach:*
›mir ist wol bekannt,	*›Es ist mir wohl bekannt,*
ez wonet manc wérlichiu hant	*dass manch wehrhafte Hand* [wehrhafter Ritter] *wohnt*
ze Munsalvaesche bìme grâl.	*zu Munsalvaesche bei dem Gral.*
durch âventiur di alle mâl	*Auf Abenteuer geht es oft* [immerdar],
rìtet manege reise;	*wenn sie – und das häufig – ausreiten;*
die selben témpléise;	*Die selben Templeisen,*
swa si kúmber ode prìs beiagent,	*wo immer sie Niederlage oder Sieg erjagen,*
für ir sünde si daz tragent.	*tun* [tragen] *sie es für ihre Sünden.*
dâ wont ein wérlichiu schar.‹	*Da wohnt eine wehrhafte Schar.‹*

»Wartburgkrieg«, Strophe 143:

Sol ich die krône bringen vür?	*Soll ich die Krone bringen für,*
diu wart gewohrt nâch sehstic tûsent engel kür,	*die von 60 000 Engeln gemacht worden ist?*
die wolten got von himelriche dringen.	*Die wollten Gott aus dem Himmelreich verdrängen.*
sich Lucifer, dô wart si din!	*Luzifer, da war sie deine.*
swâ noch werde wise meisterpfaffen sin,	*Wenn es noch weise Meisterpfaffen gibt,*
die wizzent wol, daz ich die wârheit singe.	*dann wissen sie wohl, dass ich die Wahrheit singe.*
Sant Michâhêl sach gotes zorn von ubermuotes twâle:	*Sankt Michael sah Gottes Zorn, gequält von diesem Übermut.*
die krône brach er sunder dane	*Er brach ihm [Luzifer] die Krone*
im von dem houbet,	*vom Haupt,*
daz ein stein der ûz gesprange,	*sodass ein Stein heraussprang,*
der wart doch sint ûf erden Parzivale.	*der auf Erden Parzivals Stein wurde.*
Den stein, der ûz der krônen sprane,	*Den Stein, der aus der Krone sprang,*
den vant, der ie mit hôhem pris nach wirde rane.	*den fand, der mit hohem Preis nach Würde rang.*

Lateinisches Original des Helinandus (um 1200), in dem zum ersten Mal das Wort »Gral« interpretiert wird:

Gradalis vel gradale gallice dicitur scutella tata et aliquantulum profunda, in qua preciosae dapes divitibus solent apponi	*Gradalis oder auch gradale heißt im Französischen eine breite und ein wenig tiefe Schüssel, in welcher kostbare Speisen zusammen mit ihrer Soße den Reichen stufen-*

gradatim, unus morsellus post alium in diversis ordinibus. Dicitur et vulgari nomine graalz, quia grata et acceptabilis est in ea comedenti tum propter contines, quia forte argenta est vel de alia preciosa materia, tum propter contentum, i. e. ordinem miltiplicem dapium preciosarum.

weise (gradatim) vorgesetzt zu werden pflegen, ein Stückchen nach dem anderen in verschiedenen Anordnungen, auch wird sie mit dem volksspachlichen Namen graalz benannt, weil sie dem aus ihr Speisenden gefällig (grata) und angenehem ist, einmal wegen ihrer äußeren Beschaffenheit, weil sie ganz silbern ist oder aus anderem kostbaren Material, zum anderen wegen ihres Inhaltes, d. h. wegen der vielfältigen Anordnung kostbarer Speisen.

4. Zeittafel

Die hier angegebenen Daten und Ereignisse erheben keinen Anspruch auf Vollständigkeit. Die Tabelle stellt einen ersten Versuch dar, die wechselvolle Geschichte der Mannamaschine (bzw. des Grals) in den Griff zu bekommen.

Um 1250 v. Chr. – Übergabe der Mannamaschine an einen oder mehrere semitische Nomadenstämme. – Aufbewahrung des Gerätes in der »Bundeslade« bzw. im »Heiligen Zelt«. Nach der jahrzehntelangen Wanderschaft beendet die Maschine die Produktion von Nahrung. Ohne weitere Beachtung wird sie in Silo abgestellt.

Um 1040 v. Chr. – Regierungszeit Samuels. Kriege gegen die Philister. – Verschleppung der Lade und der Mannamaschine ins Land der Philister. Rückkehr nach Israel nach kurzer Zeit. Erneute Unterstellung in Baala.

1000–961 v. Chr. – Regierungszeit Davids. Beendigung der Philisterkriege. – Beginn des Tempelbaus. – Überführung von Lade und Mannamaschine nach Jerusalem.

961–926 v. Chr. – Regierungszeit Salomos. – Fortführung und Beendigung des Tempelbaus mit phönizischer Hilfe. – Abfassung eines Berichts Hiram-Abis über die Mannamaschine. – Hier oder später möglicher Transport der Bundeslade nach Äthiopien. Verbleib der Mannamaschine im Tempel.

926 v. Chr. – Zerfall des Staates Israel in ein Nord- und Südreich.

597 v. Chr. – Erster Angriff der Babylonier auf Israel.

587 v. Chr. – Angriff der babylonischen Heere. Der Tempel wird zerstört, die Stadt geschleift. Es gelingt, die Mannamaschine zu verstecken: im Tunnellabyrinth unterhalb des Tempels oder am Berg Nebo. – Danach: Deportation der jüdischen Elite nach Babylon. Dort Niederlegung der fünf Bücher Mose.

Zwischen 100 und 200 n. Chr. – Niederlegung des Talmud. Es erfolgt eine Gleichsetzung des Begriffs *Schechina* mit der Mannamaschine.

Zwischen 312 v. Chr. und 272 n. Chr. – Einzige bislang bekannte bildhafte Darstellung der Mannamaschine in der Synagoge von Dura-Europos.

711 n. Chr. – Einfall der Moslems in Spanien. Cordoba und Toledo werden Zentren des Islam in Spanien.

896–901 – Thabit ben Quorrah. Er fasst die überlieferte Gral-Legende in seinem *felek thani* zusammen. Die Schrift gelangt nach Spanien.

1058 – Wiedereroberung Toledos durch die christlichen Armeen im Zuge der *Reconquista*.

1080 – Geburt Hugo de Payens.

1099 – Einnahme Jerusalems durch Gottfried de Bouillon. Hugo de Payens nimmt als 19-Jähriger an der Eroberung teil. Im gleichen Jahr kehrt er nach Frankreich zurück und begibt sich in die Dienste des Grafen Hugo de Champagne.

Vermutlich zwischen 1099 und 1104 n. Chr. – »Kyot« (Hugo de Payens) entdeckt in Toledo das *felek-thani*-Buch und damit die eigentliche Gral-Üerlieferung Hiram-Abis.

1104 – Hugo de Payens und Hugo de Champagne reisen gemeinsam nach Palästina, bleiben jedoch nur für kurze Zeit.

1105 – Auf Anregung von Hugo de Champagne beginnen Mönche des Zisterzienserordens mit einem genauen Textstudium alter hebräischer Schriften. Jüdische Gelehrte der berühmten Kabbalah-Schule des Rabbi Rashi von Troyes werden hinzugezogen.

1114 – Hugo de Champagne reist zum zweiten Mal ins Heilige Land. Nach seiner Rückkehr erneute Verbindungsaufnahme mit den Zisterziensern. Gründung der Abtei von Clairvaux unter Bernhard de Fontaine (dem Hl. Bernhard). Fortsetzung der Studien.

1119 – Hugo de Payens zieht zusammen mit sieben Freunden, darunter dem Onkel Bernhards und zwei Zisterziensern, nach Jerusalem. Sie schließen sich dort zur »Armen Ritterschaft vom salomonischen Tempel« zusammen, beziehen Quartier über den Tempelruinen, nehmen Ausgrabungen im Tempelfelsen vor.

1125 – Hugo de Champagne stößt zur Gruppe der ersten Templer in Jerusalem.

1127 – Die Mannamaschine bzw. der Gral ist gefunden und wird von den Templern nach Frankreich gebracht.

1128 – Offizielle Gründung des Templerordens. Die Mannamaschine geht in den Besitz der Bruderschaft über. Später wird sie dort als *Baphomet* verehrt. In der österreichischen Burg Lockenhaus entsteht im »Kultraum« der Templer die einzige bislang bekannte Abbildung der Maschine aus mittelalterlicher Zeit.

Zwischen 1174 und 1190 – Chrétien schreibt den *Conte del Graal.* – Etwa um die gleiche Zeit: Robert de Boron verfasst sein Grals-Epos.

Zwischen 1200 und 1210 – Wolfram von Eschenbach legt den *Parzival* nieder.

Um 1290 – Rabbi Moses de Leon fasst die bis dahin nur mündlich weitergegebenen *Kabbalah*-Texte schriftlich zusammen. In ihnen (im Buch *Sohar*) findet sich auch die detaillierte Beschreibung der Mannamaschine, bekannt als OThIQ IVMIN.

12.–13. Oktober 1307 – Verhaftung aller Templer in Frankreich. Vom Tempel in Paris aus setzt sich kurz zuvor ein Wagenkonvoi in Bewegung. Die Mannamaschine wird in Sicherheit gebracht: wahrscheinlich ins Templer-Refugium Schottland.

11. März 1314 – Tod des letzten Großmeisters der Templer durch Verbrennen auf dem Scheiterhaufen. Endgültige Auflösung des Ordens der »Gralshüter«.

1398 – Sir Henry Sinclair erreicht Neu-Schottland. Er legt dort zusammen mit 200 ausgewählten Männern das Versteck für die Mannamaschine an: auf der kleinen Insel Oak Island.

1446 – Grundsteinlegung der Rosslyn Chapel durch Sir Henrys Sohn William Sinclair. In der Kirche sind Hinweise auf die Amerika-Reise Henrys und den salomonischen Tempel enthalten. Geburt der Freimaurerei in Schottland, die sich auf Templertraditionen gründete.

Sommer 1775 – Daniel McGinnis entdeckt auf Oak Island das von Henry Sinclair angelegte Versteck. Es beginnt eine bis heute nicht abgeschlossene, aufwändige Suche nach dem darin eingeschlossenen »Schatz«.

1970 – Erste Unterwasserfernsehaufnahmen im Bohrloch 10x auf Oak Island zeigen Objekte, die Teilen der Mannamaschine entsprechen könnten.

1978/1979 – George Sassoon und Rodney Dale legen in ihrem Buch die technische Rekonstruktion der Mannamaschine vor und bilden damit die Basis für weitere Studien in dieser Richtung.

1984 – Johannes und Peter Fiebag legen erstmals ein geschlossenes Konzept vor, das die Identität von Bundeslade und Gral nahe legt und darauf hindeutet, dass die Templer das Gerät in Jerusalem fanden.

Quellenverzeichnis

Auftakt

1. Crooker, W.: *The Oak Island quest.* Windsor, 1978.
2. Furneaux, R.: *Money Pit: The mystery of Oak Island.* London, 1972.
3. Harris, R. V.: *The Oak Island mystery.* Toronto, 1967.
4. Kirchner, G.: *Terra X – Von Mallorca bis zum Ayers Rock.* München, 1997.
5. O'Conner, D.: *The Money Pit.* New York 1978.
6. Morell, V.: *The pit and the perplexities.* Equinox, Mai/Juni 1983.
7. Unterlagen im Oak-Island-Museum.

Kapitel I – Parzival

1. Stapel, W.: *Parzival.* München und Wien, 1977.
2. Lachmann, K.: *Wolfram von Eschenbach.* Berlin und Leipzig, 1926.
3. Rupp, H.: *Wolfram von Eschenbach.* Darmstadt, 1966.
4. vgl.: Barber, R.: *The Holy Grail. Imagination an Belief.* London 2004.

Kapitel II – Die Quellen

1. Hilka, A. (Hrsg.): *Der Percevalroman (Li Contes del Graal).* Halle, 1932.
2. *Peronnik.* Märchen der Welt. Märchen von Ketzern. Hrsg. und übersetzt von Malies Hörger, nach Emile Souvestre: Le foyer breton, Paris 1844. Frankfurt a. M., 1986.
3. Evola, J.: *Das Mysterium des Grals.* München, 1955.
4. Martin, E.: *Wolfram von Eschenbach – Parzival und Titurel.* Halle, 1903.
5. Bumke, J.: *Wolfram von Eschenbach.* München, 1970.
6. Piper, P.: *Wolfram von Eschenbach – Parzival* (I und II). Stuttgart, 1890.
7. Ash, G.: *König Arthur.* Düsseldorf, 1986. Wer sich für das Thema »Artus« näher interessiert, den verweisen wir auf unser Buch »Artus, Avalon und der Gral«, Wien 2001 bzw. auf »Magier und Dunkle Mächte«, Wien, 2005.
8. Weston, J. A.: *From ritual to romance.* Garden City N.Y., 1957.
9. Jung, E.: *Die Gral-Legende in psychologischer Sicht.* Zürich und Stuttgart, 1960.
10. Burdach, K.: *Der Gral – Forschungen über seinen Ursprung und seinen Zusammenhang mit der Longinus-Legende.* Stuttgart, 1928 und Darmstadt, 1974.

Kapitel III – Der Gral – Sinn, Bedeutung, Interpretation

1. Lincoln, H., Baigent, M., und Leigh, R.: *Der Heilige Gral und seine Erben.* München, 1984.
2. Lincoln, H., Baigent, M. und Leigh, R.: *Das Vermächtnis des Messias.* München, 1987.
3. Newman, S.: *Der Schlüssel zum Da-Vinci-Code. Die wahren Hintergründe von »Sakrileg«.* Berlin, 2005.
4. Pfister, P. u. H. Graf: Im Bann der Geheimbündler. SonntagsZeitung, Schweiz 15.5.2005.

5. Hertz, W.: *Parzival von Wolfram von Eschenbach*. Stuttgart und Berlin, 1906.
6. Sandkühler, K.: *Chrétien de Troyes – Perceval oder Die Geschichte vom Gral.* Rastatt, 1963.
7. Foerster, W.: *Kristian von Troyes*. Halle, 1914.
8. Hilka, A. (Hrsg.): *Kristian von Troyes Cliges*. Halle, 1921.
9. Piper, P.: *Wolfram von Eschenbach – Parzival* (I und II). Stuttgart, 1890.
10. Martin, E.: *Wolfram von Eschenbach – Parzival und Titurel*. Halle, 1903.
11. Jung, E.: *Die Gralslegende in psychologischer Sicht*. Zürich und Stuttgart, 1960.
12. Martin, E.: *Zur Gral-Sage*. Stuttgart, 1880.
13. Kampfers, F. Zit. in B. Kircher, *Das Buch vom Gral*. München, 1989.
14. Kolb, H.: *Munsalvaesche*. München, 1963.
15. Barber, R.: *The Holy Grail. Imagination an Belief.* London, 2004.
16. Mergell, B.: *Der Gral in Wolframs Parzival*. München, 1952.
17. Ranke, F.: *Zur Symbolik des Grals bei Wolfram von Eschenbach. Trivium*, 4, 1946.
18. Tax, P.: *Felix culpa und lapsit exillis, Wolframs Parzival und die Liturgie.* Modern Language Notes, 80, 1965.
19. Bumke, J.: *Wolfram von Eschenbach*. München, 1970.
20. Gruber, E. und Kersten, H.: *Jesus starb nicht am Kreuz*. München, 1998.
21. Wolf, W.: *Der Vogel Phönix und der Gral.* In: Richard Hienast (Hrsg.), *Studien zur deutschen Philologie des Mittelalters, Friedrich Panzer zum 80. Geburtstag 1950 dargebracht*. Heidelberg, 1950.

Kapitel IV – Die Paläo-SETI-Hypothese

1. Hurley, F. *Pearls and savages – Adventures in the air, on land and sea in New Guinea*. New York – London, 1924.
2. Steinbauer, F.: *Die Cargokulte als religionsgeschichtliches und missionstheologisches Problem*. Dissertation, Universität Erlangen, 1971.
3. Worsley, P.: *Die Posaune wird erschallen – »Cargo«-Kulte in Melanesien*. Frankfurt, 1973.
4. Gentes, L.: *Zur Frage der Tatsächlichkeit von Kontakten zu Außerirdischen in Altertum und Vorzeit*. Ergänzungsband zum Bericht über die Tagung der MUFON Central European Section in Ottobrunn, 1977.
5. Dopatka, U.: *Cargokulte – gestern-heute-morgen*. Ancient Astronaut Society, CH-Feldbrunnen, 1982.
6. Däniken, E. v.: *Habe ich mich geirrt?* München, 1985.
7. Lüdecke, H.: *Vom Zaubervogel zum Zeppelin.* Berlin, 1936.
8. Fiebag, P., Belting, P., Eenboom, A.: *Flugzeuge der Pharaonen.* Rottenburg 2004.
9. Meyer, C.: *Der Aberglaube des Mittelalters und der nächstfolgenden Jahrhunderte.* Hodgson, History.
10. Fiebag, J. und Sasse, T.: *Mars – Planet des Lebens*. Düsseldorf, 1996.
11. Fiebag, J.: *Mission Pathfinder*. Düsseldorf, 1997.
12. Cox, L. J.: *An explanation for the absence of extraterrestrials on Earth*. Quarterly Journal of the Royal Astronomical Society, 17, 1976.
13. Tipler, F. J.: *Extraterrestrial beings do not exist*. Quarterly Journal of the Royal Astronomical Society, 21, 1980.

14. Schwarztmann, D. W.: *The absence of extraterrestrials on earth and the prospects for SETI.* Icarus, 32, 1977.
15. Freitas, R. und Valdes, F.: *The search for extraterrestrial artifacts (SETA).* International Astronautical Federation, 35. Kongress, 1984.
16. Freitas, R.: *Extraterrestrial intelligence in the Solar System: Resolving the Fermi Paradox.* Journal of the British Interplanetary Society, 36, 1985b.
17. Freitas, R.: *There is no Fermi Paradox.* Icarus, 62, 1985a.
18. Fiebag, J.: *Analyse tektonischer Richtungsmuster auf dem Mars – Keine Hinweise auf künstliche Strukturen in der südlichen Cydonia-Region.* Astronautik, 1 und 2, 1990.
19. Fiebag, J.: *»Gesicht« und »Pyramiden« in der Cydonia-Region des Mars – Eine Untersuchung zu Spekulationen über eine »künstliche« Entstehung.* Astronautik, 2 und 3, 1990.
20. Papagiannis, M. D.: *Are we all alone, or could they be in the asteroid belt?* Quarterly Journal of the Royal Astronomical Society, 19, 1978.
21. Papagiannis, M. D.: *The search for extraterrestrial civilizations – A new approach.* Mercury, Jan-Feb., 1982.
22. Papagiannis, M. D.: *The importance of exploring the asteroid belt.* Acta Astronautica, 10, 1983.
23. Papagiannis, M. D.: *Natural selection of stellar civilizations by the limits of growth.* Quarterly Journal of the Royal Astronomical Society, 25, 1984.
24. Papagiannis, M. D. (Hrsg.): *The search for extraterrestrial life – Recent developments.* International Astronomical Union, 1985.
25. Fiebag, J. und P.: *Chiron und Nereide – künstliche Objekte im Sonnensystem?* In: Erich von Däniken (Hrsg.), Kosmische Spuren, München, 1988.
26. Fiebag, J.: *Was ist »1991VG?«* In: E. v. Däniken (Hrsg.), Fremde aus dem All. München, 1995.
27. Fogg, M.: *Temporal aspects of the interaction among the first Galactic civlizations: The »Interdict Hypothesis«.* Icarus, 69, 1987.
28. Deardorff, J.: *Examination of the Embargo hypothesis as an explanation for the Great Silence.* Journal of the British Interplanetary Society, 40, 1987.
29. Deardorff, J.: *Possible extraterrestrial strategy for Earth.* Quarterly Journal of the Royal Astronomical Society, 27, 1986.
30. Kuiper, T. und Morris, M.: *Searching for extraterrestrial civilizations.* Science, 196, 1977.
31. Fiebag, J.: *Die Anderen.* München, 1993.
32. Fiebag, J.: *Das UFO-Syndrom.* München, 1996.
33. Fiebag, J. und P.: *Zeichen am Himmel.* Berlin, 1997.
34. Fiebag, J.: *Kontakt.* München, 1994.
35. Fiebag, J.: *Sternentore.* München, 1996.
36. Fiebag, J.: *Von Aliens entführt.* Düsseldorf, 1998.
37. O'Neill, G.: *Space colonies and energy supply to the Earth.* Science, 190, 1974. Siehe auch: O'Neill, G.: *Unsere Zukunft im All.* Bern und Stuttgart, 1978.
38. Hart, M.: *An explanation for the absence of Extraterrestrials on Earth. Quarterly* Journal of the Royal Astronomical Society, 16, 1975.
39. Jones, E.: *Colonization of the Galaxy.* Icarus, 28, 1976.
40. Newman, W. und Sagan, C.: *Galactic civilizations – Population dynamics and Interstellar diffusion.* Icarus, 46, 1981.

41. Zuckerman, B.: *Stellar evolution – Motivation for mass interstellar migrations.* Quarterly Journal of the Royal Astronomical Society, 26, 1985.
42. Morris, M. S., Thorne, K. S., and Yurtsever, U.: *Wormholes, time machines, and the weak energy condition.* Physical Revue Letters., 61, 31, 1988.
43. Alcubierre, M.: *The Warp Drive: Hyper-Fast Travel within General Relativity.* Classical and Quantum Gravity, 11, 1994.
44. Schenkel, P.: *Should SETI Protocols Consider Interstellar Travel?* SETI League, Guest Editorial, 2. 5. 1996 (http://setileague.org/editor/travel.htm).
45. Däniken, E. v.: *Beweise*. Düsseldorf und Wien, 1979.
46. Krassa, P. und Farkas, V.: *Lasset uns Menschen machen*. München, 1985.
47. Fiebag, J. und P. (Hrsg.): *Aus den Tiefen des Alls*. Tübingen, 1985.
48. Fiebag, P.: *Der Götterplan*. München, 1995.
49. Fiebag, P.: *Geheimnisse der Naturvölker.* München, 1999.
50. Griaule, M.: *masques dogon.* Institut d'ethnologie. Paris, 1938/1994.
51. Temple, R.: *Das Sirius-Rätsel*. Frankfurt, 1977.
52. Kanjilal, D. K.: *Fliegende Maschinen im alten Indien*. In: E. v. Däniken, Habe ich mich geirrt? München, 1985.
53. Kanjilal, D. K.: *Fliegende Maschinen und Weltraumstädte im antiken Indien*. In: J. und P. Fiebag (Hrsg.): Aus den Tiefen des Alls, Tübingen, 1985.
54. Kanjilal, D. K.: *Unterwasser- und Weltraumstädte in altindischen Texten*. In: E. v. Däniken (Hrsg.): Kosmische Spuren, München, 1988.
55. Gentes, G.: *Die Wirklichkeit der Götter*. Essen, 1996.
56. Grömling, W.: *Gesar*. Groß-Gerau 2005.
57. Krassa, P. und Habeck, R.: *Das Licht der Pharaonen*. München, 1994.
58. Messiha, K.: *Flugzeugmodelle im alten Ägypten*. In: J. u. P. Fiebag (Hrsg.): Aus den Tiefen des Alls, Tübingen, 1985.
59. Nicklas, M., Fiebag, J. und Fiebag, P.: *Der Huaxteken-Galvanisierer*. In: E. v. Däniken (Hrsg.): Kosmische Spuren, München, 1988.
60. Matwejewa, E. W.: *Schlussfolgerungen zu den Funden an fadenförmigen Wolframspiralen in den alluvialen Ablagerungen des Flusses Balbanju.* ZNIGRI-Analyse 18/485 vom 29.11.1996.
61. Däniken, E. v.: *Puma Punku – das wirkliche Rätsel der Anden.* In: E. v. Däniken (Hrsg.): Kosmische Spuren, München, 1988.
62. Blumrich, J. F.: *Da tat sich der Himmel auf*. Düsseldorf und Wien, 1973.
63. Beier, H. H.: *Kronzeuge Ezechiel*. München, 1985.
64. Forrer, C.: *Ezechiel-Fähre und Tempellandung: Ein anderer Blickwinkel. Ancient Skies*, 1, 1998.
65. Ehrenberg, G.: *Symbolae physicae*. Frankfurt, 1823.
66. Keller, W.: *Und die Bibel hat doch recht*. Düsseldorf und Wien, 1955.
67. Müller, E. (Hrsg.): *Der Sohar – Das Heilige Buch der Kabbala*. Ohne Ort und Datum.
68. Sassoon, G. und Dale, R.: *Die Mannamaschine.* Rastatt, 1979. Neu erschienen: Berlin, 1995.
69. Sassoon, G. und Fiebag, P.: *Eine »Gottheit« wird technisch realisierbar. Die Geschichte der Mannamaschine.* In: Sagenhafte Zeit 2/2002. Hrsg. A.A.S., Beatenberg 2002, S. 8–16.

70. *Geschlossenes ökologisches Lebenssystem entwickelt.* Magazin für Luft- und Raumfahrt, 1, 1983.
71. *Eiweiß aus Algen für die Ägypter.* Frankfurter Allgemeine Zeitung, 21.11.1985.
72. Fraunhofer-Institut. Pressemitteilung.
73. Degen, J.: Journal of Biotechnology, Vol. 92(2), pp. 89–94, 2001.
74. pers. Mitteilung von J. Degen vom 12.12.2001.
75. Clyens, S.: Imitating the fog basking beetle to collect water in the desert. In: D. Reed (Hrsg.): Spirit of Enterprises. Bern, 1993.
76. Nitzschmann, A.: Bremer Forscher gewinnt Trinkwasser aus der Luft. Die Welt vom 21.1.1999.
77. P.M.-Magazin, 2-1999. München.
78. Japaner planen kleine Kernreaktoren für Bürohäuser. bild der wissenschaft. 27.8.2001.
79. Küffner, G.: Das tragbare Minikraftwerk mit hoher Ausbeute. FAZ vom 28.11.2000.

Kapitel V – Der kosmische Gral

1. Mergell, B.: *Der Gral in Wolframs Parzival.* München, 1952.
2. Gelbhaus, S.: *Über den Parzival Wolframs von Eschenbach (Mhd. Dichtung in ihrer Beziehung zur biblisch-rabbinischen Literatur).* Frankfurt, 1980.
3. Barber, R.: *Der Heilige Gral.* Düsseldorf 2004.
4. Jung, E.: *Die Gralslegende in psychologischer Sicht.* Zürich und Stuttgart, 1960.
5. Blumrich, J. F.: *Da tat sich der Himmel auf.* Düsseldorf und Wien, 1973.
6. Krassa, P.: *Gott kam von den Sternen.* Berlin, 1995.
7. Lancelot-Grail: *The Old French Arthurian Vulgate and Post-Vulgate in Translation,* hrsg. v. Norris J. Lacy. New York/London 1993–1996; zitiert nach: Barber, R.: a. a. O.
8. Iselin, L. E.: *Der morgenländische Ursprung der Grallegende.* Halle, 1909.
9. Bumke, J.: *Wolfram von Eschenbach.* München, 1970.
10. Golther, W.: *Parzival und der Gral in der Dichtung des Mittelalters und der Neuzeit.* Stuttgart, 1925.
11. Burdach, K.: *Der Gral – Forschungen über seinen Ursprung und seinen Zusammenhang mit der Longinus-Legende.* Stuttgart, 1928 und Darmstadt, 1974.
12. Sassoon, G. und Dale, R.: *Die Mannamaschine.* Rastatt, 1979. Neu erschienen: Berlin, 1995.
13. Gentes, G.: *Die Wirklichkeit der Götter.* Essen, 1996.

Kapitel VI – Bundeslade und Mannamaschine

1. Davis, P. R.: *In Search of Anient Israel.* Sheffield, 1992.
   siehe hierzu auch:
   Thompson, T.: *Early History of the Israelite People from the Written and Archaeological Sources.* Leiden, 1992.
   Whitelam, K. W.: *The Invention of Ancient Israel.* London, 1996.
   Grabbe, L. L. (Hrsg.): *Can a History of Israel Be Written?* Sheffield, 1997.
   Das Testament des Pharao. Der Spiegel, 26/97.

Niemann, M.: *The Socio-Political Shadow Cast by the Biblical Solomon. In: The Age of Solomon: Scholarship at the Turn of the Millennium.* Leiden, 1998.
Finkelstein, I.: *State Formation in Israel and Judah: A Contrast in Context, a Contrast in Trajectory.* In: Near Eastern Archaeology 61:1, 1999.
Marcus, A. D.: *The View from Nebo.* Boston, 2000.
Fiebag, P., Belting, P. u. Eenboom A.: *Flugzeuge der Pharaonen.* Rottenburg, 2004.

2. Fiebag, P.: *Der Götterplan.* München, 1995.
3. Groth, K. U.: *Prä-Astronautische Spuren in den Qumran-Rollen.* In: E. v. Däniken (Hrsg.), *Fremde aus dem All.* München, 1996.
4. Imhof, P. und Teplan, S.: *Der wahre Berg des Moses entdeckt?* Weltbild, 17, 1996.
5. Fischinger, L.: *Götter der Sterne.* Weilersbach, 1997.
6. Furduj, R.: *Eine radiotechnische Anlage in der antiken Welt.* Vortrag, Weltkonferenz der Ancient Astronaut Society, Novo Vinoldolski, 1987.
7. Dendl, J.: *Herkunft und Verbleib der Bundeslade aus historischer Sicht.* G.R.A.L. Sonderband Nr. 1, Berlin, April 1993.
8. Schmitt, R.: *Zelt und Lade als Thema alttestamentlicher Wissenschaft.* Gütersloh, 1972.
9. Andrews, R.: *Tempel der Verheißung.* Bergisch-Gladbach, 1999.
10. Grison, R. und S. Munro-Hay: *Der Pakt mit Gott. Auf der Suche nach der verschollenen Bundeslade.* Bergisch Gladbach, 2001.

Kapitel VII – Der Tempel

1. Beyer, R.: *König Salomo.* Bergisch Gladbach, 1993.
2. Kebra Nagast. *Die Herrlichkeit der Könige.* Nach den Handschriften in Berlin, London, Oxford und Paris. Zum ersten Mal im äthiopischen Urtext herausgegeben und mit deutscher Übersetzung versehen von Carl Bezold. Königlich Bayerische Akademie der Wissenschaften I. Kl. XXIII Bd. I Abt., München, 1905.
3. Krebs, W.: *Zur Rolle der Bundeslade in Äthiopien.* Das Altertum, 16, 1970.
4. Däniken, E. v.: *Prophet der Vergangenheit.* Düsseldorf und Wien, 1979.
5. Hancock, G.: *Die Wächter des Heiligen Siegels.* Bergisch Gladbach, 1992.
6. Fiebag, P., Eenboom, A., Belting, P.: *Flugzeuge der Pharaonen.* Rottenburg, 2004.
7. Grierson, R. u. Munro-Hay, St.: *Der Pakt mit Gott.* Bergisch Gladbach, 2001.
8. Gierson, R.: *African Zion: The Sacred art of Ethiopia.* New Haven, 1993.
9. Almeida, M. de, Some Records of Ethiopia, 1593–1646. Being Extractsfrom the History of High Ethiopia or Abassia, London, 1954.
10. Kefyalew Merahi: *The Covenant of Holy Mary Zion with Ethiopia.* Addis Abeba, 1997.
11. Bumke, J.: *Wolfram von Eschenbach.* München, 1970.
12. Kraeling, C. H.: *The Excavations at Duras Europos.* Final Report VIII, The Synagoge, Part I., Yale University Press, 1956.
13. Sassoon, G. und Dale, R.: *Die Mannamaschine.* Rastatt, 1979. Neu erschienen: Berlin, 1995.
14. Engertsberger, S.: *Das geheime Wissen der Essener.* In: E. v. Däniken, Das Erbe der Götter, München, 1997.

15. Bloch, C.: *Kabbalistische Sagen*. Leipzig, 1925.
16. Hauck, A. (Hrsg.): *Real-Encyclopädie für protestantische Theologie und Kirche* (Bd. 17). Leipzig, 1899.
17. Dibelius, M.: *Die Lade Jahves*. Dissertation, Universität Göttingen, Göttingen, 1906.
18. Scholem, G.: *Zur Entwicklung der kabbalistischen Konzeption der Schechina*. Frankfurt, 1952.
19. Scholem, G.: *Von der mystischen Gestalt der Gottheit*. Frankfurt, 1962.
20. Kolb, H.: *Schola Humilitatis*. Beitr., 78, München, 1956.
21. Goetz, H.: *Der Orient der Kreuzzüge in Wolframs Parzival*. Archiv für Kulturgeschichte, 1, 1967.
22. Kolb, H.: *Munsalvaesche*. München, 1963.

Kapitel VIII – Kyot

1. Piper, P.: *Wolfram von Eschenbach – Parzival* (I und II). Stuttgart, 1890.
2. Simrock, K.: *Parzival von Wolfram von Eschenbach*. Stuttgart, 1861.
3. Foerster, W.: *Kristian von Troyes*. Halle, 1914.
4. Kolb, H.: *Munsalvaesche*. München, 1963.
5. Mohr, W.: *Wolfram von Eschenbach*. Göppingen, 1979.
6. Schröder, F. R.: *Die Parzivalfrage*. München, 1928.
7. Bumke, J.: *Wolfram von Eschenbach*. 6. Neu bearbeitete Auflage, Stuttgart, 1991.
8. Kolb, H.: *Schola Humilitatis*. Beitr., 78, München, 1956.
9. Golther, W.: *Parzival und der Gral in der Dichtung des Mittelalters und der Neuzeit*. Stuttgart, 1925.

Kapitel IX – Templer und Templeisen

1. Mohr, W.: *Wolfram von Eschenbach*. Göppingen, 1979.
2. Martin, E.: *Zur Gral-Sage*. Leipzig, 1880.
3. Birch-Hirschfeld, A.: *Die Sage vom Gral*. München, 1923.
4. Golther, W.: *Parzival und der Gral in der Dichtung des Mittelalters und der Neuzeit*. Stuttgart, 1925.
5. Snellmann, W.: *Das Haus Anjou und der Orient in Wolframs ›Parzival‹*. Uitgever-Nijkerk, 1941.
6. Schröder, F. R.: *Die Parzivalfrage*. München, 1928.
7. Demurger, A.: *Die Templer*. München, 1991.
8. Charpentier, L.: *Macht und Geheimnis der Templer*. Olten, 1978.
9. Krück von Poturzyn, M. J.: *Der Prozess gegen die Templer*. Edition Perceval, Bd. 9. Stuttgart, 1982.
10. Demurger, A.: Der letzte Templer. München, 2004.
11. Hergenröther, J. Cardinal und Kaulen, F.: *Kirchenlexikon oder Encyclopädie der katholischen Theologie und ihrer Hilfswisschenschaften (X)*. Freiburg, 1897.
12. Beck, A.: *Der Untergang der Templer*. Freiburg i. Br., 1992.
13. Sippel, H.: *Die Templer*. Wien-München, 1996.
14. Melville, M.: *La vie des Templiers*. Paris, 1951, 1974.
15. Louis, R.: *Une source islamisante du Parzival du Wolfram von Eschenbach*. Paris, 1959.

Kapitel X – Die Gralshüter

1. Kolb, H.: *Munsalvaesche*. München, 1963.
2. Ponsoye, P.: *L'Islam et ›e Graal‹ – Etude sur l'Ésotérisme du Parzival de Wolfram von Eschenbach*. Paris, 1957.
3. Stapel, W.: *Parzival*. München und Wien, 1977.
4. Sippel, H.: *Die Templer.* Wien-München, 1996.
5. Hauf, M.: *Der Mythos der Templer*. Solothurn-Düsseldorf, 1995.
6. Bumke, J.: *Wolfram von Eschenbach*. München, 1970.
7. Demurger, A.: *Die Templer.* München, 1991.
8. Bauer, M.: *Die Tempelritter*. München, 1997/1998.
9. Charpentier, L.: *Macht und Geheimnis der Templer*. Olten, 1978.
10. Barber, M.: *The trial of the Templars*. Cambridge, 1978.
11. Terhart, F.: *Der Schatz der Tempelritter.* Bergisch Gladbach, 2002.
12. Lincoln, H., Baigent, M., und Leigh, R.: *Der Heilige Gral und seine Erben*. München, 1984.
13. Lincoln, H., Baigent, M. und Leigh, R.: *Das Vermächtnis des Messias*. München, 1987.
14. Bumke, J.: *Wolfram von Eschenbach*. 6. Neu bearbeitete Auflage, Stuttgart, 1991.
15. Piper, P.: *Wolfram von Eschenbach – Parzival* (I und II). Stuttgart, 1890.
16. Goldschmidt, L: *Der Babylonische Talmud*. Bd. II, Haag, 1933.
17. Albert von Aachen: *Geschichte des ersten Kreuzzuges*. Übers. Von Hermann Haefele, Jena, 1923.
18. Fulcher of Chartres: *History of the First Crusade*. Übersetzt von Martha Evelyn McGinty, London, 1941.
19. Dendl, J.: *Herkunft und Verbleib der Bundeslade aus historischer Sicht*. G.R.A.L. Sonderband Nr. 1, Berlin, April 1993.
20. Shanks, H.: *The city of David*. The Biblical Archaeological Society, Washington, 1975.
21. Mikkonen, K.: *Valter Juvelius and the Ark von the Covenant*. Ancient Skies (US-Ausgabe), 18/3, 1991.
22. Reich, R., Interview in: Aust, S.: Beitrag in Kultur-Zeit, Sat.1, 1997.
23. Andrews, R., Interview in: Aust, S.: Beitrag in Kultur-Zeit, Sat.1, 1997.
24. Ben-Dov, M.: *In the Shadow of the Temple*. New York, 1985.
25. *Die Geheimstatuten des Ordens der Tempelherren nach der Abschrift eines vorgeblich im vaticanischen Archive befindlichen Manuscripts, zum ersten Male in der lateinischen Urschrift und in deutscher Übersetzung herausgegeben von Merzdorf, Grossherzoglich Oldenburgischem Oberbibliothekar*. Mit einer Nachschrift von Hustav Schwetschke. Halle, 1877.
26. Prutz, H.: *Geheimlehre und Geheimstatuten des Tempelherren Ordens – eine kritische Untersuchung*. Berlin, 1879.
27. Jung, E.: *Die Gralslegende in psychologischer Sicht.* Zürich und Stuttgart, 1960.
28. Imperio, L.: *Sigilli Templari*. Latina, 1994.
29. Sassoon, G. und Dale, R.: *Die Mannamaschine*. Rastatt, 1979. Neu erschienen: Berlin, 1995.
30. Probst-Biraben, J.-H. und Maitrot de la Motte-Capron, A.: *Les idoles des chevaliers du Temple*. Mercure de France, Bd. 214, Paris, 1939.

31. Terhart, F.: *Die Wächter des Heiligen Gral.* München, 1999.
32. Schonfield, H. J: *Die Essener.* Südergellersen, 1985.
33. Wilke, W. F.: *Geschichte des Tempelherrenordens.* Bd. I-III, Leipzig, 1926.
34. Zöllner, W.: *Geschichte der Kreuzzüge.* Wiesbaden, 1989.
35. Evola, J.: *Das Mysterium des Grals.* München, 1955.

Kapitel XI – Das Versteck

1. Rahn, O.: *Kreuzzug gegen den Gral.* Freiburg, 1933.
2. Schmitz-Valchenberg, G.: *Grundlehren katharischer Sekten des 13. Jahrhunderts.* München, 1971.
3. Nelli, R.: *Les Cathares.* Paris, 1964.
4. Borst, A.: *Neue Funde und Forschungen zur Geschichte der Katharer.* Historische Zeitschrift (HZ), 174, 1952.
5. Niel, F.: *Les Cathares de Montségur.* Paris, 1973.
6. Lincoln, H., Baigent, M., und Leigh, R.: *Der Heilige Gral und seine Erben.* München, 1984.
7. Lincoln, H., Baigent, M. und Leigh, R.: *Das Vermächtnis des Messias.* München, 1987.
8. Hauf, M.: *Der Mythos der Templer.* Solothurn-Düsseldorf, 1995.
9. Bamm, P.: *Eines Menschen Einfälle.* München, 1978.
10. Brennan, J.: *The occult Reich.* Bergenfield, 1974.
11. Bergier, J. und Pauwels, L.: *Aufbruch ins dritte Jahrtausend.* München, 1962.
12. Mund, R. J.: *Der Rasputin Himmlers.* Wien, 1985.
13. Schellenberg, W.: *Aufzeichnungen.* Wiesbaden, 1979.
14. Charpentier, J.: *Die Templer.* Stuttgart, 1965.
15. Charpentier, L.: *Macht und Geheimnis der Templer.* Olten, 1978.
16. de Sède, G.: *Die Templer sind unter uns.* Berlin-Frankfurt-Wien, 1963.
17. Finke, H.: *Papsttum und Untergang des Templerordens.* Münster i.W., 1907.
18. Stern, S. M.: *Les vers finau en espagnol dans les Muwassahs hispano-hébraiques.* Paris, 1948.
19. Bumke, J.: *Wolfram von Eschenbach.* 6. Neu bearbeitete Auflage, Stuttgart, 1991.
20. Mailly, A.: *Der Tempelherrenorden in Niederösterreich in Geschichte und Sage.* Wien, 1923.
21. Theuer, F.: *Burg Lockenhaus.* Burgverwaltung Lockenhaus im Burgenland, Eisenstadt, 1990.
22. Sassoon, G. und Dale, R.: *Die Mannamaschine.* Rastatt, 1979. Neu erschienen: Berlin, 1995.
23. Keller, P. A.: *Ritterburg Lockenhaus.* Burgverwaltung Lockenhaus, Eisenstadt, o. D.
24. Demurger, A.: *Die Ritter des Herrn.* München, 2003.
25. *Die Templer.* Região de Turismo dos Templários. Tomar, 2004.
26. Bordonove, *G.: La vie quotidienne des templiers.* Frankreich, 1990.
27. Loução, P. A.: *Templários na formação de Portugal.* Lissabon, 2003.
28. Kirchner, G.: *Terra-X: Schwertbrüder. Der Templer-Coup von Portugal.* München, 1999.

29. Schottmüller, K.: *Der Untergang des Templerordens. Mit urkundlichen und kritischen Beiträgen*. Berlin, 1887; Wiesbaden, 1970.
30. Mellor, A.: *La Charte inconnue de la France-maconnerie*. Paris, 1963.
31. Lyon, D. M.: *History of the Lodge of Edingburgh*. Edinburgh, 1900.
32. Horne, A.: *King Solomon's Temple in the Masonic Tradition*. London, 1972.
33. Knight, C. und Lomas, R.: *Unter den Tempeln Jerusalems*. Bern-München-Wien, 1997.
34. Wallace-Murphey, T.: *An Illustrated Guide to Rosslyn Chapel*. Rosslyn, o. D.
35. Lea, H. C.: *Geschichte der Inquisition im Mittelalter*. Bd. 3. Philadelphia 1887, Köln 1905, Frankfurt a. M., 1997.
36. Bradley, M. und Theilmann-Bean, D.: *Holy Grail across the Atlantic*. Willowdale, 1988.
37. Piekalkiewicz, J.: *Da liegt Gold*. München, 1971.
38. Kirchner, G.: *Terra X – Von Mallorca bis zum Ayers Rock*. München, 1997.
39. O'Conner, D.: *The Money Pit*. New York, 1978.

Schlussbetrachtung

1. Laufer, B.: *The prehistory of aviation*. Field Museum of Natural History, Anthropological Series, Volume XVIII, No. 1, Chicago, 1928.
2. Fiebag, J. und P.: *Der Gral – ein außerirdisches Gerät*. Vortrag, Weltkonferenz der Ancient Astronaut Society, Wien, 1982.
3. Fiebag, J. und P.: *Wo blieb die Mannamaschine?* Vortrag, One-day-meeting der Ancient Astronaut Society, Horn/Bad Meinberg, 1983.
4. Fiebag, J. und P.: *Die Entdeckung des Heiligen Grals*. Luxembourg, 1984.
5. Fiebag, J. und P.: *Die Entdeckung des Grals*. München, 1989.
6. Fiebag, J. und P.: *Die Ewigkeits-Maschine*. München, 1998/2003.
7. Fiebag, J. und P.: *Artus, Avalon und der Gral*. Wien, 2001 (auch erschienen in: Habeck, R.: Magier & Dunkle Mächte. Wien, 2005).

Zusätzlich verwendete Literatur

Accademico Ordinario Abb. Telesforo Bini (Hrsg.): *Dei tempieri e del loro processo in toscana.* Latina, 1845/1994.

Addison, C.: *The Knight Templars.* London, 1842.

Adolf, H.: *Christendom and islam in the middle ages: New light on ›Grail Stone‹ and ›Hidden Host‹.* Speculum, 32, 1957.

Adolf, H.: *Studien zur Gral-Sage (Eine Zusammenfassung).* Archiv für das Studium der neueren Sprachen, 188, 1951.

Adolf, H.: *Holy city and grail.* The Pennsylvanien State University Press, Pennsylvanien, 1960.

Adolf, H.: *New light on oriental sources for Wolfram's Parzival and other Grail romances.* Publications of the Modern Language Association, 62, 1974.

Ambelain, R.: *Jésus ou de mortel secret des templiers.* Paris, 1970.

Angst, G., Ehrismann, O. und Engels, H.: *Wolfram von Eschenbach – Parzival – Titurel – Tagelieder.* Transkriptions. Stuttgart, 1970.

Anton, C.-G.: *Versuch einer Geschichte des Tempelherrenordens.* Leipzig, 1781.

Archer, T. A.: *The crosaders.* London, 1894.

Arcons, C.: *Du flux et reflux de la mer et des longitudes.* Paris, 1667.

Atienza, J. G.: *La meta secreta de los Templarios.* Barcelona, 1979.

Atienza, J. G.: *La mística solar de los Templarios.* Barcelona, 1983.

Atienza, J. G.: *Guia de la España templaria.* Barcelona, 1985.

Atienza, J. G.: *La rebelion del grial.* Barcelona, 1985.

Badellino, E.: *I Templari.* Milano, 1996.

Barber, M.: *Die Templer.* Düsseldorf, 2005.

Bardtke, H.: *Die Handschriftenfunde am Toten Meer: Die Sekte von Qumran.* Berlin, 1958.

Barker, E.: *The crusades.* London, 1923.

Barnard, M.: *Treasure island!* Imperial Oil Review, August 1963.

Barret, P. und Gurgand, J.-N.: *Gott will es!* Herrsching, 1987.

Barthel, M.: *Was wirklich in der Bibel steht.* Düsseldorf, 1980.

Bartocci, U.: *America: una rotta templare.* Milano, 1995.

Bayer, H.: *Gralsberg und Minnegrotte.* Berlin, 1978.

Bayer, H.: *Die Hochmittelalterliche Glaubenskrise im Spiegel der Literatur.* Stuttgart, 1983.

Beltz, W.: *Gott und die Götter.* Berlin und Weimar, 1975.

Bernhard von Clairvaux: *De laude novae militiae ad milites templi.* In: V. Mortet und P. Deschamps: Recueil de textesd relativs ... l'histoire de l'architecture et ... la condition dess architetes in France au moyen age, XIIe-XIIIe siècles. Paris, 1929.

Bertau, K.: *Wolfram von Eschenbach.* München, 1983.

Berthelot, A.: *Die Mythen um König Artus und den Heiligen Gral.* München, 2005.

Best, N.: *Geheimnisse des Templer-Ordens.* Rastatt, 1997.

Bezold, C.: *Kebra Nagast – Die Herrlichkeit der Könige.* Im äthiopischen Urtext und deutscher Übersetzung. Abhandlungen der Bayerischen Akademie der Wissenschaften. München, 1905.

Bokor, C. v.: *Winkelmaß und Zirkel.* Wien, 1982.

Bordonove, G.: *Les templiers*. Paris, 1963.
Bordonove, G.: *La vie quotidienne des templiers*. Paris, 1975.
Borne, G. v. d.: *Der Gral in Europa*. Frankfurt, 1987.
Bramato, F.: *Storia dell'Ordine dei templari in Italia*. Roma, 1991.
Buitenen, J. A. B. (Hrsg.): *The Mahabharata*. University of Chicago Press, Chicago, 1973.
Büsching, J. G.: *Der Heilige Gral und seine Hüter*. Museum für Altdeutsche Literatur und Kunst, 1, 1809.
Busink, T. A.: *Der Tempel von Jerusalem*. Leiden, 1970.
Capone, B. u. a.: *Guida all'italia dei templari*. Roma, 1997.
Castellvillar, M. I. B.: *Wurde die Mannamaschine auf Oak Island vergraben?* Ancient Skies, Sept.–Okt. 1988.
Champbell, G. A.: *Die Tempelritter – Aufstieg und Verfall*. Stuttgart, 1938.
Closs, H. M. M.: *The meeting of the waters – An enquiry into the interrelationships of east and west in the mystery of the grail*. Aryan Path, Bombay, 1948.
Compomanets, P.-R.: *Dissertaciones historicas del orden y cavalleria de los Templarios o resumen historical de sus principias*. Madrid, 1747.
Dailliez, L.: *Les templiers*. Paris, 1972.
Daniels, J. C.: *Wolframs Parzival, St. Johannes der Evangelist und Abraham Bar Chija*. Nijmegen, 1937.
Deinert, W.: *Ritter und Kosmos im Parzival*. München, o. D.
Die Heilige Schrift. Approbierte Übersetzung von V. Hamp und M. Stenzel, Pattloch-Verlag, Aschaffenburg, 1972.
Die Kabbalah. Übersetzt von Julius Nestler. Abi Melzer Productions, Dreieich und Fourier Verlag, Wiesbaden, o. D.
Douglas-Bruce, J.: *The evolution of arthurian romance*. Göttingen, 1928.
Dupuy, P.: *Historisches Tractat von dem Process wider den Ritterorden der Tempel-Herren*. Frankfurt, 1665.
Ehrismann, G.: *Geschichte der deutschen Literatur bis zum Ausgang des Mittelalters (II)*. München, MCMLIV.
Eistert, K.: *Der Ritterorden der Tempelherren in Schlesien*. In: Archiv für schlesische Kirchengeschichte, 14, Hildesheim, 1957.
Elie, H.: A *la gloire de Jesus Christ – Le saint gral*. Couiza, 1983.
Erdmann, C.: *Die Entstehung des Kreuzzugsgedankens*. Stuttgart, 1965.
Ermel, G.: *Auf den Spuren des Grals*. Suhl, 1996.
Evans, M.: *Nova Scotia's Oak Island. The Unsolved Mystery*. Tantallon, 1993.
Falkenstein, C. C. v.: *Geschichte der drei wichtigsten Orden des Mittelalters, Templer, Johanniter und Marianer*. Dresden, 1830.
Fau, G.: *L'Affaire des templiers*. Paris, 1972.
Ferrari, M.: *Von dem Stein der Weisen, wie man den bereiten soll, zum ersten Mal ins Deutsche übersetzt*. Frankfurt, 1673.
Fiebag, P. u. Sassoon, G.: *Die Geschichte der Mannamaschine. Eine Gottheit wird technisch realisierbar*. In: Sagenhafte Zeiten 2/02. Beatenberg, 2002.
Finnan, M.: *Oak Island Secrets*. Halifax, 1997.
Fiore, S.: *Les origines orientales de la légende du graal: Évolution des thèmes dans le cadre des cultures et des cultes*. Cahiers de civilisation médiévale, 10, 1967.

Fischer, W. (Hrsg.): *Der Wartburgkrieg*. Eisenach, 1935.
Frantzen, E.: *Der heidnische Mythos vom Stein des Lebens.* Germanische-Romanische Monatszeitschrift, 8/9, 1910.
Gebhardt, B.: *Geschichte des Templer-Ordens*. In: Preußische Jahrbücher, 65, 1891.
Godwin, M.: *Der Heilige Gral.* Augsburg, 1996.
Goldberg, A. M.: *Untersuchungen über die Vorstellung von der Schekinah in der frühen rabbinischen Literatur*. Berlin, 1969.
Göller, K.-H.: *König Arthur in der englischen Literatur des späten Mittelalters.* Göttingen, 1963.
Golther, W.: *Lohengrin*. Stuttgart, 1928.
Gorion, M. J. ben: *Die Sagen der Juden.* Frankfurt am Main, 1962.
Gorny, J.: *Croisés et templiers*. Paris, 1974.
Götz, J.: *Die Entwicklung des Wolframbildes von Bodmer bis zum Tode Lachmanns in der germanistischen und schönen Literatur*. Dissertation, Universität Freiburg, 1940.
Gras, P.: *L'ancienne église du temple de Chalon.* Mémoires de la Sociéte, d'histoire et d'archéologie de Chalon-sur-Saone, 32, Macon, 1947.
Gronvelle, P.-A.: *Memoiren über die Tempelherren*. Leipzig, 1806.
Grundmann, H.: *Religiöse Bewegungen im Mittelalter*. Berlin, 1935.
Graffe, G. und Mai, K.: *Das geraubte Gold Jahwes.* In: Lippert, H. (Hg.). *Terra X.* München, 2003.
Guelff, P.: *La mystérieuse sage des templiers.* Brüssel, 1993.
Guinguard, M.: *L'Ordes templiers*. Paris, 1973.
Gülke, P.: *Minnesänger*. Wien, Köln und München, 1962.
Hagen, P.: *Der Gral.* Strassburg, 1900.
Haussig, H. W.: *Götter und Mythen im alten Europa – Wörterbuch der Mythologie II.* Stuttgart, 1973.
Havemann, W.: *Geschichte des Ausganges des Tempelherrenordens*. Stuttgart, 1846.
Heffner, R. M. S.: *Collected indexes to the works of Wolfram von Eschenbach*. The University of Wisconsin Press, Madison, 1961.
Heinzel, J. (Hrsg.): *Wolfram von Eschenbach*: Titurel. Göppingen, o. D.
Heinzel, R.: *Über die französischen Gralsromane*. Kaiserl. Akademie der Wissenschaften, Sitzungsberichte, Wien, 1891.
Heinzel, R.: *Über Wolfram von Eschenbachs Parzival.* Kaiserl. Akademie der Wissenschaften, Sitzungsberichte, Wien, 1893.
Hennes, J. H.: *Die Tempelherren in Mainz*. Zeitschrift des Vereins zur Erforschung des Rhein. Geschichte und Altertümer in Mainz, 1, Mainz, 1845.
Herm, G.: *Die Phönizier*. Düsseldorf und Wien, o. D.
Herzog, G. (Hrsg.): *Real-Encyclopädie für protestantische Theologie und Kirche* (XIII). Gotha, 1860.
Hiestand, R.: *Papsturkunden für Templer und Johanniter*. Göttingen, 1972.
Hirschmann, T.: *Tempelherren in Deutschland*. Historische Blätter für das katholische Deutschland, 159, 1917.
Hofer, S.: *Chrétien de Troyes*. Graz und Köln, 1954.
Höhne, H.: *Der Orden unter dem Totenkopf*. München, 1976.

Holland, J.: *Tractatus de lapside philosophico oder vom Stein der Weisen.* Frankfurt, 1669.
Hollis, C. und Brownrigg, R.: *Heilige Stätten im Heiligen Land.* Hamburg, 1969.
Holroyd, S. und Labert, D.: *Rätselhafte Funde der Geschichte.* Glarus, 1979.
Holtzmann, R.: *Wilhelm von Nogaret.* Freiburg i. Br., 1898.
Hüser, K.: *Wewelsburg 1933 bis 1945 – Eine Dokumentation.* Paderborn, 1982.
Hutin, S. (Hrsg.): *Die grossen Geheimbünde.* Wiesbaden, 1979.
Jackson, W. T. H.: *Die Literatur des Mittelalters.* Heidelberg, 1967.
Jacob, C.: *Recherches historiques sur les croisades et les templiers.* Paris, 1828.
James, E. O.: *Myth and ritual in the ancient Near East. An archaeological and documentary study.* London, 1958.
Josephus, F.: *Antiquities of the jews.* London, 1872.
Josephus, F.: *Jewish war.* London, 1872.
Juergens, J.: *Der biblische Moses als Pulver- und Dynamitfabrikant.* München, 1920.
Jungmann, B.: *Clemens V. und die Aufhebung des Templerordens.* Zeitschrift für katholische Theologie, V, 1881.
Kahane, H. und R.: *Proto-Perceval and Proto-Parzival.* Zeitschrift für romanische Philologie, 19, 1963.
Kaltenbrunner, G.-K. (Hrsg.): *Geheimgesellschaften und der Mythos der Weltverschwörung.* Freiburg, 1987.
Kampus, F.: *Die Mär von der Bestattung Karls des Grossen – Zur Karlslegende und zur Gral-Sage.* Köln, 1918.
Kappel, M.: *Die Suche geht weiter.* In: E. v. Däniken (Hrsg.), Fremde aus dem All, München, 1995.
Karg-Gasterstädt, E.: *Zur Entstehungsgeschichte des Parzival.* Halle, 1925.
Kautzsch, E.: *Die Apokryphen und Pseudepigraphen des Alten Testaments.* Tübingen, 1900.
Keller, W.: *Und wurden zerstreut unter alle Völker.* München und Zürich, 1966.
Kellermann, W.: *Aufbaustil und Weltbild Chrétien von Troyes im Percevalroman.* Halle, 1963.
Kluge, M. (Hrsg.): *Das Buch Merlin.* München, 1988.
Knorr von Rosenroth, C.: *Kabbalah Denudata.* Sulzbach und Frankfurt, 1677–1684.
Krause, S.: *Das Echo auf den Templerprozess in der Historiographie.* Dissertation an der Universität zu Wien, Wien, 1969.
Kühmel, J. (Hrsg.): *Wolfram von Eschenbach – Parzival.* Göppingen, 1971.
Lambert, E.: *L'Architecture des Templiers.* Paris, 1954.
Langbein, W. J.: *Geheimnisse der Bibel.* Berlin, 1996.
Laude-Nash, H.: *3000 Jahre Jerusalem.* Tübingen, 1964.
Le Jeune, C.: *Historie critique et apologétique de l'ordre des chevaliers du temple de Jérusalem.* Paris, 1789.
Lees, B. A.: *Records of the templars in England in the twelfth Century.* London, 1935.
Legman, G.: *La culpabilité des templiers.* Paris, 1970.
Lehmann, A.: *Aberglaube und Zauberei von den ältesten Zeiten bis in die Gegenwart.* Stuttgart, 1907.
Leitzmann, A. (Hrsg.): *Wolfram von Eschenbach.* Halle, 1948.

Léjeune, R.: *Préfiguration du graal.* Studi Medievali, 17, 1951.
Lewis, L. S.: *St. Joseph of Arimathea at Glastonbury*. Cambridge, 1922, 1955.
Lizerand, G.: *Le dossier de l'affaire des templiers*. Paris, 1923.
Lobet, M.: *Histoire mystérieuse et tragique des Templiers.* Liege, 1944.
Lobet, M.: *Le fils du temple.* Brüssel, 1977.
Loomis, Sherman, Roger (Hrsg.) *Arthurian literatur in the middle ages*. Oxford University Press, 1959.
Loomis, Sherman, Roger: *The Grail from celtic myth to christian symbol.* University of Wales Press, Cardiff, 1953.
Loomis, Sherman, Roger: *The development of arthurian romance*. Hutchison University Library, London, 1963.
Louis, R.: *Une source islamisante du Parzival du Wolfram von Eschenbach.* Paris, 1959.
Lundgreen, F.: *Wilhelm von Tyrus und der Templerorden.* Berlin, 1911.
Lundgreen, F.: *Zur Geschichte des Templerordens.* In: Mitteilungen des Instituts für österreichische Geschichtsforschung, 35, Innsbruck, 1914.
Lyon, D. M.: *History of the lodge of Edingburgh*. Edinburgh, 1900.
Maier, J.: *Jesus von Nazareth in der talmudischen Überlieferung*. Darmstadt, 1978.
Mandel, G. und Eisele, P.: *König Salomo*. München und Zürich, 1981.
Marcel, L.: *La tragique historie de l'ordre du temple*. Brüssel, 1954.
Marcus, A. D.: *Tempelberg und Klagemauer.* Wien, 2001.
Mariel, P.: *Guide pittoresque et occulte des templiers*. Paris, 1973.
Massa, A.: *Die Welt der Phönizier*. München und Berlin, 1977.
Mayer, H. E.: *Geschichte der Kreuzzüge*. Stuttgart, 1970.
Mellor, A.: LA *Charte inconnue de la france-maconnerie*. Paris, 1963.
Mergell, B.: *Wolfram von Eschenbach und seine französischen Quellen*, II. Münster, 1943.
Muehsam, A.: *Coin and temple.* Leiden, 1966.
Mund, R. J.: *Der Rasputin Himmlers*. Wien, 1985.
Münster, F.: *Statutenbuch des Ordens der Tempelherren*. Berlin, 1794.
Navia, L. E.: *Unsere Wiege steht im Kosmos*. Wien und Düsseldorf, 1976.
Nell von Nellenberg, F. Frhr. v.: *Baphomet, Actenstücke zu den durch Joseph Hammers Mysterium Baphometis relevatum wieder angeregten Prozesse gegen die Tempelherren.* Wien, 1820.
Nellmann, E.: *Wolframs Erzähltechnik*. Wiesbaden, 1976.
Neu, H.: *Bibliographie des Templerordens*. Bonn, 1965.
Nicolai, C. F.: *Versuch über die Beschuldigungen welche dem Tempelherrenorden gemacht wurden, und über dessen Geheimniss.* Berlin, 1789.
Noerlinger, H. S.: *Moses und Ägypten*. Heidelberg, 1957.
Nolting, I.: *Die Stellung der Liebeskasuistik im höfischen Roman*. Heidelberg, 1959.
Oliver, A.: *Les Templiers*. Paris, 1958.
Olschki, L.: *Die romanischen Literaturen des Mittelalters*. Potsdam, 1932.
Oursel, R.: *Le procés des templiers*. Paris, 1959.
Owen, D. D. R.: *The evolution of the Grail legend.* Northwestern University Press, Evanston, Illinois, 1969.
Palgen, R.: *Der Stein der Weisen*. Breslau, 1922.

Palmer, E. H.: *Der Schauplatz der vierzigjährigen Wüstenwanderung Israels*. Gotha, 1876.
Parker, T.: *The knights templars in England*. Tuscon, 1963.
Partner, P.: *I Templari.* Torino, 1993.
Payne, R.: *Die Kreuzzüge*. Zürich, 1986.
Payne, R.: *The holy sword*. New York, 1959.
Pelzel, F.-M.: *Beyträge zur Geschichte der Tempelherren in Böhmen und Mähren.* Prag, 1798.
Pernoud, R.: *Les Templiers chevaliers du Christ.* Gallimard, 1996.
Phillips, G.: *Parzivals Heiliger Gral*. München, 1997.
Pollmann, L.: *Chrétien de Troyes und der Conte del Graal*. Tübingen, 1965.
Pomponio, E.: *Templari in battaglia.* Latina, 1996.
Prause, G.: *Herodes der Grosse, König der Juden*. Hamburg, 1977.
Probst, B.: *Les mystéres des templiers*. Nizza, 1947.
Prutz, H.: *Untersuchungen zur Geschichte des Templerordens.* Göttingen, 1979.
Rattinger, D.: *Die Aufhebung des Templer-Ordens und die ältesten geschichtlichen Zeugen. Stimmen aus Maria-Laach, Katholische Blätter*, 33, 1887.
Rauschning, H.: *Gespräche mit Hitler.* Zürich, 1940.
Ravenscroft, T.: *Der Kelch des Schicksals.* Basel, 1982.
Ravenscroft, T.: *The spear of destiny.* Maine, 1982.
Regnier, L.: *Les historiens de Gisor*. Pontoise, 1912.
Richter, H. (Hrsg.): *Cluny*. Darmstadt, 1966.
Richthofen, E. Frhr. v.: *Studien zur romanischen Heldensage des Mittelalters.* Halle, 1984.
Ritter, Th.: *Abbé Sauniere und der Schatz der Templer.* Rottenburg, 2002.
Ringbohm, L.-I.: *Graltempel und Paradies*. Vitterhets Hiestrie och Antikvitets Akademiens 319. Handlingar, 73, Stockholm, 1951.
Robert de Boron: *Die Geschichte vom Heiligen Gral.* Stuttgart, 1958.
Ruh, K. (Hrsg.): *Wolfram-Studien.* Berlin, 1970.
Runciman, S.: *Geschichte der Kreuzzüge* (II). München, MCMLVII.
Sachmann, H.-W.: *Die Epoche der Engel*. Baden-Baden, 1980.
San-Marte: *Über das Religiöse in den Werken Wolframs von Eschenbach und die Bedeutung des Heiligen Grals in dessen »Parzival«.* Halle, 1861.
Schafarschick, W.: *Wolfram von Eschenbach*, Die großen Klassiker, Bd. 19. Salzburg, 1983.
Schäfer, H.-W.: *Kelch und Stein*. Frankfurt und Bern, 1983.
Scherr, J.: *Das Rätsel des Tempels*. Gartenlaube, 1865.
Schirmer, W. F.: *Die frühen Darstellungen des Arthurstoffes*. Köln und Opladen, 1958.
Schirok, B.: *Parzivalrezeption im Mittelalter*. Darmstadt, 1982.
Schmitz, P., O.S.B.: *Geschichte des Benediktinerordens*. Einsiedeln und Zürich, o. D.
Schneider, H.: *Geschichte der deutschen Literatur – Heldendichtung, Geistlichendichtung, Ritterdichtung*. Heidelberg, 1943.
Schnürer, G.: *TEMPLER.* Lexikon für Theologie und Kirche, IX, Freiburg i. Br., 1937.
Scholem, G.: *Das Buch Bahir.* Leipzig, 1923.
Scholem, G.: *Die jüdische Mystik in ihren Hauptströmungen*. Frankfurt, 1957.

Scholem, G.: *Von der mystischen Gestalt der Gottheit*. Frankfurt, 1962.
Schreiber, A.: *Neue Bausteine zu einer Lebensgeschichte Wolframs von Eschenbach*. Frankfurt, o. D.
Schröder, F. R.: *Die Parzivalfrage*. München, 1928.
Schröder, L. v.: *Die Wurzel der Sage vom Heiligen Gral*. Wien, 1910.
Schröder, W.: *Der Ritter zwischen Welt und Gott*. Weimar, 1952.
Schwietering, J.: *Die deutsche Dichtung des Mittelalters*. Potsdam, 1941.
Sède, G. de: *Rennes-le-Château. Le dossier, les impostures, les phantasmes, les hypothèses*. Paris, 1988.
Segl, P.: *Ketzer in Österreich*. Paderborn, 1984.
Serbanesco, G.: *Historie de l'ordre des templiers et les croisades*. Paris, 1969.
Siebenhaar, W.: *Geheimnis um Oak Island*. In: E. v. Däniken (Hrsg.): Kosmische Spuren, München, 1988.
Simon, H. und M.: *Geschichte der jüdischen Philosophie*. München, 1984.
Singer, S.: *Wolframs Stil und der Stoff des Parzival*. Kaiserl. Akademie der Wissenschaften, Sitzungsberichte, Wien, 1916.
Staude, W.: *Die äthiopische Legende von der Königin von Saba und die Parsival-Erzählung Wolfram von Eschenbachs*. Archiv für Völkerkunde, XII, 1957.
Stein, G. H.: *Geschichte der Waffen-SS*. Düsseldorf, 1978.
Sterzenbach, T.: *Ursprung und Entwicklung der Sage vom Heiligen Graal*. Münster, 1908.
Taylor, J.: *Rosslyn*. Glasgow, o. D.
Trunz, A.: *Zur Geschichte des letzten Templermeisters*. Fribourg, 1919.
Ulzen, U. (Hrsg.): *Wolfram von Eschenbach – Parzival (Tk)*. Göppingen, 1941.
Vielhauer, P.: *Geschichte der urchristlichen Literatur. Einleitung in das Neue Testament, die Apokryphen und die Apostolischen Väter*. Berlin, 1975.
Wais, K. (Hrsg.): *Die Arthurischen Sagen*. Darmstadt, 1970.
Walsh, J.: *Das Grabtuch Christi*. Bergisch-Gladbach, 1979.
Wapnewski, P.: *Wolframs Parzival – Studien zur Religiösität und Form*. Heidelberg, 1955.
Watzinger, C.: *Denkmäler Palästinas. Eine Einführung in die Archäologie des Heiligen Landes. I. Von den Anfängen bis zum Ende der israelitischen Königszeit. II. Von der Herrschaft der Assyrer bis zur arabischen Eroberung*. Berlin, 1911.
Weber, G.: *Parzival, Ringen und Vollendung*. Oberursel, 1948.
Weber, G.: *Wolfram von Eschenbach – Parzival (Text, Nacherzählung, Worterklärung)*. Darmstadt, 1967.
Weber, K. J.: *Das Ritter-Wesen und die Templer, Johanniter und Marianer oder Deutsch-Ordens-Ritter insbesondere*. Stuttgart, 1822–1824.
Wechsler, E.: *Die Sage vom Gral*. Halle, 1898.
Weston, J. A.: *From ritual to romance*. Garden City N.Y., 1957.
Wheeler, R. R.: *Le Graal pyrénéen*. Archives de Mont Ségur et du Saint Graal. Paris, 1957.
Wildermann, A. K.: *Die Beurteilung des Templerprozesses bis zum 17. Jahrhundert*. Freiburg, 1971.
Williams, M.: *Some aspects of the grail problem*. Folklore, 71, 1960.

Winkler, H. A.: *Siegel und Charakter in der muhammedanischen Zauberei.* Berlin und Leipzig, 1930.

Wolf, W.: *Der Vogel Phönix und der Gral.* In: Richard Hienast (Hrsg.), Studien zur deutschen Philologie des Mittelalters, Friedrich Panzer zum 80. Geburtstag 1950 dargebracht. Heidelberg, 1950.

Wolf, W.: *Grundsätzliches zu einer Ausgabe des Jüngeren Titurel II (Der Graltempel).* Zeitschrift für deutsches Altertum, 79, 1942.

Wolfram von Eschenbach: *Parzival, Studienausgabe.* Berlin, 1965.

Wollasch, J.: *Neue Forschungen über Cluny und die Clunyacenser.* Freiburg, 1959.

Yadin, Y.: *Der letzte Kampf um die Festung des Herodes.* Hamburg, 1972.

Zöckler, O. (Hrsg.): *Die Apokryphen des Alten Testaments.* München, 1891.

Zöllner, W.: *Geschichte der Kreuzzüge.* Wiesbaden, 1989.

Zufluchtstätte der Templer. Bayerische Staatszeitung, Nr. 16/85.

Die letzten Seiten dieses Buches sind nicht die letzten »Seiten« in der Geschichte des Grals. Noch steht das wichtigste Kapitel, die Wiederauffindung und Bergung des OThIQ IVMIN in unserer Zeit, bevor …
Es wird daran gearbeitet.

Register

Personenregister

Register Völker und geographische Begriffe

Sachregister